세계사의 구조

SEKAISHI NO KOZO

by Kojin Karatani

ⓒ 2010 by Kojin Karatani

First published 2010 by Iwanami Shoten, Publishers, Tokyo.

This Korean edition published 2012 by b-Books, Seoul

by arrangement with the proprieter c/o Iwanami Shoten, Publishers, Tokyo.

세계사의 구조

가라타니 고진 | 조영일 옮김

도서출판 b

| 일러두기 |

1. 이 책은 柄谷行人의 『世界史の構造』(岩波書店, 2010)를 완역한 것이다.
2. 이 책에서 미주는 저자의 주이고, 각주는 옮긴이의 주이다. 미주에서의 [ ]는 독자의
   이해를 돕기 위해 옮긴이가 붙인 것이다. 본문에서 주석번호는 미주¹⁾, 각주¹⁾의 형식으로
   붙였다.

한국어판 서문

이 책은 사회구성체의 역사를 '교환양식'에서 다시 보려는 시도이다. 기존의 마르크스주의에서는 그것을 '생산수단'에서 보려고 했다. 구체적으로 말해, "누가 생산양식을 소유하고 있는가"라는 관점에서 보려고 했다. 그와 같은 생산양식이 '경제적 토대'이고, 정치적·종교적, 그리고 그 밖의 문화적인 것은 관념적인 상부구조라는 것이다. 하지만 이처럼 경제와 정치를 분리하는 것은 자본주의사회에 근거한 견해이다. 따라서 그것은 자본제 이전의 사회를 설명하는 데에는 어려움이 있었다. 아시아적 국가나 봉건사회에서는 정치적인 지배와 경제적인 지배가 분리될 수 없었기 때문이다. 그 이전의 씨족사회에 대해서는 더 말할 필요도 없다. 뿐만 아니라 현재의 자본제사회에 관해서도 국가나 네이션을 그저 단순히 상부구조로서 보는 사고는 난관에 봉착했다. 국가나 네이션은 오히려 능동적인 주체로 작동하기 때문이었다. 마르크스주의자는 상부구조인 국가나 네이션은 자본주의적 경제가 폐기되면 자동적으로 소멸될 것이라고 생각했다. 하지만 실제로는 그렇게 되지 않았다.

그래서 국가와 네이션이라는 문제에 걸려 넘어졌던 것이다.

그 결과 마르크스주의자는 상부구조의 '상대적 자율성'을 중시하게 되었다. 구체적으로 말해, 프랑크푸르트학파 이래로 경제적 결정론을 보완하기 위해 정신분석 · 사회학 · 정치학 등의 관점을 도입되게 되었다. 하지만 그 결과 이번에는 '경제적 토대'가 경시되게 되었다. 많은 사회과학자 · 역사학자는 '경제적 결정론'을 부정하고 다양한 차원의 자율성을 주장하기에 이르렀다. 그런 태도는 학문의 제도적 세분화와 함께 보다 일반화되고 정당화되었다. 하지만 그것은 정치 · 종교 · 철학, 그 밖의 것이 상호 연관을 맺는 구조를 총합적 · 체계적으로 보는 시점을 잃는 것, 더욱이 현상지양을 전망하는 시점을 잃는 것으로 귀결되었다.

이 책에서 나는 다시 '경제적인' 차원에 주목했다. 다만 내가 '경제적'이라고 부르는 것은 생산양식이 아니라 교환양식으로서 발견된다. 교환양식에는 네 가지 타입이 존재한다. 어떤 사회구성체에도 이 타입들이 공존하고 있다. 다만 무엇이 지배적인가에 의해 다를 뿐이다. 예를 들어, 자본제사회에서는 교환양식C가 지배적이다. 마르크스는 『자본론』에서 자본제경제를 생산양식에서가 아니라 상품교환에서 고찰했다. 즉 교환양식C로부터 어떻게 관념적인 상부구조가 파생되는지를 논한 것이다. 제3권에서 현저하지만, 『자본론』은 자본주의경제가 무엇보다 '신용'의 체계로서 존재한다는 것, 그러므로 '위기'를 내포하고 있다는 점을 해명한 작업이었다.

한편 마르크스는 자본제 이전 사회에 대해서는 간단한 고찰을 했을 뿐이다. 하지만 그렇다고 해서 그를 비판하는 것은 이상하다. 그럴 여유가 있으면, 다른 교환양식A나 B로부터 관념적 상부구조가 어떻게 생기는지를 마르크스가 교환양식C에 대해 했던 것과 마찬가지로 해명하면 된다. 이 책에서 내가 씨름한 문제 중 하나는 교환양식A가 지배적인 사회는 어떻게 생겨났는가 하는 것이다.

마르셀 모스 이래 archaïque(초기)사회는 교환양식A(증여의 호수성)가 지배적이었던 사회라는 것이 일반적으로 승인되고 있다. 하지만 그와 같은 원리는 태고부터 있었던 유동적 수렵채집민의 밴드사회에는 존재하지 않았다. 생산물의 축적이 불가능했기 때문에 풀(pool, 공동기탁)되고 평등하게 분배되었다. 또 개인을 규제하는 집단의 힘이 약했으며, 혼인관계도 영속적이지 않았다. 즉 서로가 자유로웠기 때문에 평등한 사회였다. 한편 호수성원리에 기초한 씨족사회는 유동민이 정주한 후에 형성된 것이다. 정주에 의해 부의 축적이 가능하게 되지만, 그것은 부나 권력의 차이, 계급분해를 초래할 수밖에 없었다. 씨족사회는 그 위험성을 증여・답례의 의무로 틀어막았다. 물론 그들은 의도적으로 그렇게 했던 것이 아니다. 교환양식A는 '억압된 것의 회귀'(프로이트)로서 강박적인 형태로 나타났다. 하지만 씨족사회의 난점은 평등하지만 자유로운 개인이 존재할 수 없다는 데에 있었다.

씨족사회의 기원이라는 문제가 중요한 것은 특히 다음과 같은 이유 때문이다. 주지하다시피 마르크스는 태고에 '원시공산제'를 상정하고, 발달한 자본주의에서 그것이 회복되는 데에서 미래의 공산주의사회를 발견했다. 이와 같은 관점은 오늘날 의사종교적 역사관이라고 하여 부정적으로 간주된다. 또 현존하는 미개사회에 대한 인류학적 견해에 따르면, '원시공산제'라는 개념은 부정될 수밖에 없다. 하지만 경험적으로 발견할 수 없다고 해서 '원시공산제'라는 개념을 부정할 수는 없으며, 그렇게 해서도 안 된다. 그런데 마르크스주의자들 스스로가 이에 대한 논의를 회피하고 있다.

마르크스와 엥겔스는 '원시공산제'의 모델을 모건을 따라 씨족사회에서 발견했다. 하지만 그들은 그것을 씨족사회가 아니라 그 이전 유동민사회에서 발견했어야 했다. 그렇다면 그들은 왜 유동민사회와 씨족사회의 차이에 주목을 하지 않았던 것일까. 그것은 그들이 사회구성체의 역사를 '생산양식'이라는 관점에서 본 것과 관련이 있다. 즉 생산수단이 공유되고 있다는 관점에서 보면, 유동민사회와 씨족사회 사이에 차이는 없다. 그런데 '교환양식'의 관점에서 보면, 공동기탁(순수증여)과 증여의 호수성 사이의 차이는 결정적이다.

또 교환양식이라는 관점에서 볼 때, 유동민적 코뮤니즘이 왜 회복되는지를 '유물론적'으로 이해할 수 있다. 내가 생각하기에 교환양식D는 교환양식B와 C가 지배적이 된 단계에서 그것들에 의해 억압된 교환양식A가 회귀한 것이다. 하지만 여기서 주의를 당부하고 싶은 것은 씨족사회 또는 그 원리인 교환양식A가 그 자체로 이미 '억압된 것의 회귀'로서 존재했다는 점이다. 그것은 정주사회에서 유동민적 코뮤니즘을 확보하려고 하는 것이었다. 물론 그것은 사람들의 소망이나 의지에 의한 것이 아니라, 강제적인 '의무'로서 도래한 것이었다.

교환양식D 또한 단순한 A의 회귀, 즉 공동체의 회복이 아니다. A를 고차원적으로 회복한다는 것은 오히려 A를 부정함으로써만 가능하다. 그리고 이 또한 인간의 소망이나 의지에 의한 것이 아니라 신 또는 하늘에 의해 부여된 '의무'나 '규제적 이념'으로서 나타났다. 구체적으로 그것은 주술적=호수적인 종교를 부정하는 보편종교라는 형태를 취하고 도래했다. 실제 세계 각지에서 교환양식D를 가져오려는 사회주의적 운동은 하나같이 보편종교라는 의장 하에서 이루어졌다.

19세기 후반 이후, 사회주의는 '과학적'이 되고 종교성을 잃었다. 하지만 중요한 것은 사회주의가 종교적인지 아닌지가 아니라 그것이 교환양식D를 지향하고 있는지 아닌지에 있다. 20세기에 사회주의는 교환양식B

나 C가 지배적인 사회밖에 실현시키지 못했다. 그 결과 매력을 잃었다. 하지만 교환양식B와 C가 지배적인 한, 그것들을 넘어서려는 충동이 끊이지 않는다. 즉 어떠한 형태로든 교환양식D가 출현할 것이다. 그것이 종교적인 형태를 취할지 어떨지는 중요하지 않다.

이와 같은 나의 생각은 이미 전작 『트랜스크리틱』에서 제기한 것이다. 다만 거기서 나는 교환양식D의 실현을 일국만으로 생각했다. 말하자면 '일국혁명'을 생각한 것이다. 교환양식D란 국가의 지양이다. 하지만 그것은 일국만으로는 불가능하다. 국가는 항상 다른 국가에 대하여 국가이기 때문에, 일국에서 국가를 지양하려고 해도 다른 국가가 있는 한 불가능하다. 다른 국가가 바로 개입해 올 것이며, 그에 대해 방어를 하려고 하면, 스스로 강한 국가가 될 수밖에 없다. 실제 러시아혁명은 그와 같은 길을 걸었다. 그러므로 이 책에서는 교환양식D를 하나의 사회구성체만이 아니라 다수의 사회구성체가 관계하는 상태, 즉 세계시스템에서 생각하려고 했다.

그렇지만 세계시스템 또한 역사적으로 어떤 교환양식이 지배적인가에 따라 다른 형태를 취한다. 그것은 네 단계로 나뉜다. 첫째는 미니세계시스템. 그것은 교환양식A(호수)가 지배적인 상태이다. 씨족연합체가 그 예다. 둘째는 세계=제국. 이것은 교환양식B(복종과 보호라는 교환)가 지배적인 시스템이다. 셋째로 세계=경제. 여기서는 상품교환양식C가 지배적이다. 이 단계에서는 일반적으로 사회구성체는 자본=네이션=국가의 형태를 취한다. 참고로 월러스틴은 이처럼 교환양식C가 지배적이 된 세계를 '근대세계시스템'이라고 불렀다. 넷째로 그것을 넘어선 새로운 시스템이 상정된다. 그것은 교환양식D에 의해 형성되는 세계시스템이다. 이 제4의 세계시스템은 증여의 원리에 근거하는 것으로 미니세계시스템을 고차원적으로 회복하는 것이라고 말할 수 있다. 이런 의미에서 먼저 단일한 사회구성체에 대해 서술한 것은 세계시스템의 레벨에도 해당된다.

　나는 이런 관점에서 칸트의 '영원평화'를 다시 읽었다. 칸트가 말하는 '영원평화'란 그저 전쟁이 없는 정도의 평화가 아니라 국가 간의 적대 그 자체가 없는 상태, 즉 국가가 지양된 상태를 의미한다. 그렇다면 문제는 그것이 어떻게 형성되는가이다. 칸트 자신이 생각한 것은 국가연합이다. 이 구상은 19세기에 헤겔을 대표로 하는 사람들에 의해 조소되어 왔지만, 제1차 대전 후 국제연맹이라는 형태로 실현되었고, 다시금 제2차 대전 후는 유엔이라는 형태로 존재하고 있다. 하지만 유엔은 칸트의 이념에 근거하고 있다고 하더라도 그로부터 꽤 멀다. 왜냐하면 거기서 작동하고 있는 것은 홉스적 원리, 즉 강한 상대에 복종함으로써 안전을 획득하는 교환양식B이기 때문이다.

　유엔 안전보장이사회는 사실상 제2차 대전 승전국이 지배하는 체제이다. 또 그곳에서는 유엔이라는 이름 하에서 실력을 가진 강대국이 지배하게 된다. 또 강대국이 없으면, 유엔은 기능하지 않는다. 실제로 아메리카와 같은 헤게모니국가가 유엔의 이름 하에서 지배하게 된다. 그렇지만 그것에 반대하여 유엔을 강화, 세계정부를 만들려고 해도, 그것이 교환양식B에 근거하고 있는 한, 세계제국과 같은 것이 될 뿐이다. 그리고 그러는 한 그에 대항하는 세력이 반드시 생겨난다. 그러므로 이와 같은 방향에는 '영원평화'란 존재할 수 없다.

　그렇다면 '세계공화국'은 어떻게 실현될까. 또는 유엔은 어떻게 바꿀 수 있을까. 이 책에서 나는 그것을 교환양식D, 즉 각국이 군사적 주권을 '증여'하는 것에 의해서만 실현된다고 썼다. 세계정부의 경우, 각국은 주권을 '방기'하도록 강요당한다. 그런데 세계공화국은 주권의 적극적인 '증여'에 의해서만 가능하다. 그 질서는 무력에 의해서가 아니라,

증여의 힘에 의해 성립하는 것이다. 이것은 교환양식에서 세계사의 구조를 볼 때 명백하다.

2012년 4월 20일
가라타니 고진

서 문

이 책은 교환양식을 통해 사회구성체의 역사를 새롭게 봄으로써 현재의 자본=네이션=국가를 넘어서는 전망을 열려는 시도이다. 나는 이 비전을 이미 전작인 『트랜스크리틱—칸트와 마르크스』(2001)에서 제시했다. 그것을 본격적으로 전개한 것이 바로 이 책이다. 그러므로 먼저 『트랜스크리틱』을 되돌아봄으로써 이 책의 기획을 설명하고 싶다.

나는 '마르크스를 칸트로부터 읽고, 칸트를 마르크스로부터 읽는' 작업을 '트랜스크리틱'이라고 명명했다. 물론 이것은 이 두 사람을 비교하거나 합성하는 것이 아니다. 실은 이 두 사람 사이에 한 명의 철학자가 있다. 헤겔이다. 마르크스를 칸트로부터 읽고 칸트를 마르크스로부터 읽는다는 것은 오히려 헤겔을 전후로 해서 서있는 두 사람으로부터 읽는다는 말이다. 즉 그것은 새롭게 헤겔비판을 시도한다는 것을 의미한다.

내가 그 필요성을 통렬히 느낀 것은 동구혁명에서 시작되어 소련연방의 해체에 이르렀던 1990년경이다. 그 시기에는 아메리카의 국무성 직원이었던 프란시스 후쿠야마가 이야기한 '역사의 종언'이라는 말이

유행했다. 이 말은 후쿠야마라기보다는 프랑스의 헤겔주의 철학자인 알렉산드르 코제브로 거슬러 올라갈 수 있다. 코제브는 헤겔의 '역사의 종언'이라는 견해를 다양하게 해석한 인물이었다.[1] 후쿠야마는 이 개념을 코뮤니즘체제의 붕괴와 아메리카의 궁극적 승리에 의미를 부여하기 위해 사용했다. 그는 1989년의 동구혁명은 자유민주주의의 승리를 보여주는 것이어서 이후로 이제 근본적인 혁명은 없다, 그러므로 역사는 끝났다고 말하려고 했다.

후쿠야마의 사고를 비웃는 사람들이 적지 않았지만, 어떤 의미에서 그는 옳았다. 물론 1990년에 일어난 것이 아메리카의 승리였다는 의미라면, 그는 틀렸다. 처음에는 아메리카의 패권이 확립되어 글로벌리제이션이나 신자유주의가 일단 승리한 것처럼 보였다고 할지라도, 20년 후인 현재 판명이 난 것처럼 그것들이 파탄을 가져왔기 때문이다. 그 결과 각국에서 많든 적든 국가자본주의적 내지 사회민주주의적 정책이 취해지게 되었다. 이것은 대통령 오바마가 말하는 '체인지'처럼 보인다. 그러나 이런 변화는 '역사의 종언'을 뒤엎는 것이 아니라 오히려 그것을 증명하는 것이다.

『트랜스크리틱』에서 나는 다음과 같이 서술했다. 네이션=스테이트란 이질적인 국가와 네이션이 하이픈으로 결합되어 있다는 것을 의미하고 있다. 하지만 근대의 사회구성체를 보기 위해서는 거기에 자본주의경제를 부가해야 한다. 즉 그것을 자본=네이션=스테이트로서 보아야 한다. 그것은 상호보완적인 장치이다. 예를 들어, 자본제경제는 반드시 경제적 격차와 대립으로 귀결된다. 그러나 네이션은 공동성과 평등성을 지향하는 것이기 때문에, 자본제가 초래하는 격차나 모순들을 해결하기를 요구한다. 그리고 국가는 과세와 재분배나 규칙들을 통해 그것을 행한다. 자본도 네이션도 국가도 서로 다른 것이고, 각각 다른 원리에 뿌리를 두고 있지만, 여기서 그들은 보로메오의 매듭처럼 어느 것 하나라도 없으면 성립하지 않을 정도로 결합되어 있다. 나는 그것을 자본=네이션=국가라고 부르기로 했다.

내가 생각하기에 후쿠야마가 '역사의 종언'이라고 부른 사태는 이런 자본=네이션=스테이트가 한번 완성되면, 그 이상으로 근본적인 변혁이 불가능하다는 것을 의미한다. 실제 최근 세계 각지의 '체인지'는 자본=네이션=스테이트가 붕괴되기는커녕 그 메커니즘이 잘 기능하고 있다는 것을 증명하고 있는 것에 지나지 않는다. 자본=네이션=스테이트라는 매듭은 무사태평이다. 그 회로 안에 갇혔다는 자각이 없기 때문에, 사람들은 그 안을 빙글빙글 돌고 있을 뿐인데도 역사적으로 전진하고 있다고 착각하고 있는 것이다. 나는 『트랜스크리틱』에서 다음과 같이 썼다.

> 자본주의의 글로벌화 하에서 국민국가가 소멸될 것이라는 전망이 자주 이야기된다. 해외무역을 통해 상호의존적인 관계망이 발달했기 때문에, 더 이상 일국 내에서의 경제정책이 이전만큼 유효하게 기능하지 않게 되었다는 것은 확실하다. 하지만 스테이트나 네이션이 그것에 의해 소멸되는 일은 없다. 예를 들어, 자본주의의 글로벌리제이션(신자유주의)에 의해 각국의 경제가 압박을 받으면, 국가에 의한 보호(재분배)를 요구하고, 또 내셔널한 문화적 동일성이나 지역경제의 보호로 향한다. 자본에의 대항이 동시에 국가와 네이션(공동체)에의 대항이어야 하는 이유가 여기에 있다. 자본제=네이션=스테이트는 삼위일체이기 때문에 강력하다. 그중 어떤 것을 부정하더라도 결국 이 매듭 안에 회수될 수밖에 없다. 이것은 그것들이 단순한 환상이 아니라 각기 서로 다른 '교환원리'에 뿌리를 두고 있기 때문이다. 자본제경

제에 대해 생각할 때, 우리는 동시에 그것과는 다른 원리에 서있는 것으로서 네이션이나 스테이트를 고려해야 한다. 바꿔 말해, 자본에의 대항은 동시에 네이션=스테이트에의 대항이 되어야 한다. 그런 의미에서 사회민주주의는 자본주의경제를 넘어서는 것이 아니라, 오히려 자본제=네이션=스테이트가 살아남기 위한 최후의 형태이다.[1]

이것을 쓴 것은 1990년대였지만, 현재도 그것을 수정할 필요는 전혀 없다. 자본=네이션=스테이트는 실로 교묘한 시스템이다. 하지만 나의 관심은 물론 그것을 칭찬하는 것이 아니라 넘어서는 데에 있다. 이 점에 관해서는 『트랜스크리틱』을 썼던 1990년대와 2001년 이후의 내 사고는 상당히 다르다. 나에게 '세계사의 구조'라는 포괄적인 고찰을 강요한 것은 2001년 이후의 사태였다.

1990년대에 나는 각국에서의 자본과 국가에 대한 새로운 대항운동을 생각하고 있었다. 명확한 비전이 있었던 것은 아니지만, 막연하게 그와 같은 운동이 자연스럽게 트랜스내셔널한 연합을 이루어갈 것이라고 생각했다. 1999년 시애틀의 반(反)글로벌리제이션운동으로 상징되는 분위기가 각지에 존재했다. 예를 들어, 데리다는 '새로운 인터내셔널'을 제창하고, 네그리와 하트는 '다중'의 세계동시적인 반란을 주창했다. 나 자신도 비슷한 전망을 가지면서 실천적 운동을 개시했다.

그러나 이와 같은 optimism(낙관론)은 2001년 정확히 내가 『트랜스크리틱』을 출판했을 때 일어난 9.11 이후의 사태에 의해 파괴되었다. 이

1_ 柄谷行人, 『トランスクリティーク―カントとマルクス』, 岩波書店, 2004, 432-433頁(가라타니 고진, 『트랜스크리틱』, 송태욱 옮김, 한길사, 2005, 468-469쪽).

사건은 종교적 대립처럼 보이지만, 실제로는 '남북'의 심각한 균열을 노출한 것이다. 또 거기에는 국가들의 대립만이 아니라 자본과 국가에의 대항운동 그 자체의 균열이 있었다. 이때 나는 국가나 네이션이 단순히 '상부구조'가 아니라 능동적인 주체(agent)로서 활동한다는 것을 새삼스럽게 통감할 수밖에 없었다. 자본과 국가에 대한 대항운동은 일정 레벨을 넘어설 경우, 반드시 분열되어버린다. 이제까지 그랬으며 앞으로도 그럴 것이다. 그래서 나는 『트랜스크리틱』에 부여한 고찰을 좀 더 근본적으로 다시 해야 한다고 생각했다.

나는 교환양식이라는 관점에서 사회구성체의 역사를 포괄적으로 다시 파악하기로 했다. 이 생각은 원래 마르크스가 제기한 것이다. 그런데 이것을 전면적으로 실행하는 데에는 종래의 마르크스주의 공식을 부정할 필요가 있었다. 이제는 마르크스의 텍스트를 재해석하는 것만으로는 충분하지 않다고 판단했다. 2001년에 이르기까지 나는 근본적으로 문학비평가였고, 마르크스나 칸트를 텍스트로서 읽고 있었다. 바꿔 말해, 자신의 의견이 있어도 그것을 텍스트에서 끌어낼 수 있는 의미로서만 제시했던 것이다. 그러나 이와 같은 텍스트 독해에는 한계가 존재한다. 내 의견이 그들과 반(反)하는 점이 적지 않았으며, 또 그들이 생각하지 않은 영역이나 문제가 많았다. 따라서 '세계사의 구조'를 생각하는 데에 있어 나는 자신의 이론적 체제를 만들 필요성을 느꼈다. 지금까지 나는 체계적인 일을 싫어했으며, 또 서툴기도 했다. 그러나 이번에는 생애 처음으로 이론적인 체계를 만들어보려고 했다. 내가 씨름한 것은 체계적으로밖에 말할 수 없는 문제였기 때문이다.

나의 과제는 어떤 의미에서 마르크스의 헤겔 비판을 다시 하는 것이었다. 왜냐하면 자본·네이션·국가를 상호연관적 체계에서 파악한 것은 『법철학 강의』의 헤겔이었기 때문이다. 그는 자본=네이션=국가를 어떤 계기도 거부하지 않고 삼위일체적인 체제로서 변증법적으로 파악했다. 그것은 또 프랑스혁명에서 제창된 자유·평등·우애를 통합하는 것이기도 했다. 마르크스는 헤겔의『법철학 강의』비판에서 출발했다. 하지만 그때 그는 자본제경제를 하부구조로, 네이션이나 국가를 관념적인 상부구조로 간주했다. 그 때문에 자본=네이션=스테이트라는 복합적인 사회구성체를 파악할 수가 없었다. 자본제가 폐기되면 국가나 네이션은 자연스럽게 소멸된다는 견해가 여기서 나온다. 그 결과 마르크스주의운동은 국가와 네이션이라는 문제로 커다란 실패를 경험해왔다.

그 원인은 마르크스가 국가나 네이션이 자본과 마찬가지로 단순한 계몽으로서는 해소 불가능한 존재근거를 가지고 있다는 것을 보지 않았다는 점, 그리고 그것들이 원래 상호 연관된 구조로 존재한다는 것을 보지 않았다는 점에 있다. 자본, 국가, 네이션, 종교를 진정으로 지양하려면, 먼저 그것들이 무엇인지를 인식해야 한다. 그저 그것들을 부정하는 것만으로 되는 것은 아무것도 없다. 결과적으로 그것들의 현실성을 승인할 수밖에 없게 되고, 그 결과 그것을 넘어서려는 '이념'을 시니컬하게 조소하는 데에 이를 뿐이다. 그것이 바로 포스트모더니즘이다.

따라서 마르크스의 헤겔비판을 다시 하는 것은 헤겔이 관념론적으로 파악한 근대의 사회구성체 및 거기에 도달한 '세계사'를 마르크스가 그랬듯이 유물론적으로 계속 전도시키면서 헤겔이 파악한 자본·네이션·국가라는 삼위일체성을 놓치지 않는 것이다. 그런데 그러기 위해서는 세계사를 생산양식이 아니라 '교환양식'으로 보는 시점이 불가결하다. 역사적으로 어떤 사회구성체든 복수의 교환양식의 결합으로서 존재했다. 단 어떤 교환양식이 주요한가에 의해 서로 달랐다. 자본주의적 사회구성체는 상품교환양식이 주요한 사회구성체이고, 그와 더불어 다른 교환양식도 변용되었다. 그리고 그 결과로서 자본=네이션=스테이트가 형성되었다.

이렇게 말한다고 해서 내가 마르크스와 완전히 달라지는 것은 아니다. 이미 『트랜스크리틱』에서 나는 이렇게 서술했다. 마르크스는 『자본론』에서 상품교환이라는 교환양식에 의해 형성된 세계를 훌륭히 해명했다. 그런데 그는 국가나 네이션을 괄호에 넣음으로써 그렇게 했기 때문에, 후자에 관한 고찰이 불충분한 것은 어쩌면 당연하다. 그것을 비판할 여유가 있으면, 그 자신이 마르크스가 『자본론』에서 취했던 방법으로 국가나 네이션을 고찰하면 된다고 말이다. 실제 나는 이 책에서 그것을 실행했다.

그런데 자본=네이션=스테이트의 역사적 필연성을 제시하는 것에 그치면 헤겔적인 작업에 머무는 게 된다. 나의 과제는 그것을 넘어서는 것의 필연성을 명확히 하는 것이다. 그것에 대해 생각하기 위해서는 다시 마르크스의 헤겔비판으로 돌아가 볼 필요가 있다. 마르크스의 헤겔 비판이란 헤겔의 관념론적 사변을 유물론적으로 전도시키는 것이지만, 통상 이것은 상하(上下, 감성적·물질적인 것과 관념적인 것)의 전도라는 이미지로 생각된다. 하지만 중요한 것은 오히려 그것을 전후(前後)의 전도에서 보는 것이다.

헤겔에게 모든 것의 본질은 결과에서만 나타난다. 즉 그는 모든 것을 '사후'에 본다. 한편 칸트는 모든 것을 '사전'에 본다. 우리는 미래에 관해 예상을 할 수 있을 뿐, 적극적으로 판정할 수는 없다. 그 때문에 이념은 칸트에게 가상이다. 하지만 그것은 '초월론적 가상'이다. 그러므로 우리는 감각에 의거한 가상과 달리 이성으로 그것을 제거할 수 없다. 왜냐하면 그것은 이성이 필요로 하는 가상이기 때문이다. 평이하게 말하자면, 그와 같은 가상이 없다면, 우리는 통합실조증에 빠질 수밖에 없다.

예를 들어, 칸트는 지금까지의 과정을 보아 세계사가 '목적의 나라'(도덕법칙이 실현된 세계)를 향해 점진적으로 나아가고 있다고 간주해도 좋다고 말한다. 이와 같은 이념은 '규제적 이념'이다. 즉 그것은 '구성적 이념'과 다르게 결코 실현되지 않지만, 우리가 그것에 다가가려 노력하는 지표로서 계속 존재한다.[2] 그에 반해 헤겔에게 이념은 칸트에게 있어서처럼 미래에 실현되어야 할, 그러나 결국 가상에 머물게 되는 무언가가 아니다. 헤겔에게 이념은 가상이 아니라 현실에 존재한다. 아니 그보다는 현실이야말로 이념적이다. 그래서 역사는 그에게 있어 끝나있는 것이다.

이에 대해 마르크스가 헤겔을 전도시켰을 때, 역사를 끝난 것으로서가 아니라 미래에 무언가를 실현해야 하는 것으로 보게 된다. 그것은 '사후'에서 보는 입장에서 '사전'에 보는 입장으로의 이행이다. 그러나 '사후'의 입장에서 발견되는 필연성을 '사전'에 상정할 수는 없다. 필연성은 가상(이념)일 수밖에 없다. 즉 '사전'의 입장에 설 때, 어떤 의미에서 칸트의 입장으로 돌아가게 된다. 마르크스는 칸트를 무시했다. 하지만 '사전'의 입장이 강요하는 문제로부터 도망칠 수 없다. 예를 들어, 공산주의는 역사적 필연이라고 말할 수 없다.

여기서 또 한명의 포스트헤겔리언 사상가 키르케고르를 예로 들어보자. 그는 헤겔을 비판하면서 이렇게 서술했다. 사변은 뒤쪽이고 윤리는 앞쪽이라고. 뒤로 향하기란 '사후'의 입장, 앞으로 향하기는 '사전'의 입장에 서는 것이다. 후자에서는 '목숨을 건 도약'이 요구된다. 키르케고르는 칸트를 무시했다. 그럼에도 불구하고 그는 명확히 '사전'의 입장으로 돌아가고 있다. 마르크스도 마찬가지이다. 요컨대 문제는 헤겔이냐 칸트냐 하는 것이 아니다. '사전'의 입장에 서면, 누구든 같은 문제에 직면할 수밖에 없다.

에른스트 블로흐는 마르크스의 철학은 '미래의 철학'이라고 말한다. 그것은 '아직-의식되지 않은 것'을 보는 것, 또는 '전방(前方)'을 향하여 꿈을 꾸는 것'이다.3) 맞는 말이다. 그러나 마르크스가 미래에 대해 적극적으로 말하기를 일관되게 거부했다는 것에 주의해야 한다. 예를 들어, 그는 다음과 같이 썼다. "공산주의란 우리에게 성취되어야 할 어떤 상태, 현실이 그것을 향해 형성되어야 할 어떤 이상이 아니다. 우리는 현상을 지양하는 현실운동을 공산주의라고 명명한다. 이 운동은 현재 존재하는 전제에서 생겨난다."(『독일이데올로기』)² 여기서 마르크스는 전방에 역사의 목적(종언)을 두는 것을 거부하고 있다. 따라서 그는 헤겔을 부정할 뿐 아니라, 칸트도 거부하고 있다.

그러나 실제로는 마르크스가 말하는 공산주의란 칸트가 말하는 '목적의 나라'와 다른 것이 아니다. 즉 그것은 "타자를 수단으로서만이 아니라 목적으로서 대하는" 사회이다. 칸트에게 도덕성은 선악이 아니라 자유(자발성)의 문제이다. 타자를 목적으로 대한다는 것은 타자를 자유로운 존재로 대하는 것이다. 그리고 이와 같은 도덕성이 없으면, 공산주의는 없다. 그러나 마르크스는 도덕성을 직접적으로 들고 오는 것을 거부했다. 도덕성에서 시작하면, 공산주의는 '현실이 그곳을 향해 형성되어야 하는 어떤 이상'이라는 게 되기 때문이다. 이에 대해 마르크스는 '물질적인 과정' 그 자체에 필연적으로 공산주의를 초래하는 '전제'가 있다는 것이다.

하지만 물질적인 과정 또는 경제적 하부구조를 생산양식이라는 관점에서 보는 한, 거기서 도덕적 계기를 발견할 수는 없다. 그러므로 도덕적

• • •

2_ 맑스 · 엥겔스, 『독일이데올로기』, 『칼 맑스 · 프리드리히 엥겔스 저작 선집』(1), 박종철출판사, 1991, 215쪽.

계기는 경제적인 구조가 아닌 관념적인 차원에서 구해지게 된다. 실제 칸트파 마르크스주의자나 사르트르 등은 실존적·도덕적 계기를 도입함으로써 경제결정론적 마르크스주의를 보완하려고 했다. 하지만 내가 생각하기에 그럴 필요는 없다. 경제적 하부구조를 광의의 교환이라는 관점에서 다시 파악하면, 도덕적 차원을 '경제' 바깥에 상정할 필요는 없다. 도덕성의 계기는 교환양식 안에 포함되어 있다. 예를 들어, 교환양식이라는 관점에서 보면 공산주의란 바로 교환양식D의 실현이다. 그것은 바로 경제적=도덕적 과정이다. 또 교환양식D는 원초적인 교환양식 A(호수성)의 고차원적인 회복이다(41쪽 참조). 그것은 그저 인간의 희망이나 관념에 의한 것이 아니라 프로이트가 말하는 '억압된 것의 회귀'로서 '필연적'이다.

'세계사의 구조'로부터 명확해지는 것은 다음과 같다. 자본=네이션= 스테이트는 세계시스템 속에서 생겨난 것이지 일국만의 소산은 아니다. 따라서 그것을 지양하는 것도 일국만으로는 불가능하다. 예를 들어, 일국에서 사회주의 혁명이 일어나면, 다른 나라는 바로 간섭을 하거나 이를 기회로 어부지리를 얻으려고 할 것이다. 마르크스는 당연히 그것을 고려하고 있다. "공산주의는 경제적으로는 주요한 민족들이 '일거에' 그리고 동시에 수행하는 것에 의해서만 가능하며, 그것은 생산력의 보편적인 발전과 그것과 결부된 세계교통을 전제로 하고 있다."(『독일이데올로기』)[3] 이런 이유로 마르크스는 파리코뮌의 봉기에 반대했다, 막상 그것이 일어나자 열렬히 칭찬했지만 말이다. 왜냐하면 파리코뮌은 한 도시 또는 기껏해야 프랑스 일국의 사건에 지나지 않았기 때문이다. 그것은 패배할 수밖에 없었으며, 만약 존속되었다고 하더라도 프랑스혁

• • •
3_ 맑스·엥겔스 『독일이데올로기』, 위의 책, 215쪽.

명과 마찬가지로 공포정치에 빠질 수밖에 없었다. 이후 러시아혁명은 그것을 실증해보였다.

그 이후로도 '세계동시혁명'은 항상 주창되었지만, 그저 슬로건에 지나지 않았다. 사회주의혁명은 세계동시혁명으로서만 가능하다는 마르크스의 생각을 아무도 진지하게 생각한 적이 없다. 세계동시혁명이라는 신화적 비전은 지금도 남아있다. 예를 들어, 다중의 글로벌한 반란이라는 이미지가 그 일례이다. 그것이 어떤 결과로 끝날 것인가는 뻔히 보인다. 하지만 내가 말하고 싶은 것은 세계동시혁명이라는 관념을 방기하는 것이 아니다. 그것을 다른 형태로 생각하는 것이다. 그것 이외에는 자본=네이션=스테이트를 지양할 방법이 없기 때문이다.

앞서 서술한 것처럼 2001년 이후의 사태에서 나는 글로벌한 자본과 국가에의 대항운동이 품은 문제에 대해 재고할 것을 강요당했다. 그 시기 나는 다시 칸트나 헤겔에 대해 생각했다. 왜냐하면 흥미롭게도 이라크전쟁이 통상 전문철학자 이외는 알지 못하는 칸트나 헤겔과 같은 고전철학의 문제를 돌연 현대의 정치적 문맥에서 소생시켰기 때문이다. 예를 들어, 아메리카의 네오콘 이데올로기는 프랑스나 독일이 지지한 유엔을 '칸트주의적 몽상'으로서 조소했다. 그때 그들은 그 이름을 말하지 않았지만, 실제로는 '헤겔'의 관점에 서있었다. 다른 한편, 하버마스를 비롯한 유럽의 사회민주주의자들은 아메리카의 전쟁에 반대하며 '칸트'를 들고 나왔다. 나는 전자는 말할 필요도 없지만, 후자를 지지할 생각도 없었다.

이 과정에서 나는 다시 칸트에 대해, 특히 '영원평화'의 문제에 대해 생각하게 되었다. 그 이유 중 하나는 일본이라는 국가가 전후헌법으로 전쟁의 방기를 선언했음에도 불구하고, 이라크에 파병을 하는 획기적 사태가 일어났기 때문이다. 이 헌법이 칸트에서 유래되었다는 것은 명백하다. 하지만 내가 칸트를 다시 읽은 것은 그저 '평화' 때문이 아니라 국가와 자본의 지양이라는 관점에서다. 왜냐하면 칸트가 말하는 '영원평화'란 단순히 전쟁이 부재하는 평화가 아니라, 바로 국가 간 모든 적대성의 폐기, 즉 국가의 폐기이기 때문이다.

나는 칸트의 '국가연방'의 구상을 평화주의로서가 아니라 국가와 자본의 지양이라는 관점에서 다시 읽으려고 했다. 그때 나는 칸트가 말하자면 '세계동시혁명'에 대해 사고하고 있었다는 점에 생각이 미쳤다. 그는 루소적 시민혁명을 지지했지만, 그것이 일국만으로는 성립하지 않는다고 예상하고 있었다. 타국의 간섭이나 침략이 반드시 생겨나기 때문이다. 칸트가 프랑스혁명 이전부터 국가연방을 구상한 것은 그 때문이다. 즉 그것은 전쟁의 방지를 위해서가 아니라 시민혁명을 '세계동시혁명'으로 삼기 위해서였다.

칸트의 염려대로 일국만으로 일어난 프랑스시민혁명은 곧바로 주위의 절대왕권국가의 간섭을 받았고, 바깥으로부터의 공포는 내부의 '공포(정치)'로 귀결되었다. 또 바깥에 대한 혁명방위 전쟁이 나폴레옹에 의한 유럽정복전쟁으로 바뀌어갔다. 그 한가운데에서 칸트는 『영원한 평화를 위하여』(1795)를 간행하고, 국가연방의 설립을 제창했던 것이다. 그렇기 때문에 이것은 평화주의적 구상이라고 생각되고 있다. 하지만 칸트가 지향하는 것은 전쟁의 부재로서의 평화가 아니라, 국가와 자본이 지양되는 시민혁명의 세계동시적 실현이다. 그 최초의 스텝이 국가연방이다. 이렇게 생각했을 때, 칸트와 마르크스가 생각지도 못한 형태로 제회(際會)하게 되었다.

칸트는 국가연방이 인간의 선의에 의해서가 아니라 오히려 전쟁에 의해, 그리고 그 때문에 불가항력적으로 실현될 것이라고 생각했다. 실제 그의 구상은 두 번의 세계전쟁을 통해서 실현되었다. 국제연맹과 국제연합이 그것이다. 물론 그것은 불충분한 것이다. 하지만 자본=네이션=스테이트를 넘어서는 길이 이 방향밖에 없다는 것은 의심의 여지가 없다.

| 차 례 |

한국어판 서문 ·· 5

서 문 ·· 13

서설 교환양식론 ·· 31

    1. 마르크스의 헤겔비판 31 | 2. 교환양식의 타입 36 | 3. 권력의
타입 43 | 4. 교통개념 48 | 5. 인간과 자연의 '교환' 52 | 6.
사회구성체의 역사 56 | 7. 근대세계시스템 63

제1부 미니세계시스템

서론 씨족사회로의 이행 ··· 71

제1장 정주혁명 ··· 75

    1. 공동기탁과 호수 75 | 2. 교역과 전쟁 78 | 3. 성층화 82
| 4. 정주혁명 84 | 5. 사회계약 89 | 6. 증여의 의무 92

제2장 증여와 주술 ··· 95

    1. 증여의 힘 95 | 2. 주술과 호수 97 | 3. 이행의 문제 101

제2부 세계=제국

서론 국가의 기원 ··· 107

제1장 국가 ··· 113

    1. 원도시=국가 113 | 2. 교환과 사회계약 116 | 3. 국가의
기원 120 | 4. 공동체=국가 124 | 5. 아시아적 국가와 농업공동체
126 | 6. 관료제 133

제2장 세계화폐 ··· 137

    1. 국가와 화폐 137 | 2. 상품세계의 사회계약 141 | 3. 『리바이어
던』과 『자본론』 145 | 4. 세계화폐 149 | 5. 화폐에서 자본으로의
변화 152 | 6. 자본과 국가 159

제3장 세계제국 ··· 167

    1. 아시아적 전제국가와 제국 167 | 2. 주변과 아주변 172 |
3. 그리스 176 | 4. 로마 186 | 5. 봉건제 189

제4장 보편종교 ··· 197

    1. 주술에서 종교로 197 | 2. 제국과 일신교 203 | 3. 모범적
예언자 207 | 4. 윤리적 예언자 210 | 5. 신의 힘 216 | 6.
기독교 219 | 7. 이단과 천년왕국 223 | 8. 이슬람교·불교·도교
227

제3부 근대세계시스템

서론 세계=제국과 세계=경제 ·· 237

제1장 근대국가 ··· 245
1. 절대주의 왕권 245 | 2. 국가와 정부 249 | 3. 국가와 자본 252 | 4. 마르크스의 국가론 257 | 5. 근대관료제 262

제2장 산업자본 ··· 267
1. 상인자본과 산업자본 267 | 2. 노동력상품 271 | 3. 산업자본의 자기증식 277 | 4. 산업자본주의의 기원 282 | 5. 화폐의 상품화 288 | 6. 노동력의 상품화 291 | 7. 산업자본주의의 한계 296 | 8. 세계경제 298

제3장 네이션 ··· 303
1. 네이션의 형성 303 | 2. 공동체의 대리보충 307 | 3. 상상력의 지위 312 | 4. 도덕감정과 미학 315 | 5. 국가의 미학화 318 | 6. 네이션=스테이트와 제국주의 324

제4장 어소시에이셔니즘 ··· 329
1. 종교비판 329 | 2. 사회주의와 국가주의 337 | 3. 경제혁명과 정치혁명 341 | 4. 노동조합과 협동조합 346 | 5. 주식회사와 국유화 354 | 6. 세계동시혁명 358 | 7. 영구혁명과 단계의 '뛰어 넘음' 362 | 8. 파시즘의 문제 368 | 9. 복지국가주의 374

제4부 현재와 미래

제1장 세계자본주의의 단계와 반복 ·· 381

　　1. 자본주의의 역사적 단계 381 ｜ 2. 자본과 국가에 있어서 반복
　　389 ｜ 3. 1990년 이후 393 ｜ 4. 자본의 제국 397 ｜ 5. 다음
　　헤게모니국가 400

제2장 세계공화국으로 ·· 405

　　1. 자본에의 대항운동 405 ｜ 2. 국가에의 대항운동 414 ｜ 3.
　　칸트의 '영원평화' 418 ｜ 4. 칸트와 헤겔 422 ｜ 5. 증여에 의한
　　영원평화 428 ｜ 6. 세계시스템으로서의 국가연방 432

미주 ·· 435
후기 ·· 471
옮긴이 후기 ··· 473

서설 교환양식론

1. 마르크스의 헤겔비판

현재의 선진자본주의국가에는 자본=네이션=스테이트라는 삼위일
체 시스템이 존재한다. 그것은 다음과 같은 구조이다. 먼저 자본주의적
시장경제가 있다. 하지만 그것은 방치되면 반드시 경제적 격차와 계급대
립으로 귀결된다. 그에 대해 네이션은 공동성과 평등성을 지향하는
관점에서 자본제경제가 초래하는 모순들의 해결을 요구한다. 그리고
국가는 과세와 재분배나 규칙들을 통해 그 과제를 해결한다. 자본도
네이션도 국가도 서로 다른 것이고, 각기 다른 원리에 기초하고 있는
것이지만, 여기서는 서로를 보완하는 형태로 접합되어 있다. 그것들은
어느 하나를 결여해도 성립하지 않는 보로메오의 매듭이다.

이제까지 이런 구조를 파악하려고 한 사람은 없었다. 그러나 어떤
의미에서 헤겔의 『법철학 강의』가 그것을 파악하려고 했다고 말할 수
있다. 다만 헤겔은 자본=네이션=스테이트를 궁극적인 사회형태로 보
고, 그것을 넘어서는 것을 생각하지 않았다. 그렇지만 자본=네이션=스

테이트를 넘어서기 위해서는 먼저 그것을 발견해야 한다. 따라서 헤겔의
『법철학 강의』를 근본적으로 비판(음미)하는 것에서 시작하지 않으면
안 된다.

마르크스는 청년기에 헤겔의 법철학 비판에서 지적 활동을 개시했다.
그때 그는 네이션=스테이트를 지상(至上)의 지위에 두는 헤겔체계에
대해 국가나 네이션은 관념적인 상부구조이고 시민사회(자본주의경제)
야말로 기초적인 하부구조라고 생각했다. 뿐만 아니라 그는 그것을
세계사 전체에 적용시키려고 했다. 예를 들어, 마르크스는 다음과 같이
쓰고 있다.

> 내 연구의 실마리가 된 일반적 결론은 간단히 다음과 같이 공식화할
> 수 있다. 인간은 자신들의 생활을 사회적으로 생산하는 가운데, 자신
> 들의 의지로부터 독립되어 있는 일정한 필연적 관계들, 즉 자신들의
> 물질적 생산력들의 일정한 발전단계에 대응하는 생산관계들에 들어
> 선다. 이러한 생산관계들의 총체가 사회의 경제적 기구를 만들고,
> 이것이 현실의 토대가 되어 그 위에 법률적, 정치적 상부구조가 세워
> 지고, 또 일정한 사회적 의식 형태들은 이런 현실의 토대에 대응하고
> 있다. 물질적 생활의 생산양식은 사회적, 정치적, 정신적 생활과정들
> 일반을 제약한다. 인간의 의식이 그들의 존재를 규정하는 것이 아니
> 라, 역으로 인간의 사회적 존재가 그들의 의식을 규정한다. ……
> 경제적 기초의 변화와 더불어 거대한 상부구조 전체가 서서히 혹은
> 급격히 뒤집힌다. 이러한 변혁들을 고찰할 때 사람들은 자연과학적으
> 로 정확히 확인이 가능한 경제적 생산조건들에서 일어난 물질적
> 변혁과 인간들이 이러한 충돌들을 의식하고 그것과 결전하는 장(場)
> 인 법률, 정치, 종교, 예술 혹은 철학의 여러 형태, 간단히 말해 이데올

로기의 여러 형태들을 항상 구별해야만 한다. …… 대략적으로 말하자면, 경제적 사회구성체가 진보해가는 단계로서 아시아적, 고전고대적, 봉건적, 그리고 근대부르주아적 생산양식을 들 수 있다. 부르주아적 생산관계들은 사회적 생산과정의 마지막 적대형태인데, 여기서 적대적이라고 하는 것은 개인적인 적대라는 의미가 아니라 개인들의 사회적 생활조건에서 생겨나는 적대라는 의미이다. 하지만 부르주아 사회의 태내에서 발전해가는 생산력은 동시에 이런 적대관계의 해결을 위한 물질적 조건도 만들어낸다. 그러므로 이 사회구성체와 더불어 인간사회의 전사(前史)는 끝을 알리는 것이다.[1]

이런 견해는 이후 엥겔스 이하의 마르크스주의자에 의해 사적 유물론이라고 불리고 있다. 여기서 문제가 되는 것은 국가·네이션을 예술이나 철학과 마찬가지로 관념적인 상부구조로 보았다는 점이다. 그것은 국가가 능동적인 주체(agent)라고 생각한 헤겔을 비판하고, 국가를 그저 시민사회에 의해 규정된 관념적 대상으로 간주하는 것이다. 여기서 먼저 다음과 같은 사고가 나왔다. 그것은 경제적 구조를 바꾸면, 국가나 네이션은 자동적으로 소멸한다는 견해이다. 하지만 국가나 네이션의 능동적 주체성을 무시한 이런 견해는 마르크스주의운동에 다양한 실패를 가져다주었다. 그것은 한편으로 마르크스주의자 사이에서 국가사회주의(스탈린주의)를 가져왔고, 다른 한편으로 마르크스주의에 대항하는 내셔널 사회주의(파시즘)의 승리를 가져왔다. 바꿔 말해, 자본주의를 초극하는 운동은 국가와 네이션을 해소하기는커녕 그것들을 유례없이 강화하는 것으로 귀결되었던 것이다.

이런 경험은 마르크스주의자에게 있어 커다란 교훈이 되었다. 그 때문에 그들은 상부구조의 '상대적 자립성'을 중시하기에 이르렀다.

예를 들어, 프랑크푸르트학파로 대표되는 마르크스주의자는 베버의 사회학이나 프로이트의 정신분석 등을 도입했다. 물론 그것을 통해 경제적 하부구조에 의한 규정이라는 개념을 버린 것은 아니다. 하지만 실제로는 경제적 하부구조를 음미하지 않고 그저 보류하려고 했던 것이다.2) 또 그와 같은 경향은 문학·철학 등의 자율성에 대한 강조, 텍스트 해석의 '결정불가능성'이라는 주장과 연결되어 포스트모더니즘의 한 원천이 되었다. 하지만 이처럼 '상부구조의 상대적 자립성'을 말하는 것은, 실제로는 예를 들어 국가나 네이션이란 역사적으로 형성된 표상의 산물이어서 계몽을 통해 해소될 수 있다는 사고로 귀결될 뿐이다. 그것은 국가나 네이션이 어떤 종류의 하부구조에서 기인하고 있다는 것, 바로 그 때문에 능동적 주체성을 가진다는 것을 보지 않는 것이다.

그 이전부터 사적 유물론에 대한 비판이나 의심은 자본제 이전 사회를 다루는 학문에서 나왔다. 경제적 하부구조와 정치적 상부구조라는 마르크스의 견해는 근대자본주의사회에 근거한 것이다. 그러므로 그것을 자본제 이전 사회에 적용하면 이상해진다. 예를 들어, 원시사회(부족적 공동체)에는 원래 국가가 없고 경제적 구조와 정치적 구조의 구별도 없다. 이런 사회는 마르셀 모스가 지적한 것처럼 호수교환에 의해 특징지어진다. 이것을 '생산양식'으로 설명할 수는 없다. 생산양식이라는 개념에 집착했던 인류학자 마샬 살린스는 '가족적 생산양식'이라는 개념을 제출하고, 그것이 과소생산(underproduction)이라는 특징을 가지고 있다고 말한다.3) 하지만 과소생산은 오히려 바로 호수교환에 의해서 설명이 가능한 것이다. 잉여생산물을 축적하지 않고 타자에게 증여하기 때문에, 필연적으로 과소생산이 되는 것이다.

다음으로 '아시아적 생산양식'의 경우, 국가장치(군·관료·경찰기구 등)는 경제적인 생산관계 위에 있는 것이 아니다. 황제·왕과 그것을 뒷받침하는 관료층과 피지배자의 정치적 관계는 그것 자체가 경제적인 관계이다. 그래서 경제적 구조와 정치적 구조의 구별이 없다. 고전고대(그리스로마)에 관해서도 마찬가지다. 아시아적 국가와는 이질적인, 그들 고유의 정치시스템을 노예제생산양식으로 설명할 수 없다. 시민의 자유와 평등을 확보하기 위해서는 노예가 불가결했기 때문이다.

이처럼 경제적 하부구조=생산양식이라는 전제에 서면, 자본제 이전 사회를 설명할 수 없다. 뿐만 아니라 자본제경제조차도 설명할 수 없다. 자본제경제는 그 자체가 '관념적 상부구조' 즉 화폐와 신용에 근거한 거대한 체계를 가지고 있다. 마르크스는 이것을 설명하기 위해 『자본론』에서는 생산양식이 아니라 상품교환의 차원에서 고찰을 시작했다. 자본주의적 생산양식, 즉 자본과 노동자의 관계는 화폐와 상품의 관계(교환양식)를 통해 조직된 것이다. 그런데도 사적 유물론을 주장하는 마르크스주의자는 『자본론』을 충분히 읽지도 않고 '생산양식'이라는 개념을 되풀이했을 뿐이다.

그러므로 우리는 '생산양식'=경제적 하부구조라는 관점을 방기해야 한다. 하지만 그것은 '경제적 하부구조' 일반을 방기하는 것이 결코 아니다.4) 그저 생산양식 대신에 교환양식에서 출발하면 되는 것이다. 교환이 경제적 개념이라고 한다면, 모든 교환양식은 경제적인 것이다. 즉 '경제적'을 넓은 의미에서 보면, '경제적 하부구조'에 의해 사회구성체가 결정된다고 해도 지장이 없다. 예를 들어, 국가나 네이션은 각기 다른 교환양식(경제적 하부구조)에서 유래하고 있다. 그것들을 경제적 하부구조로부터 구별하여 관념적 상부구조로 간주하는 것은 이상하다. 국가나 네이션을 단순히 계몽으로 해소할 수 없는 것은 그것이 어떤 종류의 교환양식에서 기인하고 있기 때문이다. 물론 그것들은 관념적 형태를 취한다. 하지만 그것은 상품교환에서 기인한 자본제경제에 관해서도 마찬가지이다. 자본제시스템은 '물질적'이기는커녕 신용에 근거하는 관념적 세계이다. 그러므로 그것은 항상 '공황'(위기)을 내포하는 것이다.

2. 교환양식의 타입

교환이라면, 상품교환이 바로 연상된다. 상품교환의 양식이 지배적인 자본주의사회에 있는 한, 그것은 당연하다. 하지만 그것과는 다른 타입의 교환이 존재한다. 첫째는 증여-답례라는 호수이다. 인류학자 마르셀 모스는 미개사회에서 음식, 재산, 여성, 토지, 봉사, 노동, 의례 등 다양한 것이 증여되고 답례가 되는 호수적 시스템에서 사회구성체를 형성하는 원리를 발견했다. 그런데 이것은 미개사회에 한정된 것이 아니라, 일반적으로 다양한 타입의 공동체에 존재한다. 그러나 엄밀히 말해, 이런 교환 양식A는 공동체의 내부원리가 아니다.

마르크스는 상품교환(교환양식C)이 시작되는 것은 공동체와 공동체 사이라는 것을 여러 번 강조했다. "상품교환은 공동체가 끝나는 곳에서, 즉 공동체가 다른 공동체나 다른 공동체의 구성원과 접촉하는 지점에서 시작된다."[5] 여기서는 개인이 교환하고 있는 것처럼 보일지라도, 실제로는 가족・부족 대표자로서의 개인이 그렇게 하고 있는 것이다. 마르크스가 이런 것을 강조한 것은 교환의 기원을 개인과 개인의 교환에서 생각한 아담 스미스의 관점이 현재의 시장경제를 과거에 투영하고 있는 것에 지나지 않는다는 것을 비판하기 위해서였다. 그러나 동시에 우리는 다른 타입의 교환 또한 공동체와 공동체 사이에서 생겨났다는 점에 주의해야 한다. 즉 호수도 공동체와 공동체 사이에서 생겨난 것이다.

이런 의미에서 호수는 세대 안에서의 공동기탁(재분배)과 구별되어야 한다. 예를 들어, 수 세대로 이루어진 수렵채집민의 밴드에서 획득물은 전부 공동기탁되고 평등하게 재분배된다. 하지만 이런 공동기탁=재분배는 세대 내지 수 세대로 이루어진 밴드 내부에만 존재하는 원리이다. 그에 반해 호수는 세대나 밴드가 그 밖의 세대나 밴드 사이에 항상적인 우호관계를 형성했을 때에 행해지는 것이다. 즉 호수를 통해 세대를 넘어서는 상위집단이 형성되는 것이다. 따라서 호수는 공동체의 원리라기보다 오히려 커다란 공동체를 성층(成層)적으로 형성하는 원리이다.

이어서 교환양식B 또한 공동체 사이에서 생겨난다. 그것은 하나의 공동체가 다른 공동체를 침략하는 것에서 시작된다. 약탈은 그 자체가 교환은 아니다. 그렇다면 약탈은 어떻게 교환양식이 되는 것일까? 계속적으로 약탈하려면, 지배공동체는 단순히 약탈만 하는 게 아니라, 상대에게도 무언가를 주지 않으면 안 된다. 즉 지배공동체는 복종하는 피지배공동체를 다른 침략자로부터 보호하고 관개 등의 공공사업을 통해 육성하는 것이다. 이것이 국가의 원형이다. 막스 베버는 국가의 본질은 폭력독점에 있다고 서술한다. 그런데 이것은 단순히 국가가 폭력에 근거하고 있다는 것만을 뜻하는 것이 아니다. 국가는 국가 이외의 폭력을 금지함으로써 복종하는 자들을 폭력으로부터 보호한다. 즉 국가가 성립하는 것은 피지배자가 복종을 통해 안전과 안녕을 부여받는 일종의 교환을 의미할 때이다. 이것이 교환양식B이다.

여기서 부가해 두지만, 경제인류학자 칼 폴라니는 인간의 경제일반의 주요한 통합형태로 호수나 상품교환 외에 '재분배'를 들고 있다.6) 그는 재분배를 미개사회에서 현대의 복지국가에 이르기까지 일관되게 존재하는 것으로 보았다. 하지만 미개사회에서의 재분배와 국가에 의한 재분배는 이질적이다. 예를 들어, 수장제(首長制)사회에서 각 세대는 말하자면 수장에 의해 과세가 되고 있는 것처럼 보인다. 하지만 이것은 어디까지나 호수적 강제에 의한 공동기탁이다. 수장은 절대적인 권력을 가지고 있지 않다. 그런데다 국가에서는 약탈이 재분배에 선행한다. 계속적인 약탈을 위해 재분배가 이루어지는 것이다. 국가에 의한 재분배는 역사적으로는 관개나 사회복지, 치안과 같은 공공정책의 형태를 취해왔다. 그 결과 국가는 '공공적인' 권력인 것처럼 보인다. 하지만 국가(왕권)는 부족사회 수장제의 연장으로서 태어난 것이 아니다. 그것은 원래 약탈-재분배라는 교환양식B에 근거하는 것이다. 폴라니처럼 재분배를 모든 사회에서 동일하게 발견하는 것은 국가의 고유한 차원을 놓치는 것이다.[7]

다음으로 제3의 교환양식C, 즉 상품교환은 상호합의에 근거하는 것이다. 그것은 교환양식A나 B, 즉 증여를 통해 구속하거나 폭력을 통해 강탈하거나 하는 일이 없을 때 성립하는 것이다. 즉 상품교환은 서로가 타인을 자유로운 존재로서 승인할 때만 성립한다. 그러므로 상품교환이 발달할 때, 그것은 각 개인을 증여원리에 근거하는 일차적 공동체의 구속으로부터 독립시키는 것이 된다. 도시는 그와 같은 개인이 자발적으로 만든 어소시에이션에 의해 형성된다. 물론 도시도 그 자체로 이차적 공동체로서 그 성원을 구속하게 되지만, 역시 일차적 공동체와는 이질적이다.

상품교환과 관련하여 중요한 것은 그것이 상호의 자유를 전제함에도 불구하고 상호의 평등을 의미하는 것은 아니라는 점이다. 상품교환이라고 하면, 생산물이나 서비스가 직접적으로 교환되는 것처럼 보이지만, 실제로는 화폐와 상품의 교환으로 일어난다. 그 경우 화폐와 상품, 또는 그 소유자의 입장은 다르다. 마르크스가 말하는 것처럼 화폐는 '무엇과도 교환가능한 질권(質權)'을 갖는다. 화폐를 가진 자는 폭력적 강제에 호소하는 것 없이 타인의 생산물을 취득하고 타인을 움직일 수 있다. 그러므로 화폐를 가진 자와 상품을 가진 자, 또는 채권자와 채무자는 평등하지 않다. 화폐를 가진 자는 상품교환을 통해 화폐를 축적하려고 한다. 그것은 화폐의 자기증식 운동으로서의 자본의 활동이다. 자본의 축적은 타자를 물리적으로 강제하는 것에 의해서가 아니라 합의에 근거한 교환을 통해서 이루어진다. 그것은 다른 가치체계 사이의 교환에서 얻을 수 있는 차액(잉여가치)에 의해 가능하다. 물론 그것은 필연적으로 빈부의 차이를 초래한다. 이처럼 상품교환의 양식C는 교환양식B에 의해 초래되는 '신분'관계와는 다른 종류의 '계급'관계——이것들은 자주 서로 결부되지만——를 초래한다.

이들에 더하여 여기서 교환양식D에 대해 서술하지 않으면 안 된다. 그것은 교환양식B가 초래하는 국가를 부정할 뿐만 아니라, 교환양식C에서 생기는 계급분열을 넘어서, 말하자면 교환양식A를 고차원적으로 회복하는 것이다. 이것은 자유로운 동시에 상호적인 교환양식이다. 이것은 앞의 세 가지처럼 실재하는 것은 아니다. 그것은 교환양식B와 C에 의해 억압된 호수성의 계기를 상상적으로 회복하려는 것이다. 따라서 그것은 처음에는 종교적 운동으로서 나타난다.

교환양식의 구별에 관해 또 한 가지를 부가해 두기로 하자. 칼 슈미트는 '정치적인 것'에 관해 다른 것들로부터 상대적으로 독립된 그것에서 고유의 영역을 발견하려고 다음과 같이 서술하고 있다. "도덕적인 것의 영역에서 궁극적 구별이란 선과 악이고, 미적인 것에서는 미와 추, 경제적인 것에서는 이익과 손해, 예를 들어 채산이 맞는지 맞지 않는지일 것이다."[8] 그와 마찬가지로 정치적인 것에 고유한 궁극적 구별은 친구와 적이라는 구별이라고 슈미트는 말한다. 그러나 내 생각에 그것은 교환양식B에 고유한 것이다. 따라서 '정치적인 것'의 고유한 영역은 넓은 의미

에서 경제적인 하부구조에서 유래하는 것이라고 말해야 한다.9)

말이 나온 김에 말하자면, 도덕적인 것의 고유한 영역도 교환양식과 따로 있는 것이 아니다. 일반적으로 도덕적 영역은 경제적 영역과 따로 생각되고 있다. 하지만 그것은 교환양식과 무관하지 않다. 예를 들어, 니체는 죄의식이란 채무감정에서 유래한다고 서술했다. 이것은 도덕적·종교적인 것이 일정한 교환양식과 깊이 관련되어 있다는 것을 보여준다. 따라서 경제적 하부구조를 생산양식이 아닌 교환양식으로 본다면, 도덕성을 경제적 하부구조로부터 설명할 수 있다.

교환양식A(호수)를 예로 들어보자. 부족사회에서는 이것이 지배적인 교환양식이다. 여기에서는 부나 권력을 독점할 수 없다. 국가사회 즉 계급사회가 시작되면, 이 계기는 종속적이 된다. 거기서는 교환양식B가 지배적이 된다. 게다가 교환양식C도 발전한다. 교환양식C가 지배적이 되는 것은 자본제사회이다. 그러나 그 과정에서 교환양식A는 억압되지만, 소멸되는 것은 아니다. 오히려 그것은 프로이트의 말을 빌리자면, '억압된 것의 회귀'로서 회복된다. 그것이 교환양식D이다. 교환양식D는 교환양식A의 고차원적인 회복이다.

교환양식D는 먼저 고대제국의 단계에서 교환양식B와 C의 지배를 넘어서는 것으로서 개시되었다. 그것은 또 그와 같은 체제를 뒷받침할 뿐인 전통적 공동체의 구속을 넘어서는 것이기도 하다. 그러므로 교환양식D는 교환양식A로의 회귀가 아니라, 그것을 부정하면서 고차원적으로 회복하는 것이다. 교환양식D를 단적으로 드러내는 것은 기독교든 불교든 보편종교의 창시기에 존재한 공산주의적 집단이다. 그 이후도 사회주의적 운동은 종교적 형태를 취해왔다.

19세기 후반 이후 사회주의는 종교적인 색채를 갖지 않게 되었다. 그러나 중요한 것은 사회주의가 근본적으로는 교환양식A를 고차원적으로 회복하는 데에 있다는 점이다. 예를 들어, 한나 아렌트는 평의회코뮤니즘(소비에트 또는 레테)에 관해 그것이 혁명의 전통이나 이론의 결과로서가 아니라 언제 어디서든 "완전히 자발적으로 그때마다 그때까지 전혀 없었던 것처럼 출현한다"는 점을 지적하고 있다.10) 이것은 자연발생적인 평의회코뮤니즘이 교환양식A의 고차원적인 회복이라는 것을 보여준다.

교환양식D 및 그것에서 유래하는 사회구성체를 예를 들어 사회주의, 공산주의, 아나키즘, 평의회코뮤니즘, 어소시에이셔니즘……이라는 이름으로 불러도 좋다. 하지만 그들 개념에는 역사적으로 다양한 의미가 부착되어 있기 때문에, 어떻게 부르든 오해나 혼란을 초래하게 된다. 그러므로 나는 그것을 그저 X라고 부르기로 한다. 중요한 것은 말이 아니라 그것이 어떤 위상에 있는지를 아는 것이기 때문이다.

이상을 정리하면 교환양식은 호수, 약탈과 재분배, 상품교환, 그리고 X라는 식으로 크게 네 가지로 구별된다. 이들은 <그림 1>과 같은 매트릭스로 제시된다. 이것은 횡축에서는 불평등/평등. 종축에서는 구속/자유라는 구별에 의해 구성된다. 그리고 <그림 2>에 이것의 역사적 파생태인 자본, 네이션, 국가, 그리고 X가 놓인다.

B 약탈과 재분배 (지배와 보호)	A 호수 (증여와 답례)
C 상품교환 (화폐와 상품)	D X

B 국가	A 네이션
C 자본	D X

<그림 1> 교환양식   <그림 2> 근대의 사회구성체

다음으로 중요한 것은 실제 사회구성체는 이런 교환양식의 복합으로 서 존재한다는 점이다. 미리 말하자면, 역사적으로 사회구성체는 이와 같은 양식들을 전부 포함하고 있다. 하지만 어느 것이 주요한가에 의해 달라진다. 부족사회에서는 호수적 교환양식A가 지배적(dominant)이다. 하지만 그것은 B나 C가 존재하지 않는다는 것을 의미하지 않는다. 예를 들어, 전쟁이나 교역은 항상 존재하는 것이다. 다만 B나 C와 같은 계기는 호수원리에 의해 억제되기 때문에, B가 dominant한(지배적인) 사회, 즉 국가사회로 바뀌지 않는 것이다. 한편 B가 dominant한 사회에서도 A는 다른 형태를 취해 존속해왔다, 예를 들어 농민공동체로서. 또 교환양식C 도 발전했다, 예를 들어 도시로서. 그러나 자본제 이후의 사회구성체에서 는 이런 요소가 국가에 의해 위로부터 관리·통제되었다. 교환양식B가 dominant하다는 것은 이와 같은 의미이다.

　다음으로 교환양식C가 dominant하게 되는 것이 바로 자본제사회이다. 마르크스가 생각하기에 자본제사회구성체는 '자본제생산'이라는 생산 양식에 의해 규정되는 사회이다. 그런데 자본제생산을 특징짓는 것은 무엇일까. 그것은 분업과 협업이나 기계의 사용과 같은 '생산양식'에 있는 것이 아니다. 왜냐하면 그런 것이라면 노예제에서도 가능하기 때문이다. 또 자본제생산은 상품생산 일반으로 해소되지 않는다. 왜냐하 면 노예제도 농노제도 상품생산이고, 또 그 때문에 발전했기 때문이다. 자본제생산이 노예제나 농노제와 다른 것은 그것이 '노동력상품'에 의한 상품생산이라는 데에 있다. 노예제사회에서는 인간이 상품이 된다. 따라 서 인간이 상품화되지 않고 인간의 '노동력'이 상품화되는 사회가 아니 라면, 자본제생산은 불가능하다. 또 그것은 토지의 상품화를 포함하여 사회전체에 상품교환이 침투하지 않으면 생기지 않는다. 그러므로 '자본 제생산'은 생산양식이 아니라 교환양식에서 보아야 이해할 수 있다.

자본제사회는 상품교환이 지배적인 교환양식이다. 하지만 그것에 의해 다른 교환양식 및 그로부터 파생되는 것이 소멸해버리는 것은 아니다. 다른 요소는 변형되어 존속한다. 국가는 근대국가로서 공동체는 네이션으로서. 즉 자본제 이전의 사회구성체는 상품교환양식이 domi-nant하게 됨에 따라서 자본=네이션=국가라는 통합체로서 변형되는 것이다. 이렇게 생각하는 것을 통해서만 헤겔이 파악한 『법철학 강의』의 삼위일체적 체계를 유물론적으로 다시 파악할 수 있다. 그리고 그것들의 지양이 어떻게 가능한지를 생각할 수 있다.

마르크스주의자는 국가나 네이션을 이데올로기적 상부구조로 간주해왔다. 하지만 국가나 네이션이 자본주의적 경제적 구조로 환원되지 않는 자립성을 갖는 것은 그것들이 '상대적으로 자립성을 가진 이데올로기적 상부구조'로 존재하기 때문이 아니다. 그것들이 각기 다른 경제적 하부구조, 즉 다른 교환양식에서 기인하기 때문이다. 마르크스 자신이 해명하려고 한 것은 상품교환양식이 형성하는 세계만이었다. 그것이 『자본론』이다. 하지만 그것은 다른 교환양식이 형성하는 세계, 즉 국가나 네이션을 괄호에 넣음으로써였다. 내가 여기서 시도하고 싶은 것은 다른 교환양식이 각각 형성하는 세계를 고찰함과 더불어 그것들의 복잡한 결합으로서 존재하는 사회구성체의 역사적 변천을 보는 것, 그리고 이것들을 지양하는 것이 어떻게 가능한가를 지켜보는 것이다.

3. 권력의 타입

여기서 다양한 교환양식에서 생겨나는 다양한 권력(power)에 대해 생각해 보기로 하자. 권력이란 일정한 공동규범을 통해 타인을 자신의 의지에 따르게 하는 힘이다. 먼저 공동규범에는 크게 세 가지 종류가 있다. 첫째로 공동체의 법. 이것은 오키테[掟]라고 불러도 좋다. 이것이 명문화되는 일이 거의 없으며 벌칙도 없다. 하지만 이 오키테를 파괴하면, 무라하치분[村八分][1]을 당하거나 추방되기 때문에 파괴하는 일은 거의 없다. 둘째로 국가의 법. 공동체 사이, 또는 다수의 공동체를 포함하는 사회의 법이라고 해도 좋다. 공동체의 오키테가 더 이상 통용되지 않는 공간에서 국가의 법이 공동규범으로서 등장하는 것이다. 셋째로 국제법. 국가 간의 법이다. 즉 국법이 통용되지 않는 공간의 공동규범이다.

권력의 타입도 이런 공동규범에 따라 따르다. 중요한 것은 이런 공동규범이 권력을 불러오지는 않는다는 점이다. 역으로 이런 공동규범은 일정한 권력(power) 없이는 기능하지 않는다. 통상 권력은 폭력에 의거한다고 생각된다. 하지만 그것이 타당한 것은 국가의 공동규범(법)과 관련해서이다. 예를 들어, 오키테가 작용하는 공동체 내부에서는 공동규범을 작동시키기 위해 폭력을 필요로 하지 않는다. 폭력과는 이질적인 강제력이 작동하기 때문이다. 그것을 증여에 의한 권력이라고 부르기로 하자. 마르셀 모스는 자기파멸적 증여인 포틀래치에 관해 다음과 같이 서술하고 있다.

> 이와 같은 광기어린 증여나 소비의 동기, 또는 이와 같은 터무니없는 부의 상실이나 파괴는 특히 포틀래치집단에서 이해관계가 없는 것이 결코 아니다. 추장과 부하의 사이, 부하와 그 추종자들 사이에는 선물에 의해 신분계층제가 만들어진다. 준다는 것은 자신의 우월성을 드러내는 것이고, 자기가 보다 위대하고 보다 높이 있으며 주인이라는

· · ·

1_ 집단 따돌림. 마을의 법도를 어긴 사람에 대하여 마을 사람 전체가 왕래를 끊는 일.

것을 보여주는 것이다. 받고 답례를 하지 않는다거나 더 많은 답례를
하지 않는다는 것은 종속되는 것이고, 가신이나 하인이 되는 것이며,
작아지는 것이고, 더 낮은 지위로 떨어지는 것이다.[11]

증여하는 사람은 증여받은 쪽을 지배한다. 되돌려주지 않으면, 종속적
인 지위로 떨어지기 때문이다. 여기서는 폭력이 작용하고 있지 않다.
오히려 일견 무상(無償)적이고 선의로 가득 차 있는 것처럼 보인다. 그럼
에도 불구하고 그것은 폭력적 강제 이상으로 타인을 강하게 지배한다.
그러므로 모스는 "교환된 것 속에는 …… 증여를 유통시키고 받아들이
게 하고 답례하게 하는 어떤 종류의 힘이 존재한다"고 생각했다. 그리고
그 힘을 뉴질랜드의 선(先)주민 마리오족을 따라서 하우(주력呪力)라고
불렀다. 이것에 대해서는 뒤에서 서술한다. 여기서 중요한 것은 호수교환
에 일종의 권력이 따른다는 점이다.

예를 들어, 포틀래치에서 증여받은 쪽은 그 이상으로 증여를 되돌려줌
으로써 상대를 압도하려고 한다. 포틀래치는 전쟁이 아니다. 그러나
상대를 제압한다는 동기에서 전쟁과 닮아있다. 또 증여는 그렇게 보이지
않는 장소에 존재한다. 예를 들어, 공동체의 일원이라는 것은 이미 태어
나면서 공동체로부터 증여받는 것이라고 해도 좋다. 각 구성원이 그것을
갚을 의무를 진다. 공동체가 개개인을 구속하는 힘은 그와 같은 호수성의
힘이다. 그러므로 공동체에서 구성원이 규범(오키테)을 어길 경우 특별
히 그것을 처벌할 필요가 없다. 오키테를 파괴한 것이 공동체에 알려지기
만 하면, 그것으로 끝이기 때문이다. 공동체로부터 버림을 받는 것,
그것은 죽음을 의미한다.

둘째로 공동체의 오키테는 공동체의 바깥, 또는 다수의 공동체가
존재하는 상태에서는 기능하지 않는다. 따라서 공동체를 넘어선 공동규

범(법)이 필요하게 된다. 하지만 그것이 기능하기 위해서는 강제적인 힘이 필요하다. 바로 실력(폭력)이다. 베버는 국가권력이란 독점된 폭력에 근거한다고 말하고 있다. 하지만 단순한 폭력으로는 공동규범을 강제하는 힘이 될 수 없다. 국가는 실제로 어떤 공동체가 폭력을 가지고 다른 공동체를 지배함으로써 성립한다. 하지만 그것을 일시적인 약탈이 아니라 항상적인 것으로 하기 위해서는 그런 지배는 공동체를 넘어선, 즉 지배자나 지배공동체 자신도 따르는 공동규범에 근거하지 않으면 안 된다. 국가는 그때에 존재한다. 즉 국가권력은 폭력에 의해 뒷받침되지만, 항상 법을 매개로 하여 나타난다.

공동체의 오키테를 강요하는 힘이 호수교환에서 비롯되고 있는 것처럼 국가의 법을 강요하는 힘도 일종의 교환에서 비롯되고 있다. 그것을 최초로 발견한 사람은 홉스이다. 그는 국가의 근저에서 '공포에 의해 강요된 계약'을 보았다. 그것에 의해 '한편은 생명을 얻고, 다른 한편은 돈이나 노동을 얻는 계약'이다. 이것은 국가권력이 폭력적 강제만이 아니라, 오히려 그에 대한 (자발적인) 동의에 의해 성립한다는 것을 의미한다. 그저 폭력적 강제에 의한 것이라면, 오래 지속되지 않는다. 따라서 중요한 것은 국가권력이란 일종의 교환양식에서 기인하고 있다는 점이다.

셋째로 국가 간의 법, 즉 국법이 통용되지 않는 공간의 공동규범은 어떻게 존재할까. 홉스는 국가 간은 '자연상태'이고, 그것을 넘어서는 법은 없다고 한다. 하지만 현실적으로는 국가 간의 교역이 이루어져 왔다. 그리고 이 교역 현실로부터 생겨난 법이 존재한다. 그것이 말하자면 '자연법'이다. 이것은 단순한 관념이 아니다. 교역이 필요하다면, 어떤 국가도 이것을 부정할 수는 없다. 자연법을 뒷받침하는 것은 공동체나 국가의 힘이 아니다. 상품교환에서 생겨난 힘이다. 구체적으로 말하면, 화폐의 힘이다.

마르크스가 강조한 것처럼 상품교환은 공동체와 공동체 사이에서 발생했다. 그곳에서 성립한 것은 일반적 등가물(화폐)에 의한 교환이다. 이것은 '상품세계의 공동작업'(마르크스)의 결과이다. 우리는 이것을 상품 사이의 사회계약이라고 말해도 좋다. 국가는 이에 관여하고 있지 않다. 실제로는 국가와 법이 없으면, 상품교환이 성립하지 않는다. 즉 계약이 이행되지 않는다. 하지만 국가는 화폐가 가진 힘을 불러오지는 못한다. 화폐는 국가에 의해 주조되지만, 그것이 통용되는 것은 국가의 힘에 의해서가 아니다. 상품(소유자)들의 세계 속에서 형성된 힘에 의한 것이다. 국가나 제국(광역국가)이 하는 일은 화폐의 금속량을 보증하는 것에 지나지 않는다. 한편 화폐의 힘은 제국의 범위를 넘어서기에 이른다.

상품교환은 자유로운 합의에 의한 교환이다. 그 점에서 공동체나 국가와는 다르다. 하지만 여기서 후자와는 다른 지배가 생겨난다. 화폐의 힘은 화폐(소유자)가 상품(소유자)에 대해 갖는 권리에 있다. 화폐는 언제 어디서든 다른 어떤 상품과도 교환할 수 있는 '질권'을 갖는다. 그러므로 상품과 달리 화폐는 축적이 가능하다. 부의 축적은 생산물의 비축이 아니라 화폐의 축적으로서 시작되었다. 다른 한편 상품은 화폐와 교환되지 않으면, 많은 경우 상품조차 아니게 된다. 즉 폐기될 수밖에 없다. 상품은 교환될지 어떨지 알 수 없기 때문에 화폐를 가진 자가 압도적으로 우위에 선다. 여기에 화폐를 축적하려고 하는 욕망과 그 활동, 즉 자본이 발생하는 이유가 있다. 화폐의 힘은 증여나 폭력에 근거하는 힘과는 다르다. 그것은 타자를 물리적·심리적으로 강제하는 것이 아니라, 동의에 근거하는 교환을 통해 부릴 수 있다. 이 점에서 예를 들어 노예를 일하게 하는 것과 노동자를 임금으로 일하게 하는 것은 다르다. 하지만 이 화폐의 힘은 폭력에 근거하는 계급(신분)지배와는 다른 종류의 계급지배를 초래한다.

이로써 명확한 것은 모든 교환양식에서 그것만의 고유한 권력이 생긴다는 점, 그리고 교환양식의 차이에 따라 권력타입도 각기 다르다는 점이다. 사회구성체가 세 가지 타입의 교환양식의 결합으로서 존재하는 것과 마찬가지로, 이상 세 가지 타입의 권력은 어떤 사회공동체에서든 결합의 형태로 존재한다. 마지막으로 이상의 세 가지 힘 외에 제4의 힘을 부가하지 않으면 안 된다. 그것은 교환양식D에 대응하는 것이다. 내가 생각하기에 그것이 최초로 출현한 것은 보편종교에서이고, 말하자면 '신의 힘'으로서이다. 교환양식 A · B · C, 그리고 거기서 파생되는 힘은 집요하게 계속 존재한다. 인간은 그것에 저항할 수 없다. 그러므로 그것들을 넘어서야 하는 교환양식D는 인간의 희망이나 자유의지에 의한 것이라기보다도 오히려 그것들을 넘어선 지상명령으로서 나타난다.

4. 교통개념

내가 '생산양식'이 아니라 '교환양식'이라는 관점에서 역사를 다시 본다고 했을 때, 그것이 마르크스주의의 통념과는 다르다는 것은 명확하다. 하지만 반드시 마르크스와 다른 것은 아니다. 나는 '교환'을 넓은 의미에서 생각하고 있다. 사실 마르크스도 젊은 시절 마찬가지로 '교통'이라는 개념을 넓은 의미에서 사용했다. 예를 들어, 『독일이데올로기』에서는 교통이라는 단어를 다음과 같이 사용하고 있다. 그것을 네 곳에서 인용하겠다.

화폐와 더불어 모든 교통형태 및 교통 자체는 개인들에게 우연적인 것으로 간주된다. 그러므로 지금까지의 교통이 모두 결정된 조건들 하에서의 개인들의 교통이었지 개인과 개인으로서의 교통은 아니었다는 사실이 이미 화폐에 내재되어 있다.

분업의 확대는 생산과 교통의 분리이자 상인이라는 특수한 계급의 형성이었다.

지금까지의 모든 역사적 단계에 존재했던 생산력들에 의해 조건지 어짐과 동시에, 역으로 그 생산력들을 조건지우는 교통형태가 바로 시민사회이다. 이는 앞서 서술한 것으로도 알 수 있는 것처럼, 단순가 족과 복합가족, 소위 종족제를 그 전제 및 기초로 삼고 있는데, 그에 대한 자세한 규정은 앞서 서술한 것에 포함되어 있다.

정복을 하는 야만족(蠻族)의 경우는 이미 앞에서 다룬 것처럼 전쟁 그 자체가 하나의 정상적인 교통형태이다.[2]

위의 예는 교통이라는 개념이 가족이나 부족과 같은 공동체의 내부, 그리고 공동체와 공동체 사이의 교역, 더구나 전쟁까지를 포함한다는 것을 보여주고 있다. 그것은 교환을 넓은 의미로 생각하는 것과 마찬가지 이다. 이에 반해 그 시기 마르크스는 생산양식이라는 단어를 협소한 의미로 사용하고 있다. 이후 생산양식이라고 부른 것을 그는 이 시기

• • •

2_ マルクス・エンゲルス, 『ドイツ・イデオロギー』, 古在由重 訳, 岩波書店(마르크스・엥겔스, 『독일 이데올로기』, 김대웅 옮김, 두레, 1989, 118/100/78/61쪽).

교통형태라고 불렀다고 해도 좋다.

교통이라는 개념을 최초로 제창한 사람은 모제스 헤스(Moses Hess)이다. 그는 마르크스보다 조금 연장의 청년헤겔파(헤겔좌파) 철학자로 포이어바흐의 종교비판(자기소외론)을 국가나 자본에 대한 비판으로 전환하고 확장시킨 최초의 인물이다. 그리고 그는 「화폐체론」이라는 글에서 교통이라는 개념을 제기하고 그것을 통해 인간과 자연, 인간과 인간의 관계를 파악하려고 했다. 첫째로 헤스는 "생명은 생산적인 생명 활동의 교환이다"라고 서술하고 있다.

> 인간의 교통은 인간의 활동 장(場)으로, 그곳에서 개개의 인간들은 자신의 생명이나 능력을 실현시키고 활동하게 만들 수 있다. 그들의 교통이 활발하게 되면 될수록 그들의 생산력도 높아지고, 교통이 제한되게 되면 그들의 생산력 또한 제한된다. 그들 생명의 매개물, 즉 개체적 힘들의 교환 없이 개체들은 살아갈 수 없다. 인간의 교통은 그들의 본질로부터 우연히 파생되는 것이 아니다. 교통이야말로 인간의 현실적 본질이며…….12)

헤스가 생각하기에 인간과 자연의 관계는 교통이다. 구체적으로 말하면, 그것은 metabolism 즉 '물질대사'(Stoffwechsel)이다. 독일어로 대사(Wechsel)는 교환을 의미하기 때문에, 인간과 자연의 관계는 교통 또는 교환이라는 말이 된다. 이것은 마르크스의 '자연사'적 시점을 생각할 때 중요하다. 앞으로 서술하겠지만 환경문제를 생각할 때도 그러하다.

다음으로 헤스는 그와 같은 인간과 자연의 관계가 반드시 일정한 인간관계를 통해서 이루어진다는 점을 지적한다. 그것 또한 교통이다. 이 경우 헤스는 교통형태로서 '약탈과 노예제', 그리고 '상품거래'를 들고 있다.13) 그가 생각하기에 상품거래라는 형태가 확대되면, 그것은 약탈과 노예제(즉 폭력으로 타인의 생산물을 빼앗거나 그렇지 않으면 타인에게 노동을 시키는)를 대신하겠지만, 결국 그것과는 다른 형태, 즉 화폐에 의해 이루어지는 것으로 귀결된다. 화폐를 가짐으로써 인간은 타인을 강제할 수 있기 때문이다. 그렇다면 각자의 능력은 화폐라는 형태에서 소외되고 있다. 또 인간들의 분업과 협업은 그들의 의지에 반해 자본 하에서 조직되게 된다.

헤스는 진정으로 공동적인 교통형태는 자본주의경제 이후에만 존재할 수 있다고 생각했다. 자본제생산에서 인간은 이미 자본 하에서 협업하고 있기 때문에 그와 같은 자기소외로서의 자본을 폐기하고 공동생산을 자신들의 의지로 관리하게 되면, '유기적 공동사회'가 진정으로 실현될 것이라고 말이다. 이것은 프루동에 의해 제창된 '어소시에이션' 또는 협동조합적 생산의 다른 표현이다. 어떤 의미에서 마르크스도 이와 같은 사고를 평생 유지했다.

마르크스가 『경제학・철학 초고』(1844)의 단계에서 헤스의 '교통'론의 영향을 받았다는 것은 분명한데, 앞서 인용한 것처럼 그것은 『독일이데올로기』에도 계승되고 있다. 그런데 이후 마르크스는 경제학 연구를 심화시켜감에 따라 교통이라는 단어를 통상의 의미로만 사용하게 된다. 그것은 그가 『자본론』에서 교통의 한 형태 즉 공동체와 공동체 사이에서 생겨나는 교역(상품교환)이 확대됨으로써 성립한 자본제경제 연구에 전념했다는 것과 분리할 수 없다. 어쩌면 그것이 국가나 공동체, 네이션이라는 영역에 관한 고찰을 이차적인 것으로 만들었을지도 모른다. 하지만 그것을 가지고 마르크스를 비판할 여유가 있다면, 우리는 마르크스가 『자본론』에서 행한 작업을 국가나 네이션에 관해서 해야 한다.

마르크스는 상품교환이라는 기초적인 교환양식에서 시작하여 복잡한 자본주의적 경제시스템의 총체를 해명하려고 했다. 화폐와 신용에 의해 직조된 자본제경제시스템은 물질적 하부구조이기는커녕 신용에 의해 존재하는 종교적 세계와 같다. 그것은 그저 '자본주의적 생산양식' 따위를 말함으로써 설명할 수 있는 것이 아니다. 같은 것을 국가나 네이션에 대해서도 말할 수 있다. 그것들은 겉으로 이데올로기적 또는 관념적으로 보이지만, 자본제시스템과 마찬가지로 기초적인 교환양식에서 비롯되고 있다. 즉 국가는 교환양식B, 네이션은 교환양식A에서 비롯되고 있다. 그것들은 단순히 이데올로기나 표상 같은 것이 아니다. 근대의 자본제경제, 국가, 네이션은 기초적인 교환양식들의 접합과 그 변형을 통해 역사적으로 형성되어온 것이다.

5. 인간과 자연의 '교환'

국가, 네이션, 자본을 포괄적으로 다루기 위해서는 그것들을 넓은 의미의 교환, 즉 교통이라는 개념으로 되돌아서 다시 생각할 필요가 있다. 그리고 생산 대신에 교환이라는 개념을 들고 오는 것은 오늘날 특히 중요한 의미를 가진다. 앞서 서술한 것처럼 마르크스가 '생산이라는 개념을 고집한 것은 젊은 시기부터 일관되게 인간을 근본적으로 자연과의 관계 속에서 보는 시점을 가지고 있었기 때문이다. 그는 그것을 헤스에게서 배우고 '물질대사'로서, 바꿔 말해 '교환'으로서 보았다. 왜 그것이 중요한가. 예를 들어, 무언가를 생산하는 것은 어떤 소재 (material)를 변형하는 것이지만, 그것은 동시에 불필요한 폐기물과 폐열 (廢熱)을 생산하는 것이다. 그런데 물질대사라는 관점에서 보면, 이와 같은 폐기물은 재처리되어야 한다. 예를 들어, 땅속의 미생물이 폐기물을 처리하고 재이용할 수 있게 하는 것이 자연계의 에코시스템이다.

좀 더 근본적으로 말하면, 지구환경은 대기순환과 물순환을 통해 궁극적으로 엔트로피를 폐열로서 우주 바깥으로 내버림으로써 순환적 시스템일 수 있다. 이 순환이 방해받으면, 폐기물 또는 엔트로피가 축적되어버린다. 인간과 자연의 '물질대사'는 지구 전체 '물질대사'의 일환으로서 존재한다. 인간의 생활은 이와 같은 자연의 순환에서 자원을 얻고, 폐기물을 자연의 순환 속에서 되돌림으로써 유지가 가능하다.[14] 자본제 공업생산이 시작될 때까지 인간에 의한 생산이 에코시스템을 결정적으로 파괴한 일은 없었다. 인간이 생산한 폐기물은 자연에 의해서 처리되었다. 이것이 인간과 자연의 물질적 교환(대사)이다.

그런데 '생산'은 일반적으로 폐기물을 무시하고 생각되고 있다.[15] 그리고 그 창조성만이 평가된다. 헤겔과 같은 철학자가 파악해온 생산이란 바로 그와 같은 것이라고 해도 좋다. 그런데 그와 같은 헤겔의 사고를 관념론이라고 공격한 마르크스주의자도 실은 생산을 유물론적으로 본 적이 없다. 즉 그들은 생산이 폐기물과 폐열을 수반한다는 것을 생각하지 않았다. 그러므로 그들은 생산을 긍정적으로만 파악해왔다. 그리고 나쁜 것은 인간에 의한 인간의 착취, 또는 계급지배라고 말한다.[16]

그 결과 일반적으로 마르크스주의자는 생산력이나 과학기술의 진보에 대해 나이브하게 긍정적이었다. 그러므로 생태주의자가 마르크스주의자를 비판하는 것은 잘못이 아니다. 하지만 마르크스는 그렇지 않았다. 그는 『자본론』에서 자본주의적 농업이 "인간과 토지 사이의 대사를, 즉 인간이 식료와 의료의 형태로 소비하는 토양성분의 토지로의 복귀를, 따라서 영속적 토지풍요도의 영구적 자연조건을 교란한다"라고 지적한다. 그는 그 근거를 화학비료형 농업의 창시자임과 동시에 그것을 비판하면서 순환형 농업을 처음으로 제창한 독일 화학자 리비히로부터 얻었다.

자본주의적 농업의 모든 진보는 노동자로부터 약탈하는 기술의 진보만이 아니라, 동시에 토지로부터 약탈하는 기술의 진보이기도 하고, 일정기간 토지의 풍요도를 높이는 모든 진보는 동시에 이 풍요도의 영속적 원천을 파괴하는 진보이다. 예를 들어, 북아메리카합중국처럼 일국이 그 발전의 배경으로서 대공업에서 출발한다면, 그런만큼 이 파괴과정도 급속히 이루어진다. 그러므로 자본주의적 생산은 동시에 모든 부의 원천인 토지와 노동자를 망침으로써만 사회적 생산과정의 기술과 결합을 발전시킨다.[17]

마르크스는 여기서 산업자본이 노동자를 착취하고 있을 뿐만 아니라, 말하자면 자연을 착취=개발(exploit)한다는 점, 그것에 의해 '토양과 인간'이라는 자연을 파괴한다는 점을 비판한다. 그리고 그는 다음과 같이 서술한다. "요컨대 결론은, 농업에 대한 다른 고찰을 통해서도 도달하겠지만, 이런 것이다. 즉 자본주의체제는 합리적 농업을 거스른다는 것, 또는 합리적 농업은 자본주의체제와 양립할 수 없다는 것이고(비록 후자가 전자의 기술적 발달을 촉진시키기는 하지만), 뿐만 아니라 노동하는 소농민의 손이나 결합된 생산자에 의한 규제를 필요로 한다는 것"[18]이다. 이 구상은 자본주의적 대농장만이 아니라 국영의 대집단농장이라는 사고와도 다르다. 여기서 마르크스는 농업경영이 소생산자들의 어소시에이션(연합)이어야 한다고 말하는 것이다.

이상과 같은 점에서 볼 때, 마르크스의 『고타강령비판』(1875)의 논점

• • •

3_ Justus Freiherr von Liebig(1803-1873). 독일의 화학자. 유기화합물의 분자구조 연구로 유기화학에 큰 영향을 주었으며 대학 내에 근대적 화학 실험실을 개설하여 많은 연구자를 양성하였다. 또한 유기화학의 성과를 농업에 응용하여 비료의 이론을 확립하기도 했다.

이 명확해질 것이다. 「고타강령」은 독일사회주의노동자당의 결성 때 마르크스파와 라살레파의 합의에 근거하여 채택된 당 강령이다. 이것을 읽은 마르크스는 은밀하게 그러나 통렬히 비판했다. 그 포인트 중 하나는 "노동은 모든 부와 모든 문화의 원천이다"라는 라살레에 근거한 사고에 있다. 마르크스는 다음과 같이 말한다. "자연 또한 노동과 같은 정도로 사용가치의 원천이다. 그리고 그 노동은 그 자체가 하나의 자연력 즉 인간적 노동력의 발현에 지나지 않는다." '인간의 노동'을 최고로 삼는 것은 산업자본주의의 발상이다. 여기서 마르크스는 공업생산을 중심으로 한 견해(라살레만이 아니라 당시 마르크스파 일반에 의해 공유된)를 비판했던 것이다. 여기에는 초기 이래 인간과 자연을 물질대사에서 보는 '자연사적' 시점이 관철되고 있다. 둘째로 마르크스는 생산자협동조합을 국가에 의해 육성하려고 한 라살레파의 프로그램을 부정한다. 마르크스가 생각하기에 국가를 통해 어소시에이션을 키우는 것이 아니라, 바로 어소시에이션의 발전을 통해 국가를 해소하는 것이 과제였다. 현실적으로 권력을 잡은 마르크스주의자는 국가를 통해 생산자협동조합을 조직했다. 집단농장이나 인민공사(人民公社)란 그런 것이다.

이런 '물질대사'의 의미가 널리 의식되기 시작한 것은 화석연료, 특히 석유를 사용하게 되면서부터이다. 그것에 의해 '물질대사'는 이제 농업이나 토지에 한정된 문제가 아니게 되었기 때문이다. 석유는 에너지원일 뿐만 아니라 세제, 비료, 그 밖의 화학제품 원료로서도 사용된다. 따라서 그로부터 생기는 산업폐기물은 글로벌한(지구적) 환경문제를 가져왔다. 앞서 서술한 것처럼 지구환경은 일종의 열기관이다. 그것은 대기순환과 물순환을 통해 궁극적으로 엔트로피를 폐열로 우주 바깥에 내버림으로써 순환적 시스템일 수 있다. 이런 순환이 방해받으면, 기상변동이나 사막화, 그리고 그 밖의 환경위기는 불가피하다. 최종적으로 지구환경은 엔트로피가 누적되어 '열적 죽음[熱的死]'에 이른다.

이와 같은 사태는 인간이 자연에 대해 수탈적이기 때문에 생긴다. 하지만 이것을 단순히 '인간과 자연'의 관계, 바꿔 말해 테크놀로지나 문명의 문제로서 보는 것은 기만적이다. 그것은 인간과 자연의 교환관계 배후에 존재하는 인간과 인간의 교환관계를 은폐하기 때문이다. 실제 세계사에서 최초의 환경위기는 메소포타미아의 관개농업에서 생겨났고, 그것은 사막화로 귀결되었다. 똑같은 것이 인더스문명에서도, 황하문명에서도 생겼다. 이것은 인간을 수탈하는 조직(국가)이 동시에 자연(토양)을 수탈하는 조직이라는 것을 말해주는 최초의 예이다. 산업자본주의사회에서는 그것이 지구적 규모에서 실행되었다. 요컨대 인간과 인간의 교환관계, 그리고 그것이 초래하는 자본=네이션=국가라는 문제를 보지 않는 한, 환경문제에 본질적으로 대처하는 것은 불가능하다.

6. 사회구성체의 역사

나는 교환양식이라는 관점에서 사회구성체의 역사를 재고한다고 서술했다. 그때 출발점이 되는 것은 마르크스가 「자본제생산에 선행하는 제형태」에서 보여준 사회구성체의 역사적 단계들이다. 그것은 원시적씨족적 생산양식·아시아적 생산양식·고전고대적 노예제·게르만적 봉건제·자본제 생산양식이다. 이와 같은 분류는 몇 가지 조건을 덧붙인다면, 지금도 유효하다고 생각한다.19)

첫 번째 조건은 지리적 제한을 없애는 것이다. 예를 들어, 아시아적 사회구성체는 협소한 의미의 '아시아'로 한정되는 것이 아니다. 그것은 러시아나 아메리카(잉카, 마야, 아스텍 등)나 아프리카(가나, 마리, 다호메 등)에서도 발견된다. 봉건제도 게르만에 한정되지 않는다. 같은 종류의 것이 일본에서도 발견되기 때문이다. 그러므로 사회구성체를 구조론적으로 보기 위해 지리적 제한을 제거하는 것이 필요하다.

둘째로 부가해야 하는 조건은 이것들을 역사적 계기와 발전순서로 간주하지 않는 것이다. 애당초 마르크스가 말하는 역사적 단계는 헤겔의 '역사철학'을 유물론적으로 다시 말한 것이다. 헤겔은 세계사를 자유가 보편적으로 실현되는 과정으로 파악했다. 그것은 아프리카에서 아시아(중국·인도·이집트·페르시아)를 경유하여 그리스로마, 그리고 게르만사회에서 근대유럽에 이르는 것이다. 그것은 자유가 전혀 없는 상태에서 한 사람만이 자유인 상태, 소수가 자유인 상태, 만인이 자유인 상태로의 발전이다. 마르크스는 이것을 관념론적인 파악으로 보고, 그것을 생산양식, 즉 생산수단을 누가 소유하고 있는가? 라는 관점에서 세계사를 다시 보려고 했다. 이렇게 하여 원시공동체적 생산양식, 왕이 전부를 소유하는 아시아적 생산양식, 그리고 그리스로마의 노예제, 게르만의 봉건제라는 순서가 발견된다. 마르크스가 생산양식의 관점에서 본 역사적 단계는 <표 1>처럼 정식화할 수 있다.

정치적 상부구조	하부구조(생산양식)
무국가 아시아적 국가 고전고대 국가 봉건적 국가 근대국가	씨족사회 왕-일반적 예속민(농업공동체) 시민-노예 영주-농노 자본-프롤레타리아

<표 1>

마르크스는 아시아적 농업공동체가 씨족적 공동체에서 생긴 최초의 형태이자 아시아적 국가의 경제적 하부구조라고 말한다. 하지만 아시아적 농업공동체는 씨족사회의 연속적 발전으로서 생겨난 것이 아니다. 그것은 아시아적 국가에 의해 형성된 것이다. 예를 들어, 대관개농업을 일으킨 것은 국가이며, 그 아래에서 농업공동체가 편성되었다. 그것은 씨족사회로부터의 연속적 발전처럼 보이지만, 그렇지 않다. 오히려 그리스나 게르만 사회 쪽에 씨족사회로부터의 연속성이 남아있다.

아시아적 국가를 초기적 단계로 보는 것은 잘못이다. 관료제와 상비군을 가진 아시아적 국가는 수메르나 이집트에서 등장했지만, 그것은 이후 근대에 각지의 국가가 그것을 실현하기 위해 긴 시간을 필요로 했을 정도의 완성도를 보여주고 있기 때문이다. 이와 같은 집권(集權)적 국가는 다수의 도시국가의 항쟁을 경유하여 형성되었다. 한편으로 그리스에는 도시국가가 통합되지 않은 채로 남아있었다. 그것은 그리스가 문명적으로 진보하고 있기 때문이 아니라, 오히려 역으로 씨족사회 이래의 호수성원리가 농후하게 남아있었기 때문이다. 그것이 그리스에서 민주주의를 가져온 원인 중 하나이다.

이상의 문제는 '생산양식'에서 보는 한, 설명이 불가능하다. 이런 관점에서는 예를 들어 그리스나 로마를 특별히 역사적 단계로 구분할 만큼의 의의를 발견할 수 없다. 그리스의 민주주의나 그것과 결부된 다양한 문명을 노예제생산양식으로 설명하는 것은 이상하다. 그리스의 노예제는 도시국가의 민주주의, 즉 시민의 자유와 평등을 확보하기 위해 필요했을 뿐이다. 그러므로 후자가 어떻게 성립했는지를 생각해야 한다. 그런데 그러기 위해서는 '교환양식'이라는 관점이 필요하다.

중요한 것은 씨족적 사회구성체, 아시아적 사회구성체, 고전고대적 사회구성체, 게르만적 사회구성체는 역사적 단계로서 계기적으로 존재했던 것이 아니라, 동시에 서로 관계하는 형태로 존재했다는 점이다. 모든 사회구성체가 서로 관련을 맺는 세계에 존재하기 때문에, 어느 하나만 끄집어낼 수는 없다. 이와 관련하여 나는 월러스틴이나 체이스-던의 '세계시스템'의 사고에 따른다.20) 후자는 국가가 존재하지 않는 세계시스템, 단일 국가에 의해 관리되고 있는 상태를 세계=제국, 정치적으로 통합되지 않고 다수의 국가가 경합하는 상태를 세계=경제라고 구분해서 불렀다. 이런 구별을 교환양식에서 보면, 다음과 같다.

미니시스템, 즉 국가 이전의 세계시스템은 호수원리에 근거하는 것이다. 다음으로 세계=제국은 교환양식B가 지배적인 세계시스템이고, 세계=경제는 교환양식C가 지배적인 세계시스템이다. 그런데 여기서 확인해 두고 싶은 것은 이들을 규모로 구별해서는 안 된다는 것이다. 예를 들어, 호수원리에 근거하는 세계시스템은 일반적으로 작지만, 이로쿼이족의 부족연합을 보면, 그것이 공간적으로 거대한 것이 될 수 있다는 것을 알 수 있다. 이것은 또 몽골의 유목민이 세운 거대한 제국의 비밀을 설명해주는 것이기도 하다. 그것은 로컬에서는 아시아적 전제군주였지만, 동시에 지배적 공동체로서는 부족 간의 호수적 연합에 의거하고 있었다. 이에 비하면 로마제국을 포함한 다른 세계=제국은 로컬이라고 말할 수밖에 없다.

다음으로 마르크스가 말하는 아시아적 사회구성체는 하나의 공동체가 다른 공동체를 제압하고 부역·공납을 부여하는 체제이다. 즉 교환양식B가 dominant한 체제이다. 물론 교환양식B가 dominant한 체제는 봉건제나 노예제를 포함하여 다양하다. 이것들의 차이는 지배자공동체 사이에 호수적 원리가 남아있는지 어떤지에 있다. 그것이 남아있다면, 집권적인 체제를 만드는 것은 어렵다. 집권적 체제를 확립하기 위해서는 지배계급 사이에 존재하는 호수성을 잃어버리는 것이 불가결하다. 왜냐하면 그것에 의해 중앙집권과 관료제적 조직이 가능하기 때문이다.

하지만 그것은 아시아적 사회구성체에는 다른 교환양식이 존재하지 않는다는 말이 아니다. 예를 들어, 아시아적 국가에 존재하는 농업공동체는 공납부역이 강제되는 것을 제외하고 그 안에서는 자치적이고 호수적 경제에 근거하고 있다. 즉 교환양식A가 강하게 남아있다. 하지만 이런 농업공동체는 주로 국가에 의한 관개나 정복 등에 의해 창출된 것으로 국가(왕권)에 종속되어 있다. 다른 한편으로 아시아적 사회구성체에는 교환양식C가 존재한다. 즉 교역이 있고 도시가 있다. 도시는 자주 거대한 것이 되지만, 항상 집권적 국가의 관리 하에 있다. 이런 의미에서 아시아적 사회구성체는 교환양식A와 C가 존재하지만, 교환양식B가 지배적인 사회구성체인 것이다.

다음으로 마르크스가 고전고대적이거나 게르만적이라고 부르는 사회구성체는 각각 노예제나 농노제에 기초하고 있다. 즉 이것도 교환양식B를 주요한 원리로 삼고 있다. 따라서 사마르 아민은 봉건제를 공납제국가의 한 변종으로 보고 있다. 확실히 그 점에서 그리스로마적 사회구성체나 게르만적 사회구성체는 아시아적 사회구성체와 같지만, 다른 점에서는 크게 다르다. 그것은 지배자공동체 사이에 호수원리A가 얼마나 남아 있는지를 보면 명확하다. 그리스로마에서는 집권적 관료체제가 부정되었다. 그렇기 때문에 복수의 공동체나 국가를 통일적으로 지배하는 집권적인 체제가 성립하지 않았다. 그랬던 것이 세계=제국이 된 것은 알렉산드로스 3세(알렉산더 대왕)가 그러했던 것처럼 아시아적 세계=제국의 형태를 계승함을 통해서다. 그리고 게르만에서 세계=제국은 형식적으로 존재하고 있을 뿐, 실제로는 봉건제후가 서로 싸우는 형태가 계속되었다. 여기에서는 교역을 관리하는 강력한 정치적 중심이 존재하지 않았기 때문에, 시장이나 도시가 자립성을 가지게 되었다. 그 때문에 말하자면 세계=경제가 발달했다.

월러스틴은 세계=경제가 16세기 유럽에서 출발했다고 보았다. 하지만 세계=제국과 세계=경제가 반드시 계기적인 발전단계를 이루는 것은 아니다. 브로델이 주의한 것처럼 세계=경제는 그 이전에도, 예를 들어 고전고대사회에서도 존재했다.21) 거기에는 국가에 의해 관리되지 않는 교역과 시장이 존재했다. 이것이 아시아의 세계=제국과 결정적인 차이이다. 그렇지만 이런 세계=경제가 단독으로 존재했던 것은 아니다. 그것은 세계=제국의 은혜를 입으면서 군사적 · 정치적으로 포위되지 않은 '아주변'에 존재했다.

서아시아를 예로 들면, 메소포타미아 · 이집트 사회가 거대한 세계=제국으로 발전했을 때, 그 주변의 부족공동체는 그것에 의해 파괴되거나 흡수되었다. 그 가운데 그리스의 도시들이나 로마는 도시국가로서 발전했다. 그들은 서아시아문명, 즉 문자 · 무기 · 종교 등을 받아들이면서도 집권적인 정치시스템만은 받아들이지 않고 씨족사회 이래의 직접민주주의를 회복했다. 하지만 중심부에 대해 그와 같은 선택적 대응이 가능했던 것은 적당히 떨어진 위치에 있었기 때문이다. 비트포겔은 그와 같은 지역을 '아주변'이라고 불렀다. 만약 주변처럼 지나치게 가까우면, 전제국가에 의해 지배되거나 흡수되고, 지나치게 멀면 국가나 문명과는 무관하게 존재했을 것이다.

그리스나 로마가 동양적 제국의 아주변에서 성립했다고 한다면, 소위 봉건제(봉건적 사회구성체)는 로마제국의 아주변에 존재했던 게르만 부족사회에서 성립한 것이라고 말할 수 있다. 좀 더 엄밀히 말해, 그것은 로마제국의 붕괴 후 서아시아의 세계=제국을 재건한 이슬람제국의 아주변에 위치했다. 유럽이 그리스로마의 문화를 계속 받아들인 것은 이슬람권을 통해서이다. 그런 의미에서 그리스로마에서 게르만으로,

라는 헤겔적인 계기적 발전은 서양중심주의적 허구에 지나지 않는다.

봉건제를 전제공납국가로부터 구별시키고 있는 것은 무엇보다도 지배계급 사이에 공동체의 호수원리가 계속 존재하고 있었다는 점이다. 봉건제는 주군과 가신의 쌍무(호수)적 계약에 의해 성립되었다. 주군은 가신에게 봉토를 주거나 가신을 부양한다. 그리고 가신은 주군에게 충성과 군사적 봉사를 통해 응답한다. 이런 관계는 쌍무적이기 때문에, 주인이 의무를 다하지 않게 되면, 가신관계는 파기되어도 상관없었다. 이것은 그리스로마로부터의 발전이 아니다. 여기에는 그리스로마에서는 소멸된 씨족사회 이래의 호수원리가 남아있었고, 그것은 왕이나 수장에게 절대적 지위를 허락하지 않았다. 게르만인은 로마제국이나 이슬람제국의 문명을 계속 받아들였지만, 전제국가의 관료적 히에라르키(엄격한 계급 질서)를 거부했다. 이미 서술한 대로 이것은 세계=제국의 '아주변'에서만 가능한 태도이다. 이것은 서유럽(게르만)에 한정된 것이 아니다. 극동의 일본에도 봉건제가 존재했다. 일본인은 중국문명을 적극적이고 전면적으로 수용하면서도 아시아적 관료제국가와 그 이데올로기는 표면적으로만 받아들였다.

집권적 국가의 성립을 거부하는 봉건제에서는 교역이나 도시가 국가의 관리를 벗어나 발전할 수 있었다. 구체적으로 말해, 서유럽에서 도시는 교황과 황제의 항쟁, 영주 간의 항쟁 속에서 이런 대립을 이용하여 자립하기에 이르렀다. 또 농업공동체에서도 토지의 사유화와 상품생산이 진행되었다. 이런 의미에서 봉건제는 정치적 통제가 없는 세계=경제 시스템을 가져왔다. 유럽에서 자본주의적 세계시스템이 나온 원인은 여기에 있다.

이상을 그림으로 나타낸 것이 <표 2>이다.

사회구성체	지배적 교환양식	세계시스템
1. 씨족적	호수제 A	미니시스템
2. 아시아적	약탈−재분배 B1	세계=제국
3. 고전고대적	약탈−재분배 B2	
4. 봉건적	약탈−재분배 B3	
5. 자본주의적	상품교환C	세계=경제

<표 2>

7. 근대세계시스템

마지막으로 자본주의적 사회구성체란 상품교환C가 지배적인 사회이다. 우리는 이것을 하나의 사회구성체 안에서가 아니라 다른 사회구성체와의 관계, 즉 세계시스템에서 보아야 한다. 먼저 세계시스템의 관점에서 보면, 유럽의 16세기부터 발달한 세계=경제가 전 세계를 뒤덮게 되자, 기존의 세계=제국 및 그 주변·아주변이라는 구조는 더 이상 존재할 수 없게 되었다. 월러스틴이 말하는 것처럼 그것을 대신하여 성립하는 것이 세계경제의 중심, 반주변, 주변이라는 구조이다. 거기에서는 기존의 세계=제국도 주변부에 놓이게 된다.

일국의 경제를 세계시스템과 떼어서 볼 수 없는 것처럼 국가 또한 세계시스템과 분리시켜 단독으로 생각할 수 없다. 근대국가는 주권국가이지만, 그것은 단독적으로 일국 내부에서 등장한 것이 아니다. 서유럽에서 주권국가는 상호 주권을 계승함으로써 성립하는 인터스테이트(interstate) 시스템 하에서 성립한 것이다. 그것을 강요한 것은 세계=경제이다.

하지만 그것은 또 유럽에 의한 지배를 통해 그들 이외의 세계에 변용을 강제했다. 구세계=제국은 잉카나 아스텍처럼 부족사회의 평온한 연합체인 경우, 부족사회로 해체되어 식민지화되었다. 또 구세계=제국의 주변에 존재한 많은 부족사회는 유럽국가들에 의해 식민지화되었다. 한편 구세계=제국은 간단히 식민지화되지 않았다. 하지만 최종적으로 오스만제국처럼 많은 네이션=스테이트로 분절되었다. 그것을 면한 것은 러시아나 중국처럼 사회주의혁명에 의해 세계=경제로부터 이탈한 새로운 세계시스템을 형성한 경우이다.

다음으로 이와 같은 변화를 하나의 사회구성체 안에서 보자. 교환양식 C가 지배적이 된다는 것은 다른 교환양식이 소멸한다는 것을 의미하지 않는다. 예를 들어, 그때까지 지배적이었던 약탈-재분배적 교환양식B는 소멸한 것처럼 보이지만, 그저 변형될 수밖에 없었을 뿐이다. 즉 그것은 근대국가라는 형태를 취하게 된다. 서유럽에서 그것은 절대왕정으로서 출현했다. 왕은 부르주아와 결탁하여 다른 봉건제후를 몰락시켰다. 절대왕정은 상비군과 관료기구를 갖춘 국가를 가져왔다. 이것은 어떤 의미에서 아시아적 제국에 이전부터 존재했던 것을 마침내 실현한 것이다. 절대왕정에서 봉건적 지대는 토지세로 바뀐다. 절대군주에 의해 봉건적 특권을 빼앗긴 귀족(봉건영주)은 국가관료로서 토지세를 분배받게 된 것이다. 또 절대왕정은 세의 재분배에 의해 일종의 '복지국가'를 준비하게 된다. 이런 약탈-재분배라는 교환양식은 근대국가의 핵심으로 살아남아 있다.

절대왕정은 시민혁명(부르주아혁명)에 의해 타도되었다. 하지만 시민혁명은 중앙집권화라는 점에서 그것을 한층 추진시킨 것이다. 절대주의체제에 대항해온 귀족·교회 등의 '중간세력'(몽테스키외)을 멸함으로써 말이다. 이리하여 상품교환 원리를 전면적으로 긍정하는 사회가 형성되었다. 하지만 그것에 의해 종래의 교환양식이 일소된 것은 아니다. 약탈-재분배라는 교환양식은 남았다. 단 그것은 국가에의 납세와 재분배라는 형태로 바뀌었다. 또 왕을 대신하여 주권자의 지위에 오른 '국민'은 현실적으로 그들의 대표자로서의 정치가나 관료기구에 종속되게 된다. 이런 의미에서 근대국가는 기본적으로 그 이전의 국가와 다른 것이 아니다. 아시아적이든 봉건적이든 종래의 국가에서는 교환양식B가 지배적이었던 데에 반해, 근대국가에서는 그것이 지배적인 교환양식C의 모습을 취하게 되었다.

한편 자본주의적 사회구성체에서 호수적 교환A는 어떻게 될까. 농업공동체는 상품경제의 침투에 의해 해체되고, 그것과 대응했던 종교적 공동체도 해체된다. 하지만 그것은 다른 형태로 회복된다고 해도 좋다. 그것이 네이션이다. 네이션은 호수적 관계를 베이스로 한 '상상의 공동체'(앤더슨)이다. 그것은 자본제가 초래하는 계급적 대립이나 모순들을 초월한 공동성을 상상적으로 초래한다. 이리하여 자본주의적 사회구성체는 자본=네이션=국가라는 결합체(보로메오의 매듭)로서 존재한다고 말할 수 있다.

이상이 마르크스가 제시한 사회구성체를 교환양식으로 다시 파악한 것이다. 그러나 사실 이것만으로는 불충분하다. 또 하나의 교환양식D에 대해 서술하지 않으면 안 된다. 앞서 나는 그것이 교환양식A의 고차원적인 회복이고, 자본·네이션·국가를 넘어서는 X로서 나타난다고 서술했다(41쪽, <그림 1>·<그림 2> 참조). 하지만 그것은 하나의 사회구성체 안에서 본 것이다. 사회구성체는 항상 다른 사회공동체와의 관계 안에 있다. 바꿔 말해, 세계시스템 안에 존재한다. 그리고 교환양식D는 복수의 사회구성체가 관계하는 세계시스템의 레벨에서도 생각할 수 있다. 아니 오히려 그것은 하나의 사회구성체만으로는 생각할 수 없다.

세계=제국	미니세계시스템
세계=경제 (근대세계시스템)	세계공화국

<그림 3> 세계시스템

자본=네이션=국가의 지양은 새로운 세계시스템으로서만 실현되는 것이다.

다시 말하자면, 미니세계시스템은 교환양식A에 의해, 세계=제국은 교환양식B에 의해, 세계=경제(근대세계시스템)는 교환양식C에 의해 형성되어 왔다. 이것을 안다면 그것들을 넘어서는 세계시스템X가 어떻게 가능한지를 알 수 있을 것이다. 그것은 교환양식A의 고차원적인 회복에 의해 형성된다. 구체적으로 말해, 그것은 군사적인 힘이나 화폐의 힘이 아니라 증여의 힘에 의해 형성되는 것이다. 내가 생각하기에 칸트가 '세계공화국'이라고 부른 것은 그와 같은 세계시스템의 이념이다. 이상을 그림으로 제시하면 <그림 3>과 같이 된다.

나는 이하의 장에서 이런 기초적인 교환양식을 고찰하고, 그것들의 접합으로 존재하는 사회구성체와 세계시스템이 어떻게 자본=국가=네이션이라는 형태를 취하게 되었는지, 또 어떻게 그것을 넘어서는 것이 가능한지를 명확히 하고 싶다. 그 전에 몇 가지 말해두고 싶은 것이 있다. 나는 네 가지 기초적 교환양식을 각각 별개로 다룬다. 사실 그것들은 상관적이고 하나씩 분리해서 다룰 수 없다. 하지만 그것들의 연관을 보기 위해서는 각기 존립하고 있는 위상을 명확히 해둘 필요가 있다. 이미 서술한 것처럼 마르크스는 『자본론』에서 다른 교환양식을 괄호에 넣고 상품교환이 형성하는 시스템을 명확히 하려고 했다. 나는 그것과 닮은 것을 국가나 네이션에 대해 하려고 한다. 그런 후에 국가, 자본, 네이션이 어떻게 관련되는지를 살핀다. 바꿔 말해, 그것들의 기초적인 교환양식이 역사적으로 어떻게 관련되는지를 본다. 그 경우 이것을 네 가지 단계로 나누어 고찰한다. 국가 이전의 미니세계시스템, 자본제 이전의 세계＝제국, 자본제 이후의 세계＝경제, 그리고 현재와 미래.

  마지막으로 오해를 피하기 위해 말해두겠다. 내가 여기서 쓰려고 하는 것은 역사학자가 다루는 세계사가 아니다. 내가 지향하는 것은 복수의 기초적 교환양식의 연관을 초월론적으로 해명하는 것이다. 그것은 또 세계사에서 일어난 세 번의 '이행'을 구조론적으로 명확히 하는 것이다. 그리고 그것에 의해 네 번째 이행, 즉 세계공화국으로의 이행에 관한 실마리를 발견하는 것이다.

제1부

미니세계시스템

서론 씨족사회로의 이행

　소위 미개사회는 매우 다양하여 수렵채집을 하는 표박[漂迫] 소(小)밴드에서 어업, 그리고 간단한 강수농업, 화전농업을 하는 씨족·부족사회에 이른다. 또 후자도 명목상의 수장제(首長制)에서 왕권에 가까운 권력을 가진 수장제까지 분포되어 있다. 하지만 나는 여기서 유동수렵채집민과 정주수렵채집민의 사회로 구별한다. 아니 전자에서 후자로의 이행에서 사회구성체 역사의 커다란 비약을 발견한다. 제1부에서 논하는 것은 이 문제이다.

　사회구성체의 역사에서 중요한 것은 그것을 발본적으로 바꿔버리는 지배적 교환양식의 이행이다. 첫째로 교환양식A가 지배적인 사회구성체로의 이행, 둘째는 교환양식B가 지배적인 사회구성체로의 이행, 셋째로 교환양식C가 지배적인 사회구성체로의 이행이다. 바꿔 말해, 각각 씨족사회의 형성, 국가사회의 형성, 산업자본주의사회로의 이행이다. 이제까지 가장 많이 논해진 것은 뒤의 두 가지 이행이고 씨족사회로의 '이행'에 주목하는 논의는 없었다. 하지만 '교환양식'이라는 관점에서 사회구성체의 역사를 보면, 이것이 중요하다. 국가사회나 자본제사회로의 이행에 비약이 있었다면, 씨족사회의 출현에도 비약적 이행이 있었다고 해야 한다.

예를 들어, 마르셀 모스는 미개사회를 구성하는 것은 호수성(상호성)의 원리라는 점을 지적했다. 하지만 이것은 유동적 밴드사회에는 해당되지 않는다. 그러므로 호수성의 원리가 관철되는 사회구성체는 그로부터의 이행에 의해 생겨났다고 말해야 한다. 그것을 적극적으로 증명할 수는 없다. 이 문제에 대해 생각할 재료는 현존하는 '미개사회'로부터는 충분히 얻을 수 없기 때문이다. 현존하는(소멸해가는) 표박적 밴드사회는 태고부터 이어져온 것이라고 말할 수 없다. 즉 그들은 한번 정주하여 간단한 농경·목축을 했지만, 문명=국가에 쫓겨 유동적 밴드로 '퇴행'했을 가능성이 있다. 예를 들어, 칼라하리 사막의 수렵채집민 부시맨은 사막에 적합하지만, 원래는 그곳에 있었던 게 아니라, 다른 부족에 쫓겨나 사막으로 왔다고 생각할 수 있다. 많은 유동적 수렵채집민의 경우 태고부터 원래 그랬는지 어떤지는 불분명하다.

그러므로 씨족사회 이전에 존재했던 유동적 밴드사회가 어떤 사회였는가는 실증적인 문제가 아니라 사고실험 또는 '추상력'의 문제이다. 우리는 그것을 현존하는 표박적 밴드사회로부터 추측할 수밖에 없다. 표박적 밴드는 일부 복혼을 포함한 단혼적 가족 몇 개가 모여서 만들어졌다. 밴드의 응집성은 공동기탁이나 공식(共食)의례에 의해 확보된다. 하지만 밴드의 결합은 고정적이지 않으며 언제든지 나가는 것이 가능하다. 그것은 대개 25~50명 정도의 소집단이다. 그 수는 음식의 공동기탁(평등한 분배)이 가능한 정도 이상으로 증대되지 않으며, 또 공동의 수렵이 가능한 정도 이하로 감소하지도 않는다. 또 밴드가 고정적이지 않을 뿐만 아니라, 가족의 결합도 고정적이지 않다. 남편이나 아내가 동거생활을 이탈하면, 부부는 해소되는 것으로 간주된다. 가족 간 결합은 더욱

불안정하다. 그러므로 친족조직은 미발달하고 밴드를 넘어서는 상위조직을 가지고 있지 않다.

한편 씨족사회는 그것과는 대조적이다. 그것은 리니지(lineage, 혈통)에 근거한 복잡하게 구성되고 성층화된 사회이다. 씨족사회가 국가사회와 다르다는 것은 말할 필요도 없다. 하지만 이들의 차이, 즉 그것을 가져온 신석기혁명의 의의를 강조한다면, 유동적 밴드사회와 씨족사회의 차이, 또는 그것을 가져온 변화의 의의를 강조해야 한다. 왜냐하면 어떤 의미에서 후자의 변화 쪽이 획기적이기 때문이다. 씨족사회에서는 이미 초기적 농업·목축이 알려져 있고, 또 수장제와 같은 정치적 조직이 있었다. 그곳에는 국가로 발전할 요소가 이미 존재했다. 그에 반해 씨족사회 이전은 몇 개의 가족이 모이는 밴드 내지 캠프에 지나지 않았다. 또 그것은 현생인류 이전의 인류인 영장류를 포함하여 수백만 년에 걸쳐서 이어져온 집단형태와 연속성을 가지고 있었다. 그러므로 씨족사회의 형성이야말로 획기적인 것이다.

선사시대에 대해 생각할 때, 우리는 한 가지 통념을 의심하지 않으면 안 된다. 그것은 고든 차일드가 주장한 농경과 목축에 근거하는 신석기혁명이라는 개념으로 대표되는 것이다. 즉 농업·목축이 시작되고, 사람들이 정주하고, 생산력의 확대와 더불어 도시가 발전하고, 계급적인 분해가 생기고, 국가가 생겨났다는 견해이다. 여기서 우선 의심스러운 것은 농업에 의해 정주를 하게 되었다는 견해이다. 왜냐하면 정주는 그 이전부터 생겨났던 것이기 때문이다. 수렵채집민의 대부분은 정주하고 있었다. 또 그들의 대부분은 간단한 재배나 사육을 하고 있었다. 그런데 그 때문에 정주를 한 것이 아니다. 재배나 사육은 오히려 정주의 결과, 자연스럽게 생겨난 것이다. 그러므로 농업에 앞선 정주야말로 획기적인 것이다.

인류학자 알랭 테스타는 유동수렵채집민과 정주수렵채집민을 구별했다. 그는 전자에서는 수렵채집물이 평등하게 분배되지만, 후자에서는 불평등이 시작된다고 말한다.[1] 그 원인은 정주와 함께 생산물의 '비축'이 가능하게 되기 때문이다. 그러므로 그는 여기서 '인간불평등의 기원'을 발견했다. 나는 이와 같은 견해에 찬성이다. 하지만 내가 주목하고 싶은 것은 오히려 비축에서 생겨나는 불평등이 계급사회나 국가로 귀결되지 않았다는 쪽이다. 그것은 불평등을 억제하고 국가의 발생을 억제하는 시스템이 있었기 때문이다. 그것이 바로 씨족사회이다.

일반적으로 국가의 출현은 인류사에서 획기적인 것으로 중요시된다. 하지만 오히려 정주=비축과 함께 불평등과 국가가 출현할 가능성이 있었음에도 불구하고, 그것을 억제하는 시스템이 만들어졌다는 쪽이 중요하다. 그리고 그 원리가 호수성이었다. 그런 의미에서 씨족사회는 '미개사회'가 아니라 고도의 사회시스템이라고 말해야 한다.[2]

밴드사회에서 씨족사회로의 이행을 촉진한 것은 명확히 정주화이다. 그렇다면 어떻게 해서 정주화가 생겨났던 것일까. 또 어떻게 해서 밴드사회에 작지만 '세계시스템'이 형성되었던 것일까. 그것을 묻기 전에 먼저 밴드사회와 씨족사회의 차이를 명확히 해야 한다. 요약하자면, 그것은 공동기탁과 호수의 차이라고 해도 좋다.

제1장 정주혁명

1. 공동기탁과 호수

마르셀 모스 이래 인류학자는 미개사회가 호수성의 원리로 이루어져
있다는 것을 관찰해왔다. 하지만 호수에 관해서는 한 가지 모호한 부분이
있다. 그것은 세대 안에서의 증여(재분배)를 호수로 간주할 것인지 말지
이다. 또는 호수와 공동기탁을 어떻게 구별할지이다. 예를 들어, 씨족사
회의 기초적 단위인 소세대(household) 안에서는 공동기탁·재분배가
이루어지는데, 그것을 호수적인 것이라고 말할 수는 없다. 그것은 증여이
기는 하지만, 답례를 기대하여 이루어지는 증여는 아니다. 따라서 트로브
리안드(Trobriand) 섬들의 교환을 연구한 말리노프스키는 거래를 타산적
과 비타산적이라는 동기의 차이로부터 구별했다. 즉 호수적 증여와
순수증여를 구별한 것이다. 세대나 작은 씨족공동체 안에서의 증여는
순수증여여서 거기에는 호수의 원리가 없는 것이 된다. 하지만 모스는
순수증여로 보이는 것도 호수라고 생각했다. 증여하는 자 자신이 어떤
종류의 만족을 느낀다면, 그것은 호수적이고, 다른 한편 증여받은 자가

일정한 부담을 가진다면, 호수적이라고 말할 수 있는 것이다.

씨족사회에서 순수증여와 호수적 증여, 또는 공동기탁과 호수를 구별하는 것은 어렵다. 하지만 그것들을 애써 준별하려고 한 이가 마샬 살린스이다. 공동기탁(pooling)은 세대 안에서의 활동이고, 호수는 세대와 세대 사이의 활동이라는 것이다.

공동기탁이란 하나의 집단을 구성하는 활동이다. 그래서 다른 한편으로 세대는 동종의 다른 세대로부터 항상 식별되는 것이다. 어떤 집단은 다른 집[家]과 궁극적으로 상호관계를 유지하고 있다. 하지만 상호성은 항상 '사이'의 관계에 지나지 않는다. 어떤 것이든 연대성은 크게 서로 교환하는 사람들의 각기 흩어진 경제적 독자성을 영속되게 하고 있는 것에 지나지 않는다.

루이스 헨리 모건은 가족제 경제의 계획을 '살아있는 코뮤니즘'이라고 부른다. 딱 맞는 표현이라고 말할 수 있다. 그것도 세대의 알맞은 나눔은 경제적인 사교성의 최고 형태이기 때문이다. 즉 "각각이 그 능력에 따라, 각각이 그 필요에 따라"이기에, 성인으로부터는 분업을 통해서 위탁되고 있는 것이 제공되고, 성인에게, 아니 노인, 아이, 능력이 없는 사람들에게도 어떤 공헌을 했는지와는 무관하게 필요한 것이 제공된다. 집단이란 부외자(部外者)와는 분리된 이해와 운명을 가지고, 부내자의 의향과 자질에 우선권을 둔 사회학적인 응고물이다. 공동기탁에 의해 가족제의 원[輪]이 완료된다. 이 원주(圓周)가 바깥 세계와의 사회적, 경제적 경계선이 되는 것이다. 사회학자는 이것을 '1차 집단'이라고 부르지만, 일반적으로 '집[家]'이라고 불리는 것이 이것이다.[1]

모건이 발견한 '살아있는 코뮤니즘', 또는 마르크스가 '원시적 코뮤니즘'이라고 부른 것은 수 세대로 이루어진 밴드사회에만 존재한다. 씨족사회에 존재하는 공동기탁은 이미 호수적 원리 하에 있다. 그러므로 살린스도 호수원리가 세대에도 관철되고 있다는 것을 인정하고 있다.[2] 하지만 어디까지나 공동기탁과 호수를 구별하는 것이 중요하다.

다음으로 증여와 호수와 교역을 구별할 필요가 있다. 이를 위해 살린스는 호수적 교환이 교역과는 완전히 다른 것처럼 보이는 두 개의 극단적인 케이스를 강조하고 있다. 호수는 한쪽 극에서는 순수증여와 같은 형태를 취하고, 다른 극에서는 보복전쟁과 같은 형태를 취한다. 그리고 그는 호수의 성질을 공동체의 공간에서 보려고 했다. 바꿔 말해, 호수의 성질은 공동체의 중핵과 주변이라는 위치에 따라 다른 양상을 드러낸다고 생각한 것이다. 그것은 중핵세대(가족)로부터의 거리에 의해 세 가지로 구별된다.[3]

(1) 중핵(家)　　　일반화된 호수 - 연대성의 극(리니지권역)
(2) 부락권역　　　균형을 이룬 호수 - 중간점(부족권역)
(3) 부족 간 권역　부정적 호수 - 비사교적인 극

첫 번째 '일반화된 호수'는 세대(가족)에 존재하는 호수이다. 하지만 그것은 순수증여처럼 보인다. 따라서 공동체의 중핵에서 본다면, 호수는 무상(無償)적이고 선의로 가득한 것이라는 인상을 준다. 하지만 호수에는 긍정적 호수와 부정적 호수가 있다. 호수의 부정적인 형태는 제3의 '부족 간 권역'에서 나타난다. 살린스는 그 예로서 경제적인 흥정, 사기, 절도 등을 들지만, 좀 더 넓게 피의 복수(vendetta)와 같은 호수를 넣어도 좋다. 일견 긍정적으로 보이는 호수도 실제로는 적대성을 품고 있다.

예를 들어, 포틀래치는 답례할 수 없는 증여로 상대를 굴복시키는 것이다.

이런 양극단에서 보면, 두 번째의 '부락권역'은 그것들의 중간에 존재한다. 첫 번째 타입에 가까워지면, 호수는 긍정적인 것, 또는 오히려 비호수적인 순수증여에 가까워지게 되고, 역으로 세 번째 타입에 가까워지면 부정적·비사교적인 것이 된다. 그 가운데 '균형을 이룬 호수'가 나타난다. 호수는 이런 공간의 배치에 의해 서로 다른 기능을 갖는다고 보아도 좋다. 이 경우 부족사회의 공간은 그저 중심에서 옆으로 넓어진 공간은 아니다. 부족사회는 세대로 이루어진 씨족, 씨족으로 이루어진 부족, 그리고 부족연합체라는 식으로 성층화되어 있다. 이런 관점에서 보면, '중핵'은 말하자면 가장 아래에 위치하고 '부족 간 권역'은 상층에 위치한다.

어쨌든 호수의 특성은 두 번째 '균형을 이룬 호수' 타입이 아니라, 오히려 첫 번째와 세 번째 타입에서 고찰해야 한다. 즉 세대에 가까운 공동체 안에서의 호수와 다른 공동체와의 사이에서의 호수. 첫 번째 타입에 대해서는 호수가 공동기탁이나 평등화를 초래한다는 것이 확실하다. 그러므로 호수와 공동기탁이 혼동되기 쉽다. 세 번째 타입에서는 증여의 호수가 적대적 집단과의 사이에 우호적인 관계를 만든다는 것을 보여준다. 또 그것은 호수가 공동체를 확대하는 원리라는 것을 보여준다.

2. 교역과 전쟁

여기서 세 번째 타입, 즉 외부에 대한 관계로서의 호수성이 어떤 것인지를 살펴보자. 씨족사회는 다른 집단과 무관하게 존재하는 것이 아니다. 그것은 물자의 교환을 필요로 한다. 하지만 씨족 간의 경제적 교환이 가능한 것은 그보다 상위집단이 존재하든지, 그렇지 않으면 상호 우호적인 관계가 존재하든지 할 경우뿐이다. 그리고 어느 상태든 증여에 의해 만들어진다.

그 일례를 말리노프스키가 『서태평양의 원양항해자』에서 보고한 트로브리안드 제도(諸島)의 '쿨라교역'에서 볼 수 있다. 쿨라란 닫힌 원[環]을 이루고 있는 섬들의 거대한 권내에 사는 많은 씨족공동체 사이에서 이루어지는 교환양식이다. 이 쿨라는 김왈리(gimwali)라고 칭해지는 '유용품의 단순한 경제적 교환'과 주의 깊게 구별된다. 즉 쿨라는 현실적 필요나 이익을 위해 이루어지는 것이 아니다. 쿨라에서 상용되는 것은 바이구아라는 일종의 화폐이다. 사람들은 이것을 증여받으면, 외부에 증여할 의무가 있다. 이리하여 바이구아가 섬을 순환한다. 그 결과 통상 상호 독립된 각 섬의 사람들 간에 '사교적'인 관계가 재확인된다.[1]

쿨라가 경제적 교환과는 다르다는 것은 말할 필요도 없다. 그것은 증여를 통해 선심을 과시하려는 경쟁의식이다. 하지만 중요한 것은 그 후에 필요한 물자의 물물교환이 이루어진다는 점이다. 즉 이와 같은 사회에서 경제적 교환이 경시되고 있는 것은 결코 아니다. 바로 그것이

• • •

1_ 마르셀 모스는 쿨라와 김왈리에 대해 다음과 같이 말하고 있다.

"말리노프스키는 쿨라라는 말을 번역하고 있지 않지만, 그 말은 아마도 원(cercle)을 뜻할 것이다. 실제로 그것은 이들 부족, 바다원정, 귀중품, 일용품, 음식물, 축제, 갖가지 종류의 의식적/성적인 봉사, 남녀 모두가 마치 하나의 원에 휘말려서 그 원의 주변을 따라 시간적으로나 공간적으로나 규칙적인 운동을 계속하는 것 같다. (중략) 쿨라교역은 외견상으로는 전혀 사심 없이 겸손하고 귀족적인 태도로 행해진다.

쿨라는 김왈리(gimwali)라고 불리는 상품의 단순한 경제적 교환과 주의 깊게 구분된다. 김왈리는 실제로 부족 간의 쿨라 집회인 원시적인 큰 시장이나 부족 내의 쿨라의 작은 시장에서 쿨라와는 별도로 행해진다. 즉 김왈리는 두 당사자가 매우 집요하게 흥정한다는 점에서 쿨라와 구별되는데, 이러한 것은 쿨라에는 있을 수 없는 절차이다."(마르셀 모스, 『증여론』, 이상률 옮김, 한길사, 2002, 98~99쪽)

불가결하기 때문에 그것을 가능하도록 하는 관계를 만들어내야 하는 것이다. 쿨라는 섬들을 이어주는 고차적 공동체의 범위 내에서 일어난다. 이것은 증여에 의해 이미 존재하고 있던 부족연합체의 존재를 재확인·재활성화하는 것이다.

하지만 증여가 미지의 타자 사이의 교환을 새롭게 여는 예도 있다. 침묵교역이 그 예이다. 정해진 어떤 장소에 물건을 놓고 의도적으로 몸을 감추면, 거래상대가 나타나 등가라고 생각되는 물건을 상대방의 물건 옆에 놓고 사라진다. 거래 당사자들이 상대의 물건에 만족하면 그것을 가지고 돌아감으로써 교역이 성립한다. 여기서는 유용품의 교환이 이루어지지만, 상호접촉은 회피된다. 이것은 증여의 호수와는 다르지만, 같은 형태를 취하고 있다. 즉 유용품의 교환(상품교환)을 호수라는 형태로 수행하는 것이다. 따라서 침묵교역은 교역(상품교환)이 어떻게 가능한지를 시사하고 있다.

다음으로 부족 내지 씨족 사이의 만남에서 있을 수 있는 전쟁에 대해 살펴보자. 레비-스트로스는 증여에 의해 공동체와 공동체 사이에 평화적 관계가 만들어지고, 그것이 실패하면 전쟁이 일어난다고 생각했다. 하지만 피에르 클라스트르는 그와 같은 견해를 비판했다. 그것은 현대 서양국가의 간섭이나 영향 하에서 미개사회가 변했다는 것을 놓치고 있다고 말이다.[4] 초기의 민족학적 기록은 대체로 그들이 매우 호전적이었다는 것을 보여주고 있다. 클라스트르는 외부와의 접촉이 거의 없었던 아마존 오지의 야노마미족이 끊임없이 전쟁을 하고 있는 점을 지적하고, 전쟁은 단순히 교환의 실패에서 생기는 것이 아니라, 항상 교환에 선행하는 것이라고 주장했다. 교환(증여)은 오히려 전쟁을 위한 동맹을 만들기 위해서 이루어진 것이다. 그가 생각하기에 전쟁은 공동체 내부를 분산화시킨다. 전쟁 때문에 집권적 국가형성이 불가능하게 된다. 즉 부족 간의 끊임없는 전쟁이야말로 공동체가 국가로 바뀌지 않는 원인이라는 것이다.

하지만 클라스트르가 야노마미족에게서 발견하는 전쟁은 하나의 고차적 공동체 내부에서의 전쟁이다. 그것은 외부와의 전쟁과는 다르다. 증여에 의한 화평(和平)의 실현이 실패하면 전쟁이 시작된다. 레비-스트로스가 말하는 것은 고차적 공동체의 외부와의 만남에 관한 것이다. 따라서 부족공동체 안에서 전쟁이라는 존재는 호수원리의 부정이 아니다. 왜냐하면 여기서의 전쟁은 호수적인 것이기 때문이다. 그것은 많은 점에서 피의 복수나 포틀래치와 유사하다. 그들은 전쟁에 의해 상대를 굴복시키려고 한다. 섬멸하는 일도 있다. 하지만 그것은 상대를 종속시키기 위해서가 아니다. 전쟁은 자신의 '위신'을 위해 이루어지는 일종의 공희(供犧)이다. 그것은 각각의 씨족공동체에 응집성·동일성을 가져오지만, 다른 씨족을 정복하는 것은 아니다. 따라서 전쟁은 피의 복수와 마찬가지로 끝없이 행해지게 된다. 이런 전쟁은 다수의 씨족이나 부족 위로 솟아있는 초월적인 권력, 즉 국가가 없기 때문에 존재하는 것임과 동시에, 그런 국가의 성립을 불가능하게 하는 것이다.

호수는 포지티브(positive)한 성질(우호)에 의해서만 국가형성을 방해하는 것이 아니다. 오히려 네거티브(negative)한 성질(전쟁)에 의해 국가형성을 방해한다. 그것은 권력의 집중, 상위레벨의 형성을 방해한다. 증여의 호수는 공동체와 공동체 사이의 연대를 만들어내고, 고차적 공동체를 만들어낸다. 즉 공동체가 성층화된다. 하지만 그것은 결코 히에라르키하게 되지는 않는다. 왜냐하면 호수는 같은 레벨에서 하나의 공동체(씨족 내지 부족)가 상위에 서는 것을 인정하지 않으며, 한 사람의 수장이 다른 수장에 대해 우월한 지위에 서는 것을 인정하지 않기 때문이다. 바꿔 말해, 그것은 국가의 성립을 허용하지 않는 것이다.

3. 성층화

증여의 호수에 의해 공동체는 다른 공동체와의 사이에 존재하는 '자연
상태'를 벗어나 평화상태를 창출한다. 국가도 자연상태의 극복이지만,
증여를 통해 얻는 평화는 그것과는 근본적으로 다르다. 증여에 의해
상위공동체가 형성되는 것이다. 그것은 국가 하에서 조직되는 농업공동
체와는 이질적이다. 살린스는 증여가 하는 이런 역할에 대해 다음과
같이 서술하고 있다.

> 실로 증여는 사회를 단결체적인 의미에서 조직하는 것이 아니라,
> 그저 분절적인 의미에서 조직할 뿐이라고 말할 수 있다. 상호성이란
> '사이'의 관계에 다름 아니다. 그것은 개개로 분리된 일군의 사람들을
> 한층 고도의 통일체로 용해하는 것이 아니라, 완전히 반대로 서로
> 관계지음으로써 대립을 영속화시키는 것이다. 증여는 계약하는 사람
> 들의 개별적인 이해의 아득한 상공에 높이 솟아있는 제3자를 결코
> 필요조건으로 삼지 않는다. ……증여는 평등을 희생시키는 것도
> 아니고, 자유를 희생시키는 것도 결코 아니다. 교환에 의해 맹약을
> 맺는 집단은 스스로 그 모든 힘을 다 쓰지만 않는다면, 언제까지라도
> 그 힘을 유지할 수 있다.[5]

호수에 의해 형성되는 고차적 공동체는 국가가 농업공동체를 통합·
종속시키는 것과 다르게 하위공동체를 통합·종속시키지 않는다. 부족
사회에서는 설령 상위의 공동체가 형성된다고 하더라도, 하위공동체의

독립성이 사라지는 것은 아니다. 그런 의미에서 부족 내부에도 적대성이 계속 존재한다. 이 때문에 증여는 다른 공동체와의 사이에 우호적 관계를 쌓는 것임과 동시에 자주 경쟁적인 관계가 된다. 예를 들어, 포틀래치처럼 갚을 수 없을 정도의 과도한 증여로서 상대를 강제적으로 복종시킨다. 물론 그것은 상대를 지배하기 위해 행해지는 것은 아니다. 공동체의 독립성(위신)을 지키기 위해, 바꿔 말해 다른 공동체의 위협에서 해방되기 위해서 행해지는 것이다. 그것은 또 공동체 내부의 동일성을 강화하기 위한 것이기도 하다.

이런 의미에서 피의 복수도 호수적이다. 예를 들어, 공동체의 성원이 다른 공동체의 성원에 의해 죽었을 경우, 보복(reciprocation)이 행해진다. 보복의 '의무'는 증여·답례의 '의무'와 닮은 것이다. 공동체의 성원이 죽었을 경우, 그것은 공동체 소유의 상실이기 때문에, 가해자의 공동체에 똑같은 상실을 입히는 것밖에 갚을 방법이 없다. 하지만 피의 복수가 이루어지면, 그것에 대한 보복이 이루어져, 멈추지 않고 계속 이어지게 된다. 포틀래치에서 증여의 응수가 양쪽 공동체 모두를 파멸시키는 일이 있는데, 피의 복수도 마찬가지이다. 피의 복수가 금지되는 것은 범죄를 재판하는 상위조직(국가)이 성립할 때이다. 역으로 말해, 이것은 피의 복수라는 존재가 국가의 형성을 방해한다는 것을 보여준다. 피의 복수는 상위조직에 대한 각 공동체의 독립성을 회복시키기 때문이다.

증여의 호수는 쿨라교역이 보여준 것처럼 다수공동체의 연합체가 말하자면 '세계시스템'을 형성한다. 이런 연방은 고정된 것이 아니고 항상 갈등을 품고 있기 때문에, 때때로 새로운 증여의 호수에 의해 재확인되지 않으면 안 된다. 호수에 의해 형성되는 공동체의 결합은 환절(環節)적이다. 즉 위로부터 그것을 통합시키는 조직, 즉 국가가 되지는 않는다. 아마 이런 부족연합체의 연장에 수장제국가(chiefdom)를 놓을 수 있을 것이다. 그것은 국가 바로 직전에 존재한다. 하지만 여기서도 어디까지나 국가에 대항하는 호수의 원리가 작동한다. 국가가 출현하는 것은 호수적이지 않은 교환양식이 지배적이 되었을 때이다.

4. 정주혁명

살린스는 호수성을, 중핵에서는 공동기탁적이고, 주변에서는 부정적 호수적인 공간배치로 파악했다. 하지만 이것을 시간적 발전이라는 축으로 치환하면 어떻게 될까. 그 경우 다음과 같이 말할 수 있다. 공동기탁적 밴드집단이 시원에 존재하고, 그리고 그것들이 서로 호수적인 관계를 맺고, 그 사회를 성층적으로 확대시켜왔다고. 하지만 문제는 우선 왜 어떻게 해서 그와 같은 변화가 생겼는가 하는 것이다.

밴드사회는 공동기탁, 즉 재분배에 의한 평등을 원리로 삼는다. 이것은 수렵채집의 유동성과 분리할 수 없다. 그들은 끝없이 이동하기 때문에 수확물을 비축할 수 없다. 그러므로 그것을 사유할 생각이 없기 때문에 전원이 균등하게 분배해버린다. 혹은 손님에게도 대접한다. 이것은 순수 증여여서 호수적이지 않다. 수확물을 비축하지 않는다는 것은 내일 일을 생각하지 않는다는 것이고, 또 어제 일을 기억하지 않는다는 것이다. 유동적 밴드사회에서는 유동성(자유)이야말로 평등을 가져오는 것이다. 테스타는 다음과 같이 서술하고 있다.

유동적 수렵채집민에게 사회조직의 유연성, 집단분열의 용이함과 가능성 등이 모든 허용범위의 한계를 넘어선 착취를 허락하지 않았다. 만약 그렇게 된다면, 피착취자는 어디론가 나가서 살고 집단은 분열되어 버리기 때문이다. 따라서 집단의 결정은 만장일치로만 이루어졌다. 정주생활이라는 상황에서는 주민이나 비축의 고정구조가 사람들의 자유로운 이동을 방해하는 요인이 된다. 불만이 있는 사람이 나가 살 수 없기 때문에, 착취가 심각해진다. 정주화는 정치적 강제의 발전을 향한 첫걸음이고, 이런 강제 없이는 착취의 발전형태가 발현되지 않는다.[6)]

그렇다면 왜 그들은 정주를 했던 것일까. 이것을 생각할 때, 우리는 한 가지 편견을 제거할 필요가 있다. 그것은 인간은 본래 정주하는 존재이기에, 조건만 주어진다면 정주한다는 편견이다. 하지만 현재도 국가에 의한 강제로도 유목민을 정주시키는 것은 쉽지 않다. 수렵채집민의 경우는 더더욱 그렇다. 그들이 유동적 생활을 계속한 것은 꼭 수렵채집의 대상을 찾아서 이동할 필요가 있었기 때문은 아니다. 예를 들어, 먹을 것이 충분할 때 정주를 하는가 하면, 그렇지도 않다. 그것만으로 그들이 영장류 단계에서부터 계속해온 유동적 밴드의 생활양식을 방기할 리 없다. 그들이 정주를 싫어했던 것은 그것이 다양한 곤란을 가져오기 때문이다.[7)]

그것은 첫째로 밴드 안과 밖에서의 대인적 갈등이나 대립이다. 유동생활의 경우, 궁극적으로 사람들이 이동하면 된다. 예를 들어 인구가 증가하면, 바깥으로 나가는 것이 가능하다. 또 그 때문에 밴드사회는 비고정적이었다. 그런데 정주하면, 인구증대와 더불어 증가하는 갈등이나 대립을 어떻게든 처리해야 한다. 그러므로 다수의 씨족이나 부족을 보다 상위의 공동체를 형성함으로써 환절적으로 통합하는 것, 또 성원을 고정적으로 구속하는 것이 필요하게 된다. 둘째로 대인적 갈등은 그저 살아있는 자와의 사이에만 있는 것이 아니다. 정주는 사자(死者)의 처리를 곤란하게 한다. 애니미즘에서 일반적으로 사자는 살아있는 자를 원망한다고 생각한다. 유동생활의 경우, 사자를 매장하고 떠나면 됐다. 하지만 정주를 하면, 사자 옆에서 공존하지 않으면 안 된다. 그것이 사자에 대한 관념 및 죽음에 대한 관념 그 자체를 바꾼다. 정주한 공동체는 리니지에 근거하고 사자를 선조신으로 숭상하는 조직으로서 재편성된다. 이런 공동체를 형성시키는 원리가 호수교환이다.

이처럼 정주는 그때까지 이동을 통해 피할 수 있었던 곤란과 직면하게 만든다. 그렇다면 왜 수렵채집민이 애써 정주를 하게 된 것일까. 근본적으로는 기후변동 때문이다. 인류는 빙하기 동안 열대에서 중위도 지대로 진출하고, 수만 년 전의 후기구석기시대에는 고위도의 한대(寒帶)까지 퍼졌다. 이것은 대형짐승 수렵을 중심으로 한 것이다. 하지만 빙하기 후 온난화와 더불어 중위도의 온대지역에 산림화가 진행되어 대형짐승이 사라지고, 또 채집과 관련해서는 계절적인 변동이 커지게 되었다. 그때 사람들이 고개를 돌린 것은 어업이다. 어업은 수렵과 달리 간단히 들고 갈 수 없는 어구를 필요로 했다. 그러므로 정주할 수밖에 없었다. 아마 최초의 정주지는 하구였을 것이다.

어업을 위해 정주를 한 사회는 현대에서도 다수 관찰되고 있다. 예를 들어, 북미 캘리포니아와 극동 시베리아에서 홋카이도에 걸친 일대에는 정주를 하고 어업으로 생활을 꾸리는 사람들이 발견된다. 앞서 서술한 것처럼 테스타는 그들이 물고기를 훈제하여 비축하는 기술을 가졌던 것을 중요시한다. 여기서 '불평등'이 시작되었다는 것이다. 하지만 비축을 가능하게 하는 것은 훈제기술만이 아니다. 좀 더 근본적으로는 정주 그 자체이다. 예를 들어, 훈제한 것을 비축할 수 있는 것은 애당초 정주하고 있기 때문이다.

또 정주는 사람들이 의도하지 않은 결과를 초래했다. 예를 들어, 간단한 재배나 사육은 정주와 더불어 거의 자연발생적으로 생겼다. 왜냐하면 재배에 관해 말하자면, 인간이 일정한 공간에 거주하는 것 자체가 주변의 원시림을 식료가 되는 종자를 포함한 식생(植生)으로 바꾸기 때문이다. 정주에 의해 재배가 채집의 연장으로서 시작되는 것처럼 수렵의 연장으로서 동물의 사육이 생겨난다. 이런 의미에서 정주야말로 농경·목축에 앞선다. 물론 이런 재배·사육은 '신석기혁명'으로 직결되지 않았다. 하지만 정주는 어떤 의미에서 신석기혁명 이상으로 중요한 변화를 초래했다. 이것이 호수원리에 의한 씨족사회이다.

정주는 비축을 가능하게 하고, 불평등이나 전쟁을 가져왔다. 그것을 방치하면 국가형성에 이를 것이다. 즉 신석기혁명에 이를 것이다. 씨족사회는 오히려 그것을 회피하기 위해 형성된 것이라고 해도 좋다. 유동적 밴드에서 공동기탁은 자연필연적이었다. 하지만 많은 세대가 정주로서 공존하는 사회에서 공동기탁은 관념적인 규범으로서 나타난다. 즉 각 세대에게 그것은 증여의 '의무'라는 형태를 취한다.

정주는 여성의 지위에 관해서도 문제를 초래했다. 수렵채집민은 정주하면, 사실상 어로나 간단한 재배·사육에 의해 살아가게 되지만, 수렵채집 이래의 생활스타일을 유지했다. 즉 남자가 수렵하고 여자가 채집하는 '분업'이 계속되었다. 하지만 실제로 남자의 수렵은 의례적인 것에 지나지 않는다. 정주화와 더불어 필요한 생산은 점점 여자에 의해 이루어지게 되었다. 하지만 이런 것이 여성의 지위를 높여주기보다는 오히려 저하시켰다는 것에 주의해야 한다. 아무것도 생산하지 않고 그저 상징적 생산이나 관리에 종사하는 남성이 우위에 서게 된 것이다.

예를 들어, 엥겔스는 모건이나 바흐오펜[2]을 따라 최고(最古) 단계에

• • •

2_ Johann Jakob Bachofen(1815-1887). 스위스의 문화인류학자이자 법학자. 본업은 법학자이지

모계제를 상정하고, 또 농경의 발전과 더불어 여성의 지위가 상승했다고 생각했다. 마르크스주의적 인류학자 모리스 블록[3]은 그것을 비판했다. 첫째로 모계제가 반드시 최고(最古) 단계인 것은 아니다. 둘째로 모계적인 것과 모권적인 것은 다른 이야기이다. 모계제사회에서 여성이 종속적인 예가 많이 존재한다. 요컨대 중요한 것은 모계인지 부계인지가 아니라, 리니지에 의해 사회를 조직화하는 것이다. 블록은 다음과 같이 말하고 있다.

> 엥겔스도 지적하고 있는 것처럼 여성은 다양한 타입의 사회에서 여러 가지 형태로 생산과정에 기여하고 있다. 하지만 여성이 그 사회의 가장 중요한 재화생산에 기여하고 있다고 해서 그가 생각한 것처럼 반드시 여성에게 높은 지위가 부여되고 있지는 않았다. 동아프리카 유목민은 여성이 농경을 통해 대부분의 식료품을 생산하고 있지만, 남성이 사육하는 소만이 정말로 중요하고 귀중한 생산물로서 정의될 뿐만 아니라, 여성은 유목의 미적, 정치적 가치와는 무관한 보잘 것 없는 생물로서 낮은 사회적 지위만큼만 생산에 중요한 공헌을 한다고 생각되고 있다. 그리고 뉴기니아 고지(高地)에서도 여성이 농업생산물과 가장 가치 있는 재산—돼지—양쪽 모두의 중요생산자이지만, 사람들은 정말로 중요한 것은 생산이 아니라 대규모 의례교환이라고 생각하고 있기에, 생산에서 여성의 역할이 가진 중요성은 이데올로기적으로 거듭 부인되었다.[8]

• • •
만, 고대법 연구를 통해 고대사회에 대한 조예가 깊었고, 이것을 토대로 발표한 저작이 문화인류학자들에게 큰 영향을 끼쳤다. 고대에는 혼인에 의한 부부관계가 존재하지 않았다는 난혼제와 모권제 등을 주장했다. 대표작으로 『모권론』이 있다.
3_ Maurice Bloch(1939-). 영국의 인류학자.

하지만 여성의 지위가 정주화와 함께 낮아졌지만, 씨족사회에서 여성의 지위가 상대적으로 높았다는 견해는 틀린 것이 아니다. 그것이 결정적으로 저하되는 것은 국가가 형성되고, 농경문명이 시작되는 단계이다. 그곳에서는 '생산'에 종사하는 것이 여성과 정복된 피지배민이다. 한편 씨족사회에서는 끊임없이 발생하는 부의 불평등이나 권력의 격차를 해소하는 시스템이 기능하고 있었다. 그것은 유동적 사회에 존재했던 평등성을 그것이 더 이상 성립하지 않는 정주단계의 사회에서 확보하는 것이었다. 그것이 바로 호수적 시스템이다. 국가를 창출한 '신석기혁명'에 대하여 나는 이것을 니시다 마사키(西田正規)를 따라 '정주혁명'이라고 부르고 싶다.9)

씨족사회에는 공동기탁을 관리하고 재분배하는 역할을 하는 수장(首長)이 존재한다. 하지만 수장이 절대적인 권력자가 되는 것은 아니다. 호수원리 그 자체가 그것을 방해하기 때문이다. 예를 들어, 수장의 지위는 얻은 부를 증여하는 것, 즉 아낌없이 베푸는 것에서 얻을 수 있는데, 그것에 의해 역으로 부를 잃게 되고, 결과적으로 수장의 지위도 잃게 된다. 이처럼 호수원리가 계급의 출현, 국가의 형성을 방해한다. 그런 의미에서 정주가 곧바로 계급사회나 국가를 가져오는 것은 아니다. 그것은 역으로 계급사회나 국가를 거부하는 시스템을 가져왔다.

5. 사회계약

여기서 씨족사회가 어떻게 형성되었는지를 국가의 형성과 비교하면서 생각해보도록 하자. 우리는 이미 사고실험으로서 유동적 수렵채집민이 어떤 식으로인가 정주를 하고, 다른 많은 밴드나 가족과 공존하는 사태를 생각했다. 그것은 어떤 상태인가? 유동적 밴드는 정주 이전에도 다른 밴드와 접촉하고 있었다. 즉 그들 사이에는 교역·전쟁·증여의 가능성이 항상 존재했다. 예를 들어, 레비-스트로스는 이렇게 말하고 있다. "브라질 서부의 남비콰라 인디언의 표박소밴드는 서로에게 항상 공포심을 가지고 있었고, 서로를 기피했다. 하지만 동시에 그들은 접촉하고 싶어 했다. 왜냐하면 접촉은 그들이 교역을 행하는 유일한 수단이자 부족한 생산물이나 물건을 손에 넣을 수 있는 유일한 방법이었기 때문이다. 적대관계와 호수적 급부에 의한 공급 사이에는 하나의 결합, 하나의 연속성이 존재한다. 교환이란 평화적으로 해결된 전쟁이고, 전쟁이란 거래가 잘 이루어지지 않은 결과이다."10)

그들은 서로를 두려워하고 있다. 하지만 동시에 어찌됐든 서로 접촉하고 교환하지 않으면 안 된다. 이것을 위해 먼저 증여하여 우호적인 관계를 만드는 것이다. 하지만 레비-스트로스가 예를 든 것과 같은 표박소밴드의 경우, 다른 밴드와의 지속적인 관계가 형성되지 않는다. 바로 이동해버리기 때문이다. 그 때문에 호수적 교환이 고차적 공동체를 형성시키는 것은 아니다. 가족 이상의 상위조직이 생기지 않는다.

하지만 레비-스트로스가 제시한 예는 밴드와 밴드 사이에 무서운 '자연상태'가 존재한다는 것, 증여가 그로부터 탈출하는 방법으로서 존재한다는 것을 시사하고 있다. 홉스는 국가를 자연상태에서 벗어나 평화를 얻는 사회계약으로 보았지만, 살린스는 증여에서도 일종의 사회계약을 볼 수 있다고 말한다.11) 말할 것도 없이 이것은 홉스가 국가형성의 근저에서 발견한 사회계약(각자가 자연권을 양도하는)과는 이질적이다. 여기서 자연권은 '양도'되는 것이 아니라 '증여'된다. 이 경우 증여한 측이 '증여의 힘'을 갖는다. 즉 권리를 증여받은 측은 증여한 자를 대신할 권한을 갖는 것과 동시에, 역으로 증여한 자에게 구속된다. 그들의 관심은 '쌍무적=호수적'(reciprocal)인 것이다.

이런 양면에 주의해야 한다. 밴드사회에서 세대(가족)는 밴드에 속함에도 불구하고, 거기에 종속되어 있지는 않다. 동시에 그것은 세대의 구속력 역시 약하다는 것을 의미한다. 부부관계도 간단히 해소된다. 즉 여기서는 사람들이 공동체를 형성하고 있지만, 언제든지 공동체로부터 이탈하는 것이 가능하다. 하지만 씨족사회가 되어도 밴드사회에 존재한 유동성은 기본적으로 잔존한다. 예를 들어, 인구가 증가하거나 내부의 갈등이 증대되면, 바깥으로의 이민이 이루어진다. 그로 인해 새로운 독립된 씨족이 창설된다. 단 그것들은 상호 연합한다. 호수원리에 의한 이런 연합은 씨족에서 부족으로, 부족에서 부족연합체에 이른다. 하지만 그것은 결코 히에라르키한 체제가 되지는 않는다. 하위집단은 상위집단에 종속되지만, 전면적으로 종속되는 것은 아니며 독립성을 유지한다. 이것이 호수원리에 근거한 미니세계시스템의 특징이다.

여기서 중요한 것은 호수원리에 의거할 경우, 공동체는 그것에 의해 상위레벨에 공동체를 구성할 수 있지만, 국가 즉 절대적이고 중심화된 권력을 가질 수는 없다는 점이다. 예를 들어, 이로쿼이족의 경우, 최고기관은 수장평의회였는데, 마르크스는 다음과 같은 점에 주목했다. "결정은 평의회에 의해 이루어졌다. 이로쿼이족에서는 만장일치가 평의회 결정의 근본원칙이었다. 군사작전은 지원(志願)원리에 따른 행동에 위임되어 있었다. 이론상 각 부족은 평화조약을 맺고 있지 않은 다른 모든 부족과 전쟁상태에 있었다. 누구든 전투대를 조직하고, 원하는 곳을 향해 원정을 행할 자유가 있었다.12)

6. 증여의 의무

밴드사회에서는 공동기탁이 이루어진다. 즉 모든 물건이 공동소유가 되는 것이다. 하지만 정주하여 개개의 세대에서 비축이 시작되면, 불평등이 생기고 싸움이 생긴다. 이것을 해소하는 방법이 증여의 호수이다. 모스에 따르면, 호수를 뒷받침하는 것으로서 세 가지 의무가 있다. 증여할 의무, 받아들일 의무, 답례할 의무가 그것들이다. 이런 '증여의 의무'를 통해 원래 적대적 내지 서먹서먹했던 집단 사이에 강한 유대가 생겨난다. 또 증여를 통해 세대 내부에 존재했던 '평등주의'가 큰 공동체 전체로 확대된다. 씨족사회는 부와 권력의 '불평등'이 생겨날 요소를 끊임없이 가지고 있지만, 동시에 그것이 '증여의 의무'에 의해 끊임없이 억제되었다.

증여의 의무는 다양하다. 예를 들어 incest(근친상간)의 금지도 증여의 의무와 떼어낼 수 없다. 유인원 연구자들은 인세스트가 대부분 회피되고 있다는 것을 분명히 했다.13) 그러므로 인세스트의 회피 그 자체는 인류만의 고유한 것이 아니다. 그러므로 미개사회에서 보이는 인세스트의 금지는 단순한 회피가 아니라 그것과는 다른 목적 때문에 생겨난 것이라고 말해야 한다. 뒤르켐은 인세스트가 금지된 것은 외혼제 때문이라고 생각한 최초의 사람인데, 그는 그것을 피의 부정(不淨) 등으로 설명하려고 했다. 한편 인세스트의 금지를 외혼제에서 설명함과 동시에 그것을 호수원리로 다시 설명하려고 한 것이 그의 조카인 모스이다. 외혼제란 세대 내지 씨족이 딸 내지 아들을 증여하고 또 답례하는 호수시스템이다.14) 바로 그렇기 때문에 인세스트가 금지되어야 한다. 인세스트의 금지는 세대나 씨족 내부에서의 '사용권' 단념이다. 하지만 딸이나 아들은 외부에 증여되어도 원래 세대 내지 씨족에 속해 있다. 이런 의미에서 그것은 '양도'가 아니라 '증여'인 것이다.

증여의 의무라는 것으로 말하자면, 그것은 일견 그에 반(反)하는 약탈혼에도 해당된다. 레비-스트로스는 다음과 같이 서술하고 있다. "약탈혼조차 호수성의 법칙과 모순되지 않는다. 오히려 약탈혼은 '호수성'을 실행으로 옮기기 위한 방법 중 하나이다. 신부유괴는 딸들을 거느린 모든 집단이 지고 있는 그녀들을 양도할 의무를 극적으로 표현하고 있다."[15] 약탈혼이 허용되는 것은 딸을 약탈당하는 측이 원래 딸을 증여할 의무를 가지고 있기 때문이다. 이처럼 약탈혼 또한 사회적 유대를 만들어낸다.

여기서 주의해야 하는 것은 외혼제가 호수적 체계를 형성하는 것이 씨족사회에서라는 점이다. 밴드사회에도 외혼제가 존재한다. 예를 들어, 부시맨이나 남비콰라족에서 그러하지만 교차사촌혼이 이루어지고 있다. 하지만 혼인은 호수적이지 않다. 밴드도 가족도 고정적이지 않기 때문이다. 따라서 씨족사회처럼 친족구조가 확립되어 있지 않다. 즉 가족(세대)이 리니지에 의해 조직되고, 씨족처럼 상위집단에 속하는 것이 아니다. 밴드사회에서는 어디까지나 가족이 독립된 단위이다. 따라서 씨족사회에서 인세스트의 금지는 그때까지 밴드집단에 참여하더라도 독립된 단위였던 가족이 상위집단에 종속된다는 것을 의미한다. 호수적인 외혼제에 의해 씨족공동체가 조직되고, 다시 씨족과 씨족을 결부시키는 고차공동체(부족이나 부족연합체)가 형성된다. 이런 의미에서 친족을 기반으로 하는 사회(kin-based society)는 피의 연결이 아니라, 증여의 힘에 의해 만들어진 사회적 유대에 기초하는 것이다. 말할 것도 없이 이 문제는 단순히 친족구조만이 아닌 호수교환 일반의 문제로서 생각해야 한다.

제2장 증여와 주술

1. 증여의 힘

우리는 앞서 호수교환을 한 공동체 내부의 제도로서가 아니라, 한 공동체가 다른 공동체와의 사이에 '평화상태'를 만들어내는 작용으로서 고찰해왔다. 그와 같은 호수교환의 결과, 보다 커다란 공동체가 환절(環節)적으로 형성된다. 그 안에서는 호수교환이 제도화되어 있다. 즉 공동체가 부과하는 '의무'가 되어 있다. 하지만 그것은 다른 공동체에 대하여 기능하지는 않는다. 그렇다면 다른 공동체와의 관계에서 왜 증여가 그때까지의 적대적 관계를 바꾸는 힘을 갖는 것일까.

마르셀 모스는 원주민 마오리족을 따라서 증여된 물건에 하우(주력呪力)가 머물고 있다고 생각했다. 이것은 모스의 증여론을 받아들인 사람들 사이에서도 비판의 표적이 되어왔다. 예를 들어, 레비-스트로스는 모스의 생각은 미개인의 사고에 따르는 것이라며 비판했다. 과학은 "원주민의 개념작용을 끌어낸 후, 그에 대한 객관적인 비판을 가하여 다시 한 번 검토를 해야 하며, 그렇게 할 때만 비로소 밑에 숨겨진 실재에 도달할 수 있다."[1] 그는 증여된 것이 순환을 만들어내는 것은 하우에 의해서가 아니라 그것이 수학적 구조 속에서 '유동하는 시니피앙'으로서 존재하기 때문이라고 설명했다.

하지만 레비-스트로스가 모스의 생각을 거부할 수 있었던 것은 호수 관계를 이미 완성된 하나의 공동체 내부에서 보려고 했기 때문이다. '구조'란 결국 공동체 안에서 기능하고 있는 제도에 다름 아니다. 하지만 공동체와 다른 공동체가 증여의 호수을 통해 새로운 공동성을 만들어내고, 또 그것을 갱신하는 과정을 보려고 한다면, 증여의 '힘'을 무시할 수 없다. 모스는 그것이 무언지를 물었던 것이다.

이런 점에서 마르크스주의적 인류학자 모리스 고들리에는 레비-스트로스의 비판에도 불구하고 모스가 하우에 집착한 것을 재평가하려고 했다. 고들리에는 자본주의적 상품교환과 증여교환을 유비적으로 보고, 다음과 같이 말한다. "인간이 생산하고 교환하는(또는 보존하는) 물건과 인간의 현실적 관계가 의식에서 사라져버리고, 다른 힘인 상상상(想像上)의 다른 주력이 원래 그것의 기원인 인간을 대체해버리고 있는 것이다."[2] 증여된 물건에 힘이 머무는 것은 현실적인 사회적 관계가 '물상화'되고 있기 때문이라고 고들리에는 말한다. 그는 그것을 자본주의사회에서 사회적 관계가 화폐-상품이라는 교환관계에 의해 물상화되어 은폐되고 있다는 것과 대비시켰던 것이다.[3]

하지만 내가 생각하기에 이 문제에 관해 '물상화'론 등은 필요 없다. 상품교환에서는 금과 같은 일정한 상품이 다른 모든 상품과 교환가능한 힘을 갖는다. 즉 화폐이다. 하지만 인간은 그것이 일반적 등가형태로 존재하기에 그와 같은 '힘'을 갖는다고 생각하지 않고, 그 사물 자체에 어떤 '힘'이 머물고 있다고 생각한다. 호수교환에서 증여된 사물에 하우가 머물고 있다고 생각하는 것은 그것과 닮았다.

중요한 것은 이것들의 유사성보다 오히려 차이다. 즉 상품교환과 호수교환의 차이다. 상품교환에서는 소유권이 한쪽에서 다른 쪽으로 이동한다. 그러므로 화폐를 갖는다는 것은 다른 물건의 소유권을 획득할 권리를 갖는 것이 된다. 따라서 화폐를 축적하려는 욕망이 생긴다. 즉 사물보다도 화폐를 원하는 도착(물신숭배)이 생기는 것이다. 한편 증여에서는 그렇지 않다. 증여에서는 사용권은 이동하지만 소유권은 이동하지 않는다. 증여된 물건은 일종의 화폐가 되지만, 그것은 화폐와 다르게 다른 물건을 소유할 권리가 아니라, 역으로 물건을 줄 의무(답례의 의무)를 가져온다. 즉 화폐가 축적이나 소유의 확대를 촉진하는 데에 반해, 하우는 소유나 욕망을 부정하는 힘으로서 작용하는 것이다.

2. 주술과 호수

다시 말하자면, 모스는 증여의 힘을 설명하기 위해 마오리족의 '하우'라는 개념을 사용했다. 이것은 호수를 씨족사회의 종교적 관념으로 설명하는 것이다. 그러므로 레비-스트로스가 그것을 비판한 것이다. 하지만 모스의 결함은 호수를 주술로 설명한 것에 있지 않다. 오히려 주술을 호수교환으로부터 설명하려고 했음에도, 그렇게 하지 않았다는 데에 있다. 주술이란 자연 내지 인간을 증여(공희)로 지배하고 조작하려는 것이다. 즉 주술 그 자체에 호수성이 포함되어 있다. 호수시스템과 마찬가지로 주술은 처음부터 존재했던 것이 아니다. 유동적 밴드의 단계에서 주술은 미발달한 상태였다. 그것은 정주화와 더불어 발달한 것이다.4)

주술이 성립하는 전제로서 애니미즘이 선행한다. 애니미즘이란 자연이든 인간이든 모든 대상이 동시에 아니마적(영적)이라고 간주하는 사고 방식이다. 애니미즘은 유동적 밴드의 단계부터 존재했다. 사자를 매장하는 것이 그 증거이다. 하지만 애니미즘이 주술의 기반이라고 해도, 그것이 주술을 가져온 것은 아니다. 그와 같은 아니마와의 사이에서 호수적 교환관계가 성립할 때, 주술이 성립하는 것이다. 그리고 그것이 발전하는 것은 유동민이 정주화하여 씨족사회를 형성할 때이다.

프로이트는 애니미즘을 유아기의 자기애적 단계와 대응시켰다.[5] 레비-스트로스는 그와 같은 견해를 비판했다. 그가 생각하기에 미개사회에도 유아가 있으며, 정신병자도 있다. "가장 미개한 문화에서조차 언제나 어른의 문화가 있으며, 이것만으로도 가장 진화한 문명에서 보이는 유아적 표출과는 양립하지 않는다 하겠다. 마찬가지로 어른의 정신병리학적 현상은 어른의 것이고 아이의 정상적인 사고와 공통의 척도를 가지고 있지 않다. 정신분석학이 많은 주의를 지불하고 있는 '퇴행'의 예들도 우리의 입장에서는 다른 각도에서 고찰하지 않으면 안 된다."[6]

하지만 아이나 신경증자로부터의 유추 없이 애니미즘의 세계에 접근하는 것이 가능하다. 애니미즘은 모든 대상에 대하여, 동시에 그것을 '아니마'(정령)로 보는 태도이다. 이것은 특별히 이해하기 힘든 것이 아니다. 현상학적 접근을 통해 그것을 이해할 수 있다. 그것의 열쇠가 되는 것이 마르틴 부버의 『나와 너』이다. 그는 인간이 세계에 대해 취하는 태도를 두 가지로 나누었다. 첫째는 '나-너'라는 관계이고, 둘째는 '나-그것'이라는 관계이다. 후자의 경우, '그것'은 물건에 한정되는 것이 아니다. '그것' 대신에 그나 그녀로 바꿔 불러도 상관없다. 즉 인간이든 물건이든 마찬가지로 '그것'으로서 대상화되어 있는 것이다. 그때 '너'는 사라진다. 역으로 말하면, '나-너'라는 태도를 취하면, 물건도 '너'가 될 수 있다.

다른 한편으로 '나-너'적 태도의 '나'와 '나-그것'적 태도의 '나'는 이질적이다. 후자에서 '나'는 대상(객관)에 대한 주관이 된다. 그런데 '나-너'의 관계에서는 '너'가 대상이 아닌 것처럼 '나'도 주관이 아니다. "<너>를 말하는 사람은 <어떤 무언가>를 가지고 있지 않다, 아니 전혀 아무것도 가지고 있지 않다. 그러나 <너>를 말하는 사람은 관계 속에서 살아간다."[7] '나-너'라는 태도로 대한다면, 인간도 자연도 '너'이다. 그때 아니마(정령)가 마치 존재하는 것처럼 보인다. 이와 같은 사고방식이 애니미즘이라고 불린다.

말하자면, 애니미즘이란 세계에 대해 '나-너'의 태도를 취하는 것이다. 하지만 이것은 미개인만의 특징이 아니다. 예를 들어, 부버는 고양이와 서로 응시한 경험에 대해 말하고 있다. 한순간 서로가 '너'로서 만났다고 생각되는 순간이 있다. 하지만 부버는 말한다. "대지가 움직이고, 관계가 생겨나고, 다음 순간 거의 사이를 두지 않는 다른 관계가 생긴다. <그것>의 세계가 나와 고양이를 에워싸고 한순간 '너'의 세계가 심연에서 반짝이지만, 이내 다시 <너>의 세계는 <그것>의 세계로 사라져갔다."[8] 즉 부버는 근대의 인간은 이미 '나와 그것'이라는 관계의 세계에서 살아가고 있기 때문에, 그것을 괄호에 넣고 '너'로서의 세계나 타자를 만나는 것이 곤란하다고 말하는 것이다.

한편 수렵채집민에게는 그와 반대의 곤란이 존재한다고 해도 좋다. 프로이트는 애니미즘과 주술을 아이의 만능감정에서 설명하려고 했는데, '어른'인 미개인은 '나-너'의 세계에서만 살고 있을 수는 없다. 그들은 '아이'가 아니다. 즉 울면 어머니가 바로 돌봐주는 환경에서 생기는 '만능'감정 따위는 가질 수 없다. 현실적으로 '나-그것'의 세계에서 살 수밖에 없다. 하지만 그러기 위해서는 '나-너'의 관계를 괄호에 넣고 자연물이나 인간을 단지 '그것'으로서 다루지 않으면 안 된다. 예를 들어, 그들은 수렵자이기 때문에 동물을 죽여야 하는데, 동물에게는 각각의 아니마가 존재한다. 수렵을 하기 위해서는 세계에 대한 태도를 '나-너'에서 '나-그것'으로 바꿔야 한다. 이런 전환이 말하자면 공희(供犧)로서 이루어진다고 해도 좋다.

공희란 증여를 통해 자연 측에 부채를 부여하고 그것에 의해 자연의 아니마를 봉하여 '그것'으로 전환시키는 것이다. 이것은 주술에 대해서 같은 것을 말할 수 있다. 주술을 주문이나 의식으로 자연계를 조작하는 것으로 봐서는 안 된다. 주술은 증여에 의한 탈영화(脫靈化)를 통해 자연을 '그것'으로서 대상화하는 것을 가능하게 하는 것이다. 그러므로 주술사는 최초의 과학자이다.[9]

하지만 이미 시사한 것처럼 유동적 수렵채집민의 사회에서 주술이 거의 행해지지 않는 것은 그들이 바로 유동적이기 때문이다. 예를 들어, 사자의 영을 그다지 두려워할 필요가 없다. 그저 사자를 매장하고 그 땅을 떠나면 되었기 때문이다. 수렵의 대상에 관해서도 마찬가지이다. 정주하는 것의 곤란 중 하나는 타인만이 아니라 사자(死者)와 공존해야 한다는 데에 있다. 사자의 영을 제어하기 위해서 '증여'를 한다. 이것이 장례이자 선조신앙이다. 사자는 선조신으로서 씨족사회를 통합하는 것이다.

유동적 수렵채집민의 입장에서 보면, 순연한 대상(그것)은 존재하지 않는다. 모든 것이 '너'이다. 즉 사물=정령이다. 그런데 정주적 씨족사회에서는 말하자면 '나-그것'이라는 태도가 나타난다. 그런 의미에서 주술이 발전하는 것이다. 그리고 주술사=사제의 지위도 높아진다. 다만 거기에는 한계가 존재한다. 호수원리 자체가 초월적인 지위를 허락하지 않기 때문이다. 그것은 씨족사회에서 수장의 지위가 강화되더라도 결코 왕과 같은 절대성을 갖게 되지 않는 것과 같다. 하지만 씨족사회 이후,

즉 국가사회에서는 '너'로서의 정령(아니마)이 신으로 초월화되고, 다른 한편으로 자연 및 타자는 그저 조작해야 하는 '그것'이 된다.

3. 이행의 문제

나는 정주에 의해 유동적 밴드사회에서 씨족사회로의 이행이 이루어졌다고 서술했다. 하지만 의문은 왜 정주에서 국가사회로 이행하지 않고 씨족사회로 이행했는가 하는 데에 있다. 바꿔 말해, 왜 전쟁·계급사회·집권화가 아닌 평화·평등화·환절(環節)적 사회로의 길로 나아갔는가. 이와 같은 코스가 취해질 필연성은 없었다. 실제로 그러했기 때문에 필연이라고 생각되고 있는 것에 지나지 않는다. 오히려 정주화에서 계급사회, 그리고 국가가 시작된다는 쪽이 개연성이 높다고 해야 한다. 그러므로 우리는 씨족사회의 형태를 국가형성의 전 단계로서가 아니라 정주화에서 국가사회로의 길을 회피한 최초의 시도로서 보아야 한다.

이 문제에 대해 나는 인류학자들에 의해 지금은 완전히 무시되고 있는 프로이트의 『토템과 터부』(1912)가 중요하다고 생각한다. 그가 생각한 것은 토템이라기보다도 오히려 미개사회의 '형제동맹'이 어떻게 해서 형성되고 유지되었는가 하는 문제였다. 즉 그의 관심은 부족사회에서 씨족의 평등성·독립성이 어떻게 생겨났는가에 있었다. 그는 그 원인을 아들들에 의한 '원부(原父)살해'라는 사건에서 발견하려고 했다. 말할 것도 없이 이것은 오이디푸스콤플렉스라는 정신분석의 개념을 인류사에 적용하는 것이다. 이때 그는 당시 학자들의 주요한 의견을 참고했는데, 특히 다윈, 앳킨슨(J. J. Atkinson), 로버트슨 스미스 등의

이론을 차용하고 있다. 그것들이 어떤 것이었는지는 프로이트 자신의
말로 제시해보자.

　　다윈으로부터는 인류가 처음에는 작은 군족(群族)을 만들어 생활하
고 있었는데, 그 군족 각각은 모든 여자를 독점하고 그의 아들들을
포함하여 젊은 남성들을 진압하고 징벌을 가하거나 살해하여 배제해
버린 비교적 연령이 많은 남성의 폭력적 지배하에 있었다는 가설을
차용했다. 앳킨슨으로부터는 위와 같은 기술을 이어가는 형태로 이런
부권제가 아버지에 대항하기 위해 단결하고 마침내 아버지를 살해한
후 그 고기를 전부 먹어버린 아들들의 모반에 의해 종언에 이르렀다는
가설을 채용했다. 그리고 거기에다 로버트슨 스미스의 토템이론에
따라 부친살해 후 아버지의 것이었던 군족이 토테미즘적 형제동맹의
것이 되었다고 생각했다.
　　의기양양했던 형제들은 사실 여자들이 탐나서 아버지를 쳐 죽인
것이지만, 서로 평화롭게 생활하기 위해 여자들을 손에 넣는 것을
단념하고 족외혼이라는 법(掟)을 스스로에게 부과했다. 이로써 아버
지의 권력은 파괴되고 가족은 모권에 의해 조직화되었다. 하지만
아버지에 대한 아들들의 양가적 감정의 구조는 그 이후 전 발전과정에
계속해서 영향력을 행사했다. 아버지 대신에 특정한 동물이 토템으로
대체되었다. 이 동물은 부조(父祖)이자 수호신으로 간주되고, 상처를
입히거나 죽이거나 해서는 안 되는 것으로 간주되었다. 다만 일 년에
한 번 남성들은 향연을 열기 위해 모였는데, 이 자리에서 그들은
평소 숭배되어온 토템동물을 죽이고 그 고기를 찢어 나누어 먹었다.
이 향연에의 참여를 거부하는 것은 어느 누구에게도 허락되지 않았다.
이것은 부친살해의 의례적 반복이었고, 이 반복과 더불어 사회질서도

도덕률도 종교도 생겨났다.[10)

오늘날 인류학자는 이와 같은 이론을 완전히 배척하고 있다. 고대에 '원초적 아버지'와 같은 것은 존재하지 않았다. 그와 같은 원초적 아버지는 고릴라사회의 수컷과 닮은 것이라기보다 오히려 전제적인 왕권국가가 성립한 후의 왕이나 가부장의 모습을 씨족사회에 투사한 것이라고 해야 한다. 하지만 그렇게 말한다고 해서 프로이트의 '원초적 아버지 살해' 및 반복적 의식이라는 견해가 가진 의의가 사라지는 것은 아니다. 프로이트는 씨족사회의 '형제동맹' 시스템이 왜 어떻게 유지되고 있는지를 묻고 있었던 것이다.

유동적 밴드사회에 '원초적 아버지'와 같은 것은 존재하지 않았다. 오히려 밴드의 결합도 가족의 결합도 취약했다. 이런 의미에서 프로이트가 의거한 이론은 잘못되었다. 하지만 정주화와 더불어 불평등이나 전쟁이 생길 가능성, 국가=원초적 아버지가 형성될 가능성이 있었다. 하지만 그것을 억압함으로써 씨족사회=형제동맹이 형성되었다. 이렇게 생각하면 프로이트의 설명은 납득이 간다. 그것은 씨족사회가 왜 국가로 바뀌지 않았는지를 설명해준다. 말하자면, 씨족사회는 내버려두면 반드시 생겨나는 '원초적 아버지'를 끊임없이 미리 죽이고 있는 것이다. 이런 의미에서 원초적 아버지 살해는 경험적으로는 존재하지 않음에도 불구하고, 호수성에 의해 만들어지는 구조를 뒷받침하고 있는 '원인'인 것이다.

프로이트는 미개사회 시스템을 '억압된 것의 회귀'로 설명했다. 그가 생각하기에 한번 억압되고 망각된 것이 회귀할 때, 그것은 단순한 상기가 아니라 강박적인 것이 된다.[11) 씨족사회에 관한 프로이트의 이론에서 회귀하는 것은 살해당한 원부이다. 하지만 우리가 생각하기에 '억압된 것의 회귀'로서 되돌아오는 것은 정주에 의해 잃어버린 유동성(자유)——
평등성은 유동성에 수반된다——이다. 그것은 왜 호수성의 원리가 강박
적으로 기능하는지를 설명한다.

　마르크스는 생산양식에서 사회구성체의 역사를 생각했다. 생산양식
에서 본다는 것은, 바꿔 말해 누가 생산수단을 소유하는가라는 관점에서
보는 것이다. 마르크스의 비전에서 그것은 원시공산주의에서는 공동소
유이고, 계급사회에서는 생산수단을 소유하는 지배계급과 그렇지 않은
피지배계급 간에 '계급투쟁'으로 존재하며, 최종적으로 공동체소유가
고차원적으로 회복되게 된다. 하지만 이런 관점에서는 유동적 단계의
사회와 정주적 씨족사회가 구별되지 않는다. 또 이런 관점은 최초의
단계에 존재하는 평등성을 중시하지만, 그것을 가능하게 하는 것이
유동성(자유)이라는 것을 무시한다. 즉 코뮤니즘을 유동성(자유)이 아니
라 부의 평등이라는 점에서만 보는 사고가 되기 쉽다. 교환양식의 관점에
서 볼 때, 이상과 같은 결함을 극복하는 것이 가능하다.

제2부
세계=제국

서론 국가의 기원

우리는 사회구성체의 역사에서 최초의 획기적인 이행을 교환양식A가 지배적인 사회구성체, 즉 씨족사회의 형성에서 보아왔다. 제2부에서는 이어서 그로부터 교환양식B가 지배적인 사회구성체로의 이행, 즉 국가 사회의 형성을 논한다. 이것을 생각하기 위해서는 먼저 일반적인 도그마를 거부하지 않으면 안 된다. 그것은 고든 차일드가 주창한 농경과 목축에 기초한 신석기혁명(농업혁명)이라는 개념으로 대표된다. 그것은 농업·목축이 시작되고 사람들이 정주하고, 생산력의 확대와 더불어 도시가 발전하고, 계급적인 분화가 생기고, 국가가 생겨났다고 하는 견해이다.

나는 이미 이런 도그마를 비판했다. 정주화는 농업 이전에 일어난 것이고, 재배나 사육은 정주화의 결과로 자연발생적으로 시작된 것이다. 재배나 사육이 발생해도 그것이 국가에 이르는 '농업혁명'이 되지는 않는다. 그것은 왜일까. 사람들은 정주를 해도 수렵채집생활을 전면적으로 방기하려고 하지 않기 때문이다. 또 정주와 비축에 의해 생겨나는 계급분화나 권력의 집중을 호수원리에 의해 억제했기 때문이다. 부족이나 부족연합체는 환절적인 성층조직이고, 아무리 규모가 커진다고 하더라도 기껏해야 수장제국가(chiefdom)가 될 뿐이다. 그것이 국가가 되기 위해서는 다른 요인이 필요하다. 요컨대 강수농업이나 소규모의 관개농업이 보급되어도 사람들은 수렵채집 이래의 생활스타일이나 호수원리를 근본적으로 방기하지 않았다. 그러므로 농업에서 국가가 시작된다고 말할 수 없다. 오히려 그 역으로 국가로부터 농업이 시작된다.

차일드는 마르크스주의자이지만, 그의 견해가 그렇지 않은 사람들 사이에서 광범위하게 받아들여진 것은 그것이 마르크스적이라고 말할 정도의 것이 아니었기 때문이다. 예를 들어, '신석기혁명'이나 '농업혁명'이라는 말은 '산업혁명'으로부터의 유추에 근거하고 있다. 하지만 만약 산업자본주의나 현대국가가 산업혁명에 의해 생겨났다고 한다면, 그것이 거꾸로 된 견해라는 것을 모두가 눈치를 챌 것이다. 방적기계나 증기기관의 발명은 획기적인 것이지만, 그것들의 채용은 세계시장 안에서 경합하는 중상주의국가와 자본제생산(매뉴팩처) 하에서만 생겨난 것이다. 따라서 산업혁명은 국가나 자본을 설명하지 못한다. 역으로 산업혁명을 설명하기 위해 우리는 먼저 국가와 자본에 대해 생각하지 않으면 안 된다. 실제 마르크스는 그렇게 했다.

마르크스는 『자본론』에서 자본주의생산을 기계의 발명이나 사용이 아니라 자본에 의한 매뉴팩처, 즉 '분업과 협업'이라는 노동의 조직화에서 고찰했다. 기계는 그 이전에 존재하고 있지만, 그것이 실용화된 것은 매뉴팩처가 발전한 후이다. 그것은 인간적 노동을 분할하고 통합하는 것, 바꿔 말해 인간적 노동을 '기계'화하는 것이 기계 자체보다도 중요하다는 것을 의미한다. 게다가 그것은 그때까지의 길드직인과는 달리 '분업과 협업'을 참는 노동자를 만들어낸다는 것을 의미한다. 이것은 용이하지 않다. 이와 같은 변화를 생산기술만으로 보는 것은 불가능하다.

‘신석기혁명’에 대해서도 같은 것을 말할 수 있다. 그것을 가래나 그 밖의 생산기술의 발명으로 설명하는 것은 불가능하다. 예를 들어, 살린스는 다음과 같이 말하고 있다.

> 민족지에서 선사시대에까지 외삽적 추론을 한다면, J. S. 밀이 모든 노동절약 장치에 대해 말한 것과 같은 것을 신석기시대에 대해서도 말할 수 있을 것이다. 즉 1분간이라도 노동을 절약할 수 있는 것은 무엇 하나 결코 발명되지 않았다고 말이다. 생활자료 생산을 위해 필요한 일인당 노동시간량에서 신석기시대는 구석기시대보다도 어떤 진보도 이루지 못했다. 아마 농업의 도래와 더불어 사람들은 한층 더 힘들게 노동을 하지 않으면 안 되게 되었을 것이다.[1]

그가 말한 대로이다. 하지만 생산력을 단순히 장시간 노동을 강제함으로써 향상시켰다고 말한다면, 그 또한 잘못일 것이다. 실은 이 시기에 ‘노동을 절약하는 기술’이 발명되었다. 그것은 노동의 조직화였다. 관개농업에서 중요한 것은 농경노동보다도 치수관개 공사이다. 이와 같은 노동은 수렵이나 채집과 닮지 않았을 뿐만 아니라 재배나 농경과도 닮지 않았다. 그것은 비트포겔이 말한 것처럼 중공업에 가깝다. 그것에는 다수의 인간을 조직하여 ‘분업과 협업’을 하도록 하는 시스템, 그리고 디시플린(discipline)이 필요했다. 농업혁명을 초래한 것은 기계가 아니라 루이스 멈포드의 표현을 빌리면, ‘인간기계’(mega-machine)이다. 멈포드가 말하는 것처럼 군대조직과 노동조직은 거의 같은 것이다.[2]

자연에 대한 테크놀로지라는 의미에서 고대문명이 가져온 혁신은 그렇게 크지 않다. 하지만 인간을 지배하는 기술이라는 의미에서 그것은 획기적이었다. 무릇 고고학적으로 시대를 나누는 ‘청동기’나 ‘철기’라는 것은 생산수단으로서보다는 오히려 국가에 의한 전쟁수단(무기)으로서 고안되고 발달된 것이다. 그리고 인간을 지배하는 테크놀로지로서 가장 중요한 것은 관료제이다. 관료제는 인간을 인격적인 관계나 호수적 관계로부터 해방시킨다. 군대 또한 관료제에 의한 명령체제에 의해 조직되었을 때 강력하게 된다. 대규모 관개노동도 그것에 의해 가능했다.

다시 말해, 인간을 지배하는 기술이란 단순한 강제가 아니라 자발적으로 규제에 따라 노동하는 디스플린을 부여하는 것이다. 그런 관점에서 보았을 때 종교가 중요하다. 베버는 『프로테스탄티즘의 윤리와 자본주의의 정신』에서 노동윤리(에토스)를 종교개혁과 결부시켰지만, 실은 고대문명에 대해서도 같은 것을 말할 수 있다. 살린스가 말하는 것처럼 수렵채집사회의 사람들은 단시간밖에 노동을 하지 않았다. 그와 같은 사람들을 토목공사나 농업노동에 종사시키는 것은 단순한 강제로는 부족하다. 오히려 자발적인 근면함이 필요했다. 노동윤리의 변화 또한 종교적인 형태를 취했다고 해도 좋다. 즉 사람들은 그저 강제되었을 뿐만이 아니라, 왕=사제를 위해 적극적으로 일했던 것이다. 그들이 근면하게 일하는 것은 강제가 아니라 신앙에 의해서이다. 게다가 그것은 공문구(空文句)가 아니었다. 왕=사제는 실제로 그와 같은 농민을 군사적으로 보호하고 또 재분배를 통해 갚았기 때문이다.

노동윤리의 변화를 이처럼 종교적인 관점에서 보는 것은 교환양식이라는 관점을 벗어나는 것이 아니다. 왜냐하면 종교사에서 애니미즘으로부터 종교로의 발전이라고 이야기되는 것은 교환양식으로 보면, 호수적 교환양식A에서 교환양식B로의 이행에 해당되기 때문이다. 애니미즘에서 신은 초월적이지 않다. 그것은 개개의 사물이나 인간에 내재하는 아니마이다. 그런데 국가형성에서 신의 초월화가 발생한다. 그것은 수장=사제의 권력증대를 함의한다. 그 아래에서 편성된 것이 농업공동체이다. 이와 같은 공동체는 초월적인 수장=사제를 가지고 있지 않은, 또 세대 간이나 씨족 간에 상호 독립성을 유지한 씨족 내지 부족의 공동체와는 근본적으로 이질적이다.

이 문제에 대해서는 뒤에서 상술하기로 한다. 단 여기서 강조해두고 싶은 것은 수렵채집민의 전통을 가진 자를 농경민으로 삼는 것이 용이하지 않다는 점이다.3) 강수농업이나 목축을 받아들인다고 하더라도 사람들은 유동생활의 전통을 버리지 않았다. 농업을 하더라도 그들은 여전히 계속 수렵 · 채집자였다. 다른 관점에서 말하면, 그들은 농민인 동시에 전사였다. 종속적인 농경민이나 농업공동체는 국가에 의한 대규모 관개농업의 결과이다. 뒤에 서술하겠지만, 아시아적 공동체가 아시아적 전제 국가를 낳은 것이 아니라, 그 반대이다.

한편 문명 주변부의 강수농업에 기초한 사회에서는 전사=농민의 생활이 계속되었다. 또 농경과 정주가 진행되는 한편으로, 그것을 거부한 것이 유목민이다. 그런 점에서 유목민은 수렵채집민과 닮아있다. 하지만 그들이 원래 원도시=국가에서 발명된 목축을 받아들인 이상 수렵채집 민과는 다르다. 또 유목민은 정주민과 부즉불리(不卽不離)의 관계에 있다. 유목민은 농경공동체를 거부했지만, 그들 자신도 씨족공동체와는 다른 맹약공동체를 형성했다. 그들에게 있어 목초 · 샘 · 우물 등을 둘러싸고 부족 간의 '계약'이 불가결했기 때문이다. 하지만 이와 같은 맹약공동체는 히에라르키한 것이 아니었다. 따라서 그것이 국가가 되는 것은 어려웠고 드물었다. 유목민이 국가를 형성하는 것은 이미 존재하는 중심부의 국가를 약탈 · 정복한 경우뿐이다. 그들이 국가를 만드는 것이 아니라 이미 존재하는 국가기구 위에 올라탈 뿐이다. 그러므로 국가의 생성에 관해 유목민을 이야기할 수 없지만, 광역국가(제국)의 형성에 관해서는 불가결한 요소이다.

제1장 **국 가**

1. 원도시=국가

국가는 농업혁명의 결과가 아니라 역으로 농업혁명이야말로 국가의 결과이다. 따라서 국가가 어떻게 성립했는가라는 물음에 관한 답이 '농업혁명'은 될 수 없다. 여기서 농업의 발전에서 도시가 생겨난다는 도그마를 근본적으로 의심한 건축저널리스트 제인 제이콥스[1]의 흥미로운 주장을 다루어보자.[1] 아담 스미스는 『국부론』에서 공업이 발전하는 나라는 농업이 발전해 있으며, 그 역이 아니라고 쓰고 있다. 그녀에 따르면, 그럼에도 불구하고 스미스는 원시시대에 관해서는 공동체에서 농업이 시작되고, 그것이 도시·국가로 발전했다고 생각했다. 그리고 이런 스미스의 사고방식이 마르크스를 포함하여 이후 도그마가 되었다

• • •

1_ Jane Jacobs(1916-2006). 미국의 논픽션 작가이자 저널리스트. 교외 도시개발 등을 논하고, 도심의 황폐를 고발한 운동가. 대표작으로 『미국 대도시의 죽음과 삶』(유강은 옮김, 그린비, 2010), 『도시의 경제학』, 『도시와 국가의 부』(서은경 옮김, 나남, 2004), 『생존시스템』 등이 있다.

는 것이다. 제이콥스는 이것을 과감히 전도시키기 위해 다음과 같이 생각했다. 농업의 기원은 농촌이 아니라 다양한 공동체들의 사물이나 정보가 집적되고 기술자가 모이는 도시에 있다. 그녀는 그것을 원도시 (proto-city)라고 불렀다. 다양한 농업기술, 품종개발, 그리고 동물의 길들임(가축화)이 생겨난 것은 거기에서다. 농업·목축은 도시에서 시작되고, 그것이 주변으로 확대되었다는 것이 그녀의 주장이다.

나는 이런 생각에 동의한다. 하지만 제이콥스 역시 고전경제학자들과 더불어 시작된 다른 편견에 중독되어 있다고 말할 수밖에 없다. 그것은 경제가 정치(국가)와는 독립적으로 존재한다는 생각이다. 그것은 자본주의사회에서 성립된 이데올로기에 지나지 않는다. 현실적으로 자본주의사회에서 국가는 단순히 경제적 과정에 의해 규정되는 상부구조가 아니다. 후진자본주의국가는 물론, 영국에서조차 중상주의적 국가의 주도 없이는 매뉴팩처도 산업혁명도 불가능했다. 산업혁명은 세계시장을 전제로 세계시장의 패권을 다투는 국가의 주도로 일어난 것이다.

여기서 고대를 되돌아보면, 다음과 같은 것을 말할 수 있다. 제이콥스가 말하는 원도시는 말하자면 원도시=국가이다. 그녀는 터키의 아나트리아 지역에 존재하는 유적(차탈 후유크Çatal hüyük[2])에 근거하여 그에 선행할 것으로 생각되는 원도시를 사고실험으로서 고찰했다. 하지만 내가 생각하기에 그것은 원도시=국가이다. 즉 도시가 시작되었을 때, 이미 국가가 시작되어 있었던 것이다. 도시에서 농업이 시작되었다는 말은 바로 국가에서 농업이 시작되었다는 말이다. 그렇지 않다면 광범위한 교역이나 대량생산이 이루어질 까닭이 없다. 예를 들어, 고대국가는

· · ·

2_ 터키 콘야 남동쪽 약 40km에 있는 신석기시대의 유적. 1961~63년 영국의 멜라트(J. Mellaart) 가 발굴했고, 여기서 출토된 유물은 앙카라의 아나톨리아 문명박물관과 콘야의 고고학박물관에 분장되어 있다.

메소포타미아, 이집트, 인더스, 중국 등 모두 대하(大河)의 하구에서 시작되었다. 그것은 그곳이 농업에 적당한 장소였기 때문이 아니다. 반대로 통상의 강수농업에 의한다면, 도저히 큰 발전을 바랄 수 없는 지역이었다. 물론 거기에는 물만 있다면, 비옥한 농지가 될 충적토가 있었다. 하지만 그것은 결과론으로, 처음 사람들이 그 같은 지역에 모인 것은 농업이 아니라 어업 때문이었다. 그리고 거기서 재배나 사육이, 그리고 그것들의 교역이 시작되었다. 하구에 도시가 생긴 것은 그것이 하천에 의한 교통의 결절점(結節点)이었기 때문이었다.

원도시=국가는 무엇보다도 공동체 간의 교역을 가능하게 하는 장소로 시작되었다. 농업은 그 가운데에서 시작되어 후배지(後背地)로 확대되었다. 그와 같은 원도시=국가 사이의 교역과 전쟁을 통해 거대한 국가가 형성되기에 이르렀다. 그리고 그와 같은 국가가 관개농업을 발전시켰다. 예를 들어 수메르에서 그러한 것처럼 그것은 인근 국가에 대한 수출을 위해서였다. 대규모 관개농업은 당시의 '세계시장'에 의해 가능했다. 그것은 다수의 도시나 국가로 이루어진 세계시스템 가운데서 시작되었던 것이다.[2]

도시의 기원을 논하는 사람들은 그것이 신전도시에서 시작되거나 성채(城砦)도시에서 시작된다고 말한다. 하지만 그것은 같은 것이다. 베버는 도시는 많은 씨족이나 부족이 새롭게 형성한 맹약공동체로서 시작되었다고 말한다.[3] 그들의 '맹약'은 새로운 신에의 신앙에 의해 이루어졌기 때문에, 그런 의미에서 도시는 신전도시이다. 한편 도시는 교역의 장임과 동시에 그것을 외적, 해적이나 산적으로부터 지켜야 하는 성채도시, 즉 무장된 국가였다. 이처럼 도시의 형성은 국가의 형성과 분리할 수 없다. 바꿔 말해, 교환양식B와 교환양식C는 분리불가능하다.

나는 순서상 교환양식C를 나중에 논하지만, 그것은 C가 B 후에 생겨났다는 것을 의미하지 않는다. 교환양식C는 사회구성체의 초기적 단계, 즉 A가 지배적인 단계부터 존재했다. 정주공동체는 다른 공동체와의 교역(상품교환)을 필요로 하기 때문이다. 하지만 공동체와 공동체 사이에는 말하자면 '전쟁상태'가 존재한다. 씨족사회는 그 때문에 증여의 호수에 의해 고차원적인 공동체를 형성함으로써 '평화상태'를 창설한다. 이미 서술한 것처럼 부족연합체는 공동체 사이의 전쟁상태를 증여의 호수에 의해 넘어설 수 있다. 이것은 일종의 '사회계약'이다. 그것이 좀 더 확대되면, 수장제 국가(chiefdom)라는 형태를 취할 것이다. 그것은 공간적으로 '수도'(首都)를 가진다. 그것에 의해 수장들의 집회가 행해질 뿐만 아니라, 공동체 간의 교역이 이루어진다. 그러므로 그것은 국가 및 도시의 초기형태라고 해도 좋다. 하지만 여기서 국가, 즉 수장이 왕권이 되는 데에는 뒤에서 논하는 것처럼 커다란 비약이 존재한다. 왜냐하면 국가는 호수와는 완전히 다른 교환원리에 기초하고 있기 때문이다.

2. 교환과 사회계약

다시 말하면, 미개사회에서 교환양식A가 지배적이었던 것은 교역(상품교환)이 없었기 때문이 아니라, 역으로 전자에 의해 교역이 확보되었다는 것을 의미한다. 즉 교환양식A에 의해 비로소 교환양식C가 가능하게 되었던 것이다. 그런데 부족이나 부족연합체를 넘어선 공동체 사이에서 교역은 어떻게 가능할까. 즉 '평화상태'는 어떻게 가능할까.

이것과 관련하여 시사점을 주는 것은 홉스이다. 단 홉스를 인용하기 전에 이야기해 둘 것이 있다. 그는 국가의 기원을 전쟁상태에 있던 개인들이 자연권을 한 명의 인간(주권자)에게 양도하는 '사회계약'으로 보았다. 이처럼 개인에서 출발한다는 점은 홉스와 홉스를 비판한 루소도 공통적이다. 예를 들어, 루소는 말한다. "사회는 먼저 오직 약간의 일반적인 협약에서 성립된 것으로, 모든 개인이 이것을 지키기로 약속하고, 그들 개개인에 대해 공동체가 그 협약의 보증인이 되어 있다. …… 결국은 사람들은 공권력의 보관이라는 위험한 역할을 몇 명의 개인에게 위탁할 생각을 하고, 인민의 의결을 지키는 일을 위정자에게 위탁했음이 분명하다."[4] 이것이 루소적인 '사회계약'이다. 하지만 이처럼 개개인에서 출발하여 국가를 생각하는 것은 상품교환을 개개인의 교환에서 생각하는 것과 마찬가지로 근대사회에서 자명한 견해를 과거에 투사하는 것이다.

오늘날 홉스의 이론은 국가의 기원이라기보다는 오히려 다수결지배의 근거, 즉 소수파가 다수결을 따르는 데에 근거를 부여하는 것이라는 해석이 이루어지고 있다. 하지만 홉스는 실제로 자연상태를 개인들이 아니라 왕, 봉건영주, 교회, 도시가 항쟁하는 상태로 보았다. 그리고 그 가운데에서 왕이 절대적 주권자로서 출현하는 과정을 '사회계약'으로 파악했다. 이런 과정은 서유럽의 봉건사회에만 존재하는 특유한 것이 아니다. 그것은 메소포타미아의 전제국가가 출현하기 전에도 존재했다. 도시국가가 난립하고 경쟁을 하는 상태가 그것에 선행했다. 수메르의 길가메시 서사시에는 그와 같은 상태에서 한 사람의 왕이 권위를 가지고 권력을 집중시키는 과정이 그려지고 있다. 그런 의미에서 홉스의 지적은 근세의 역사적 경험에 의해 규정된 면이 있지만, 보편적으로 국가형성의 과정을 파악했다고 말할 수 있다.

따라서 홉스가 『리바이어던』에서 말하는 '계약'을 개인과 개인이 아닌 공동체와 공동체 사이에서 본다면, 국가의 기원을 생각하는 데에도 유효하다. 주목해야 하는 것은 이 계약의 성질이다. 홉스가 말하는 계약이란 '공포에 의해 강요된 계약'이다. 통상 공포에 의해 강요된 합의는 계약으로 간주되지 않는다.5) 하지만 홉스는 그것 또한 계약이라고 말한다. "공포에 의해 강요된 계약은 유효하다." "완전한 자연상태 하에서 공포에 의해 맺어진 계약은 구속력을 갖는다. 예를 들어, 만약 내가 자신의 생명 대신에 몸값이나 노동을 지불한다는 계약을 적과 맺으면, 나는 그것에 구속된다. 왜냐하면 그것은 한쪽은 생명을 얻고, 다른 쪽은 돈이나 노동을 얻는다는 계약이기 때문이다."6) 이처럼 홉스는 국가(주권자)의 성립을 '사회계약'에서 볼 때, '공포에 의해 강요된 계약'이라는 의미에서 생각하고 있었다. 그는 국가가 성립하는 과정을 둘로 나누고 있다.

> 주권을 획득하는 방법에는 두 가지가 있다. 하나는 자연의 힘에 의한 것이다. 예를 들어, 인간이 자식이나 손자를 자신의 지배하에 복종시키고, 만약 복종을 거부하면, 파멸시키는 경우, 또는 전쟁으로 적을 자신의 의지에 따르게 하고, 복종을 조건으로 살려주는 경우이다.
> 다른 하나는 사람들이 다른 모든 인간으로부터 자신을 지켜줄 것으로 믿고 어떤 한 사람이나 합의체에 자발적으로 복종하는 것에 동의하는 경우다. 이런 경우를 우리는 정치적인 코먼웰스 또는 '설립된' 코먼웰스라고 부르고, 전자를 '획득된' 코먼웰스라고 부를 수 있다.7)

하지만 근본적으로 국가는 '획득된 코먼웰스'이다. 확실히 '설립된 코먼웰스'라고 불러도 좋을 국가(도시국가)도 있다. 하지만 그것들이 성립하는 것은 근방에 강대한 국가가 있는 경우이다. 공동체 내에서 '한 사람의 인간 또는 합의체'에 주권이 주어지는 것은 외부의 국가에 대항하기 위해서이다. 그런 의미에서 '설립된 코먼웰스' 또한 근본적으로 '공포에 의해 강요된 계약'에 기초하고 있다고 해야 한다. 홉스가 말하는 것처럼 주권은 군주정, 귀족정, 민주정과 같은 정치체제[政體]와 관계가 없다. 즉 개인이 주권을 갖는 일도 있고, 합의체가 주권을 갖는 일도 있다. 하지만 어느 경우든 주권이란 근본적으로 '공포에 의해 강요된 계약'에서 생겨나는 것이다.

'공포에 의해 강요된 계약'은 교환이다. 왜냐하면 복종하는 자에게는 '복종을 조건으로 생명을 주기' 때문이다. 다른 한편 지배자는 그것을 실행할 의무가 있다. 홉스는 일견 교환으로 보이지 않는 것이 실은 교환이라는 사실을 간파했던 것이다. 그것은 "한쪽은 생명을 얻고, 다른 쪽은 돈이나 노동을 얻는" 교환이다. 이것은 상품교환과 같은 교환(C)은 아니지만, 역시 교환(B)이다. 홉스는 말한다. "피정복자에 대한 지배권은 승리에 의해서가 아니라 피정복자 자신의 계약에 의해 주어진다. 그는 정복되었기 때문에, 즉 싸움에서 패해서 붙잡히거나 패주했기 때문에 그런 의무를 부여받은 것이 아니다. 스스로 나아가 정복자에게 복종했기 때문에 의무를 지는 것이다."[8] 국가는 피지배공동체 쪽이 지배당하는 것을 적극적으로 동의함으로써 성립한다. 그러므로 이것은 교환이다. 지배자도 그들의 안전을 보증해야 한다.

홉스는 법은 국가(주권자)가 성립한 후에만 가능하다고 생각했다. 하지만 이것은 주권자가 마음대로 법을 만든다는 것이 아니다. 법을 강제하는 '힘'이 없으면, 법이 기능하지 않는다는 것, 그리고 법적 규범을 강제하는 힘을 주권자가 가진다는 것을 의미한다. 베버는 국가의 본질을 '폭력의 독점'에서 발견했다. 하지만 정확히 말하면, 그것은 국가가 휘두르는 '실력'이 더 이상 폭력이 아니라는 것을 의미한다. 다른 누군가가 같은 것을 하면, 폭력으로서 처벌을 받는다. 법의 배후에는 실력이 있다. 다른 관점에서 말하면, 이것은 국가의 권력이 항상 '법'을 통해서 행사된 다는 것을 의미한다.

피정복자는 정복자(지배자)에게 수탈을 당한다. 하지만 그것이 단순한 약탈이라면, 국가를 형성하지 못한다. 국가가 성립하는 것은 피정복자가 약탈당하는 부분을 세(공납)로 거두어들일 때이다. 그때 '교환'이 성립한다. 왜냐하면 피정복자는 그것에 의해 자신의 소유권을 확보할 수 있기 때문이다. 즉 그들은 국가로부터 세나 부역을 수탈당하지만, 국가 이외의 누군가로부터 약탈을 당하는 것은 면한다. 그 결과, 피지배자는 부역공납을 단순히 지배자의 강제에 의해서가 아니라, 역으로 지배자가 부여하는 증여(은혜)에 대한 답례(의무)로서 행하는 것처럼 생각한다. 다른 관점에서 말하면, 국가는 약탈이나 폭력적 강제를 '교환' 형태로 바꿈으로써 성립하는 것이다.

3. 국가의 기원

전(前) 국가적 사회와 국가적 사회의 차이는 다음과 같은 점에 존재한 다. 앞서 서술한 것처럼 전 국가적 사회에서는 호수원리에 의해 고차적 공동체가 형성된다. 여기서 하위집단은 상위에 종속되지만, 독립성을 유지한다. 그러므로 상위의 결정이나 규제가 기능하지 않는 면이 적지 않다. 또 씨족 간의 항쟁이 존재하는 경우, 그것을 멈추게 할 상위집단도 없다. 그러므로 빈번하게 항쟁이 일어난다. 그럼에도 불구하고 그로부터 집권적인 상태에 이르는 것은 아니다. 오히려 이런 호수적 항쟁의 존재가 집권화(集權化)를 저지한다.

여기서 보면, 국가의 성립이 공동체 간의 '호수'가 금지될 때라는 것을 알 수 있다. 예를 들어, 수메르 이래의 법을 집대성한 바빌로니아의 『함무라비법전』에는 '눈에는 눈을'이라는 유명한 조항이 있다. 이것은 "당한 만큼 되돌려줘라"라는 의미가 결코 아니다. 그와는 반대로 끝없이 계속되는 피의 복수(血讐, vendetta)를 금지하는 것이다. 그것은 범죄나 공동체 간의 갈등을, 그들 자신이 아니라 그 상위에 있는 국가의 재정(裁定)[3]에 의해 해결하는 것을 의미한다. '눈에는 눈을'은 법사상사적으로 말하면, '죄형법정주의'의 시작이다. 피의 복수는 공동체가 상위의 조직에 대해 자율성을 갖는다는 것을 의미하기 때문에, '눈에는 눈을'이라는 '법'은 하위공동체의 자율성을 부정하는 것이다. 그런 점에서, 그리스의 폴리스가 국가로 바뀌었다고 말할 수 있는 것은 호수적인 피의 복수가 금지되었을 때이다.[9]

이와 같은 전 국가적인 상태에서 국가로의 이행을 하나의 공동체 내부만으로 생각할 수 없다. 예를 들어, 국가를 공동체 안에서 생겨나는 계급대립을 해소하는 공적 권력의 자립으로 보는 견해가 있다. 또 지배계급이 피지배계급을 지배하는 기관(도구)으로 보는 견해가 있다. 마르크스·엥겔스는 양쪽의 생각을 내놓고 있다. 이것은 모두 국가를 한 공동체의 발전으로 보는 것이다. 하지만 국가가 그저 공동체의 발전으로서 성립하는 것일 수는 없다. 호수원리에 기초한 공동체에서는 아무리 내부에 모순이 생기더라도 증여와 재분배에 의해 해소되기 때문이다. 또 수장제국가의 경우 클라이언텔리즘[4](clientelism, 파트론patron-클라

• • •

3_ 옳고 그름을 따져 결정함.
4_ 보통 '후견주의'라고 번역된다.

이언트client 관계)에 의한 히에라르키나 신종(臣從)관계가 존재하지만, 그것은 근본적으로 대등한(호수적인) 관계이기 때문에, 관료적 신종관계·히에라르키로 이행하는 것은 아니다. 절대적인 권력을 가진 주권자가 그로부터 생겨날 수 없다.

그러므로 다음과 같은 생각이 생겨난다. 이와 같은 주권자는 공동체에서 자기소외의 결과로 생겨난 것이 아니라 원래 '바깥'에서 온 것이다, 즉 정복자로서. 그러므로 국가의 기원에 정복이 있다는 것이다. 엥겔스는 씨족공동체를 끝내고 국가를 초래한 것을 그 내부에서만이 아니라 그것이 다른 공동체를 지배하는 사태에서 찾고, 그 예로서 로마가 게르만을 지배한 케이스를 들고 있다. "우리가 알고 있는 것처럼 피정복자에 대한 지배는 씨족제도와 양립하지 않는다. …… 그리하여 씨족제도의 기관은 국가기관으로 전환되어야 했다. 게다가 사태가 유예될 수 있는 것이 아니었기 때문에, 이것은 매우 급속히 이루어질 수밖에 없었다. 그런데 정복을 한 부족단(fork)의 최고대표자는 군 통수권자였다. 정복한 지역을 안팎으로 확보하기 위해서는 그의 권력이 강화될 필요가 있었다. 군사령관의 지배가 왕권제로 바뀌어야 할 시기가 왔다. 그리고 실제로 그렇게 되었다."10)

하지만 정복이 바로 국가를 초래한 것은 아니다. 정복은 많은 경우 일시적인 약탈로 끝날 뿐이다. 또는 유목민 정복자가 그런 것처럼 이미 존재하는 국가기구 위에 올라탈 뿐이다. 루소는 국가의 기원을 강자에 의한 정복에서 발견하는 이론을 비판하며 다음과 같이 서술했다. "정복자는 결코 하나의 권리가 아니기 때문에, 그것은 다른 어떤 권리도 창설할 수 없었다. 완전히 자유로운 상태에 놓인 국가가 그 정복자를 자진해서 자신의 수장으로 선택하지 않는 한, 정복자와 정복된 인민은 언제까지나 상호 전쟁상태에 머물기 때문이다. 그때까지는 사람들이 아무리 항복을 한다고 하더라도, 그것은 그저 폭력에 기초한 것이고, 그러므로 사실상 무가치한 것이기 때문에, 앞에서와 같은 가설 속에서는 진정한 사회도, 정치체도, 최강자의 법 이외의 어떤 법도 있을 수 없다."[11]

정복이 국가를 초래하지 않는다고 해도, 국가는 '안에서' 오는 것이어야 한다. 하지만 이미 서술한 것처럼 주권자는 내부에서 나오지 않는다. 공동체의 내부에서 아무리 씨족 간의 대립이 생기더라도 그것이 공적인 권력의 자립을 가져오지는 않는다. 그렇다면 국가는 공동체의 내부에서 생긴다는 테제와 국가는 공동체의 내부에서 생기지 않는다는 안티테제가 성립한다. 하지만 이 안티노미는 국가의 기원으로서 지배공동체와 피지배공동체 사이에 일종의 '교환'을 발견함으로써 해소된다. 그것은 정복한 측이 피정복자의 복종에 대해 보호해주고, 공납에 대해 재분배를 하는 '교환'의 형태를 취하는 것이다. 그때 정복이라는 사실 그 자체가 당사자들에 의해 '부인'당하게 된다.

확실히 정복이 없어도 공동체 안으로부터 주권자가 나오는 경우가 있다. 예를 들어, 씨족사회에서 긴급한 상황에 수장은 일시적으로 비상대권을 가진 주권자가 되고, 평시에는 그렇지 않게 된다. 하지만 전쟁이 상시가 되는 경우, 수장은 항상 주권자가 될 것이다. 바꿔 말해, 바깥으로부터의 침략의 위기가 항상 존재한다면, 수장의 지위는 항상적으로 절대화될 것이다. 그렇다면, 왕권이 성립한다. 그러므로 정복이 현실적으로 일어나지 않아도, 위험이 항상 존재한다면, 공동체의 내부에서도 주권자가 생긴다. 따라서 그처럼 내부에서 생겨난다고 해도, 주권자는 궁극적으로는 '바깥에서' 온다고 해야 한다. 실제 하나의 국가가 존재한다면, 그 주변의 공동체는 그 국가에 복속되든지 스스로 국가가 될 수밖에 없다. 그러므로 설령 공동체가 그대로 내부에서 국가로 변한 것처럼 보여도, 그 배후에는 반드시 다른 국가와의 관계가 존재한다.

4. 공동체=국가

홉스는 "한쪽은 생명을 얻고, 다른 쪽은 돈이나 노동을 얻는" 교환(계약)에서 국가의 성립근거를 보았다. 물론 이것은 개개인의 레벨이 아니라 공동체와 공동체 사이를 보아야 한다. 국가는 지배공동체와 피지배공동체의 교환(계약)에 의해 성립하는 것이다. 그것은 먼저 지배공동체에 대해 피지배공동체가 복종하고 공납을 함으로써 안전을 얻는 것이다. 하지만 이것은 일시적인 계약이기 때문에, 이내 뒤집어질 수도 있다. 그래서 국가가 성립하는 데에는 그 이상의 '교환'이 필요하다. 그것은 지배공동체가 피지배공동체에 부역공납을 가함과 동시에 과세를 통해 얻은 부를 재분배하는 것이다. 국가는 공동체에 의한 재분배를 대행하는 것처럼 보여야 한다. 즉 마치 국가가 공동체의 공적인 기능을 실행하는 것처럼 말이다. 그때 국가는 수장제공동체의 연장으로 간주된다.

하지만 수장제공동체와 국가는 이질적이고, 전자가 단순히 확대되어 국가가 될 수는 없다. 예를 들어, 부족사회의 수장이나 사제가 아무리 권력을 모아도 국가의 왕이 되는 일은 없다. 왜냐하면 호수적 원리가 집요하게 남아있기 때문이다. 예를 들어, 수장은 부나 권력을 얻는데, 그것은 증여에 의해 그러하다. 또 그 권력을 유지하기 위해서는 아낌없이 계속 증여를 해야 한다. 그렇게 하지 않으면 지위를 잃게 된다. 하지만 대담하게 증여함으로써 그 부를 잃어버린다. 결국 특권적인 지위는 오래 지속되지 않는다. 따라서 국가는 공동체의 연장으로서 성립하는 것이 아니다.

이미 서술한 것처럼 왕권(국가)은 공동체의 내부가 아니라 그 외부로부터 온다. 하지만 동시에 그것은 공동체의 내부에서 오는 것처럼, 즉 공동체의 연장으로서 존재하는 것처럼 보이지 않으면 안 된다. 그렇지 않으면 왕권(국가)은 확립되지 않는다. 그런 의미에서 근대국가가 네이션=스테이트인 것처럼, 고대부터 국가는 말하자면 공동체=국가로서 나타난 것이다.

공동체=국가의 형성에서 가장 중요한 역할을 담당하는 것은 종교이다. 씨족·부족공동체에서 수장은 동시에 사제였다. 다수의 부족을 포섭하는 원도시=국가의 단계에서도 마찬가지다. 예를 들어 신전은 제사의 장(場)만이 아니라 재분배를 해야 할 부의 저장고였고, 재분배를 행하는 수장이 사제였다. 그런 의미에서 사제와 정치적 수장은 구분되지 않았다. 원도시=국가의 단계에서 수장은 수장제국가의 단계보다도 훨씬 강한 권한을 가짐과 동시에 공동체들의 신(선조신·부족신)을 넘어선 신을 모시는 사제가 되었다. 베버는 도시를 맹약공동체라고 생각했지만, 이런 '맹약'은 무엇보다도 같은 신을 모시는 것에 의해 이루어진다. 이것이 종래의 씨족적 공동체를 넘어선 공동체=국가의 형성이다.

고대국가는 다수의 도시국가의 항쟁에서 생겨났다. 그 과정에서 생겨난 것은 종교적 측면에서 말하면, 다양한 씨족·부족의 신들을 넘어선 신의 출현이다. 그것은 종래의 씨족·부족공동체를 넘어선 국가의 형성을 의미한다. 이것에 대해서 좀 더 구체적으로 고찰하기 위해서는 '획득된 코먼웰스'의 첫 예로서 수메르의 국가(우르, 우르크 등)를 보기로 하자. 수메르의 국가는 티그리스 강과 유프라테스 강 연안의 다수의 도시=국가 사이의 항쟁에서 생겨났다. 이 항쟁은 그때까지 일어나고 있었던 과정을 더욱 급격히 촉진시켰다. 하나의 도시국가가 이기면, 그 신이 이기는 것이 된다. 국가가 강대해지면, 신 또한 보편적이 되고 초월적이 된다. 이와 같은 도시국가 간의 전쟁을 통해 승리한 도시국가의 왕은 그저 군사적으로 땅을 지배하는 것만이 아니라, 동시에 종래의 신들을 넘어선 신을 모시는 사제가 된다(이집트의 경우, 파라오는 신 자체가 된다). 이것을 통해 왕은 대중의 자발적인 복종을 얻는다. 이처럼 왕권국가의 확립과 더불어 새로운 씨족·부족을 넘어선 '상상의 공동체'가 창출된다. 따라서 중요한 점은 공동체가 발전하여 국가가 되었다는 것이 아니라, 집권적인 국가의 형성과 더불어 공동체가 새롭게 형성되었다는 것이다.

5. 아시아적 국가와 농업공동체

국가와 더불어 기존의 씨족·부족적 공동체는 변질되었다. 그것을 지배공동체와 피지배공동체의 레벨에서 보기로 하자. 지배공동체의 레벨에서는 그때까지의 공동체적=호수적 존재방식——긍정적으로 말하면 평등주의적, 부정적으로 말하면 피의 복수적인——이 소멸되고, 히에라르키한 질서가 형성되었다. 물론 그것은 한꺼번에 일어난 것은 아니다. 집권화는 지배계층 안에서 다양한 수장(귀족)이나 사제와 같은 '중간세력'(몽테스키외)을 서서히 제압함으로써만 성공할 수 있다. 즉 고대 전제국가의 출현에서 근세유럽의 절대주의왕권이 출현했을 때와 구조론적으로 유사한 일이 생겼던 것이다. 귀족(호족)을 억압한 전제군주 하에서 모든 인민이 복속되는 형태가 된다.

이처럼 지배자 레벨에서 집권화가 진행됨에 따라 피지배자의 레벨에서는 기존의 씨족적 공동체는 농업공동체로 재편되었다. 농업공동체는 씨족사회의 연장인 것처럼 보인다. 그래서 마르크스는 '아시아적 생산양식' 또는 아시아적 농업공동체를 미개사회(씨족사회)에서 변화한 최초의 형태로 보았다. 그리고 아시아적 국가를 이를 통해 설명하려고 했다. 예를 들어, 그는 인도의 인더스 강 유역의 펀자브 지방에 잔존해있었던 '농업공동체'를 예로 들어 다음과 같이 서술하고 있다. "이런 자족적 공동체의 단순한 생산적 유기체는 아시아적 국가의 끊임없는 붕괴와 재건 및 쉼 없는 왕조의 교체와 현저한 대조를 이루는 아시아적 사회의 불변성의 비밀을 풀 열쇠를 제공한다."12) 즉 그는 아시아적 공동체가 영속적이기 때문에, 전제국가가 영속적이라고 생각했던 것이다.

하지만 이와 같은 표현은 오해를 불러일으킨다. 공동체의 '아시아적 형태'는 아시아적 전제국가의 형성과 더불어 형성된 것이지 그 역이 아니다. 예를 들어, 수메르에서 국가가 보다 많은 인간을 동원하여 대규모 관개공사를 행하고, 그들에게 토지를 주어서 일하도록 했다. 국가가 농업공동체를 만들어낸 것이다. 전제국가는 공납부역을 부가하는 것 외에는 농업공동체에 간섭을 하지 않았다. 거기에는 일정한 자치와 상호부조적인 시스템이 존재했다. 일견 이것은 씨족사회 호수원리의 흔적처럼 보인다. 하지만 여기에는 씨족사회에 존재했던, 상위조직에 대한 독립성은 존재하지 않았다.

씨족사회의 호수성이 상호부조나 평등화라는 포지티브한 면만이 아니라, 상대를 굴복시키려고 하는 네거티브한 면을 가지고 있다는 것은 이미 지적했다. 예를 들어, 그것은 포틀래치나 피의 복수와 같은 파괴적인 경쟁으로 나타난다. 호수성은 상위의 권위를 인정하지 않는다. 아시아적 전제국가 하에 있는 농업공동체에서는 상호부조나 평등화라는 측면의 호수성은 보존되어 있다. 하지만 그것은 호수성의 또 한 측면, 즉 독립성을 잃어버렸다. 사람들은 국가(왕)에 완전히 복속되었다. 역으로 말해 바로 그것에 의해 농업공동체는 자치적 집단으로 허용되었던 것이고, 또 씨족사회에는 없었던 일체적 응집성을 가지게 되었던 것이다.

다음으로 주의할 점은 아시아적 전제국가가 형성되기 위해서는 단순히 군사적인 정복만이 아니라, 그때까지는 없었던 통치원리를 필요로 했다는 것이다. 전제국가는 많은 도시국가 간의 항쟁 속에서 광역국가로서 형성되었다. 그것은 전통적인 공동체적 규범이 통용되지 않는 사회이다. 앞서 나는 광역국가에서의 신의 초월화에 대해 서술했지만, 그것은 단순히 종교만의 문제가 아니다. 광역국가에 불가결한 것은 법치(법에 의한 지배)라는 사고이다.

도시국가 간의 항쟁이라고 하면, 바로 그리스의 폴리스가 상기된다. 또 그리스의 소피스트와 같은 다종다양한 사상가의 활동이 상기된다. 하지만 기록에 남아있지는 않아도 그에 앞서 고대제국의 형성기에 똑같은 사태가 있었음이 분명하다. 예를 들어, 바빌로니아나 아시리아와 같은 이후의 제국에서 수메르문명에서 유래하는 언어가 사용되고 있다는 점에서 보면, 그것이 획기적인 것이었음을 추측할 수 있다. 앞서 서술한 것처럼 호수성의 원리를 단절시키는 '눈에는 눈을'이라는 법은 자연스럽게 생겨난 것이 아니다. 그것을 제창한 사상가가 있었다고 해야 한다.

그것은 중국의 고대국가를 보면 명확하다. 도시국가가 싸웠던 전국시대(기원전 403-221)에 공자, 노자, 한비자 등등 제자백가라고 불리는 다양한 사상가가 배출되었다. 그들은 그리스의 소피스트처럼 국가들을 돌며 그들의 사상을 설파하고 다녔다. 씨족사회의 습관이나 종교에 의한 통치가 불가능하게 되었기 때문에, 국가들은 새로운 이론을 필요로 했던 것이다. 그 가운데서 진(秦)은 법치주의를 신봉하는 재상인 상앙(商鞅)에 의해 강국이 되고, 그 후 시황제를 통해 제국이 세워졌다. 집권적인 광역국가는 기존의 씨족적 문벌귀족을 제압하고, 법치주의를 철저히 하고, 도량형을 통일하는 이론에 의해 가능하게 되었다. 진은 단기간에 붕괴되었지만, 그 후에 생긴 한제국은 유교를 통치원리로 삼음으로써 이후 제국의 prototype(원형)이 되었다.

제자백가가 배출된 중국의 전국시대는 그리스에서 도시국가가 항쟁하고 있던 시대와 거의 동시대적이고 또 유사성이 상당히 존재한다. 중국에서는 이와 같은 제국의 형성과 더불어 전국시대에 열린 가능성이 닫혔다. 즉 아시아적 전제국가가 그 이후 존속되었던 것이다. 그리스에서는 어떻게 되었는지에 대해서는 뒤에서 논한다. 여기서 재확인하고 싶은 것은 아시아적 전제국가는 그저 씨족사회의 연장으로서 나온 것이 아니라는 점이다. 그것이 성립하기 위해서는 수메르든 중국이든 씨족사회 이래의 전통과 단절하는 과정이 불가결했다. 물론 일단 집권적 체제를 확립하면, 그 후 전제국가는 씨족사회 이래의 전통을 활용할 것이다. 전제국가에 의해 구성된 농민공동체가 마치 씨족사회로부터 존속되어 온 것처럼 보이는 것은 그 때문이다.

마르크스는 아시아적 공동체를 '전반적 예종제'라고 불렀다. 그것은 노예제도 농노제도 아니다. 개개인은 자치적인 공동체의 일원이다. 하지만 그 공동체 전체가 왕의 소유이다. 왕은 공동체에 개입할 필요가 없다. 사람들은 공동체의 일원이라는 것에 의해 구속된다. 그러므로 공동체의 자치를 통해서 국가는 공동체를 지배할 수 있다. 따라서 국가와 농업공동체는 완전히 별개지만, 분리되어 존재하는 것은 아니다. 농업공동체란 전제적 국가에 의해 틀이 부여된 '상상의 공동체'이다. 그것은 근대의 네이션과 마찬가지로 집권적 국가라는 틀이 선행하지 않고서는 존재할 수 없다. 아시아적 전제국가는 말하자면 전제국가=농업공동체라는 결합체로서 존재하는 것이다.

아시아적 전제국가에 대한 오해 중 하나는 그것을 노예제로 잘못이해하는 것이다. 아시아적 국가에서 대중은 잔학하게 취급되거나 내버려지거나 하지 않는다. 오히려 극진하게 보호된다. 예를 들어, 피라미드 공사는 케인즈가 주목한 것처럼 실업자대책, 정부에 의한 유효수요창출 정책으로서 이루어졌다(『고용, 이자 및 화폐의 일반이론』). 이런 의미에서 전제국가(가부장제적 가산제)는 일종의 '복지국가'이다. 마찬가지로 동로마제국(비잔틴)도 복지국가였다고 말할 수 있다.[13] 하지만 그것은 기독교 국가였기 때문이 아니라 아시아적 전제국가──여기서는 황제= 교황이다──라는 것에서 오는 것이다. 베버는 서유럽에서 '복지국가'적인 사회정책이 나온 것은 절대주의왕권에서라고 서술하고 있다.

　가부장제적 가산제는 오직 한 사람의 개인에 의한 대중지배이다. 그것은 반드시 지배기관으로서의 '관리'를 필요로 하지만, 이에 반해 봉건제는 관리의 필요성을 최소화한다. 가부장제적 가산제는 그것이 외국인으로 이루어진 가산제의 군대에 의거하고 있는 것이 아니라면, 신민의 선의에 강하게 의거해야 하는 데에 반해, 봉건제는 광범위한 이와 같은 신민의 선의 없이도 가능하다. 가부장제는 이것에 대하여 위험한 특권적 신분들의 야망에 대해서는 대중을 동원하여 그에 대처한다. 대중은 항상 가부장제 소여(所與)의 귀의자(歸依者, Anhänger)였다. 대중신화가 신성화한 이상은 영웅이 아니라 항상 '좋은' 군주였다.
　따라서 가부장제적 가산제는 자기 자신에 대해, 그리고 신민에 대해 자기 자신을 신민·복지의 보유자로서 정당화해야 했다. '복지국가'야말로 가산제의 신화이고, 그것은 서약된 성실이라는 자유로운 전우관계(Kameradschaft)에서 나오는 것이 아니라 아버지와 아들 사이와 같은 권위주의적 관계에 근거하고 있다. '국부'(國父, landvater)는 가산제국가의 이상이다. 따라서 가부장제는 특수한 '사회정책'의 담당자일 수 있으며, 또 대중의 호의를 확보해야 할 충분한 이유가 있을 때는 사실 항상 사회정책의 담당자가 되었다. 예를 들어, 스튜어트 왕조가 청교도적 시민층이나 반봉건적 명망가층과 투쟁상태에 있던 시대의 근세영국에서 그러했다. 로드(Laud)[5]의 기독교적 사회정책의 절반은 교회적인, 절반은 가산제적인 동기에서 나온 것이다.[14]

서유럽에서는 절대주의왕권에 와서야 비로소 왕이 신민을 보육한다는 관념이 나왔다. 하지만 그와 같은 '복지국가' 관념은 아시아적 국가에서는 흔했다. 중국에서 한(漢) 왕조 이후 전제군주의 지배는 유교에 의해 기초지어졌다. 즉 전제군주는 무력에 의해서가 아니라 인덕에 의해 통치하는 자(군자)로 간주된다. 모든 신민을 관료를 통해 지배하고, 관리하고, 배려하고 보살펴주는 것이 전제군주인 것이다.

아시아적 전제국가와 관련된 또 하나의 오해는 그것이 통치의 구석구석까지 이르는 강고한 전제적 체제라는 견해이다. 실제로는 그와 같은 왕권의 권력은 위태롭고 매우 단기간밖에 지속되지 않는다. 왕권을 확보하기 위해서 종교, 인척관계, 봉(封)에 의한 주종관계, 관료제 등이 사용된다. 하지만 그 결과 역으로 신관·사제, 호족, 가산관료들이 계속해서 왕권에 대항하는 세력이 된다. 게다가 내부의 혼란을 경험하고 바깥에서 유목민이 침입해온다. 그리하여 왕조는 붕괴된다. 그 후 다시 왕조가 형성된다. "아시아적 국가의 끊임없는 붕괴와 재건 및 쉼 없는 왕조의 교체"(마르크스)는 그런 것이다.

하지만 '쉼 없는 왕조의 교체'에도 불구하고 변하지 않는 것은 아시아적 농업공동체보다도 오히려 이와 같은 전제국가의 구조 그 자체이다.

• • •

5_ William Laud(1573-1645). 영국 켄터베리 대주교. 국교를 강제적으로 믿게 하고 비국교도 탄압에 앞장섰다. 그 결과 청교도혁명이 일어났고, 런던탑에 갇혀 있다가 처형되었다.

그것에 관해서 특필할 점은 초기적이고 정체(停滯)적인 농업공동체에 기반을 둔 초기적 국가가 아니라 형식적으로는 집권적인 국가로서 완성된 형태, 즉 관료제와 상비군이라는 시스템이 아시아적인 국가에 의해 초래되었다는 것이다. 그러므로 그와 같은 형태나 그것을 초래하는 프로세스가 그 후에도 반복되었다. 농업공동체가 불변적이기 때문에, 전제국가도 영속적이었다고 말할 수는 없다. 진정으로 영속적인 것은 농업공동체보다도 그것을 위에서 통치하는 관료제·상비군 등의 국가기구이다. 이것은 왕조가 눈이 어지럽게 바뀌어도 기본적으로 계승되었다. 그리고 그것이 농업공동체를 영속시켰던 것이다.[15]

왜 그리스나 로마에서는 전제국가 체제가 생겨나지 않았을까. 그것에 대해서는 뒤에서 논하겠지만, 여기서 간단히 말해 두겠다. 그것은 그리스나 로마가 사회로서 '앞선' 단계에 있었기 때문이 아니다. 그 반대로 '미개'했기 때문이다. 즉 만년의 마르크스가 주목한 것처럼 그리스로마의 도시국가에서는 지배공동체(시민) 사이에 집권적 국가에 대항하는 씨족사회의 호수원리가 강하게 남아있었기 때문이다. 그러므로 집권적 관료체제가 만들어지지 않았다. 또 국가가 관리하지 않는 시장경제가 발전했다. 하지만 그것은 또 그들이 정복한 공동체를 농업공동체로서 재편하는 전제국가의 통치나 정복한 다수의 국가·공동체를 편입시키는 제국의 통치가 불가능했던 것과 관련이 있다. 물론 로마는 최종적으로 광대한 제국이 되었지만, 그것은 오히려 아시아의 제국시스템을 기본적으로 계승한 것이다. 그러므로 우리는 아시아에 출현한 전제국가를 단순히 초기적인 것으로서가 아니라 광역국가(제국)로서 (형식적으로는) 완성된 것으로 고찰해야 한다.

6. 관료제

이미 서술한 것처럼 고대문명은 대하천 유역에서 발생하여 대규모 관개농업을 갖추고 있었다. 따라서 마르크스는 동양적 전제국가를 관개 농업과 결부시켰다. 베버 또한 다음과 같이 말하고 있다.

> 하지만 관료제화의 계기를 부여한 것으로는 행정사무 범위의 외연적·양적인 확대보다도 그 내포적·질적인 확대와 내면적인 전개 쪽이 더욱 중요하다. 이 경우 행정사무의 내면적 발전이 향하는 방향과 이 발전을 낳은 기원은 매우 다양하게 존재할 수 있다. 관료제적 국가행정을 가장 오래전에 실시한 나라인 이집트에서 서기나 관료기구를 만들어내는 계기가 되었던 것은 위로부터 전국적·공동경제적으로 치수(治水)를 하는 것이 기술적·경제적으로 보아 불가피했다는 사정이었다. 이어서 이미 일찍부터 서기나 관료기구는 군사적으로 조직된 거대한 토목사업에서 제2의 커다란 업무권을 발견했다. 많은 경우에 이미 서술한 것처럼 권력정책에서 기인하는 상비군의 창설과 이에 수반되는 재정(財政)의 발전, 이 양자에서 유래하는 여러 가지 요구가 관료제화의 방향으로 작동하고 있다.
> 이 외에도 근대국가에서는 문화의 복잡성이 증대되고, 그 때문에 행정일반에 대한 요구가 늘어난다는 사정도 같은 방향으로 작용하고 있다.[16]

마르크스와 베버의 관점을 계승한 것이 비트포겔이다. 그는 동양적 전제주의가 대규모 관개농업을 통해 형성되었다고 생각했을 뿐만 아니라, 지리적 한정을 없애고 그것을 '수력사회'라고 명명했다. 그와 같은 생각과 관련하여 전제국가와 관개농업 사이에 필연적인 결부는 없다는 비판이 있다.[17) 또 러시아처럼 관개농업이 없는 지역에서도 전제국가가 성립했다는 비판이 있다. 하지만 비트포겔 자신이 그 이후에 러시아처럼 '수력적'이지 않은 지역에 전제국가가 생겨난 이유를 설명하려고 그것을 외부로부터의 영향에서 찾았다. 러시아에는 몽골에 의한 지배를 통해 아시아적 전제국가가 도입되었다는 것이다.

그러나 이것 자체가 전제국가를 관개농업과는 별개로 생각해야 한다는 것을 보여주고 있다. '수력사회'가 실현한 '문명'이란 자연을 지배하는 기술 이상으로 오히려 인간을 통치하는 기술, 즉 국가기구, 상비군·관료제, 문자나 통신의 네트워크이다. 그러므로 그것은 관개와 관계가 없는 다른 지역, 예를 들어 몽골과 같은 유목민에도 전해진 것이다. 인간을 통치하는 기술이 자연을 통치하는 기술에 선행했다.

관료제는 어떻게 생겨난 것일까. 거대한 토목사업에서 관료제가 발달한 것은 분명한데, 여기서 생각해야 하는 것은 그와 같은 공사에 종사하는 인간들이 어디에서 왔고, 또 그들을 관리하는 관료는 어디에서 왔는가 하는 점이다. 씨족사회의 사람들은 종속적 농민이 되는 것을 혐오한다. 유목민도 마찬가지다. 그들은 지배자가 되어도 관료가 되는 것을 싫어하며 전사=농민으로 남으려고 한다. 그리스의 폴리스에서 관료제가 전혀 발달하지 않았던 것이 그 일례다. 로마에는 관료제가 없었기 때문에 사인(私人)에게 조세징수를 청부했다. 그러므로 인간이 자발적으로 관료가 되는 일이 없다고 생각해야 한다.

베버는 이집트의 관료는 사실상 파라오의 노예이고, 로마의 장원영주는 직접적인 현금출납을 노예에게 부탁했다고 한다. 그 이유로 그는 "노예에 대해서는 고문을 할 수 있었기 때문이다"라고 말한다. 아시리아에서는 많은 관료가 환관이었다. 그것은 호수적인 원리에 기초한 공동체의 구성원인 경우, 관료제는 존재할 수 없었다는 것을 의미한다. 바꿔 말해, 관료제는 왕과 신하 사이에서 호수적 독립성이 전면적으로 상실되었을 때 생겨난 것이다.

베버에 의하면, 그 후 관료제는 보증된 화폐봉급제에 근거하게 된다. 그런 의미에서 화폐경제의 완전한 발전이 관료제화의 전제조건이라고 말한다. 화폐봉급제에 의해 관료는 우연과 자의에만 좌우되지 않는 승진찬스, 규율과 통제, 신분적 명예감정을 갖게 된다. 게다가 관료는 빈번히 바뀌는 지배자(왕권) 대신에 실질적으로 국가의 지배계급이 된다. 하지만 관료는 근본적으로 '노예'이며, 바로 그렇기 때문에 주인이 되는 것이다. 전제적인 군주는 관료 없이는 아무것도 할 수 없기 때문이다. 헤겔이 말하는 '주인과 노예'의 변증법은 오히려 여기서 발견된다.

또 하나, 관료제의 기반은 문자에 있다. 문자는 다수의 부족이나 국가를 통치하는 제국의 단계에서 필수불가결한 것이 되었다. 문자언어에서 표준적인 음성언어가 만들어졌다. 수메르에서 이미 그러하지만, 이집트에서는 복수의 복잡한 문자체계를 습득하는 것이 관료의 필요조건이었다. 관료의 '힘'은 무엇보다도 문자를 아는 것에 있었다. 과거와 현재의 문헌을 읽고 쓸 수 없으면, 국가적 통제는 불가능하다. 중국에서 관료제가 계속해서 지속된 것은 무엇보다도 한자・한문학의 습득이 필요했기 때문이다.

앞서 서술한 것처럼 고대중국에서 전제국가의 형성이 완성된 것은 한 왕조에서이다. 그 후 유목민에 의한 정복이 여러 번 있었다. 하지만 정복왕조는 그때까지 존재했던 국가 관료기구를 파괴하지 않고 그 위에 올라탔을 뿐이다. 거듭된 정복은 역으로 국가기구를 씨족・부족의 공동체적 연대로부터 잘라내어, 중립적인 것으로 삼는 쪽으로 향하게 했다. 8세기, 수(隋) 왕조에서 시작된 관료선발시험제도, 즉 과거는 관료제를 어떤 지배자(왕조)도 섬기는 독립된 기관답게 만들었다. 그것은 '끊임없는 붕괴와 재건 및 쉼 없는 왕조의 교체'에도 불구하고, 몽골이 지배한 한 시기를 제외하고 20세기에 이르기까지 존속되었다.[18]

제2장 세계화폐

1. 국가와 화폐

마르크스는 상품교환이 공동체와 공동체 사이에서 시작된다는 것을 여러 번 강조했다. 그것은 상품교환의 기원을 개인과 개인 사이에서 발견한 아담 스미스 이래의 편견을 비판하기 위해서이다. 스미스와 같은 견해는 근대의 시장경제를 과거에 투사하는 '원근법적 도착'에 지나지 않는다. 예를 들어, 오늘날에도 공동체 내부에서, 또는 공동체가 사라진 곳에서도 가족 내부에서는 상품교환(매매)이 결코 이루어지지 않는다. 증여나 공동기탁이라는 형태를 취하는 것이 보통이다. 그러므로 교역은 공동체와 다른 공동체 사이에서만 이루어진다.

하지만 여기서 주의할 점은 그렇다고 해서 초기사회(공동체)에 상품교환이 존재하지 않는다고 생각해서는 안 된다는 것이다. 상품교환은 증여에서 발전한 것이 아니다. 그것은 처음부터 존재했던 것이다. 수렵채집민의 밴드에서도 교역은 있었다. 어떤 공동체도 전면적으로 자급자족일 수는 없다. 일정한 물자를 바깥에서 얻지 않으면 안 된다. 그러므로 상품교환은 불가결하다. 정주화하면, 더욱 그러하다. 하지만 공동체 간에 상품교환이 이루어지기 위해서는 거기에 존재하는 '전쟁상태'를 극복하고 일정한 우호적 관계가 구축되어야 한다. 증여는 그것은 위해 행해지는 것이다. 예를 들어, 멜라네시아의 유명한 쿨라교역은 선물을 받은 섬이 다른 섬에 선물을 돌려주는 형태로 이루어지는데, 이미 서술한 것처럼 이와 같은 증여의 교환 후에 필수품의 교환이 이루어졌다. 그것은 증여에 비해 교역이 부차적이라는 것을 의미하지는 않는다. 오히려 교역이야말로 주목적인데, 바로 그것을 위해 증여가 불가결한 것이다.

예를 들어, 침묵교역은 증여-답례라는 일견 호수와 같은 형태로 이루어진다. 침묵교역을 하는 공동체는 서로 대면하는 것을 두려워한다. 그들은 어떻게든 교역은 하고 싶지만, 대면하는 것은 피하기를 원한다. 이런 사례는 증여의 근저에 자연상태에 대한 공포가 있다는 것을 단적으로 보여주고 있다. 공동체와 공동체 사이의 교환은 용이하지 않다. 증여에 의해서만 교역의 장이 열린다. 그러므로 상품교환은 태고부터 존재하지만, 항상 증여에 부수되는 형태로밖에 존재하지 않았던 것이다. 바꿔 말해, 교환양식C는 처음부터 존재했지만, 교환양식A에 부수되는 형태로만 존재했다. 그렇기 때문에 미개사회에서는 마치 교역이 존재하지 않는 것처럼 보이는 것이다.

되풀이하자면, 교역의 필요는 미개단계부터 있었다. 작은 씨족적 공동체 위에 고차공동체가 형성된 것은 그 때문이다. 원도시=국가 또한 그렇게 해서 형성되었다. 국가는 그와 같은 원도시=국가 사이의 교통(교역과 전쟁)에 의해 형성되었던 것이다. 나는 이미 국가를 교환양식B에서 유래하는 형태로서 고찰해왔는데, 그것은 교환양식C와 별개로 존재하는 것이 아니다. 국가는 오히려 교역을 행하는 현실과 함께 형성되었다고 해도 좋다. 집권적인 국가 하에서 각 공동체는 납세(부역공납)와 바꿈(교환)으로 소유권을 확보한다. 그것에 의해 비로소 상품교환, 즉 소유권의 상호양도가 이루어지는 것이다.

예를 들어, 마르크스는 『자본론』에서 상품과 상품의 교환관계를 논하면서 그것이 그것들을 소유한 자의 법적 관계에 의해 뒷받침되고 있다는 것에 주의를 촉구하고 있다. "타인의 동의를 얻을 때만, 그러니까 양쪽 모두 공통적인 의지행위에 의해서만, 자신의 상품을 양도하고 타인의 상품을 취득한다. 그러므로 그들은 서로를 사유재산의 소유자로서 인정해야 한다. 계약이라는 형태를 취하는 이런 법적 관계는 적법한 것으로 진행될지 어떨지와는 별도로 하나의 의지관계이다. 이런 관계에는 경제적 관계가 반영되어 있다. 이런 법적 관계나 의지관계의 내용은 경제적 관계에 의해서 주어지고 있다. 사람들은 여기서 그저 서로 상품의 대표자로서, 그리고 상품소유자로서 존재하고 있을 뿐이다."[1]

마르크스는 여기서 법 관계는 경제적 관계를 반영하고 있을 뿐이라고 강조하고 있는 것처럼 보인다. 하지만 이것은 오히려 상품교환이라는 경제적 관계가 법 관계 없이는 존재할 수 없다는 것을 의미한다. 즉 공동체 간의 상품교환을 가능하게 하는 것은 계약불이행이나 약탈을 불법으로 처벌하는 국가의 존재이다. 이것은 교환양식B에 근거하고 있다. 또 하나는 공동체 간의 '신용'이다. 이것은 호수적 교환양식A에 근거한다. 따라서 공동체 사이에서 시작되는 상품교환양식C는 다른 교환양식A나 B와 연동하는 형태로만 존재해왔던 것이다.

이처럼 상품교환은 공동체나 국가에 의해 뒷받침됨으로써 존재한다. 그렇지만 교환양식C는 contingent[1]한(우연히 부수되는) 것이 아니다. 자급자족적일 수 없는 이상, 공동체도 국가도 그것을 절대로 필요로 한다.

• • •
1_ 프랑스어. (철학) 우연한, 우발적인.

교환양식A나 B는 각기 힘을 가지고 있다. '증여의 권력'이나 '국가권력'이다. 하지만 교환양식C로부터도 고유한 '힘'이 생겨난다. 그것은 국가에 의해 생겨난 것이 아니라, 역으로 국가가 그것을 필요로 하는 것이다. 그 힘이란 구체적으로 말하면 화폐의 힘이다. 그것은 교환에 의해 직접적으로 다른 물건을 획득할 수 있는 권리이다. 즉 그것에 의해, 타인을 '공포'에 의해서가 아니라 자발적인 계약에 의해 종속시킬 수 있다. 왜 어떻게 화폐가 생겨나는지는 뒤에서 고찰한다. 우선 중요한 것은 상품교환이 이루어지기 위해서는 국가가 필요한 것과 마찬가지로, 국가도 그 존속을 위해서는 화폐를 필요로 한다는 점이다.

국가는 화폐로 사람을 고용할 수 있다. 그것을 통해 공포에 의해서가 아니라, 또 호수적인 구속에 의해서가 아니라 '자발적인 계약에 의거하는 지배가 가능하게 된다. 예를 들어, 고대 전제국가의 권력은 폭력(군사력)에 기초하고 있는데, 그것을 위해 '화폐의 권력'이 불가결했다. 부족적 공동체의 규모를 넘어선 경우, 용병이 필요하고, 또 무기를 만드는 기술자 집단을 고용할 필요가 있었다. 그 때문에 화폐가 불가결하다. 국가는 그것을 원격지교역에서 얻었던 것이다. 국가 스스로가 그것을 행할지, 교역에 과세를 할지 말지와는 별개로. 고대의 전제국가를 특징짓는 대규모 관개농업도 자국 내의 소비보다도 수출을 지향해서 이루어진 것이다. 이처럼 하나의 사회구성체는 세 가지 서로 다른 교환양식, 또는 그것에서 유래하는 다른 권력의 결합—상호 대립하고 서로 의존하는—에 의해 성립된다. 자본제 이전의 사회구성체에서도 교환양식C는 중요한 요소이다. 하지만 그것은 일반적으로 부정적인 평가를 받고 있다. 예를 들어, 국가의 관료에 의해 이루어지는 경우를 제외하면, 상인은 항상 의심스러운 존재였다. 교환양식C는 필수불가결함에도 불구하고, 항상 열등한 지위에 놓여있었던 것이다. 침묵교역도 그것을 예시한다.

이 장에서는 교환양식C를 그 지위가 종속적인 사회구성체에서 고찰한다. 교환양식C는 자본제사회구성체에서 진정으로 지배적인 양식이 되고, 자신의 특성을 전면적으로 보여주게 된다. 하지만 그 이전 사회에서도 그것이 가진 힘의 특성은 전부 드러나고 있다. 아니 오히려 바로 거기서 노골적으로 나타나고 있다고 해야 한다. 마르크스는 말한다. "이자를 낳는 자본, 또는 그 고풍스러운 형태에 붙여진 이름인 고리대자본은 쌍둥이 형제인 상인자본과 더불어 자본주의적 생산양식에 선행하고 매우 다양한 경제적 사회구조에서 발견되는 자본의 대홍수 이전 형태들에 속한다."[2] 예를 들어, 상인자본이나 고리대자본은 지금도 존재하지만, 이제는 marginal한(주변적인) 것에 지나지 않는다. 현재의 자본주의 경제를 생각할 때, 사람들은 그것들을 무시하고 있고, 무시해도 좋다. 하지만 자본의 본질은 바로 상인자본이나 대부자본에 있다고 해야 한다. 거기에 화폐의 힘, 그 물신성이 단적으로 드러나 있다. 그러므로 우리는 자본의 본성을 '대홍수 이전적 형태'로 소급하여 생각할 필요가 있다.

2. 상품세계의 사회계약

상품교환에서 어떻게 화폐가 생겨났을까, 그리고 화폐가 가진 힘은 어떻게 생겨났을까. 이 문제에 관해서는 고고학이나 인류학의 자료는 도움이 되지 않는다. 마르크스는 『자본론』의 서문에서 이렇게 서술했다. "경제적 형태의 분석은 현미경도 화학적 시약도 사용해서는 안 된다. 추상력이라는 것이 이 양자를 대신하지 않으면 안 된다." 이것은 지금도 마찬가지다. 화폐나 자본에 대해 생각하기 위해서는 마르크스가 '추상력'을 가지고 해명한 사항, 즉『자본론』의 서두의 가치형태론에 의거할 수밖에 없다.

일반적으로 마르크스는 스미스, 리카도 등의 고전파 경제학의 노동가치설을 계승하고, 그것을 비판하여 잉여가치(착취)론을 이끌어냈다고 생각된다. 하지만 그와 같은 작업을 한 것은 마르크스에 선행하는 영국의 리카도파 사회주의자였다. 한편 마르크스가 초기부터 사로잡혀 있었던 문제는 화폐가 가진 힘, 혹은 그 종교적 전도나 자기소외였다. 고전파는 화폐에 어떤 수수께끼도 존재하지 않는다고 보았다. 화폐는 각 상품이 가진 노동가치를 표시한 것에 지나지 않기 때문이다. 여기서 오웬을 포함한 리카도파 사회주의자, 그리고 프루동은 화폐를 폐지하고 노동시간을 표시하는 노동증표를 사용할 것을 생각했다. 그런데 오히려 그와 같은 사고의 안이함을 비판한 것이 마르크스였다.

고전파는 노동가치를 들고 옴으로써 화폐를 정리해버렸지만, 실은 암묵적으로 화폐를 전제하는 것이었다. 예를 들어, 아담 스미스는 상품에는 사용가치와 교환가치가 있다고 생각했다. 교환가치란 다른 상품을 구매하는 '힘'(purchasing power)이다. 그것은 각 상품이 각각 화폐라는 의미이다. 하지만 그와 같은 일은 있을 수 없다. 화폐가 되는 상품(예를 들어, 금이나 은)만이 그것을 갖기 때문이다. 한편 각 상품에 가치가 미리 내재되어 있지 않다. 그것은 매매(화폐와의 교환)가 이루어진 후에 비로소 존재한다고 말할 수 있는 것이다. 생산물은 팔리지 않으면, 그 생산을 위해 아무리 노동이 투입되어도 가치를 가지지 않을 뿐만 아니라 사용가치조차도 가지지 않는다. 즉 그저 폐기된다. 상품은 다른 상품과 등치됨으로써만 비로소 그 가치를 갖는다. 그런데 금은과 같은 화폐상품에는 바로 그와 같은 교환가치가 있는 것처럼 보인다. 그것에 의해 다른 상품을 사는(직접 교환가능한) 권리가 있는 것처럼 보인다. 그렇다면 특정한 상품에 왜 그와 같은 '힘'이 있는 것일까? 그것은 그 소재에 의한 것이 아니며, 또 그 생산에 투입된 노동에 의한 것도 아니다. 이와 같은 권력은 상품과 상품의 교환과정에서만 생겨나는 것이다.

마르크스는 많은 점에서 고전파의 생각을 이어받았다. 즉 그는 각 상품이 가진 가치의 실체는 '추상적 노동' 또는 '사회적 노동'이라고 말한다. 하지만 『자본론』에서 그가 명확히 한 것은 이와 같은 가치실체는 상품에 내재되어 있는 것이 아니라, 상품과 상품의 교환을 통해서만, 즉 '가치형태'를 통해서만 발현된다는 점이었다. 그것은 상품의 가치는 상품과 상품의 관계에서만 생각할 수 있다는 것을 의미한다.

> 따라서 인간이 자신의 노동생산물을 가치로서 상호 관계를 맺게 하는 것은 이 사물들이 동종의 인간노동의 단순한 물적 외피라고 생각하기 때문이 아니다. 반대다. 그들은 각종 생산물을 상호교환에서 가치적으로 동등하게 놓음으로써 다른 노동을 인간노동으로서 상호동등시하는 것이다. 그들은 이것을 알지 못한다. 하지만 그들은 그렇게 한다. 가치의 이마에는 그것이 무엇인지는 씌어져 있지 않다. 가치는 오히려 모든 노동생산물을 사회적인 상형문자로 바꾼다. 나중에 인간은 자신들의 사회적 생산물의 비밀을 찾기 위해 이 상형문자의 의미를 풀려고 시도한다.[3]

가치의 실체로서의 추상적·사회적 노동이라는 것은 상품과 상품이 등치되는 관계에서 생겨난 화폐(일반적 등가물)를 통해서 사후적으로 주어지는 것이다. 따라서 화폐의 생성을 볼 경우, 노동가치설은 필요하지 않다. 마르크스는 『자본론』에서 가치형태를 논하기 전에 상품에 내재하는 노동가치에 대해 서술했기 때문에, 쓸데없는 혼란을 주었다. 하지만 노동가치든 뭐든 상품에 내재하는 '가치' 따위는 없다. 그것은 다른 상품과 등치되었을 때에 비로소 가치를 갖는 것에 지나지 않는다. 그리고 그 가치는 다른 상품의 사용가치로서 표현된다. 즉 한 상품의 가치는 다른 상품과의 등치형태, 바꿔 말해 '가치형태'에서 생기는 것이다.

예를 들어, 상품a의 가치는 상품b의 사용가치에 의해 표시된다. 마르크스는 이것을 '단순한 가치형태'라고 불렀다. 마르크스의 언어로는 이때 상품a는 상대적 가치형태, 상품b는 등가형태에 놓인다. 바꿔 말해, 상품b는 사실상 화폐(등가물)이다. 하지만 이와 같은 '단순한 가치형태'에서는 역으로 상품a로 상품b를 샀다, 즉 상품a야말로 화폐(등가물)라고 말할 수도 있다. 즉 어떤 상품도 스스로를 화폐라고 주장할 수 있다.

그렇다면 화폐가 출현하기 위해서는 상품b만이 등가형태로 존재해야 한다. 마르크스는 이런 단순한 가치형태에서 시작하여 '확대된 가치형태', 그리고 '일반적 가치형태', '화폐형태'로 발전하는 것을 논리적으로 보여주었는데, 화폐는 말하자면 상품b가 다른 모든 상품에 대해 배타적으로 등가형태에 놓인 것처럼 보일 때 출현하는 것이다. 예를 들어, 금이나 은이 일반적 등가형태의 위치를 점하고, 다른 모든 사물이 상대적 가치형태에 놓일 때, 금이나 은은 화폐이다. 그런데 여기서 전도가 생긴다. 금이나 은이 거기에 위치하기 때문에 화폐인 것이 아니라, 금이나 은에 특별한 교환가치가 내재되어 있다고 생각하게 된다.

다른 상품들이 전면적으로 자신의 가치를 하나의 상품으로 표시하기 때문에 화폐가 되는 것이 아니라, 역으로 상품들은 하나의 상품이 화폐이기 때문에 일반적으로 그 가치를 이것으로 나타내는 것처럼 보인다. 매개적 운동은 그 자신의 결과를 보자마자 소멸되며 어떤 혼적도 남기지 않는다. 상품들은 스스로는 아무것도 할 수 없고, 자신들의 가치모습이 그들 이외 그들과 나란히 존재하는 상품체로서 완성되어 있는 것을 있는 그대로 발견한다. 이것들, 즉 토지로부터 캐낸 그대로의 금과 은이란 동시에 모든 인간노동의 직접적인 화신이다. 이렇게 해서 화폐의 마술이 생겨난다.[4]

마르크스의 표현을 사용하자면, 화폐의 생성은 '상품세계의 공동작업'이다. 우리는 이것을 '상품세계의 사회계약'이라고 불러도 좋다. 상품들은 자신이 화폐가 되려는 욕망 또는 권리를 방기하고, 그것을 몇 개의 상품에 양도했다. 그러므로 일반적 등가형태나 화폐형태에 놓인 상품에만 구입할 권리가 부여되었던 것이다. 화폐의 권력 또한 일종의 사회계약에 기초하는 것이다.

3. 『리바이어던』과 『자본론』

이처럼 보면, 마르크스가『자본론』에서 화폐생성에 관해 서술한 것과 홉스가『리바이어던』에서 주권자의 출현에 대해 서술한 것의 유사성은 명확하다. 모두 일자(一者)에의 권리집중을 다른 모든 자의 권리양도에서 보고 있기 때문이다. 실제 마르크스는 화폐에 관해 왕을 예로 들고 있다. "예를 들어 이 사람이 왕인 것은 그저 다른 사람들이 신하로서 그를 상대하기 때문이다. 그런데 그들은 역으로 그가 왕이기 때문에 자신들이 신하여야 한다고 믿고 있다."[5]

여기서 화폐와 왕의 유사성에 대해 다시 생각해 보자. 홉스는 주권자는 전원이 일치하여 각자의 자연권을 누군가 한 사람에게 양도하는 것에서 생겨났다고 서술했다. 하지만 그것을 전원이 모여서 협의한 것처럼 생각해서는 안 된다. 그와 같은 것으로부터는 기껏해야 유력한 수장밖에 생겨나지 않기 때문이다. 『리바이어던』의 논리적인 전개와 별개로 우리는 오히려 다음과 같은 역사적 과정을 상상해보아야 한다.

전원이 자연권을 한 사람의 주권자에게 양도한다는 것은 현실적으로 이미 유력한 자가 다른 사람을 밀어내고 점점 유력하게 되어가는 과정이라 할 수 있다. 유럽의 절대왕정은 그때까지 제1인자에 지나지 않았던 왕이 다른 봉건영주나 교회를 서서히 제압해감으로써 성립되었다. 그럼에도 불구하고 실제로 그것에 의해 '절대적'인 주권자가 확립된 것은 아니다. 절대왕정에서는 귀족이나 교회라는 '중간계급'이 남아있었다. 몽테스키외는 그것들이 절대왕정이 전제국가적이 되는 것을 막고 있다고 생각했지만 말이다.

프랑스에서 '중간세력'이 사라진 것은 프랑스혁명(1789년)에 의해서이다. 부르주아혁명은 절대왕정을 없앴을 뿐만 아니라, 동시에 중간세력을 없앰으로써 절대적인 주권자를 확립했던 것이다. 그것은 인민이 주권자인 국가(부르주아독재국가)이다. 하지만 어떤 의미에서 그와 같은 과정은 영국에서도 훨씬 이전에 절대왕정을 무너뜨린 청교도혁명(1648)에서 생겼다. 그러므로 『리바이어던』을 쓴 시점에서 '주권자'라고 할 때, 홉스가 염두에 둔 것은 절대왕정이라기보다도 오히려 왕을 처형함으로써 출현한 인민주권이었다. 즉 주권자란 왕이든 인민이든 누구를 대입해도 상관이 없는 '장소'를 가리킨다.

그러므로 홉스는 주권자라는 장소의 출현을 역사적(통시적)으로가 아니라 논리적으로 보여주려고 했던 것이다. 같은 것을 마르크스가 『자본론』에서 발견한 화폐의 성립에 대해서도 말할 수 있다. 마르크스는 '가치형태론'에서 화폐형태라는 '장소'의 출현을 이와 같은 '상품세계의 공동작업'으로서 논리적으로 연역하려고 했다. 이것은 현실화폐의 생성을 설명하는 것이 아니다. 실제 마르크스는 화폐의 통시적인 생성에 관해 '가치형태' 이후 '교환과정'이라는 장에서 논하고 있다.

따라서 가치형태론에서 중요한 것은 화폐의 기원이 아니라 '화폐형태'의 기원이다. 어떤 물건이 화폐인 것은 그것이 무엇인가와는 관계가 없고, 단지 그것이 화폐형태라는 장소에 놓여있기 때문이다. 마르크스는 그것을 '상품세계의 사회계약'으로서 보았다고 할 수 있다. 그렇다면 왜 상품들이고 인간들이 아닐까. 물론 그와 같은 사회계약을 이행하는 것은 상품이 아니라 인간이다. 다만 그것은 상품의 소유자로서의 인간, 상품이라는 카테고리의 담당자로서의 인간이다. 그러므로 인간의 의지보다도 개개인이 그곳에 배치되는 '장소' 쪽이 우위에 있다. 예를 들어, 사람은 상품을 가지고 있을 때와 화폐를 가지고 있을 때 입장이 달라진다. 화폐를 가지고 있으면 물건을 사고 사람을 고용할 수 있다. 그와 반대로 상품(노동력상품을 포함)을 가진 자는 불리한 입장에 있다. 이처럼 상품교환이 만드는 '세계'는 인간의 동의에 기반하고 있으면서도 인간의 의지를 넘어선 객관성을 가지게 된다. 여기에 증여의 호수에서의 하우와는 다른, 화폐가 가진 사회적 강제력의 비밀이 있다.

하지만 화폐의 역사적 생성에 관해서는 그와 같은 논리적 전개와는 다른 과정을 상상해야 한다. 예를 들어, 어떤 물건은 그것이 무엇이든지 간에 화폐형태에 놓이면, 화폐이다. 하지만 모든 상품이 화폐가 될 수 있는 것은 아니다. 일반적 등가물이 되기 쉬운 물건이 처음부터 존재한다. 따라서 마르크스는 다음과 같이 쓰고 있다.

> 상품교환의 발달과 함께 일반적 등가형태는 오로지 특별한 상품종류에만 부착되는, 즉 결정(結晶)으로서 화폐형태가 된다. 어떤 상품종

류에 부착되는가는 우선 처음은 우연이다. 하지만 대체로 두 가지 사정이 결정적이다. 화폐형태는 외부에서 온 가장 중요한 교환품목에 부착된다. 그런 물품은 사실상 영역 내 생산물이 가진 교환가치의 자연발생적 현상형태이다. 혹은 예를 들어 가축처럼 영역 내의 양도해야 할 소유물의 주요한 요소를 이루는 사용대상에 부착된다. 유목민족이 최초로 화폐형태를 발전시켰다. 왜냐하면 그들의 모든 재산은 움직일 수 있는, 따라서 직접 양도할 수 있는 형태로 존재했기 때문이며, 또 그들의 생활양식은 그들을 항상 다른 공동체와 접촉시켜서 생산물을 교환하도록 했기 때문이다. 인간은 종종 인간 자신을 노예형태로 최초의 화폐재료로 삼았다. 하지만 더 옛날에 토지를 화폐재료로 삼은 적은 없다. ……상품교환이 완전히 지방적인 속박을 벗어나는 것과 비례하여, 따라서 상품가치가 인간노동 일반의 체화물로 확대되어가는 것에 비례하여, 화폐는 본래 일반적 등가의 사회적 기능에 적합한 상품, 즉 귀금속으로 이행한다.[6]

현실에는 처음부터 등가물이 되기 쉬운 소재가 존재한다. 그리고 그것들 가운데에서 일반적인 등가물이 되는 것이 생겨나고, 그 가운데에서 화폐형태가 생겨났다고 생각한다. 그러므로 금이나 은이 화폐가 된 것은 그저 우연이 아니다. 그것들은 '임의로 분할할 수 있는 것, 부분들이 같은 것, 그 사용가치가 내구적인 것'(『경제학비판』)이라는 세계화폐의 조건을 충족시키고 있었기 때문이다. 그것은 '원래부터 일반적 등가의 사회기능에 적합한 상품'이다. 하지만 이런 점을 지나치게 강조하면, 금이나 은에는 화폐가 될 필연이 존재한다는 생각에 빠지게 된다. 그러므로 먼저 소재가 아니라 화폐형태야말로 중요하다는 것을 강조할 필요가 있다. 그리고 그것을 염두에 둔 후에 비로소 화폐의 역사적 생성에 대해 생각할 수 있다.

4. 세계화폐

여기서 마르크스가 '단순한, 개별적인, 또 우연적인 가치형태'라고
부른 것에 대해 생각해보도록 하자. 이것은 등가(equivalence)에서 성립
한다. 하지만 등가는 상품교환에서 시작되는 것이 아니다. 증여에서도,
또는 증여교역에서도 등가성의 인식이 존재한다. 등가의 근거는 자의적
인 것이 아니다. 등가는 습관이나 전통에 의해 결정되어 있지만, 그
배후에는 생산에 필요한 사회적 노동시간이 있다고 해도 좋다. 등가가
습관적으로 고정된 것처럼 보이는 것은 자연환경이나 생산기술의 변화
가 완만하기 때문이다. 물론 사람들은 그와 같은 배경을 의식하지 않는
다. 우선 등치함으로써 서로 그 가치를 다른 물건의 사용가치로 표현한
다. "그들은 이것을 알지 못한다. 하지만 그들은 그렇게 한다."[7]
폴라니는 『인간의 경제』에서 등가는 가격이 아니라는 것을 강조하고
있다. 이것은, 마르크스의 관점에서 말하면, 가격은 모든 물건이 일반적
등가를 통해서 서로 관계하는 체계 속에 놓일 때에 성립하는 것이어서,
그 이전에 등가는 존재해도 가격은 존재하지 않는다는 것을 의미한다.
바꿔 말해, '단순한 가치형태' 내지는 '확대된 가치형태'에서는 등가와
등가의 연쇄밖에 존재하지 않는다. 따라서 여기서 '일반적 등가형태'(또
는 일반적 등가물)로 이행하는 것은 하나의 비약이다. 이것이 사실상
화폐형태의 출현이라고 해도 좋다. 그리고 그로부터 귀금속화폐로의
이행이 존재한다. 이것에 의해 각지 상품의 관계체계는 공통의 척도로
볼 수 있게 된다. 그러므로 이것은 '세계화폐'의 출현이라고 말할 수

있다. 이 또한 커다란 변화이다.

이와 같은 등가물에서 세계화폐로의 이행은 부족공동체, 도시국가, 영역국가(제국)로의 이행과 평행한다. 가장 빠르다고 생각되는 귀금속 화폐는 메소포타미아의 은 화폐이다(이집트에서는 금에의 애호가 있었지만, 화폐로서는 사용되지 않았다). 여기서 주의해야 하는 것은 다음과 같은 점이다. 등가물에서 세계화폐로의 이행은 등가물이 전면적으로 세계화폐에 의해 대체된다는 것을 의미하는 것은 아니다. 영역국가(제국) 하에서 다수의 국가, 부족공동체가 종속되면서 존속하는 것처럼, 세계화폐 하에서 다수의 등가물·일반적 등가물이 종속되면서 존속한다. 세계화폐는 현실적으로는 국제적인 교역의 결제에서만 사용되고, 국내에서는 오로지 등가물이나 일반적 등가물이 사용되었다. 하지만 그것을 보고, 세계화폐가 아직 존재하지 않았다고 생각해서는 안 된다.

폴라니는 말한다. "고대화폐는 극단적인 경우에는 지불수단으로서 한 종류의 화폐를, 가치척도로서 또 하나의 화폐를, 가치축적을 위해서 제3의 화폐를, 교환수단으로서 제4의 화폐를 사용한다."[8] 예를 들어, 바빌로니아에서는 가치척도로서 은, 지불수단으로서 보리, 교환수단으로서 유지, 양모, 대추야자열매 등이 사용되었다. 이처럼 그는 '원시화폐'의 다양성을 강조한다. 하지만 폴라니는 이렇게 덧붙이고 있다. 그것들 사이에는 은 1실크 = 보리 1굴이라는 rate(비율)가 정해져 있었고, 전체적으로 정밀한 물물교환의 체계가 만들어져 있었다고 말이다. 이것은 은이 이미 세계화폐였지만, 국내에서는 거의 사용되지 않았다는 것을 의미한다. 이상의 예는 세계화폐가 존재하는 것과 동시에 등가물이나 일반적 등가물이 화폐로서 사용되었다는 것을 보여준다 하겠다.

귀금속화폐는 국가에 의해 주조되었다. 하지만 그것이 세계적으로 통용된 것은 국가의 힘에 의한 것이 아니다. 국가의 힘이 미치는 범위에서는 그렇다고 해도 그 바깥에서 화폐가 통용되는 힘은 국가에 의한 것이 아니다. 국가가 할 수 있는 것은 귀금속의 양을 확정하고 보증하는 것뿐이다. 물론 그것은 매우 중요했다. 그때마다 귀금속의 양을 측정해야 한다면, 사실상 교역이 불가능하기 때문이다. 한편 국가에 의한 뒷받침이 존재한다면, 결제를 할 때를 제외하고 실제로 귀금속을 사용하지 않아도 된다. 하지만 그럼에도 불구하고 귀금속화폐가 국제적으로 통용되는 '힘'은 국가에 의한 것이 아니다. 반대로 국가야말로 그에 근거하여 화폐를 주조했다.9)

이것은 중국의 화폐사에서 볼 수 있다. 전국시대부터 각국의 화폐가 난립하고 있었기 때문에 진의 시황제는 국가적 강권에 의해 화폐통일을 도모했지만, 결국 실패했다. 그것을 이룬 것은 다음 한(漢) 왕조이다. 그것은 민간경제에 맡김으로써 가능했다. 한 왕조는 엄청난 금을 보유하고 있었지만, 스스로 통화를 주조하는 대신, 그것을 준비금으로 삼아 민간이 자유롭게 통화를 주조하도록 했다. 그리고 이것을 통해 일거에 잡다한 화폐를 축출했다고 이야기된다. 즉 화폐는 교환 그 자체에서 생기는 힘과 국가적 힘의 상관적인 작동에 의해서 유통될 수 있었던 셈이다.10)

화폐는 화폐형태라는 입장에 놓인 상품이다. 이 상품은 금은이 아니어도 되고 또 뭐든 상관없다. 중요한 것은 국제적으로 통용되는 화폐는 그 자체가 상품(사용가치)이어야 한다는 것이다.11) 공동체나 국가의 범위 내에서 화폐는 소재적으로는 뭐가 되든 상관이 없다. 종잇조각이어도 좋다. 하지만 바깥으로 나가면, 그것들은 통용되지 않는다. 예를 들어, 유목민에게는 양이 화폐였다. 그들은 양과 함께 이동하고, 그것을 스스로 먹기도 하고 동시에 화폐로서 다른 재물을 산다. 그들의 세계에서는 국가가 공인한 통화는 물론, 가지고 다닐 수 없는 귀금속도 통용되지 않았다. 그러므로 공동체의 바깥, 국가의 바깥에서 통용되는 화폐는 그 소재 자체로 사용가치를 가지고 있어야 한다. 폴라니는 다음과 같이 부가한다. "진짜 노예가 외국 군주에 대한 공납 지불수단인 데에 반해, 자패(紫貝)는 국내의 지불수단으로서, 때로는 교환수단으로서 기능하는 경우도 있다." 노예는 상품(사용가치)이고, 또 양과 마찬가지로 이동할 수 있는 상품이기 때문에 대외화폐로서 통용된다. 그리고 자패는 등가물의 장표(章票, token)와 같은 것으로 대내적으로밖에 통용되지 않는다.12)

되풀이 하자면, 대외화폐(세계화폐)는 그 자체가 상품(사용가치)이어야 한다. 하나의 가치체계(상품의 관계체계)에서 그와 같은 상품은 다른 상품의 가치척도가 된다. 그것은 상품으로서 다른 물건과의 관계 속에서 스스로 변동하기 때문에, 가치척도로서 기능할 수 있다. 그리고 이와 같은 화폐는 스스로가 상품이기 때문에, 다른 상품체계(가치체계)에 들어갈 수 있다. 그 결과, 그 상품은 다른 가치체계 사이를 관철하는 세계화폐로서 기능하는 것이다. 그러므로 화폐를 생각할 경우, 대외화폐에서 생각해야 한다. 바꿔 말해, 화폐를 국내에서만 생각해서는 안 된다. 그것은 국가를 그 내부에서만 생각해서는 안 되는 것과 유사하다.

5. 화폐에서 자본으로의 변화

상품교환은 합의에 근거하는 것이다. 하지만 그것은 용이하게 이루어지는 것이 아니다. 상대의 상품을 서로 필요로 하는 소유자끼리 만나는 것이 어렵기 때문이다. 그러므로 실제로 물물교환은 관례대로의 비율로 이루어진다. 또 어떤 상품이 사실상의 화폐(등가물)의 역할을 하는 경우가 있다. 화폐의 등장에 의해 이런 곤란은 회피된다. 화폐가 있으면,

시간과 공간을 넘어선 상품교환이 가능하게 된다. 하지만 이것에 의해 교환의 곤란이 완전히 제거되는 것은 아니다. 화폐를 가진 자는 언제든 상품을 살 수 있지만, 상품을 가진 자는 반드시 그것으로 화폐를 얻을 수 있는 것이 아니기 때문이다. 즉 상품교환에 존재하는 고유의 곤란은 상품소유자 측에 집중된다.

합의에 근거하는 상품교환양식C는 교환양식A나 B와는 다르다. 그러므로 상품교환이나 시장이라고 할 때, 사람들은 대등한 관계를 떠올린다. 하지만 화폐를 가진 자와 상품을 가진 자는 대등하지 않다. 반복하자면, 상품은 팔릴지 어떨지 모르고, 더구나 팔리지 않으면 가치가 없다. 그런데도 화폐를 가진 자는 언제든지 상품과 교환가능하다. 즉 직접적 교환가능성의 권리가 존재한다. 화폐를 갖는다는 것은 언제 어디서든 어떤 것과도 직접적으로 교환할 수 있는 '사회적 질권'(『자본론』)을 갖는 것이다. 이와 같은 화폐와 상품 사이의 관계가 각 소유자 사이의 관계를 규정한다. 그렇기 때문에 교환양식C는 자유롭고 평등한 관계를 통해 공포에 근거한 계급지배와는 다른 종류의 계급지배를 만들어낸다. 그것은 근대의 산업자본주의에서 화폐와 노동력상품, 즉 자본가와 프롤레타리아의 관계로 나타난다. 이것을 노예제나 농노제와 혼동해서는 안 된다.13)

마르크스는 가치형태론에서 이와 같은 화폐와 상품의 관계를, 등가형태와 상대적 가치형태로 거슬러 올라가 생각했다. 화폐로서의 상품에 그와 같은 '힘'이 있는 것은 그것이 일반적인 등가형태에 놓여있기 때문이다. 그 힘은 말하자면 상품들의 사회계약에 의한 것이다. 하지만 일단 화폐가 성립하면, 어떤 전도가 생긴다. 화폐가 이제 단순한 상품교환의 수단이 아니라 언제라도 상품과 교환할 수 있는 '힘'인 이상, 화폐를 원하고 축적하려는 욕망과 그것을 위한 활동이 생기는 것이다. 그것이

자본의 기원이다. 화폐의 축적은 사용가치의 축적과 구별되어야 한다. 자본의 축적활동은 사용가치(대상물)에 대한 욕구보다도 '힘'에 대한 욕망에 의한 것이다.

아리스토텔레스는 두 개의 취재술(取財術)^{2}을 구별했다. 하나는 필요하기 때문에 이루어지는 것이고, 다른 하나는 화폐를 축적하는 것이다. "화폐가 고안되자, 이윽고 생필품의 교환에서 다른 종류의 취재술이 생겨났다, 즉 상인적인 것이 그것이다."[14] 그리고 "이런 종류의 취재술에서 생겨나는 부에는 제한이 없다."[15] 즉 제2의 취재술에서 '화폐의 자본으로의 변화'가 일어나는 것이다. 그것은 교환이 사용가치를 구하는 것이 아니라 교환가치를 구하는 것이 되고, 그 때문에 제한이 없는 것이 된다는 것을 의미한다. '화폐의 자본으로의 변화'에 관해 마르크스가 수전노(화폐퇴장자)를 먼저 언급한 것은 거기에 존재하는 도착성을 지적하기 위해서였다.

> 화폐퇴장자는 황금신을 위해 자신의 육욕을 희생한다. 그는 금욕의 복음에 충실하다. 하지만 다른 한편으로 그가 유통으로부터 끌어낼 수 있는 화폐란 그가 상품으로서 유통에 투여한 것 정도이다. 그는 생산하는 만큼 많이 팔 수 있다. 따라서 근면과 절약과 인색은 그의 주요한 덕을 이루고 있다. 많이 팔고 적게 사는 것이 그의 경제학에 존재하는 모든 것이다.[16]

수전노란 이런 '질권'을 축적하기 위해 실제의 사용가치를 단념하는

2_ 그리스어 ktetike의 번역어로 '재산을 획득하는 기술'을 말한다. 참고로 '돈을 버는 기술'을 뜻하는 chremastike라는 단어도 종종 '취재술'이라는 의미로 사용된다.

자이다. '황금욕'이나 '치부충동'은 결코 물건(사용가치)에 대한 필요나
욕망에서 나오는 것이 아니다. 수전노는 아이러니컬하게도 물질적으로
무욕이다. 정확히 '천국에 보물을 쌓기' 위해 이 세상에서는 무욕인
신앙인처럼. 물론 태고에 수전노가 현실적으로 있었는지 어떤지는 문제
가 되지 않는다. 중요한 것은 다만 화폐의 힘이 그것을 축적하려고
하는 도착적인 충동(drive)을 가져온다는 것이다.

수전노와 달리 상인자본은 화폐→상품→화폐+a(M-C-M'(M+⊿M))
라는 과정을 통해 화폐의 자기증식(축적)을 꾀하는 것이다.

> 이런 절대적 치부충동, 이 격정적인 가치에의 추구는 자본가와
> 화폐퇴장자에게 공통적인 것이다. 하지만 화폐퇴장자가 단지 미친
> 자본가인 데에 반해, 자본가는 합리적인 화폐퇴장자이다. 화폐퇴장자
> 가 얻으려고 노력하는 가치의 쉼 없는 증대는 화폐를 유통에서 끌어냄
> 으로써 이루어지지만, 보다 총명한 자본가는 그것을 항상 유통에
> 지속적으로 투하함으로써 달성한다.17)

자본가는 합리적인 수전노이다. 즉 상인자본의 운동에 동기를 부여하
고 있는 것은 수전노의 축적충동(화폐페티시즘)과 같다. '합리적인 수전
노'로서의 자본가는 자본을 증식하기 위해 애써 유통에 뛰어든다. 상품
을 사고 그것을 파는 리스크를 무릅쓰는 것이다. 화폐에는 상품과 교환할
권리가 있는데, 상품에는 화폐와 교환할 권리가 없다. 그리고 상품은
팔리지 않으면(화폐와 교환되지 않으면), 가치를 갖지 않을 뿐만 아니라,
사용가치도 갖지 않는다. 그것은 그저 폐기되어버린다. 그러므로 마르크
스는 상품이 화폐와 교환될지 어떨지를 '목숨을 건 도약(Salto mortale)'이
라고 부른다. 합리적인 수전노인 자본가는 화폐→상품→화폐+a(M-

C-M')라는 과정을 통해 화폐를 증식시키려고 하는데, 이때 상품→화폐 (C-M')라는 '목숨을 건 도약'을 거쳐야 한다.

이런 위험을 당분간 회피하는 것이 '신용'이다. 그것은 마르크스의 표현을 빌리자면, 팔기(C-M')를 '관념적으로 선취하는' 것이다. 즉 그것은 말하자면 약속어음을 발행하고, 나중에 결제하는 형태를 취한다. 이때 매매관계는 채권·채무의 관계가 된다. 마르크스는 제도로서의 '신용'은 유통의 확대와 함께 '자연성장적'으로 생기고, 또 그것이 유통을 확대한다고 말하고 있다. 신용제도는 자본운동의 회전을 가속시키고 영속화한다. M-C-M'라는 과정을 끝까지 기다릴 필요가 없기 때문에, 자본가는 새로운 투자를 할 수 있다.

여기서 신용에 대해 언급해두기로 하자. 어떤 의미에서 화폐는 원래 신용으로서 출현한 것이다. 예를 들어, 물물교환에서 생산물이 계절적으로 다를 경우, 먼저 상대의 물건을 받고, 나중에 자신의 물건을 건네게 된다. 그 경우 어떤 심볼이 이용된다. 그것은 신용화폐이다. 금속화폐가 세계통화가 된 경우에도 실제교환에서는 약속어음이 사용된다. 또 그와 같은 어음이 그 자체로 화폐로서 사용된다. 따라서 화폐에 기초하는 경제의 세계는 '신용'의 세계이다.

신용의 문제는 교환양식C가 교환양식A나 B와 얼마나 밀접하게 연결되어 있는지를 보여주는 것이다. 예를 들어, 마르셀 모스는 신용거래의 기원에서 증여를 발견하고 있다. "……증여는 필연적으로 신용관념을 낳는다. 발전은 경제상의 규칙을 물물교환에서 현실매매로, 현실매매에서 신용거래로 이행시킨 것이 아니다. 증여받고 일정기간 후에 되돌려주는 증여시스템처럼, 한편으로 이전에는 별개였던 두 시기를 상호 접근시키고 단순화함으로써 물물교환이 구축되고, 다른 한편으로 매매──현실매매와 신용거래──와 대차(貸借)가 구축된다. 왜냐하면 우리가 지금

묘사하고 있는 단계를 넘어선 어떤 법(특히 바빌로니아법)도 우리 주위에 잔존하는 모든 고대사회가 알고 있는 신용을 몰랐다는 것을 증명하는 어떤 것도 존재하지 않기 때문이다."[18]

신용은 거래 당사자 사이의 공동성이라는 관념에 의해 뒷받침된다. 채무를 지는 자는 어떻게든 갚지 않으면 안 된다. 상품교환양식C에서 신용은 이처럼 교환양식A에 의해 뒷받침되고 있다. 동시에 신용이 국가에 의해, 즉 교환양식B에 의해 뒷받침되고 있는 점을 무시해서는 안 된다. 왜냐하면 국가는 채무불이행을 처벌함으로써 궁극적으로 신용을 뒷받침하기 때문이다. 그렇지만 상품교환양식C에서 생겨나는 신용은 그곳에 고유의 세계를 만들어냈다.

화폐와 신용을 통해 상품교환은 공간과 시간을 넘어서 이루어지게 된다. 나중에 서술하겠지만, 상품교환이 공간적으로 확장되었을 때, 상인자본의 활동이 가능하게 된다. 다른 공간 사이의 중계적 교환이 잉여가치를 초래하기 때문이다. 여기서 중요한 것은 화폐와 신용이 초래하는 시간성의 문제이다. 화폐와 신용에 의해 현존하는 타자만이 아니라 장래의 타자와의 교환도 가능하게 된다. 적어도 그렇게 생각되게 된다. 그리고 이것은 상인자본과는 다른 타입의 자본을 파생시킨다.

예를 들어, 투자에 의해 이윤을 얻을 것이 확실하면, 상인은 돈을 빌려서라도 그렇게 할 것이다. 그 경우 돈을 빌려준 자에게는 이자가 지불된다. 여기서 이자를 낳는 자본(M-M'……)이 성립한다. 이때 화폐는 그 자체로 이자를 낳는 힘이 있는 것처럼 생각된다. 화폐의 '물신성'(마르크스)은 이 이자를 낳는 자본에서 극대화된다.

이 M-M'은 자본 최초의 일반정식이 무의미한 요약으로 수축된 것이다. 그것은 완성된 자본이고 생산과정과 유통과정의 통일이며,

따라서 일정 기간에 일정한 잉여가치를 낳는 자본이다. 이자를 낳은 자본의 형태에서는 이것이 직접적으로 생산과정과 유통과정의 매개 없이 나타난다. 자본이 자본 자체의 증가분, 즉 이자의 신비하고 자기창조적인 원천으로서 나타나는 것이다. 물건(화폐, 상품, 가치)은 이제 단순한 물건으로서 이미 자본이고, 자본은 단순한 물건으로서 나타난다.[19)]

그렇게 되면, 화폐를 축적한 채로 있는 것은 이자를 잃는 것이 된다. 마르크스는 말한다. "화폐퇴장은 고리대에서 비로소 현실적이 되고, 그 꿈을 실현한다. 퇴장화폐소유자의 욕구대상이 되는 것은 자본이 아니라 화폐로서의 화폐이다. 하지만 그는 이자를 통해 이 퇴장화폐 그 자체를 자본으로 바꾼다."[20)] 물론 화폐 그 자체에 이자를 초래하는 힘이 있는 것은 아니다. 그것은 상인자본(M-C-M')의 활동을 통해서 초래되는 것이다. 하지만 그것들은 완전히 별개의 것이 아니다. 상인자본의 행위 자체에 이미 투기적(speculative)인 것이 존재한다. 상인자본과 고리대자본은 자본의 '대홍수 이전적 형태들'이다. 하지만 그것들이 태고부터 존재한다는 것은 교환양식C가 초래한 세계가 물질적이고 합리적인 하부구조이기는커녕, 근본적으로 신용이나 투기=사변적(speculative)인 세계라는 것을 의미한다. 상인자본이나 고리대자본은 형식면에서 근대 자본주의에 의해 계승되고 있다. 즉 M-C-M'나 M-M'는 산업자본 축적과정의 일환으로서 존속한다.

6. 자본과 국가

그렇다면 M-C-M'(M-⊿M)라는 유통과정에서 잉여가치(⊿M)는 어떻게 가능할까. 그것은 말하자면 '싸게 사서 비싸게 파는' 것을 통해서다. 그렇다면 그것은 아담 스미스가 말하는 것처럼 언페어한 부등가교환인 것일까. 확실히 하나의 가치체계 안에서는 그러하다. 하지만 복수의 다른 가치체계 사이의 교역인 경우, 각각 등가교환으로서 이루어짐에도 불구하고 '싸게 사서 비싸게 파는' 것이 성립한다. 예를 들어, 어느 지역에서 어떤 상품의 가격이 귀금속화폐에 의해 표시된다고 하자. 그때 이 가격은 그저 귀금속과의 등치관계에 의해 결정되는 것이 아니라, 그것을 통해 관계하는 모든 다른 상품과의 등치관계에 의해 결정된다. 바꿔 말해, 가치체계 안에서 결정되는 것이다. 그것은 가치체계가 다르면 같은 상품이 다른 가격을 갖는다는 것을 의미한다. 예를 들어, 차나 향료는 인도나 중국에서는 싸지만, 유럽에서는 고가이다. 애초에 그것을 만들 수 없기 때문이다. 그렇다면 상인이 그것을 싸게 사서 유럽에서 비싸게 팔아 이익을 얻는다면, 부등가교환에 의한 언페어한 이익일까. 상인은 각각의 지역에서 등가교환을 했고, 특별히 사기를 치고 있는 것이 아니다. 또 원격지까지 나가는 것은 위험을 수반하고, 새로운 상품을 발견하는 데에 학식과 정보가 필요하다. 상인이 교역에 의한 차액을 자신의 행동에 대한 정당한 보수라고 생각해도 이상하지 않다.

M-C-M'라는 상인자본의 운동은 이면에서는 C-M 및 M'-C라는 등가교환이다. 그러므로 다른 가치체계 사이에서 이루어지는 경우, 각각의 등가교환을 통해 싼 곳에서 사서 비싼 곳에서 팔기 때문에 잉여가치를 얻을 수 있다. 가치체계의 차이가 작은 경우는 그 차액이 작고, 큰 경우에는 차액이 크다는 것은 말할 필요도 없다. 그러므로 상인자본이 발생하는

것은 후자 즉 원격지교역에서이다. 하지만 거기에서는 사적인 교역자는 발생하지 않았다. 왜냐하면 국가가 교역을 독점했기 때문이다. 그 이유 중 하나는 원격지교역이 위험하기 때문이다. 국가의 군사력 없이 원격지 교역은 불가능하다. 물론 상단(商團) 자체가 무장하면 가능하지만, 이 경우 그것은 이미 소(小)국가이다.

폴라니는 고대의 원격지교역이 국가에 의해 이루어졌다는 것을 강조했다.[21] 그는 그와 같은 교역과 로컬한 시장을 구별했다. 교역은 대체로 국가관료 내지 그에 준하는 자에 의해 이루어졌다. 교역은 고정된 가격으로 이루어졌기 때문에, 이득이 될 만한 것은 있을 수 없었다. 따라서 그들은 이윤을 구하는 것이 아니라 '신분동기'에 의해 교역을 했다. 단 군주로부터 보수로 재물이나 토지를 받았다. 그에 비해 '이윤동기'에 의한 사적 교역자는 소규모로 이윤도 없어서 가난했다. 그러므로 경멸되었다고 폴라니는 말한다.

하지만 국가에 의한 원격지교역도 근본적으로 '이득적인 동기'에 기초하고 있다. 국가에 의한 원격지교역에서 가격이 고정되어 있다는 것과 그로부터 거대한 이윤을 얻을 수 있다는 것은 특별히 모순되지 않는다. 교환가격이 고정되어 있는 것처럼 보이는 것은 자연적인 조건이나 생산기술의 변화가 완만했기 때문이다. 하지만 가격의 변화는 있었다. 국가는 관개농업, 광산 등의 개발에 의해 신(新)수출품을 만들어냈기 때문이다. 그것은 고대국가의 영고성쇠로 귀결될 정도로 중요했다. 단 그것이 빈번히 바뀌는 일은 없었기 때문에 교역의 가격은 거의 고정되어 있었다고 해도 좋다. 교역하는 국가는 각각 교역을 통해 다른 나라에서는 싸지만 자국에서는 고가인 것을 손에 넣었다. 그 경우 양쪽 모두 이득이다. 그러므로 그것은 '등가교환'으로 간주되었다.

하지만 여기서 만약 사적 교역자가 있어서 한쪽에서 싸게 사서 다른 쪽에서 비싸게 팔고, 거기서 또 싸게 손에 넣은 것을 다른 쪽에서 비싸게 파는 것을 되풀이 한다고 가정해보자. 그렇게 되면, 국가가 얻을 이윤을 빼앗는 게 된다. 그러므로 국가는 공적인 교역 이외의 것을 규제하지 않으면 안 된다. 교역이 '신분동기'에 의해 이루어질 때, 명예로운 행위로 간주되어 그저 '이윤동기'에서 교역을 행하는 것은 경멸된다고 폴라니는 말한다. 하지만 국가도 이윤을 동기로 한 것이고, 그것에 종사하는 관리도 재물이나 토지를 보수로 얻었다. 따라서 국가가 사적인 교역자를 싫어했던 것은 그저 이윤을 독점하기 위해서이다. 그렇기 때문에 사적 교역을 경멸하고, 그것을 '부정의'로서 도덕적으로 비난했던 것이다.

원격지교역이 국가의 수요를 넘어서서 확대되면, 국가는 각양각색의 상인에게 교역과 상품의 통과를 인정할 수밖에 없게 된다. 그래서 교역을 허가하고 보호해주는 대가로 관세나 통행세를 징수하게 된다. 따라서 사적 교역이 확대되고 도시가 확대되어도 기본적으로 그것들은 국가의 관리 하에 있었다. 예를 들어, 중국의 역대 제국에서 시장은 공무원들에 의해 관리되고 사치품이나 사기(詐欺)가 엄격히 금지되었다. 한편 교역은 교역항(港)을 사용하는 관리무역이고, 또 조공이라는 증여교역의 형태를 취했다. 상인은 국사(國使), 사절로서 취급되었다.

그러므로 실제로 존재함에도 불구하고 사적인 교역이나 투자로부터 차액을 얻는 것, 즉 상인자본이나 대부자본의 활동은 경멸되고 적대시되게 된다. 한편 그리스나 로마에서는 국가에 의한 교역이나 시장의 관리가 없었고 교역과 시장의 구별도 없었다. 그 결과 시장경제가 파괴적인 역할을 수행했다. 마르크스는 말한다. "고리대는 이처럼 한편으로 고대적 봉건적인 부와 고대적 봉건적 소유에 복멸(覆滅)적 파괴적으로 작용한다. 그리고 다른 한편으로 그것은 소농민적이고 소시민적 생산을 요컨대 생산자가 아직 생산수단의 소유자로 나타나는 모든 형태를 무너뜨리고 파멸시킨다.'22) 그 때문에 아리스토텔레스는 『정치학』에서 이자를 '가장 자연에 반(反)하는 것'으로 간주하고, "따라서 증오해도 당연한 것은 고리대이다"라고 서술했다.

상인이 교환에서 이윤을 얻는 것이 그에게는 '부정의'였다. 하지만 노예를 강제적으로 일하게 하는 것은 '정의'였다. 마찬가지로 고대전제국가에서는 부역공납을 통해 부를 축적하는 것은 정당했지만, 유통에서 부를 얻는 것은 정당하지 않다고 생각되었다.23) 하지만 이것은 이와 같은 사회에서 지배적 그리고 정당한 교환양식이 B였다는 것을 의미한다. 교환양식C는 존재하고 불가결하기도 했지만, 동시에 교환양식B와 A에 의해 성립하는 세계를 위협하는 것이기도 했다. 국가는 그것을 어쨌든 한정하고 관리할 필요가 있었다.

이 점은 상업민족에서도 큰 차이는 없다. 고대부터 중계무역을 통해 이익을 얻는 부족이 존재했다. 베두인과 같은 유목민이나 페니키아인과 같은 해양민족이다. 그들에게는 원격지교역에서 이익을 얻는 것이 정당하고, 정주하는 농업적 생산이야말로 경멸해야 하는 대상이었다. 하지만 그들은 사적 교역자가 아니라 무장 상단을 꾸려서 활동하는 부족집단이었다. 많은 경우 그들은 국가(제국) 바깥에 있거나 제국 안에서 반(半)종속적으로 존재했다. 예를 들어, '상업민족'인 페니키아인은 아시리아제국에서 페르시아제국 시대에 이르기까지 그들에 종속되어 세계=제국의 유통역할을 했는데, 그 후 스스로 제국(카르타고)을 세웠다. 하지만 이와 같은 상업민족도 그들의 공동체 내부에서는 이자를 포함한 이득적 행위를 부정했다. 이것이 베버가 말하는 '이중도덕'이다. 이 때문에 상품교환의 원리가 공동체 내부에 침투하는 일이 없었던 것이다.24)

이리하여 원격지교역이 아무리 발달해도 그것이 사회구성체를 근본적으로 바꾸는 일은 없었다. 폴라니는 전근대에서 교역과 시장은 별개라고 말한다. 교역과 시장이 통합되고, 시장에 의한 가격결정기구가 작동하게 된 것은 18세기 후반에 지나지 않는다. 그는 그 이전, 더구나 고대와 관련해서는 이것들을 구별하는 것이 필요하다고 말한다. 이미 서술한 것처럼 교역과 시장에는 다음과 같은 차이가 존재한다. 전자는 원격지처럼 크게 다른 가치체계 사이의 교환이고, 후자는 그렇게 차이가 없는 로컬한 시장의 교환이다. 후자에서는 다소 차이나 변동이 있어도 거기서 생기는 차액은 적다. 상인이 얻는 것은 정당한 수수료에 지나지 않는다. 그 이상의 이윤을 얻으면 사기이기 때문에 오래 지속되지 않는다. 더욱이 고대국가에서 일용품은 가격이 공정(公定)되어 있었고 곡물과 같은 필수품은 배급되었다. 그러므로 소매상인이 있어도 소규모에 지나지 않았다. 또 시장에서는 '신용'에 의한 교환이 이루어졌다. 즉 로컬한 시장에서는 대외교역을 위한 화폐와는 다른 통화가 사용되었던 것이다.

하지만 고대세계에 예외가 있었다. 그것은 그리스로마인데, 그곳에서는 교역과 시장이 통합되었던 것이다. 구체적으로 말해, 그리스에서는 코인(은, 금과 같은 귀금속 외에 동이나 철과 같은 비卑금속도 있다)이 사용되었다. 이것은 교역에서 사용되는 대외화폐(귀금속)와 시장에서 사용되는 대내화폐(비금속)가 호환적이 된다는 것을 의미했다. 이것에 의해 시장과 교역이 같은 가격형성 시스템에 들어갔던 것이다. 왜 그리스의 폴리스에서는 그와 같은 것이 존재했을까. 다음에 그것을 자세히 다루겠지만, 지금 여기서 간단히 말하자면, 그리스에는 집권적인 체제가 없고 가격을 통제하는 관료기구가 없었기 때문이다. 관료기구를 형성하는 대신에 시장에 의한 가격조정에 맡겨졌던 것이다.

그리스가 다른 아시아적 국가와 다른 것은 이 점에서다. 예를 들어, 헤로도토스도 페르시아와 그리스의 차이를 바로 이 점에서 발견하고 있다. 페르시아의 대왕 퀴로스는 "나는 지금까지 도시 한가운데에 따로 장소를 만들어 그곳에 모여 맹세하면서 서로 속이는 인간을 두려워해본 적이 없다'고 말했다고 한다. 헤로도토스는 이렇게 부가하고 있다. "퀴로스의 이런 말은 그리스인 전체에 해당되는 것으로, 그리스인이 시장을 세워서 물건을 사고팔았기 때문이다. 페르시아인들은 장을 열어서 무언가를 팔거나 사는 습관을 가지고 있지 않았으며, 시장이라는 것 자체가 페르시아에는 전혀 없었다."[25]

폴라니는 가격의 결정을 관료가 아니라 시장에 맡긴 것이 그리스의 민주정을 가져온 요인이라고 생각했다. 시장에 판단을 맡기는 것이 정치적으로는 대중의 판단에 맡기는 것이다. 즉 국가의 왕이나 관료 또는 소수의 현명한 지도자에 의한 판단보다도 대중의 판단 쪽이 옳다는 것을 함의한다. 플라톤이나 아리스토텔레스가 민주주의와 시장경제에 반대했던 것은 그 때문이다. 그들은 중앙집권적인 국가에 의한 통제와 자급자족적 경제가 바람직하다고 생각했다. 그것은 스파르타 내지 동양적 국가를 모델로 한 것이었다.

하지만 그리스에 시장경제 내지 세계=경제가 성립하고, 그것이 데모크라시를 가져왔다는 견해에는 주의가 필요하다. 확실히 교환양식C가 여기에 침투했지만, 그것이 지배적이 될 가능성은 없었다고 말해야 한다. 예를 들어, 그리스로부터 온 식민자가 구축한 이오니아의 도시들에서 상공업이 가장 발달하고, 또 많은 철학자, 과학자, 의사를 배출했다. 하지만 이런 번영은 페르시아의 정복에 의해 간단히 끝나고 말았다. 한편 아테네에서는 페르시아와의 전쟁에서는 승리했지만, 이오니아처럼 상공업이 발달하지는 않았다. 아테네는 국제교역의 중심이 되었지만, 교역은 오로지 기류(寄留)외국인이나 외국인에게 맡겨졌다. 아테네의 시민은 어디까지나 전사=농민으로서 상공업을 경멸했던 것이다.

화폐경제의 침투는 그리스 도시국가의 시민사회(지배자공동체)에 데

미지를 주었다. 그것은 경제적 격차를 증대시키고, 시민 가운데에서 채무노예를 계속 배출시켰다. 그것은 폴리스공동체의 위기일 뿐만 아니라 자변(自辯)무장에 의한 개병제를 가진 폴리스에게 군사적 국가존망의 위기를 의미했다. 그에 대해 그리스의 폴리스는 다양한 대책을 시도했다. 그 한 극단이 스파르타였다. 이것은 교역을 정지하고 자급자족경제를 지향하는 것이다. 그것은 타부족(메세니아인)을 정복하여 농노(헤일로타이)로 삼는 것에 의해 가능했지만, 그것은 또 노예의 반란에 대비하는 군국주의적 체제를 불가피하게 만들었다. 다른 쪽의 극단은 아테네이다. 그들은 시장경제를 배척하지 않고 시민 사이의 계급대립을 해결하려고 했다. 그것이 바로 민주정(데모크라시)이다.

하지만 아테네의 민주화는 그저 폴리스의 지배자공동체를 확보하기 위한 것에 지나지 않았다. 민주화와 함께 노예제생산이 점점 강화되었다. 왜냐하면 시민이 군사적으로·정치적으로 참가하기 위해서는 스스로 노동을 할 여유가 없었기 때문이다. 따라서 아테네국가는 페르시아와 같은 공납제국가와는 다르지만, 역시 교환양식B에 뿌리를 둔 것이다. 교환양식C는 아무리 발전해도 교환양식B보다 우월할 수는 없었다. 그것은 교환양식B에 기초한 국가 하에서 그것과 상극을 이루면서 동시에 그것에 종속되고 상보하는 형태로 존속했던 것이다. 그런 점에서 근대에 이르기까지 기본적으로 변한 게 없다.

교환양식C가 사회구성체에서 지배적인 것이 되기 위해서는 교환양식 B가 지배적이 되는, 즉 국가가 출현하는 때와 마찬가지로 커다란 비약이 필요하다. 그것에 대해서는 산업자본주의를 다루는 장(제3부 제2장)에서 논한다.

제3장 **세계제국**

1. 아시아적 전제국가와 제국

앞서 나는 고대의 아시아적 전제국가에 대해 서술했다. 그때 초점을 맞추었던 것은 국가의 내포적인 측면이다. 전제국가는 부역공납국가이다. 그것은 복종과 보호라는 '교환'을 통해 많은 주변 공동체나 국가를 지배하에 두는 것이다. 즉 그것은 교환양식B가 지배적인 사회구성체이다. 하지만 아시아적 전제국가는 외연적인 측면에서 보면, 다수의 도시국가나 공동체를 포섭하는 세계시스템으로서의 세계=제국이다(흔히 제국을 세계시스템으로서 볼 경우, '세계=제국'이라 부르고, 개개의 제국에 대해서는 '세계제국'이라고 부른다). 제국은 그때까지 위험하고 장애가 많았던 공동체 사이, 국가 사이의 교역을 용이하게 한다. 제국은 군사적인 정복을 통해 형성되지만, 실제로는 거의 전쟁을 필요로 하지 않는다. 각 공동체나 소국가는 전쟁상태보다도 오히려 제국의 확립을 환영하기 때문이다. 그런 의미에서 세계=제국의 형성은 교환양식B가 아니라 교환양식C가 중요한 계기가 된다.

세계=제국을 뒷받침하는 것은 다양한 간(間)공동체적인 원리나 테크놀로지이다. 나는 앞서 제국이 주조하는 세계화폐에 대해 논했다. 화폐의 주조나 도량형의 통일에 의해 제국 내부의 교역이 비약적으로 증대된다. 하지만 말할 것도 없이 세계=제국을 뒷받침하는 것은 세계화폐만이 아니다. 예를 들어, 세계=제국에 불가결한 것은 공동체를 넘어선 법이다. 제국이 배려하는 것은 부족·국가를 지배하는 것만이 아니라, 그들 '사이', 말하자면 부족·국가 간의 교통·통신의 안전을 확보하는 것이다. 제국의 법은 기본적으로 국제법이다. 로마제국의 법은 자연법의 기초가 되었지만, 그것은 기본적으로 국제법이다. 이 점은 그처럼 명문화되어 있지 않아도 다른 제국에 관해서도 기본적으로 타당하다. 예를 들어, 중국제국에서는 산하의 부족·국가는 조공만 하면 그 지위를 인정받았고, 그 조공도 그 이상의 답례를 받은 것을 보면, 교역의 일종에 다름 아니었다. 제국은 부족·국가의 내부에 개입하지 않는다, 그것이 제국 내 교역의 안정을 위협하지 않는 한 말이다. 세계제국이 거의 하룻밤 만에 재형성되는 것처럼 보이는 것은 새로운 정복자가 누구든 기존의 국제법적 질서·교역의 안전보장이 환영받았기 때문이다.

제국의 세 번째 특징은 '세계종교'를 가지고 있다는 것이다. 세계제국은 부족국가를 통합함으로써 성립되는데, 그때 각각의 국가·공동체의 종교를 넘어서는 보편종교를 필요로 한다. 로마제국이 거대하게 되었을 때, 황제는 그때까지 박해를 받던 기독교를 기반으로 삼을 수밖에 없었다. 마찬가지로 중국제국이 유라시아의 규모로까지 확대되었을 때, 법가사상(진의 시황제)이나 유교(한의 무제)에 의한 통일로는 불충분하게 되었다. 판도가 비약적으로 확대되었던 당(唐) 왕조에서 불교가 도입된 것은 그 때문이다. 몽골의 세계제국도 불교나 이슬람교를 받아들였다. 그런 세계종교는 다시 제국 안과 주변의 부족·국가에도 침투한다.

예를 들어, 일본의 야마토(大和) 조정도 자신의 기반을 굳건히 하기 위해 불교를 필요로 했다. 소국가였지만 다부족을 포섭하는 규모가 되었을 때, 기존의 부족적 신들을 넘어선 보편종교가 필요하기 때문이다. 그리고 세계제국에서 신학은 아라비아에서의 아비센나(이븐 시나), 서구에서의 토마스 아퀴나스, 중국에서의 주자처럼 합리주의적이고 종합적인 것이 된다.

제국의 네 번째 특징은 '세계언어'(lingua franca)에 있다. 그것은 예를 들어 라틴어나 한자, 아라비아문자처럼 다수의 부족·국가에 의해 사용되는 문자언어이다. 제국 안에서 이야기되고 있는 언어(속어)는 무수히 존재하지만, 그것들은 '언어'로 간주되지 않았다. 그것들은 오늘날의 방언과 같은 위치에 있었다고 해도 좋다. 그리고 앞에서 서술한 것처럼 제국의 법, 종교, 철학이 이런 세계언어로 저술된 이상, 제국의 특질은 무엇보다도 그 언어에서 나타난다.

이상이 세계=제국에 공통되는 점이다. 하지만 세계=제국은 여러 가지로 다르다. 그것들은 아래와 같은 네 가지 타입으로 분류될 수 있다.

관개형   서아시아, 동아시아, 페루, 멕시코
해양형   그리스로마
유목민형   몽골
상인형   이슬람

역사적으로 세계=제국은 관개형 즉 동양적 전제국가로서 시작되었다. 이것의 원형은 이미 수메르에 있었다. 그러므로 그 이후 서아시아제국은 문자, 언어, 종교, 관료제를 시작으로 수메르에서 시작된 시스템을 다양한 형태로 계승하고 있다. 그것을 집대성한 것이 페르시아제국이다. 다레이오스 1세(재위 BC 522-486년)의 제국통치 방법은 그 후의 모델이 되었다. 예를 들어, 중앙통제, 행정구역, 우편, 코인의 주조, 통일적 공용어로서의 아람어, 그리고 종교적·문화적 관용. 동아시아에서 세계=제국은 진(秦)이나 한(漢)보다 오히려 당(唐) 왕조에서 형성되었다고 해야 한다.

한편으로 그 이외 타입의 제국은 아시아적 제국의 주변에서 그것과 관계하는 형태로 발흥한 것이다. 이 문제에 관해 시사적인 것은 비트포겔의 견해이다. 앞서 서술한 것처럼 비트포겔은 관개농업과 전제국가에 관한 논의만으로 알려져 있지만, 오히려 중요한 점은 그가 역사적 발전단계로 보이는 것을 공시적인 공간적 구조에서 보는 시점을 제기했다는 데에 있다. 그것은 오리엔트의 전제국가(수력사회)를 중핵(core)으로 삼고, 그 주변과 아주변이라는 배치에서 보는 것이다. 중핵과 주변(margin)이라는 견해는 흔한 것이지만, 비트포겔이 특이한 것은 주변과 그 바깥의 아주변(sub-margin)을 구별한 것이다.

이와 같은 구별은 월러스틴이 근대세계시스템(세계=경제)에 대해 부여한 중심(core), 반주변(semi-periphery), 주변(periphery)이라는 구별과 유사한 것처럼 보인다. 월러스틴은 프랑크가 지적한 '종속'이론, 즉 상품교환을 통해 주변에서 중심으로 부가 수탈된다는 이론에 반주변이라는 개념을 부가했다. 그것에 의해 중심과 주변을 고정적인 것으로서가 아니라 동적으로 변화하는──예를 들어, 어떤 지역이 중심으로 상승하거나 주변으로 몰락하거나 한다──것으로서 볼 수 있게 된다.

하지만 월러스틴은 비트포겔이 더 이전, 근대세계시스템 이전, 즉 세계=제국 단계에서도 그것과 닮은 지정학적 구조가 존재한다는 것을 지적하고 있는 것을 깨닫지 못한 것 같다. 단 그것들은 서로 닮았지만 다른 것이다. 세계=경제에서 중심-반주변-주변과 세계제국에서 중핵-아주변-주변은 각각을 구성하는 지배적 원리가 전혀 다르다. 그것은 세계=경제에서는 교환양식C이고, 세계=제국에서는 교환양식B이다. 따라서 세계=제국에서의 주변이나 아주변이라는 현상도 세계=경제에서의 그것과는 전혀 다른 형태를 취한다.

세계=제국에서 주변부는 중핵에 의해 정복되고 흡수된다. 또 역으로 중핵에 침입하여 정복하는 일도 있다. 그런 의미에서 주변은 중핵과 동화되는 경향이 있다. 그런데 아주변은 제국=문명과 바로 접하는 주변과 다르게 제국=문명을 선택적으로 받아들일 수가 있는 지역이다. 만약 문명에서 지나치게 떨어져 있다면, 부족사회에 머물렀을 것이며, 문명에 지나치게 가까우면 정복되거나 흡수되고 말았을 것이다. 여기서 나는 논의를 명확하게 하기 위해 '권외'(圈外)라는 카테고리를 덧붙이고 싶다. 중핵의 지배나 영향을 거부하는 자는 주변이나 아주변에서 다시 '권외'로, 바꿔 말해 산악부나 변경으로 떠났다. 거기에는 수렵채집사회가 남아있다.

근대 이전의 세계시스템은 많은 세계=제국, 그 주변, 얼마 되지 않은 아주변부, 그리고 '권외'로 이루어진다고 해도 좋다. 근대세계시스템(세계=경제), 즉 자본주의적 시장이 세계를 뒤덮을 때 첫째로 '권외'는 국가에 둘러싸였다. 많은 '미개인'이 '문명화'를 강요당했다. 그런 의미에서 그들은 근대세계시스템의 주변부에 속하게 되었다. 둘째로 세계제국의 주변부는 세계=경제에서도 주변부에 머물렀다. 셋째로 세계=제국의 아주변부는 세계=경제에서는 '반주변'에 놓였고, 매우 적지만 일본처럼 중심으로 이행한 케이스가 존재한다. 넷째로 구세계=제국의 중핵 또한 주변부로 내쫓겼다. 하지만 군·관료 등의 국가기구를 갖춘 구세계=제국의 중핵은 그 주변부와 달리 세계=경제의 주변에 놓이는

것을 달갑게 받아들이지 않았다. 그것에 대해서는 나중에 서술하겠다.[1]

2. 주변과 아주변

세계제국의 주변부는 중심에 의해 멸망되거나 병합되었다. 그것에 저항할 수 있었던 것은 안주를 거부하고 정주할 필요가 없었던 유목민뿐이었다. 그들은 국가에 종속되는 농업공동체와는 달리 수렵채집사회·씨족사회의 습관을 유지하고 있었다. 유목민에게는 목초와 샘·우물의 이용을 둘러싼 부족 간의 '계약'이 중요했다. 그렇기 때문에 부족이나 부족연합체를 형성했지만, 그것은 결코 국가로 변하지 않았다. 하지만 그들은 때때로 결집하여 군단을 만들어 중심부에 침입하여 약탈을 하거나 기존의 국가기구 위에 군림했다.

메소포타미아에서는 이것이 수메르의 시대부터 되풀이되어 왔다. 중국에서도 고대부터 만주인에 의한 청(淸) 왕조에 이르기까지 되풀이되어왔다.[2] 일반적으로 유목민은 국가의 지배자가 될 때, 그때까지 가지고 있었던 전사의 독립불기(獨立不羈)한 정신과 상호부조적인 연대의식 ─ 모두 호수원리에 기초하는 ─ 을 잃는다. 그들은 영예, 사치, 평온을 구하고 타락하여 내부적으로 부패한다. 그리고 바깥에서 온 새로운 유목민=전사단에 의해 정복당한다. 14세기 아라비아의 사상가 이븐 할둔은 『역사서설』에서 이와 같은 반복을 말하자면 역사의 법칙으로서 발견했다.

그렇지만 유목민이 이와 같은 약탈과 몰락이라는 반복을 넘어서 지속적인 세계제국을 구축한 예가 있다. 그것은 몽골제국이다. 몽골은 유목민의 대부족연합을 통해 기마부대로 각지를 제패하고 세계제국을 만들었다. 그것은 그들이 지배자레벨에서 호수원리를 부정하지 않았기 때문이다. 예를 들어, 그들은 중국에서는 원(元) 왕조로서 동양적 관료국가체제를 이어받았지만, 황제는 몽골의 부족연합체 수장의 한 사람에 지나지 않아서 특별한 존재는 아니었다. 그들은 새로운 칸을 선거로 뽑기 위해 유라시아 전역에서 모인 수장회의를 개최했다. 하지만 칸도 수장의 제1인자라는 정도의 지위였다. 몽골 부족공동체의 호수원리가 지배자의 레벨에서는 존속했던 것이다. 몽골이 그때까지 상호 폐쇄되어 있었던 세계=제국을 광대한 규모로 통합할 수 있었던 것은 그 때문이다.

몽골인 자신은 상업에 적극적으로 관여하지 않았지만, 상업을 중시하고 기존의 세계=제국을 결합함으로써 일종의 세계=경제를 일시적으로 실현했다. 또 그렇게 함으로써 처음으로 지폐가 광범위하게 사용되었다. 역으로 이와 같은 몽골제국의 붕괴는 중국만이 아니라 인도, 이란, 터키에 이르기까지 각지에서 근세적 세계=제국을 재건하게 만들었다. 그리고 그것과 비례하여 유럽에 의한 세계=경제가 글로벌하게 확대되기에 이르렀다.

유목민이 세계제국을 구축한 또 한 예는 이슬람제국이다. 그것은 유목민이 도시상인과 동맹을 함으로써 가능했다. 구체적으로는 메카나 메디나의 도시상인과 유목인 베두인의 공동체이다. 이것을 위해서는 말할 것도 없이 이슬람교라는 통합력이 필요했다. 이슬람교는 도시종교이고 상업을 긍정하는 것이었다. 따라서 이슬람제국은 사막만이 아니라 해양을 넘어선 상업적 제국이 되었다. 그것은 그 지역 및 문명적 발전도에서 보면, 사실상 로마제국을 계승하는 것이었다. 이슬람제국이 번영한 시기 서유럽은 이슬람권의 아주변이었다고 말해야 한다. 하지만 이슬람제국이 근대세계시스템이 될 수 없었던 것은 기본적으로 관개형제국과 마찬가지로 상업이나 도시를 국가적 규제 하에 두었기 때문이다. 거기서

세계=경제의 발전은 세계=제국에 의해 억제되었다. 즉 교환양식C의
자율적 발전은 교환양식B에 의해 억제되었던 것이다.

마지막으로 해양형 제국(그리스로마)에 대해 다뤄보도록 하자. 여기
서 중요한 것은 오히려 그리스인이 제국을 세우지 않았다는 점이다.
확실히 알렉산드로스 3세는 그리스적(헬레니즘) 제국을 세웠지만, 그것
은 폴리스를 멸망시키고 아시아형 제국을 답습함으로써였다. 또 로마가
제국이 된 것도 마찬가지로 도시국가의 원리를 방기함으로써이다. 따라
서 그리스로마에 관해 주목해야 하는 것은 제국을 세우는 것보다도
오히려 아시아적 전제국가의 근방에 존재했기에 해당 문명의 영향을
강하게 받으면서도, 도시국가에 머물면서 전제국가로의 길을 거부했다
는 부분이다. 바꿔 말해, 그리스로마는 서아시아의 문명=제국에 대해
'아주변'으로서 존재한 것이다.

아주변은 주변과는 어떻게 다를까? 비트포겔은 아주변의 예로서 초기
그리스나 로마 외에 게르만, 일본, 몽골 정복(타타르의 멍에) 이전의
러시아를 들고 있다. 아주변은 주변부의 바깥에 있지만, 권외는 아니다.
즉 아주변은 주변처럼 중핵문명을 바로 접하고 있지 않지만, 소원할
정도로 떨어져 있지는 않다. 또 '해양적'(maritime)인 사회는 아주변의
조건을 충족시키기 쉽다. 그것은 제국의 중핵과 해상교역에 의해 연결되
어 있지만, 육지가 연결되어 있지 않기 때문에 직접적인 침입은 면하고
독자적인 세계를 형성할 수 있기 때문이다.

이처럼 아주변은 중핵에 있는 문명제도를 선택적으로 받아들일 수
있다. 구체적으로 말해, 그것은 문명(문자·기술 그밖에)을 받아들임에
도 불구하고, 중핵에 존재하는 관료제와 같은 집권적 제도를 근본적으로
거부한 것이다. 주변이 중핵에 동화되는 데에 반해, 아주변에서는 '권외'
정도는 아니지만, 히에라르키를 배척하는 호수원리(교환양식A)가 농후

하게 남아있었기 때문이다. 그들은 중핵의 문명을 받아들이면서도 전면적으로 종속되는 것이 아니라 독자적으로 그것을 발전시켰다. 또 경제적으로 교환이나 재분배는 국가에 의한 관리가 적었고 시장에 맡겨졌다. 아주변에서 세계=경제가 발전한 것은 그 때문이다.

마르크스는 그리스로마의 사회구성체를 '노예제 생산양식'으로 설명하려고 했다. 하지만 그리스로마에서 아시아적 전제국가와는 다른 획기적 특질을 본다면, 그것을 노예제생산으로 설명할 수는 없다. 아시아적 전제국가(세계=제국)가 취한 것은 다른 국가나 공동체에 부역공납을 부과하지만, 그 내부에 개입하지 않는 지배방식이다. 거기에도 노예는 있지만, '노예제생산'과 같은 것은 없었다. 한편 그리스로마에서는 부역공납국가라는 방향으로 향하지 않고, 국가 관료에 의해 관리되지 않는 시장과 교역이 발달했다. 그리스로마 특유의 노예제생산은 그와 같은 세계=경제가 초래한 결과이다. 따라서 중요한 점은 그리스로마에서 왜 어떻게 세계=경제가 발전했는지를 묻는 것이다.

되풀이하자면, 그리스로마에서 생겨난 현상은 '아주변'에 특징적인 것이다. 예를 들어, 그리스의 경우 선행하는 미케네문명은 '주변적'이었다. 즉 이집트적 집권적 국가의 영향 하에 있었다. 그런데 그것이 멸망한 후에 나타난 그리스인은 '아주변적'이었다. 즉 그들은 서아시아에서 철기기술을 받아들이고, 페니키아인이 수메르의 설형문자에서 발전시킨 문자를 받아들였지만, 제국의 중추인 정치시스템만은 받아들이지 않았다. 그 결과 역으로 그들 자신이 세계=제국을 세우려고 해도 세울 수 없었다. 무릇 아테네도 스파르타도 그리스 다수의 폴리스를 통합하는 것조차 할 수 없었다.

다음으로 로마는 그리스의 폴리스와 마찬가지로 도시국가였지만, 정복한 도시국가나 부족의 유력자를 시민으로 편입시키고, 보편적인 법에 의한 지배를 통해 판도를 넓혔다. 즉 폴리스의 배타적 공동체원리를 억제함으로써 세계=제국을 형성시킬 수 있었다. 하지만 로마는 폴리스의 원리를 전면적으로 방기할 수는 없었다. 로마제국의 근저에는 폴리스와 제국의 원리적 상극이 계속 존재했다. 로마제국은 그때까지의 페르시아제국의 판도를 다시 넘어 서유럽을 포함한 사상최대의 제국이 되었다. 하지만 여기서 우리가 로마제국에 주목하는 것은 그 때문이 아니다. 그것이 폴리스와 제국의 원리적 상극을 가장 명료하게 보여주기 때문이다. 이 문제는 근대에서 네이션=스테이트와 제국주의 · 지역주의라는 문제로서 반복된다.

3. 그리스

고대문명의 중추에서는 국가에 의한 관개농업이 발달하고, 그것을 통해 지연(地緣)적인 농업공동체가 형성되었다. 하지만 그것이 가능했던 것은 관개만 하면 곡물을 수확할 수 있는 비옥한 토지가 있었기 때문이다. 그와 같은 지역 바깥에서는 소규모 천수(강수)농업밖에 없었다. 사람들은 기존의 수렵채집생활을 전면적으로 폐기하지 않았다. 일반적으로 강수농업의 경우, 수렵채집의 연속성이 존재한다. 그것은 거기에 씨족공동체의 호수원리가 남아있다는 말이기도 하다. 그러므로 농경이 발달한다고 해도 그것은 집권적 국가형성에 저항한다. 다른 한편으로 강수농업의 경우, 토지의 사유화가 진행된다. 토지개발이 국가에 의한 대규모의 것이 아니라 개인(세대)에 의한 소규모의 것으로서 이루어지기 때문이다. 그렇기 때문에 토지 전체는 공동체의 소유라고 해도 토지를 개척한 개인이 그 '사용권'을 지속적으로 가지게 된다. 그것이 사유재산이다.

물론 그 경우에도 공동체적 소유 및 그것과 관련되는 호수원리가 남아있다는 점을 잊어서는 안 된다.

고대그리스의 사회를 볼 때, 이상과 같은 조건을 염두에 둘 필요가 있다. 그들이 정주한 것은 지중해연안이다. 그곳은 곡물생산이 부족하고 목축이나 올리브나 와인 생산밖에 없었다. 따라서 스파르타를 예외로 하면, 그리스인은 주로 행상을 통한 교역에 의존했다. 하지만 그리스의 특이성을 그와 같은 조건만으로 설명할 수는 없다. 예를 들어, 그리스에는 다수의 도시국가가 있었지만, 그것은 특이한 현상이 아니었다. 오리엔트의 전제국가도 다수의 도시국가와 그들 사이의 항쟁에서 생겨난 것이다. 그리스에서도 선행하는 미케네나 크레타문명은 그처럼 형성되었을 것이다. 그것들은 소규모였지만 이집트나 메소포타미아의 국가와 닮아 있었다. 그리고 그것이 오히려 통상적인 발전코스였다고 해도 좋다.

그런데 미케네국가가 멸망한 후 남하한 그리스인은 그와 같은 전제국가에의 길을 걷지 않았다. 그들은 다수의 자율적인 폴리스를 만들었다. 왜일까. 그것은 그들이 어떤 의미에서 후진적이었기 때문은 아니다. 통상 부족사회는 고도의 문명을 거부하든가, 그렇지 않고 받아들이면, 오리엔트적인 국가의 방향으로 나아간다. 그리스인은 그렇게 하지 않고, 다수의 자율적인 폴리스를 형성하기에 이르렀다. 이 수수께끼를 설명하는 것은 기원전 10세기부터 8세기까지 계속된 활발한 식민활동이다.

그들의 경우, 식민자가 형성하는 공동체는 그 이전의 씨족이나 폴리스로부터 독립되어 있었다. 그리하여 식민자들이 세운 수천 개의 폴리스가 형성되기에 이르렀던 것이다. 하지만 이와 같은 식민은 특별히 유니크한 것이었다고 말할 수는 없다. 그것은 씨족사회와 공통되는 것이다. 모건은 씨족사회에 관해 다음과 같이 서술했다. "촌락 인구가 과잉에 이르면, 이민단이 같은 하류(河流)를 오르거나 내려가 새로운 마을을 창설했다.

이것이 간간히 반복되자 이와 같은 촌락이 여러 개 발생했다. 각 촌락은 각기 독립된 자치집단이었지만, 상호의 방위를 위해 하나의 연맹이나 연합체로 결합했다."[1] 마찬가지로 그리스의 폴리스는 서로 전쟁을 하면서 느슨한 연합체를 형성하고 있었다. 그것은 올림피아의 경기대회로 상징되었다.

이렇게 보면, 그리스의 특성은 씨족사회적인 것의 잔존으로서 설명할 수 있는 것처럼 보인다. 하지만 동시에 다음과 같은 점에 주의해야 한다. 식민자들이 형성한 폴리스는 씨족사회적인 것의 연장이 아니라 그 부정에 의해 생겼다는 점이다. 폴리스는 오로지 각자의 자발적인 선택과 맹약에 의해 형성되었다. 따라서 폴리스의 원리는 아테네나 스파르타처럼 씨족공동체의 연장으로서 존재한 도시국가가 아니라 오로지 식민자에 의해 형성된 밀레토스 등의 이오니아 도시들, 그리고 그로부터 식민을 당한 도시들에서 확립된 것이다. 폴리스가 씨족사회적으로 보인다면, 그것이 잔존해 있었기 때문이 아니라 고차원적으로 '회복'되었기 때문이다.[3]

고대그리스라고 하면, 일반적으로 아테네가 중심으로 간주된다. 하지만 그리스문명을 진정으로 유니크하게 만든 것은 아테네가 아니라 이오니아 도시들이다. 해외교역의 거점이 된 이오니아의 도시들에서는 상공업이 발전했다. 거기서 이집트, 메소포타미아, 인도 등 아시아 전역의 과학지식, 종교, 사상이 집적되었다. 하지만 그들이 결코 받아들이지 않았던 것이 아시아적 전제국가에서 발전한 시스템, 즉 관료제, 상비군 내지 용병이다. 통화의 주조를 개시한 이오니아인들은 아시아의 전제국

. . .

1_ モルガン, 『古代社會』(上卷), 青山道夫 訳, 岩波文庫, 1958, 150頁(모건, 『고대사회』, 정동호/최달곤 옮김, 문화문고, 2000, 128쪽).

가처럼 국가관료에 의한 가격통제를 하지 않고 그것을 시장에 맡겼다. 가격의 결정을 관료가 아니라 시장에 맡긴 것은 알파벳의 개량과 나란히 그리스 민주정을 초래한 요인으로 이야기된다.4) 하지만 그것들은 모두 이오니아에서 개시된 것이다.

호메로스의 서사시가 씌어지고 보급된 것도 이오니아에서이다. 또 여기서 탈레스 등의 철학자가 배출된 것은 잘 알려져 있다. 하지만 일반적으로 그것들은 아테네에서 본격적으로 실현되는 그리스문명의 초기적 단계로 생각되고 있다. 하지만 그렇지 않다. 나중에 서술하겠지만, 이오니아계의 사상가가 가지고 있었던 풍부한 가능성은 오히려 아테네에서 닫히게 되었다. 정치적으로도 같은 것을 말할 수 있다. 일반적으로 민주정은 아테네에서 시작되고, 다른 폴리스로 확대된 것으로 간주되고 있지만, 그것은 본래 이오니아에서 시작된 원리에 기초하고 있다. 그리고 그것은 민주주의가 아니라 이소노미아라고 불리고 있다. 그것에 관해 한나 아렌트는 다음과 같이 서술하고 있다.

> 정치현상으로서의 자유는 그리스 도시국가의 출현과 함께 생겨났다. 헤로도토스 이래 그것은 시민이 지배자와 피지배자로 분화되지 않고 무지배(no rule)관계 하에서 집단생활을 하는 정치조직의 한 형태를 의미했다. 이 무지배라는 관념은 이소노미아(isonomia)라는 단어로 표현되었다. 고대인들이 서술하고 있는 것에 따르면, 여러 가지 통치형태 속에서 이 이소노미아의 두드러진 성격은 지배의 관념(군주정monarchy이나 과두정oligarchy의 ἄρχειν— 통치하다— 에서 온 '-archy'나 민주정democracy의 κρατεῖν— 지배하다— 에서 온 '-cracy')이 완전히 결여되어 있다는 점에 있었다. 도시국가는 민주정이 아니라 이소노미아라고 생각되었다. '민주정'이라는 말은 당시

도 다수지배, 다수자의 지배를 의미하고 있었지만, 원래는 이소노미아에 반대했던 사람들이 만든 말이었다. "여러분이 말하는 '무지배'란 실제로는 다른 종류의 지배관계에 지나지 않는다. 그것은 최악의 통치형태, 즉 민중(데모스)에 의한 지배이다." 즉 토크빌의 통찰에 따라 우리가 자주 자유에 대한 위협이라고 생각되는 평등은 원래 자유와 거의 같은 것이었다.5)

아렌트는 이 이소노미아라는 원리가 그리스 일반에 존재한다고 생각했던 것 같다. 하지만 내가 생각하기에 그것은 이오니아에서 시작되고 다른 폴리스로 확대된 것이다. 그것이 아테네와 같은 지역에서 받아들여졌을 때, 데모크라시라는 형태를 취했다. 이소노미아라는 원리는 식민자에 의해 형성된 이오니아 도시들에서 발견된다. 왜냐하면 거기서는 식민자들이 그때까지의 씨족·부족적인 전통을 한번 단절시키고 그때까지의 구속이나 특권을 방기해야 새로운 맹약공동체를 창설할 수 있었기 때문이다. 그에 비하면, 아테네나 스파르타와 같은 폴리스는 기존의 부족(맹약)연합체로서 생긴 것이기 때문에, 기존의 씨족전통을 농후하게 유지한 채로였다. 그것이 폴리스 안에 불평등이나 계급대립으로서 남았던 것이다.6)

아테네에서 민주주의는 다수자인 빈곤자가 소수의 부유계급을 억누르고 재분배에 의해 평등을 실현하는 것이다. 하지만 이소노미아란 아렌트가 말하는 것처럼 자유가 평등인 원리이다. 이것은 사회가 자유=유동적인 상태에서 가능하다. 예를 들어, 만약 어떤 폴리스 안에 불평등이나 전제가 있다면, 사람들은 다른 곳으로 이동하면 된다. 이소노미아는 근본적으로 유동성을 전제로 하고 있다. 그런 의미에서 이소노미아는 씨족사회의 구속을 부정함과 동시에 거기에 존재한 유동성을 회복하는 것이었다. 예를 들어, 그것은 씨족사회를 고차원적으로 회복하는 것이다.

다음으로 이와 관련된 것인데, 이오니아 사람들의 유동성은 그들이 광범위한 교역이나 공업생산에 종사했다는 것에 의해 나타나고 있다. 바꿔 말해, 이오니아에서 교환양식C가 우월한 사회가 처음으로 실현된 것이다. 거기에서는 아테네나 스파르타와 달리 씨족공동체의 폐쇄성을 부정하는 사회가 존재했다. 따라서 이소노미아의 원리는 그와 같은 교환양식C 위에 교환양식A를 고차원적으로 회복하는 것, 즉 교환양식D의 실현이라고 해도 좋다. 예를 들어, 아렌트는 이소노미아의 현대판을 '평의회' 코뮤니즘에서 발견하고 있다.7) 그런 의미에서 아테네의 데모크라시가 현대의 부르주아 민주주의(의회제 민주주의)와 연결되고 있다고 한다면, 이오니아의 이소노미아는 그것을 넘어서는 시스템에의 열쇠가 됨이 분명하다.

하지만 이오니아의 이소노미아는 붕괴되었다. 그것은 이웃나라인 리디아나 페르시아에 의해 정복되었기 때문이다. 그들은 반란을 일으켰지만, 붕괴될 수밖에 없었다. 그 결과로 일어난 페르시아전쟁에서 그리스 측이 승리했기 때문에 이오니아 도시들은 독립을 했음에도 불구하고 원래대로 돌아가지는 못했다. 정치적·경제적으로 모든 중심이 아테네로 이동했던 것이다. 이오니아의 폴리스가 궤멸된 것은 그것을 방위하는 군사력을 가지고 있지 않았기 때문이다. 하지만 이오니아 도시들의 위대함은 오히려 군사력을 우위에 두지 않았다는 데에 있다. 어쩌면 이소노미아의 원리는 민주주의와 달리 국가와 군사력을 우월하게 여기는 사고와는 양립하지 않는 것이다.

한편 아테네도 스파르타도 이오니아 도시들과 달리 전사=농민 공동체였다. 그리고 그 같은 태도를 근본적으로 버리지 않았다. 그곳에도 화폐경제가 침투해 있었지만, 그들 자신은 상공업에 종사하지 않았다.

화폐경제의 침투는 많은 폴리스를 뒤흔들었다. 아테네도 스파르타도 그것이 심각한 계급분해를 초래했기 때문이다. 많은 시민이 채무노예로 전락했다는 것은 자기부담무장이라는 개병제를 취하고 있던 폴리스에게는 곧바로 군사적 위기를 의미했다. 따라서 폴리스 존속을 위해 사회적 개혁이 불가피하다고 간주되었다.

이 경우 스파르타가 취한 방식은 아테네와는 대조적이었다. 그것은 모든 교역, 그리고 화폐경제를 폐지하는 것이었다. 하지만 그것은 그들이 인근의 메세니아인을 정복하여 노예(helot)로 삼고, 그 지역이 비옥한 농업지대여서 굳이 교역을 필요로 하지 않았기 때문에 가능했다. 하지만 그로 인해 스파르타인은 끊임없이 헬롯의 반란에 대비하고, 전사공동체를 강고히 할 필요가 있었다. 그로부터 스파르타적인 코뮤니즘이 생겨났다.

한편 아테네에서는 교역이나 화폐경제의 폐지는 불가능했다. 따라서 그것을 받아들이면서 계급문제를 해결할 수밖에 없었다. 그것이 데모크라시이다. 아테네의 데모크라시는 무엇보다도 국가를 유지하기 위해 필요한 것이었다. 아테네에서는 시민의 개병제라는 원칙이 존재했다. 특히 기원전 7세기에 채용된 중장보병에 의한 밀집전법은 기존의 귀족이 기마를 타고 평민이 보병이었던 것과는 완전히 달랐다. 이 전법이 아테네에서의 민주화를 촉진시켰다. 그리고 페르시아전쟁에서 페르시아 측에서는 노예가 군함의 조수(漕手)였던 데에 반해, 그리스측은 스스로 무장을 조달할 수 없는 가난한 시민이 조수가 되었다. 그리고 전쟁의 승리는 이런 시민들의 정치적 지위를 점점 높였다.

자세히 말하면, 아테네 민주화의 제1보는 솔론의 개혁(기원전 594년)이다. 그것은 중장보병으로 무구를 스스로 조달할 수 있는 재산을 가진 자에게 참정권을 주었다. 그리고 재산이 없는 시민을 구제하는 채무

탕감과 채무노예 폐지 등의 수단을 강구했다. 그 후 귀족 중에서 대중의 갈채와 함께 등장한 것이 참주이다. 참주, 특히 페이시스트라토스와 같은 참주는 귀족층으로부터 권력을 빼앗아 가난한 시민을 구제하려고 했다. 그런 의미에서 참주는 민주화의 결과라고 해도 좋다. 하지만 아테네의 데모크라시는 어디까지나 참주를 부정하고 참주의 출현을 저지하는 데에 존재한다. 그것은 대표(대행)되는 것, 또는 대표제를 인정하지 않는 것이다. 그것은 동시에 관료제의 거부이다. 그들은 권력을 가진 공무의 포지션을 윤번제나 추첨으로 하고, 또 권력의 자리에 있던 자를 사후적으로 탄핵재판에 회부했다.[8]

엄밀한 의미에서 데모크라시라는 단어는 페이시스트라토스의 사후, 뒤를 이은 참주가 추방된 후에 이루어진 클레이스테네스의 개혁(기원전 508년)에 의해 초래되었다. 그것은 먼저 귀족의 권력기반이 되었던 낡은 부족제도를 폐지하고, 지역별로 새로운 부족을 창설하는 데에 있었다. 이때 지연적인 성격을 가진 '데모스'가 출현했다. 이 데모스에 의한 지배가 바로 데모크라시다. 그것은 혈연적 관념으로서의 씨족사회를 부정하는 한편, 호수원리로서의 씨족사회를 회복하는 것을 의미했다.

이런 의미에서 데모스는 '상상의 공동체'(앤더슨)로서 근대의 네이션과 닮아있다. 아테네의 데모크라시는 그와 같은 내셔널리즘과 분리할 수 없다. 이오니아 도시들에 존재했던 이소노미아는 그것과는 근본적으로 다르다. 전자가 폴리스의 배타적인 부족의식에 근거하고 있는 데에 반해, 후자는 부족이나 폴리스를 넘어선 세계에 성립한 것이다. 아테네에서 외국인은 아무리 부유하더라도 토지를 가지지 못하고 시민도 될 수 없었다. 그들은 법적으로 보호되지 않았지만, 많은 세금이 부과되었다. 또 아테네의 시민은 명분은 농민이지만, 실제로는 농업에 종사하지 않았다. 전쟁에 가기 위해 또 국정에 참가하기 위해 노동은 노예에게 맡겼다. 토지가 있어도 노예가 없는 자는 시민의 의무를 다할 수 없었다. 시민이기 위해서는 노예가 필요했다. 그러므로 데모크라시의 발전이 더욱더 노예를 필요로 했다. 이오니아 시민과 대조적으로 아테네의 시민은 손으로 하는 일을 노예의 일로서 경멸했다. 이런 차이는 이오니아 자연철학과 플라톤이나 아리스토텔레스에서 시작하는 철학의 차이로서 현저하게 나타난다.

이오니아에서는 자연철학자만이 아니라 의사 히포크라테스나 역사가 헤로도토스 등이 배출되었다. 플라톤이나 아리스토텔레스는 이오니아의 자연철학자는 그저 외적인 자연에 대해서 생각했을 뿐이고, 윤리나 자기라는 문제에 대해서 생각하게 된 것은 소크라테스부터라고 말한다. 하지만 그리스인 이외의 외국인(바빌로니아)은 노예가 되는 쪽이 어울린다고 생각한 아리스토텔레스와 비교하여, 히포크라테스나 헤로도토스가 윤리적이 아니라고 말하는 것은 도저히 불가능하다.9) 이오니아의 철학자는 폴리스라기보다도 코스모폴리스의 공간에서 생각했다. 그리고 그들 사고의 근저에 이소노미아의 원리가 존재했다. 아테네에서는 이오니아에서 온 철학자들이 폴리스의 사회질서를 파괴하는 사상을 가져오는 소피스트로 간주되었다.

더욱이 아테네의 철학에 관해 말하자면, 소크라테스는 플라톤이 만들어낸 인물과 상당히 다르다. 소크라테스는 확실히 데모크라시에 대해 비판적이었지만, 플라톤처럼 귀족파의 입장에서 그런 것이 아니었다. 소크라테스에 관해서 주목해야 할 것은 그가 다이몬이 알려주었다고 하는 이하와 같은 지령을 일관되게 실행했다는 점이다. "진정으로 정의를 위해 싸우려고 하는 사람이 그러고도 잠깐이나마 몸을 지키려고 한다면, 사인(私人, idios)으로서 있는 것이 필요하며 공인(公人, dēmosios)으로서 행동해서는 안 된다."2 이러한 행동은 아테네에서 일반적으로 승인되고 있던 가치, 즉 공인으로서 활약하고 정치적 지도자가 되는 것을 부정하는 것이다. 아테네에서 외국인, 노예, 여성은 '공인'이 될 수 없었다. 그것이 아테네의 데모크라시인 것이다. 그에 반해 소크라테스는 어디까지나 '사인'에 머물며 '정의를 위해 싸웠던' 것이다. 그런 의미에서 그의 입장은 이소노미아의 원리에 있었다고 말할 수 있다. 그는 플라톤이 말하는 철학자=왕의 관념과는 무관했다. 소크라테스를 이어받은 제자는 플라톤이 아니라 오히려 견유학파 디오게네스로 대표되는 외국인들이었다. 그리고 후자는 폴리스가 멸망한 후의 코스모폴리스 철학을 가져왔다.

요컨대 아테네의 데모크라시는 닫힌 공동체에 의해 성립한 원리이다. 그러므로 그 난점은 특히 대외관계에서 나타난다. 아테네는 우월한 해군력에 의해 지중해의 경제적인 중심으로서 발전했지만, 폴리스의 배외적인 원리로 인해 그 지배권을 확대하는 데에는 실패했다. 예를 들어, 아테네는 페르시아제국에 대항하여 상호 자치권을 침해하지 않는다는 약속을 통해 다른 폴리스와 델로스동맹을 맺었지만, 차츰 다른 폴리스로부터 공납금을 수탈하게 되고, 군사적으로도 지휘 아래에 두게되었다. 그 때문에 델로스동맹은 사실상 아테네의 제국이 되었다. 하지만 그것은 '제국'의 원리를 가지고 있지 않았다. 폴리스의 배외적인 민주주의는 다수의 국가나 공동체를 포섭하는 제국의 원리가 될 수 없었기 때문이다.

아렌트는 네이션=스테이트에는 '제국'의 원리가 존재하지 않기 때문에, 그것을 확장하면 '제국주의'가 될 수밖에 없다고 서술했다.[10] 이 지적은 아테네에도 해당된다. 예를 들어, 페리클레스는 아테네 시민의

• • •
2_ 플라톤, 「소크라테스의 변론」, 『플라톤의 네 편의 대화』, 박종현 옮김, 서광사, 2003, 154쪽.

경제적 평등이나 복지를 배려한 정치가로 알려져 있는데, 그것은 델로스 동맹으로 다른 폴리스로부터 얻은 돈을 아테네 시민에게 재분배한 것이었다. 바깥에 대해서는 제국주의적 수탈, 내부에 대해서는 민주주의와 복지정책이 아테네의 민주주의이고, 그 때문에 오늘날 국가의 범례가 될 수 있는 것이다. 하지만 그 결과 아테네는 다른 폴리스의 반발을 불러일으켰고, 그들을 대표한 스파르타와의 펠로폰네소스전쟁에서 패하여 몰락했다. 물론 스파르타도 제국의 원리를 가지고 있지 않았다. 그리스문명에 의해 제국이 실현된 것은 그리스의 모든 폴리스를 멸망시킨 알렉산더대왕(기원전 384-322)에 의해서이다. 하지만 이 제국은 아시아에 그리스화(헬레니즘)를 초래했지만, 역으로 이집트나 페르시아 제국을 이어받게 되었다. 예를 들어, 알렉산더대왕은 파라오와 마찬가지로 자신을 신으로 간주하기에 이르렀다.

4. 로마

로마는 그리스보다 늦게 두각을 나타낸 도시국가이다. 그렇기 때문에 그리스의 도시국가와 유사한 면이 있다. 로마인은 중장보병의 밀집전법을 시작으로 그리스의 선례를 보고 배우려고 했기 때문에 더욱 그렇다 하겠다. 하지만 유사성 때문에 이들의 차이 또한 두드러진다고 할 수 있다.

첫째로 아테네가 철저한 민주주의에 도달한 데에 반해, 로마에서는 그것이 철저하지 못했다. 도시국가 로마도 초기 그리스와 마찬가지로 왕정에서 귀족정으로의 이행이 일어났다. 즉 기원전 509년에 유력한 수장(귀족)들이 왕을 추방하여 귀족정이 실현되었다. 귀족(patrici)은 다수의 비호민(庇護民, clientes)과 노예를 거느린 일종의 '봉건'제후였다. 그리고 귀족출신의 종신의원으로 구성된 원로원이 실권을 잡았다. 귀족정과 중소농민으로 이루어진 평민(plebs)이 대립했다. 기원전 494년 귀족들은 평민의 대항에 양보하고 평민만의 민회와 호민관의 설치를 인정했다. 귀족이 양보한 것은 군사적인 이유 때문이다. 그들에게는 중장보병의 전력이 필요했다. 중장보병은 자기부담이기 때문에 중소농민의 경제적 기반의 확립이 불가결했다. 그 때문에 폴리스 안의 계급분해를 방치할 수는 없었다.

이와 같은 과정은 아테네의 귀족정이 민주정에 도달하는 과정과 유사성이 있다. 하지만 로마에서는 아테네처럼 참주를 통해 귀족정을 타도하는 일이 일어나지 않았다. 평민 중에서 새로운 귀족(Nobiles)이 출현하여 구귀족과 결탁했기 때문이다. 그들은 조세징수청부나 토목사업 등에서 부를 축적하고 노예제에 의한 대농장(latifundia)을 가지게 되었고, 다른 한편 소농민은 몰락하여 프롤레타리아(토지를 잃은 시민)가 되었다.

로마 시민 안의 이런 계급적 분해는 억제되지 않았다. 예를 들어, 그것을 해결하려고 한 호민관 그라쿠스형제는 대토지소유를 몰수하여 무산자에게 분배하는 토지개혁을 진행시켰지만, 좌절하고 무참히 살해당했다. 아리스토텔레스는 데모크라시를 빈자가 우월한 정체(政體)라고 서술했지만, 그런 의미에서 민주화의 가능성이 부족했던 로마에서 계급문제의 해결은 안이 아니라 바깥으로 향하는 것으로 이루어졌다. 즉 정복전쟁을 통해 프롤레타리아에 토지·노예·부를 배분하려고 했던 것이다. 하지만 그것이 해결책이 되지는 않았다. 전쟁은 역으로 빈부의 차를 가져왔기 때문이다. 하지만 그것을 해결하기 위해 점점 더 정복전쟁이 필요하게 되었다.

도시국가 로마의 긴급사태에 대처하는 특권적 지위가 consul(집정관)

이다. 이 집정관은 독재자의 출현을 피하기 위해 복수로 임명되었는데, 궁극적으로 여기서 '황제'가 출현하게 된다. 예를 들어, 로마가 정복전쟁에서 연이어 패배한 후, 마리우스가 집정관에 선출되었다. 그는 새로운 병제를 만들고 무산시민 출신 지원병으로 군을 편성했으며, 퇴역병에게 토지를 배당하고 식민지를 주었다. 그 후 술라, 폼페이우스, 카이사르가 뒤를 이었다. 황제는 이로부터 나온 것이다.

하지만 로마인은 사실상 폴리스의 원리를 방기하고 있었음에도 불구하고, 계속 그것을 유지하는 형식을 취했다. 예를 들어, 황제(아우구스티누스)가 출현해도 로마원로원에 종속되는 형태를 취했다. 그러므로 로마의 황제는 '공화정과 전제지배의 통합'이라고 이야기된다. 실제 제정이 되어도 황제지배와 원로원지배라는 이중시스템이 남아 있었기에 황제들은 말하자면 '빵과 서커스'를 통해 시민의 지지를 얻기 위해 노력해야 했다. 하지만 특히 황제 크라우티우스 이후는 관료조직이 정비되고 황제의 신격화가 진행되었다.

둘째로 로마가 아테네와 다른 점은 다음과 같다. 그리스에서 시민권은 극도로 한정되어 있어서 여러 세대에 걸쳐 거주하는 외국인도 식민지의 그리스인도 시민권을 얻을 수 없었다. 해방노예도 매우 적었다. 그와 같은 배타적 결합의 결과, 그리스의 폴리스는 다른 공동체를 병합흡수하기 위한 방법을 가지고 있지 않았다. 그에 반해 로마에서는 다른 공동체에 보다 유연하게 대응함으로써 세계제국을 구축해 갔다. 로마제국이 단순히 군사적인 정복만이 아니라 폴리스의 확장이라는 형태로 형성된 것에 주의해야 한다. 로마는 먼저 이탈리아반도의 폴리스에 시민권을 주고, 정복한 지역의 유력자를 시민으로 삼았다. 그것은 피정복지의 대우에 차별을 만들어 그들의 단결이나 반항을 막는 '분할통치'의 방법이기도 했다.

이처럼 로마제국의 통치는 '법의 지배'에 의해 다수의 민족을 통치하는 방법이고, 이것이 페르시아제국과의 차이라고 이야기된다. 하지만 현실적으로 로마제국은 아시아의 제국 공통의 부역공납(Leiturgie)국가를 완성시킨 것이다. 그리스에 의해 열린 세계=경제는 로마제국 후기에 닫혔다.

5. 봉건제

a. 게르만적 봉건제와 자유도시

그리스인이나 로마인이 아시아에 대해 아주변이라는 위치관계에 있었을 때, 게르만인은 말하자면 '권외'에 있었다. 하지만 그리스나 로마가 세계=제국으로 바뀐 시기에 게르만인은 '권외'에서 '아주변'의 위치로 이행했다고 해도 좋다. 즉 그들은 로마문명을 받아들이면서 동시에 로마제국의 정치시스템을 거부한 것이다. 실제 그들은 서로마제국을 멸망시켰다.

하지만 로마제국이 멸망하고 그것이 게르만(유럽)에 계승되었다는 것은 이상하다. 로마제국은 동로마제국(비잔틴)으로서 존속했기 때문이다. 그리고 로마제국은 실질적으로 이슬람제국에 의해 계승되었다. 한편 게르만인은 세계=제국을 이어받기는커녕 그것을 해체해버렸다. 그것이 '암흑시대'라고 불리는 것이다. 물론 서로마제국을 계승한 황제(신성로마제국)의 권위, 그리고 로마교회가 이 지역을 문화적·이데올로기적으로 통합하는 원리로서 기능하고 있었다. 하지만 거기에 정치적·군사적으로 통합하는 집권적 국가는 성립하지 않았다. 그 대신에 봉건적인 국가들이 분립하고 수많은 자유도시가 생겨났다. 그것이 바로 세계=경제이고, 이로부터 자본주의경제가 생겨났다.

그리스나 로마가 동양적 제국의 아주변에서 성립했다고 한다면, 소위 봉건제(봉건적 사회구성체)는 로마제국의 아주변, 즉 게르만의 부족사회에서 성립했다고 말할 수 있다. 이것은 지배계급의 공동체와 피지배계급의 공동체 양쪽에서 볼 필요가 있다. 먼저 지배자의 레벨에서 보면, 봉건제는 주군과 가신의 쌍무적인 계약관계에 의해 성립하고 있다. 주군은 가신에게 봉토를 주거나 가신을 부양한다. 그리고 가신은 주군에게 충성과 군사적 보답으로 답한다. 이 관계는 쌍무적이기 때문에 주인이 의무를 다하지 않을 때, 가신관계는 파기되어도 상관없었다.

베버는 봉건제에 대해 다양한 타입을 들고 있는데, 그 가운데에서 게르만적 봉건제의 특질은 레엔(Lehen)봉건제(인적 성실관계와 레엔이 결합되어 있는)에 존재한다.[11] 그리고 베버는 이런 인적 성실관계에 근거하지만, 장원 영주권 수여를 수반하지 않은 타입의 봉건제로 일본에 존재했던 '종사제(從士制)적 봉건제'를 들고 있다. 인적 성실관계를 뒷받침하는 봉건제의 특징은 지배자계층에 호수성의 원리가 남아있다는 데에 있다. 이와 같은 호수성의 원리는 주군의 전제권력을 인정하지 않는다. 국왕이 있어도 영주 중의 일인자라는 정도로서, 절대적 권력을 가지고 있지 않았다. 이것은 씨족사회에서의 수장, 또는 초기 그리스 왕의 입장과 유사하다. 그런 의미에서 게르만사회에는 씨족적 공동체의 전통이 남아 있었다고 말할 수 있을 것이다.

그러나 일반적으로 봉건제는 농노제와 결부되어 있다. 즉 피지배자를 부역공납에 의해 지배하는 시스템의 하나로 간주된다. 따라서 사미르 아민은 봉건제를 공납제의 특수형태로서 간주한다. 하지만 봉건제에서는 지배자 간에 호수성이 존재하는 데에 반해, 아시아적 공납제에서는 그것이 존재하지 않는다. 뿐만 아니라 봉건제에서는 지배자와 피지배자 사이에도 지배자 간에 존재하는 호수성이 기본적으로 존재한다. 그런 의미에서 봉건제에서의 농노제는 아시아적 공납제(전반적 예종제)와는 다르다. 후자에서 국가(왕권)는 농민공동체를 지배했지만, 그 내부는 관여하지 않았다. 부역공납이 부과되는 것을 제외하면, 농민공동체는 자치적이었다.

그에 비해 게르만적 공동체의 농노제는 토지를 보유한 개개의 자영농민이 영주와 '공포에 의해 강요된 계약' 즉 보호 · 보증과 부역 · 공납의 교환이라는 관계를 통해 성립하고 있다. 예를 들어, 영국에서는 14세기까지 부역 · 공납이 금납(金納)으로 되고, 농민의 봉건적 의무의 화폐지대로의 변화가 일반화되었다. 그것에 의해 농민의 토지보유권은 단순한 차지권(借地權)이 되었다. 그와 같은 농민은 독립자영농민(yeomanry)이라고 불린다. 하지만 이와 같은 변화는 애초에 영주와 농노의 관계가 쌍무적 · 계약적이고, 상호의 소유권이 명료했기 때문에 일어날 수 있었다.

물론 유럽의 농민도 공동체를 형성하고 있었다. 삼포제(三圃制) 등의 공동체규제가 있었고, 또 공동지(共同地 common)가 있었다. 하지만 그와 같은 공동체규제는 농업생산의 성질상 필요했기 때문이고, 영주에 의해 지휘된 것이었다. 더욱이 공동지는 영주의 소유물이었다. 그러므로 게르만 공동체는 소유권이 애매한 채로 있었던 아시아적 공동체나, 사유지는 각호에 분할소유가 되었지만 공유지가 권력자에 의해 마음대로 이용되었던 고전고대의 공동체와는 기본적으로 달랐다. 예를 들어, 영국에서는 영주가 양모생산을 위해 공유지를 목초지로 바꾸려고 했다. 그것은 '울타리치기'(인클로저)라고 불린다. 하지만 이것이 가능했던 것도 토지의 소유권이 명확했기 때문이다. 게르만적 공동체가 화폐경제의 침투와 더불어 간단히 해체되고 생산수단(토지)을 가진 자와 갖지 못한 자(프롤레타리아)로 분해된 이유도 여기에 있다.

그리고 서유럽의 봉건제에서 특필할 것은 자유도시(공동체)이다. 그것은 영주-농노관계에서 나온 사람들이 만든 호수적 계약에 기반을 둔 공동체이다. 이와 같은 자유도시를 가능하게 한 것은 봉건제이다. 바꿔 말해, 제국의 연약함이다. 아시아적 제국에도 거대한 도시는 있었지만, 그것은 국가에 종속된 것이었다. 역으로 유럽에서는 국가가 약하다는 점이 자유도시를 가능하게 했다고 해도 과언이 아니다. 로마제국의 붕괴 이후 아시아적 제국이 된 동로마제국(비잔틴)에서는 황제가 교황이었고 자유도시는 발전하지 않았다. 한편 서로마제국에서는 소국가(봉건국가)가 분립하여 황제는 명목상의 존재에 지나지 않았다. 그렇기 때문에 로마교회가 황제나 봉건제후에 대해 우월한 존재였다.[12] 서유럽에 '자유도시'가 성립한 것은 그 세 가지가 서로 얽힌 경합 속에서 도시가 교황 측에 붙음으로써 다양한 특권을 얻었기 때문이다.

예를 들어, 유럽 남부에서 피렌체가 1115년 코무네(comune, 자유로운 도시국가)인 것을 선언했다. 그것을 뒷받침한 것은 모직물업 등의 상공업자 길드(동업조합)이다. 유럽 북부에서는 1112년 쾰른 대사교(大司敎)가 새로운 성벽 내의 모든 주민이 시민으로 참가하는 '자유를 위한 서약공동체의 결성'을 공인했다. 이것이 자유도시(코뮌)의 법적인 성립이다. 그 기반은 상공업자의 길드였다. 자유도시의 성립에 의해 상공업자는 하나의 신분, 부르주아(Bürger)로서 등장했다. 이처럼 서유럽에 3천개 이상의 자유도시가 성립하고, 그것을 거점으로 종교개혁이나 부르주아혁명이 일어났다.

자유도시는 상품교환양식의 원리에 근거하여 형성되었지만, 그것은 동시에 '서약공동체'였다. 거기에는 한편으로 자본주의적 이익을 추구하는 드라이브(drive)가 있었고, 다른 한편으로 그것이 가져오는 경제적 격차에 대해 상호부조적인 공동체(코뮌)를 회복하려고 하는 드라이브가 대항적으로 존재했다. 따라서 도시는 파리코뮌에 이르기까지 자본주의를 넘어서는 운동(코뮤니즘)의 모체이기도 했다.

봉건제란 한마디로 말해 누구도 절대적 우위에 설 수 없는 다원적 상태이다. 왕, 귀족, 교회, 도시가 끊임없이 대립하고 연합했다. 따라서 봉건제는 항상 전쟁상태로서 존재했다. 인류학자 클라스트르는 미개사회의 항상적 전쟁을 국가형성을 저지하는 것으로 파악했는데, 그것은 오히려 이 케이스에 적합하다. 왕이나 제후들의 전쟁에 의한 분산화·다중심화가 통일적인 국가형성을 방해했다. 그로부터 왕이 절대적 주권을 잡은 것이 15, 16세기의 절대주의 왕권국가이다. 왕은 나란히 존재했던 봉건제후를 제압하고, 상비군과 관료기구를 확립했다. 이것은 어떤 의미에서 이미 동양적 전제국가에 존재했던 것을 실현하는 것이었다. 하지만 절대주의왕권이 동양적 전제국가와 다른 점은 상품교환(교환양식C)을 억제하기는커녕 그 우위를 확보하고 촉진함으로써 성립했다는 것이다. 그것이 결국 부르주아혁명에 이르는 것은 당연하다 하겠다.

b. 아주변으로서의 봉건제

앞서 서술한 것처럼 그리스나 로마가 동양적 제국의 아주변에서 성립했다고 한다면, 소위 봉건제(봉건적 사회구성체)는 로마제국의 아주변 즉 게르만의 부족사회에서 성립한 것이라고 말할 수 있다. 그렇게 보면, 마르크스가 '아시아적', '고전고대적', '봉건적'으로 구별한 것이 계기적인 단계가 아니라 세계제국이라는 공간에서 위치관계로서 보고 있다는 것을 알 수 있다.

봉건제는 그 이후 자본주의의 발전과 서유럽의 우위로 귀결되었기 때문에, 서유럽의 고유한 원리처럼 생각된다. 하지만 그리스나 로마의 특성이 이집트 등 오리엔트 제국의 아주변에 위치한 것에서 온 것처럼 서유럽의 봉건제도 로마제국, 그리고 이슬람제국의 아주변에서 생겨난 현상이라고 해도 좋다. 즉 이와 같은 특성은 '서구'(occident) 일반의 특징이 아니라 중핵, 주변, 아주변이라는 위치와 관계에 기반하고 있다고 해야 한다. 그것은 동아시아 일본의 봉건제를 예로 삼음으로써 명확해진 다.

마르크스도 베버도 일본에 봉건제가 성립한 것에 주목했다.13) 말할 것도 없이 이 경우의 봉건제는 인적 성실관계, 즉 주인과 가신 사이의 봉토-충성이라는 상호적 계약관계에 근거하는 체제를 의미한다. 아날학파의 마르크 블로크나 브로델도 이 사실에 주의를 기울였다. 하지만 내가 보기에는 왜 그것이 존재할 수 있었는지를 설득력 있게 설명할 수 있었던 것은 비트포겔뿐이다(『동양적 전제주의』). 한마디로 말해, 그는 일본의 봉건제를 중국제국에 대해 아주변에 위치했던 것에서 설명했다.

중국의 '주변'이었던 조선에서는 중국의 제도가 일찍부터 도입되어 있었지만, 섬나라 일본에서는 그것이 늦었다. 일본에 중국제도가 도입되어 율령제국가가 만들어진 것은 7세기에서 8세기에 걸쳐서이다. 하지만 그것은 모양뿐으로, 국가의 집권성은 약했다. 도입된 관료기구나 공지공민제(公地公民制)는 충분히 기능하지 않았다. 그와 같은 국가기구의 외부에서, 특히 도고쿠[東國]³지방에서 개간에 의한 토지의 사유화와 장원제가 진행되었다. 그곳에서 생겨난 전사=농민공동체에서 봉토-충성이라는 인격관계에 기초한 봉건제가 자라나 기존의 국가체제를 침식하기 시작했다. 그리고 13세기 이후 무가정권은 19세기 후반까지 이어졌다.

• • •
3_ 오늘날의 간토(關東) 지방을 가리킴.

그 사이 조선에서는 중국화가 점점 이루어져 10세기 고려 왕조에서는 과거(관료의 시험선발제도)가 채용되었다. 문관의 무관에 대한 압도적 우위가 확립되었다. 이후 관료제는 20세기까지 이어졌다. 하지만 일본에서는 모든 점에서 중국을 모범으로서 우러러 보았음에도 불구하고, 과거만큼은 한 번도 채용되지 않았다. 문관을 싫어하는 전사=농민공동체의 전통이 강하게 남아있었다. 그렇지만 고대의 천황제와 율령국가체제는 모양으로나마 남아서 계속 권위로서 기능했다. 그것은 봉건국가가 종래의 왕권을 일소하는 대신에 그것을 숭상함으로써 정통성을 확보했기 때문이다. 그것이 가능했던 것은 외부로부터의 정복자가 없었던 탓이기도 했다.

하지만 이처럼 기존의 권위를 이용하는 것은 봉건제적 요소를 억제하는 것이 된다. 즉 거기에 있던 쌍무적(호수적) 관계를 약하게 만든다. 마르크 블로크는 일본의 봉건제가 유럽의 그것과 유사함에도 불구하고, '권력을 구속할 수 있는 계약이라는 관념'이 희박한 이유를 다음과 같은 점에서 발견하고 있다. "일본에서는 서유럽의 봉건체제와 아주 비슷한 인적(人的)·토지적인 종속관계의 체계가 서유럽의 경우와 마찬가지로 그것보다 훨씬 오래된 왕국과 맞서서 조금씩 형성되기 시작했다. 하지만 일본에는 [국가와 봉건제라는] 두 가지 제도는 서로 침투하는 일 없이 공존하고 있었다."14)

16세기의 전국시대를 거쳐 패권을 잡은 도쿠가와 바쿠후는 조선 왕조로부터 주자학을 도입하여 집권적 관료체제를 만들려고 했다. 그리고 바쿠후의 정통성을 고대부터의 천황제국가가 가진 연속성 하에 위치지었다. 그러므로 도쿠가와시대에서 봉건제보다도 집권적인 국가의 측면이 강해졌다는 것은 확실하다.15) 하지만 사실상 봉건적인 체제와 문화가 유지되었다. 예를 들어, 무사에게는 '원수 갚음'의 권리와 의무가 주어졌다. 바꿔 말해, 국가의 법질서와는 별도로 주군과의 인격적 충성관계가 중요시되었다. 관료라기보다도 전사(사무라이)인 것에 가치가 놓여졌다. 다른 관점에서 말하면 이론적·체계적이기보다는 미적 또는 프래그머틱한 것에 가치가 놓였던 것이다.

하지만 이처럼 제국에서 발하는 문명을 선택적으로만 받아들인다는 것은 일본의 특징이라기보다도 아주변에 공통된 특징이다. 예를 들어, 같은 서유럽 중에서도 로마제국에 대한 관계라는 측면에서 보면, '주변'과 '아주변'의 차이가 존재한다. 프랑스나 독일이 로마제국 이래의 관념과 형식을 체계적으로 받아들이려고 한 '주변적' 경향이 있었던 데에 반해, 영국은 '아주변적'이어서 보다 유연하고 프래그머틱하고 비체계적이고 절충적인 태도를 취해왔다. 영국이 대륙으로는 향하지 않고 '해양제국'을 건설, 근대세계시스템(세계=경제)의 중심이 된 것은 그 때문이라고 말할 수 있을 것이다.16)

제4장 보편종교

1. 주술에서 종교로

지금까지 세 가지 교환양식과 그것들의 접합에 의해 성립한 사회구성
체에 대해 서술해왔는데, 마지막으로 서술할 네 번째 교환양식은 그것들
에 대항하는 것이다. 그것은 앞서 제시한 표에서 제4사분면인 D의 위치
에 존재한다. 그 특질은 다음과 같은 것이다. 이것은 교환양식B 즉 국가의
원리와는 대극적이다. 하지만 그것은 개개인이 공동체의 구속에서 해방
되어 있다는 점에서 시장적 사회, 즉 교환양식C와 닮아있으며, 동시에
시장경제의 경쟁이나 계급분해에 대하여 호수적(상호부조적)인 교환
──자본의 축적이 발생하지 않는 시장경제──을 지향한다는 점에서
공동체나 교환양식A와 닮아 있다. 이는 교환양식D가 제3사분면의 시장
경제(C)상에서 제1사분면의 호수적 공동체(A)를 회복하려고 하는 것임
을 의미한다. 이 경우 교환양식A는 회복되지만, 더 이상 개개인을 공동체
에 속박시킬 힘을 가지고 있지 않다. 그런 의미에서 교환양식C가 선행하
지 않는 한, D는 불가능하다고 말할 수 있다.

그리고 D가 다른 세 가지 교환양식과 다른 점은 이념이기에 현실적으로 존재하지 않는다는 것이다. 사실 그것은 역사적으로 보편종교(세계종교)라는 형태로 나타났다. 예를 들어, 베버는 종교의 발전을 주술로부터의 해방이라는 척도로 파악하고, 그것을 사회경제사적인 원인으로부터 설명했다. 즉 그는 종교의 발전을 '주술에서 종교로' 또는 '주술사에서 사제계급으로'의 변화에서 발견하고, 이것을 씨족사회에서 국가사회로의 이행으로 설명했던 것이다.[1] 그가 생각하기에 주술로부터의 탈각은 근대자본주의사회와 근대과학에 의해 실현된다. 하지만 나는 이와 같은 견해를 교환양식이라는 관점에서 다시 보고 싶다. 왜냐하면 종교는 그 자체가 교환양식에서 기인하고 있기 때문이다.

베버에게도 종교를 교환양식으로 보는 시점이 존재한다. 예를 들어, 그는 주술을 신에게 증여함으로써 신을 강제하는 행위라고 생각했다. 그리고 이것은 구제(救濟)종교에도 남아있다. "종교적 행위는 '신 예배'가 아니라 '신 강제'이고, 신에의 호소는 기도가 아니라 주문이다."

> 인격적인 주(主)로서의 신의 힘과 성격이 점점 명확히 관념화됨에 따라, 거기에 주술적이지 않은 동기도 점점 우세하게 된다. 신은 그 뜻대로 거부할 수도 있는 위대한 주가 되어, 어떤 주술적 강제를 수반하는 방책에 의해서가 아니라 그저 청원과 헌물에 의해서만 이 신에 가까이 가는 것이 허용된다. 하지만 이와 같은 주술적이지 않는 동기들이 순연한 '주술'에 대해 새롭게 부가되는 모든 것은 우선 주술 그 자체의 동기와 같은 정도로 명쾌하고 합리적인 요소이다. 즉 '받기 위해 준다(Du ut des)'는 것이 넓게 퍼져 있는 그 근본적 특질이다. 이와 같은 성격은 모든 시대와 모든 민족의 일상적 종교성 및 대중적 종교성만이 아니라 모든 종교에 갖추어져 있다. '차안적인'

외면적 재화를 피하고 '차안적인' 외면적 이익에 마음을 쏟는 것,
이런 것이 가장 피안적인 종교들에서조차도 모든 통상적인 '기도'의
내용을 이루고 있다.[2]

　베버는 구제종교의 '기도'에 '받기 위해 준다'는 '교환'이 있다는 것,
그리고 그것이 주술에서 유래한다는 것을 지적한다. 하지만 교환이
있다고 그것들이 유사하다고는 말할 수 없다. 주술에서의 '교환'과 기도
에서의 '교환'은 닮아있지만 본질적으로 다르다. 이 다름에 주목하지
않으면, '주술에서 종교로의 발전'을 이해할 수 없다.
　베버는 교환양식의 차이에 아무런 주의도 기울이지 않았다. 이 점에서
그가 참조한 니체도 마찬가지다. 니체는 도덕이나 종교의 문제를 '교환'
의 관점에서 본 최초의 인물이다. 예를 들어, 그는 부담이라는 도덕감정
이 '부채라는 매우 물질적인 개념'에서 유래한다고 말한다. "우리가
본 바에 따르면, 부채나 개인적 채무라는 감정은 그 기원을 존재하는
한 가장 오래되고 가장 원시적인 개인관계에, 즉 사는 자와 파는 자,
채권자와 채무자의 관계에 두고 있다." 더욱이 그는 '정의'가 경제적
가치개념에서 유래한다고 말한다. "사람들은 이내 '사물은 각각의 가치
를 가진다, 모든 것은 그 대가로 지불될 수 있다'라는 큰 개괄에 도달했다.
── 이것이 바로 정의의 가장 오래되고 가장 소박한 도덕적 규준이고,
지상의 모든 '호의', 모든 '공정', 모든 '선의', 모든 '객관성'의 발단이다."[3]
　하지만 여기서 니체는 호수교환에서의 채무와 상품교환에서의 채무
를 동일시하는 오류를 범하고 있다. '가장 오래되고 가장 원시적인 개인
관계'는 호수적인 교환이다. 그것을 상품교환으로 간주하는 것은 그야말
로 니체가 말하는 '원근법적 도착'이다. 실제는 이렇다. 상품교환양식C
에서는 확실히 채무가 생겨나기 때문에 채무감정은 생기지 않는다.

그것은 오히려 호수적 관계에서 유래하는 채무감정으로부터의 해방, 즉 인간관계를 businesslike(사무적)로 다루는 것을 가능하게 한다. 그것은 주술적인 관계에서 인간을 해방시킨다고 해도 좋다.

나는 이미 주술에서 종교로의 발전을 교환양식이라는 관점에서 고찰했다. 그것을 간단히 되풀이하면, 주술이란 자연 내지 인간을 증여(공희供犧)를 통해 지배하고 조작하는 것이고, 그것은 호수성의 원리에 기반하고 있다. 그러므로 주술은 사회가 유동적 밴드사회에서 정주적 씨족사회로 이행함에 따라, 즉 호수원리에 의해 조직됨에 따라 발전했다. 그것에 의해 주술자=사제의 지위도 높아졌다. 그렇지만 그것에는 한계가 있다. 호수원리 자체가 초월적 지위를 허락하지 않기 때문이다. 그것은 씨족사회에서 수장의 지위가 강화되어도 결코 왕과 같은 절대성을 가지지 않는 것과 같다. 하지만 씨족사회 이후, 즉 국가사회에서는 '너'로서의 정령(아니마)이 신으로서 초월화되고, 다른 한편으로 자연 및 타자는 그저 조작해야 하는 '그것'이 되었다.

주술은 국가사회에도 남아있지만, 단 그 내실이 다르다. 주술은 씨족사회에서는 평등주의적 기능을 가지고 있다. 예를 들어, 증여할 의무, 받을 의무, 답례할 의무는 평등주의를 강제한다. 그것은 주술을 통해 재분배를 실현하는 것이다. 그러므로 모스는 그것을 주력(하우)의 작용으로 설명했던 것이다. 하지만 국가사회에 지배적인 교환양식B는 복종과 보호의 관계이다. 이것도 쌍무적(호수적)이다. 지배자는 피지배자의 복종에 대해 보호로 응답하지 않으면 안 된다. 이것을 종교적으로 바꿔 말하면, 기도가 된다. 즉 사람들은 신에게 기도하고 공희함으로써 그 힘을 받으려고 했다. 이것이 협소한 의미에서 종교의 시작이라고 할 수 있다. 종교적 기도에는 베버가 말한 것처럼 주술과 공통된 면이 있다. 신에게 증여함으로써 반대급부를 끌어내려고 하기 때문이다. 하지만 이 쌍무성(호수성)은 교환양식B에 근거하고 있는 것으로 교환양식A인 주술의 호수성과는 다르다. 기도는 주술과 다르고 지배자인 왕=사제, 그리고 초월적인 신에 대해 이루어진다. 여기에 '평등주의적' 요소는 없다.

다만 국가사회에 남은 주술적인 것이 '평등주의적'인 기능을 수행하는 예가 있다. 그것은 '아질'(Asyl: 은신처, 피난처)이다. 그곳에 들어가면, 사람들은 그때까지의 사회적 구속에서 해방된다. 아질은 모든 국가사회에 보편적으로 존재한다. 그것은 사회적 구속이나 제한으로부터 해방시키는 윤리적인 의의를 가진다. 물론 그것은 휴머니즘에 근거하고 있는 것이 아니다. 오트윈 헨슬러(Ortwin Henssler)는 아질이란 원래 주술적인 기원을 가지는 것으로 윤리적인 의미를 가지고 있지 않았다고 한다.[4] 그렇다면 왜 주술적인 것이 윤리적인 의의를 가질까? 우리가 생각하기에 아질은 씨족사회가 국가사회가 된 시점에서 억압된 교환양식A(유동성=평등성)가 회귀한 것이다. 그런 의미에서 처음부터 윤리적인 의의를 품고 있다. 다만 그것은 '억압된 것의 회귀'라는 강박적인 형태로 나타난다. 즉 주술적인 힘으로서. 국가적 권력이 아질로 도망가 숨은 사람에게 손을 내밀지 않은 것은 그들에게 말하자면 아니마가 붙어 있기 때문이다.

하지만 일반적으로 말해, 주술성의 잔존은 교환양식A를 회복시키기보다도 교환양식B를 보강하는 것으로 작용한다. 원도시=국가의 단계에서 수장=사제는 씨족사회보다 훨씬 강한 힘을 갖게 된다. 왜냐하면 다른 씨족을 복종시키고 통치하는 데에는 단순히 군사적이지 않고 그때까지의 씨족신을 넘어선 신을 필요로 하기 때문이고, 그것은 사제(신관)의 권력 강화에 대응한다. 그것은 또 원도시=국가 간의 항쟁 중에 보다 강화된다. 그 과정을 통해 성립한 국가에서 왕=사제는 집권적이고 초월적이다. 그것은 또 신의 한층 강화된 초월화를 의미한다. 게다가 국가는 다른 국가와의 교통(전쟁과 교역)을 통해 다수의 부족·도시국가를 포섭한 광역국가=제국이 된다. 이 과정에서 신은 보다 집권화·초월화하고, 동시에 왕=사제는 보다 집권화·초월화된다.

국가는 다수의 도시국가나 부족공동체를 군사적으로 종속시킴으로써 성립한다. 하지만 군사적인 정복이나 강제만으로는 안정된 영속적 체제를 만들 수 없다. 지배자에 대한 공헌이나 봉사를 지배자 측의 증여에 대한 피지배자의 답례라는 형태로 만들 필요가 있다. 그것이 종교의 역할이다. 그러므로 이와 같은 종교는 국가의 이데올로기장치이다. 피지배자(농업공동체)는 신에 자발적으로 복종하고 기원(祈願)함으로써 도움을 얻으려고 한다. 그 신은 왕=사제의 손에 잡혀 있다. 신에의 기원은 왕=사제에의 기원이다.

그러므로 종교적인 위상을 보지 않으면, 씨족적 공동체가 국가로 바뀌어가는 프로세스를 이해할 수 없다. 그것은 종교가 바로 '교환'이라는 경제적 차원에 뿌리를 두고 있기 때문이다. 종교와 정치·경제는 분리불가하다. 예를 들어, 국가의 신전은 공출물을 비축하고 재분배하는 창고이기도 하다. 읽고 쓰는 데에 능한 사제계급은 동시에 국가의 관료계층이기도 했다. 또 천문학이나 토목공학을 발전시킨 과학자이기도 했다. '주술에서 종교로'의 발전이란 씨족사회에서 국가로의 발전에 다름 아니다. 그에 관해 베버도 이렇게 서술하고 있다. 주술사는 어디든 대체로 기우사(祈雨師)였는데, 메소포타미아처럼 국가에 의한 관개농업이 행해지는 곳에서 주술사는 더 이상 기능하지 않는다. 수확을 가져오는 것은 물을 끌어오는 관개시설을 만드는 국왕으로 간주된다. 그러므로 국왕은 절대시된다. 국왕은 황막한 모래 속에서 수확을 가져온다. 베버는 세계를 '무(無)로부터 창출하는' 신이라는 관념의 한 원천은 그것에 있다고 말한다.[5]

하지만 이와 같은 신은 진정으로 초월적인 신이 아니다. 왜냐하면 이런 신은 사람들의 기원=증여에 응하지 않으면, 인간에 의해 버려지기 때문이다. 구체적으로 말해, 공동체나 국가의 신은 전쟁에서 지면 내버려진다. 즉 여기에는 신과 인간의 호수성이 남아있다. 그런 의미에서 주술적인 것이 잔존한다. 보편종교가 출현하는 것은 말하자면 기원에 대해 응답하지 않아도 버려지지 않는 신, 전쟁에서 져도 버려지지 않는 신이 출현할 때이다. 그것은 어떻게 생겨난 것일까.

2. 제국과 일신교

국가는 다른 국가와의 교통(전쟁과 무역)을 통해 다수의 부족·도시국가를 포섭한 광역국가가 된다. 그것이 '제국'이다. 이 과정에서 패배한 공동체나 국가의 신은 버림당하고, 승리한 국가의 신은 집권화·초월화되며, 동시에 왕=사제가 보다 집권적·초월적 지위를 얻게 된다. 국가가 다른 공동체를 산하에 넣어가는 경우, 지배자의 신을 피지배자에게 강제하는 것은 당연하지만, 피지배자의 신들을 단순히 부정하는 것이 아니라, 종종 그것들을 판테온(만신전)에 넣어서 숭배한다. 이것은 왕권과 그 신하인 부족수장(호족)의 관계를 반영하는 것이다. 이것을 통해 다수부족을 포섭할 수 있다. 이 경우 왕권이 약하면 그 신도 약해서 다른 부족의 신들과 동등하게 된다. 역으로 국가가 중앙집권적이 되면 될수록 신도 초월화된다. 물론 이 초월성은 국가(왕)의 초월성에 근거하는 것으로 국가가 멸망하면 신도 멸망하게 된다.

이런 의미에서 종교의 발전은 국가의 발전에 다름 아니다. 제국의 형성에서 신의 초월화가 극에 달하는 것은 당연하다. 초월적 왕권=사제와 함께 초월적 신이 출현하는 것은 쉽게 이해할 수 있는 이치이다. 니체는 '세계제국으로의 진행은 항상 세계신으로의 진행이다'라고 말하고 있다.6) 하지만 이와 같은 '세계제국=세계신'은 보편종교와 다른 것이다. 보편종교에서 신의 초월성은 세계제국=세계신의 초월성과 다르고, 후자를 부정함으로써 나온 것이다.

하지만 '제국'은 보편종교가 출현하기 위한 충분조건은 아니지만, 필요조건이었다. 예를 들어, 일신교라고 하면 유대교의 특징으로 간주된다. 하지만 그것은 특별히 이스라엘에 한정된 것이 아니다. 예를 들어, 일신교 신앙은 이집트에서 먼저 생겨났다. 그것은 왕 아메노피스 4세에 의한 '아마르나혁명'(기원전 1375-1350년)으로 알려져 있다. 그는 그때까지의 다신교를 폐지하고 태양신 아텐을 지고의 유일신으로 삼았다. 또 자신의 이름을 '아텐에 의해 사용되는 자=아쿠 엔 아텐'(아크나톤)으로 바꾸었다. 베버는 이에 대해 다음과 같이 말하고 있다.

아메노피스 4세(아크나톤)의 일신교적인, 따라서 사실상 보편주의적인 태양숭배로의 움직임은 이상과는 완전히 다른 사정에서 유래하는 것이었다. 즉 한편으로 여기서도 넓게 퍼져 있던 사제합리주의나 평신도합리주의—단 그것들은 이스라엘적 예언과는 매우 대조적인, 순수하게 자연주의적인 성격의 것이다—에서 유래하는 것이었지만, 다른 한편으로 그것은 관료적 통일국가의 정점에 위치하는 군주가 겨안은 다음과 같은 실제적 요구에서, 즉 수많은 사제적 신들을 배제함으로써 사제들의 우세한 권력도 쳐서 꺾고, 국왕을 최고의 태양신 사제로 높임으로써 신으로 숭배되었던 옛날 파라오들의 권세를 재현하려는 요구에서 유래한 것이다.7)

쉽게 말해, 왕과 신관 사이에는 항상 대립이 존재했다. 이 대립의 배후에는 집권화를 진행하려는 왕권과 종속되면서도 독립성을 유지하려는 호족(귀족)들과의 대립이 숨겨져 있다. 전자가 유일한 신을 모시는 데에 반해, 후자는 그때까지의 다수 부족의 씨신(氏神)을 유지하려고 한다. 아크나톤에 의한 일신교의 도입은 다신교=다수호족을 힘으로 억누르는 왕권의 확립을 의미했다.

이에 더하여 아크나톤이 일신교 도입으로 향한 이유로 당시 이집트가 영토를 확장한 '제국'이 되었다는 것을 놓쳐서는 안 된다. 예를 들어, 프로이트는 『모세와 일신교』에서 모세가 이집트 왕가의 자손이며, 아크나톤이 창설하고 그 후 폐기된 일신교를 회복시켰다고 말한다. 이 가설에 대해서는 나중에 서술하겠지만, 프로이트도 이집트에서 일신교가 채용된 이유를 제국의 성립으로 설명하고 있다. 제국을 확립하기 위해서는 지배하에 들어간 부족과 그들의 신들을 억누를 유일지상(唯一至上)의 신을 필요로 한다. 아크나톤 사후, 일신교는 부정되고 그 흔적마저 사라졌다. 하지만 이것은 다신교의 전통이 강했기 때문이 아니다. 이집트가 메소포타미아제국과 달리 그 규모를 확장하지 않는 한, 주변으로부터의 침략 위기가 없었고, 그 정도로 집권적인 체제를 필요로 하지 않았기 때문이다.[8]

세계제국이 일신교든 아니든 보편적인 '신성'을 필요로 한다는 것은 그 후 세계제국(로마제국에서 아라비아·몽골 그 외)에 대해서도 타당하다. 그리고 보편적 신성의 배후에는 독립성을 유지하려는 호족·수장들을 종속시키려는 왕권의 의지가 숨어있다. 한편 보편종교는 원래 그와 같은 세계제국=종교에 대한 부정으로서 나타난 것이다. 단 그것은 정착이 되면, 세계제국의 통치수단으로 변했다. 실제 현재 '세계종교'라고 불리는 것은 대부분 구세계제국의 판도를 넘어서고 있지 못하다.

하지만 보편종교는 본래 세계제국을 구성하고 있는 요소들에 근본적으로 적대적이다. 이것을 교환양식으로부터 생각해보도록 하자. 세계제국은 교환양식B와 C가 공간적으로 확대된 상태이다. 지금까지 보아온 것은 교환양식B에 관한 것이었다. 즉 국가의 강대화라는 측면이다. 하지만 제국은 또 교환양식C, 즉 교역과 시장의 발전이라는 측면을 가지고 있다. 보편종교를 낳은 또 한 가지 계기는 세계시장 또는 세계화폐에 있다. 보편종교는 교환양식D로서 즉 세계제국에서 최대화된 교환양식B와 C에 대한 비판으로서 나타난 것이다.

세계화폐는 공동체나 국가를 넘어 '보편적으로' 통용되는 것이다. 그런 의미에서 세계화폐는 보편적 화폐이다. 앞서 서술한 것처럼 세계화폐는 세계제국에서 출현했다. 하지만 그것은 세계제국의 힘에 의해서가 아니다. 세계화폐(금이나 은) 그 자체의 보편적인 힘에 의해서다. 제국이 행하는 것은 주조를 통해 금속의 함유량을 보증하는 것에 지나지 않는다. 이와 같은 보증이 없으면, 그리고 교역의 안전한 보증이 없으면, 교역은 발전하지 않는다. 이런 의미에서 세계제국이 세계화폐를 가져왔다고 말할 수 있다. 하지만 세계화폐가 가진 힘은 어디까지나 국가에 의한 것이 아니다. 그것은 상품교환에서 생겨났다.

많은 로컬한 화폐 중에서 금이나 은이 '세계화폐'가 되었다. 화폐숭배는 마르크스의 말로 이야기하자면 '물신숭배'인데, 세계화폐에서 그것은 말하자면 '일신교'적인 것이 되었다. 화폐라는 신(神) 아래서 기존의 부족적 공동체의 자취를 남긴 사회는 변질될 수밖에 없었다. 마르크스는 이렇게 서술했다. "화폐에서는 상품의 모든 질적 차이가 소실되는데, 마찬가지로 화폐 쪽에서도 급진적 평등주의자로서 모든 차이를 소멸시킨다. …… 고대사회는 화폐를 경제적, 도덕적 질서의 파괴자로 비난했다."[9)]

실제 화폐의 '급진적 평등주의'는 씨족적 공동체를 파괴했다. 한편으로 그것은 개인을 씨족공동체의 구속으로부터 해방시킨다. 그때까지 공동체를 통해서만 관계했던 개인들이 화폐경제를 통해서 직접적으로 교통할 수 있게 된다. 그때까지 쌍무(호수)적 관계나 지배-복종 관계에 구속되어 있었던 개인이 화폐를 통한 교환(계약)에 의해 관계하게 된다. 화폐경제가 침투하면, 타인을 주력이나 무력에 의해 강제할 필요성이 감소한다. 상호합의에 의한 '계약'에 의해 강제할 수 있기 때문이다. 그런 의미에서 베버가 말하는 '주술로부터의 해방'은 화폐경제에 의해 비로소 가능하다. 화폐는 사람과 물건을 '그것'으로 삼아, 즉 계산가능한 것으로 다룰 수 있게 만들기 때문이다.

화폐경제는 개인을 공동체의 구속에서 해방시키고, 제국=코스모폴리스의 인민으로 삼는 것에 그치지 않는다. '급진적 평등주의'는 공동체에 존재했던 평등주의, 바꿔 말해 호수적 경제와 윤리를 파괴해버린다. 즉 그것은 빈부의 격차를 가져온다. 이 두 가지 조건이 보편종교가 등장하는 전제이다. 요컨대 보편종교는 제국형성 과정에서 교환양식B의 지배하에 교환양식A를 교환양식C를 통해 해체해갈 때, 이에 대항하는 교환양식D로서 출현한 것이다.

3. 모범적 예언자

보편종교는 고대문명이 발생한 각 지역에서 거의 같은 시기에 서로 무관한 형태로 생겨났다. 그것은 보편종교가 일정한 전환기에 생겨난다는 것을 의미한다. 그것은 도시국가가 서로 항쟁하고 광역국가를 형성할 때까지의 시기이며, 다른 관점에서 말하면 화폐경제의 침투와 공동체적인 것의 쇠퇴가 현저해지는 시기이다. 하지만 보편종교에 대해 생각하기 위해서는 먼저 그것이 선행하는 공동체의 종교·국가의 종교에 대한 비판으로 시작되었다는 것, 그리고 그것과 관련이 있는데, 보편종교가 일정한 인격에 의해 초래되었다는 것을 보아야 한다.

보편종교를 초래한 인격이란 예언자이다. 단 예언자에 관해서는 다음 두 가지에 주의할 필요가 있다. 첫째, 예언자(預言者)는 예언자(予言者 점술사)와는 구별되어야 한다. 예언(予言)은 사제 신관에 의해 이루어졌다. 한편 예언자(預言者)는 반드시 예언(予言)을 하는 자는 아니다. 사실 이스라엘의 예언자(預言者)들은 자신이 예언자(予言者)가 아니라는 것을 강조하고 있다. 보편종교에 공통적인 것은 사제계급에 대한 부정이다.

둘째로 좀 더 중요한 것은 예언자가 유대교나 그 같은 흐름 속에 존재하는 기독교나 이슬람교에 한정되어서는 안 된다는 점이다. 베버는 예언자를 윤리적 예언자와 모범적 예언자 두 가지로 구별했다. 전자의 경우, 예언자는 구약성서의 예언자·예수·마호메트처럼 신의 위탁을 받아서 신의 의지를 알리는 매개자가 되고, 이 위탁에 근거하는 윤리적 의무로서 복종을 요구한다. 후자의 경우, 예언자는 모범적인 인간으로 붓다, 공자, 노자처럼 자신의 범례를 통해서 다른 사람들에게 종교적 구원에 이르는 길을 보여준다.

이로부터 다음과 같은 것을 말할 수 있다. 첫째로 모범적 예언자를 생각할 때, 통상 철학자로 불리고 있는 사람들이 종교적 예언자에 들어간다는 것이다. 보편종교의 본질은 전통적인 종교에 대한 비판에 있다. 그렇다면 그것이 종교비판으로서 나타난 철학과 무관할 리 없다. 예를 들어, F. M. 콘퍼드는 이오니아 자연철학자의 출현에서 '종교에서 철학으로'의 이행을 발견했다.[10] 확실히 이오니아의 자연철학자는 종교적 설명을 가지고 오지 않고 자연을 설명하려고 했다. 하지만 그것은 그들이 종교일반을 부정했다는 것을 의미하지는 않는다. 그들은 전통적인 종교를 부정하면서 새로운 '신'을 암묵적으로 몰래 들고 온 것이다. 그런 의미에서 그들의 철학은 보편종교와 이어지고 있다.

이오니아의 철학만이 아니다. 예를 들어, 아테네의 소크라테스도 '모범적 예언자'의 한 명이라고 해도 좋다. 그는 아테네의 폴리스에 새로운 신을 가지고 와 전통적 종교를 파괴하려고 했다는 죄로 처형되었다. 하지만 소크라테스에 대한 이런 비난은 어떤 의미에서 타당했다. 그는 항상 내부의 '다이몬'의 목소리에 따라서 행동했다. 그의 언동은 '신의 위탁을 받아서' 이루어진 것이다. 물론 소크라테스는 철학자이며 새로운 종교를 이야기한 것은 아니다. 하지만 그의 이론이 아니라 그의 사는 방식과 죽는 방식이 그 후에 많은 사람들을 움직이는 범례가 된 것은 부정할 수 없다. 그런 의미에서 그는 모범적 예언자이다.

이오니아는 원래 공동체로부터 한번 떠난 그리스인 식민자들이 개발한 지역으로서 아시아에서 지중해에 미치는 세계적 교역 가운데에서 발전해왔다. 그곳에서는 아테네에 앞서 시장과 언론에 근거한 사회가 성장했다. 그와 같은 사회에서는 소피스트가 전형적으로 보여주고 있는 것처럼 언론기술 그 자체가 상품이 될 수 있었다. 많은 사상가가 배출된 것은 그 때문이다. 하지만 이것을 특이한 현상으로 간주해서는 안 된다.[11]

이미 지적한 것처럼 같은 사태가 거의 동시기 중국에서 일어났다. 즉 도시국가가 서로 싸웠던 전국시대에 제자백가라고 불리는 사상가들이 배출되었다. 그 가운데 공자, 노자, 묵자, 순자 등이 있었다. 그들은 자신의 사상을 말하기 위해 각국을 떠돌았다. 그것은 각국이 그때까지의 씨족적 공동체의 전통에 의거해 꾸려갈 수 없게 되었기 때문이다. 예를 들어, 공자는 "나는 살 사람을 기다리는 자다"(『논어』, 「자한편」)라고 말했다. 사상을 필요로 하는 사태가 사상을 상품으로 만든 것이다. 또 이것이 사상가를 배출시킨 것이다. 이들 사상가 중에 후세에 영향을 준 것은 공자와 노자이다. 그들은 특별히 종교를 이야기한 적은 없다. 하지만 후에는 종교의 개조로 간주되었다. 그런 의미에서 그들은 바로 '모범적 예언자'였다고 말할 수 있다.

인도에 관해서도 같은 것을 말할 수 있다. 기원전 6세기에 갠지스 강 중류 지역에 코살라, 마가다 등 다수의 도시국가가 있었다. 그곳들은 주로 왕정이었지만, 귀족적 공화정 국가이기도 했다. 그 중 하나가 붓다가 태어난 사키아족의 국가이다. 이런 국가가 항쟁하고 있는 시기에 다양한 '자유사상가'가 배출되었다. 그 가운데에는 유물론자도 있었고, 모든 도덕을 부정하는 자도 있었다. 붓다(기원전 463년경에 태어났다)는 그와 같은 '자유사상가' 중의 한 사람이었다. 붓다는 새로운 이론을 설파했던 것이 아니다. 그가 이야기한 것은 실천적 인식이다. 그는 새로운 종교를 창시했다는 인식도 없었다. 다만 그의 사는 방식이 '모범적 예언자'로서 영향을 주었을 뿐이다.

이상의 예는 보편종교가 기존의 종교에 대한 비판의 형태로 나타났다는 것, 따라서 종교를 비판한 철학자와 보편종교의 개조를 명확히 구별할 수 없다는 것을 보여주고 있다.

4. 윤리적 예언자

보편종교의 기원을 베버가 말하는 윤리적 예언자에서 볼 경우, 최초의 예는 아마 페르시아의 조로아스터(차라투스트라)일 것이다. 그는 사제 계급을 부정한 예언자로 아흐라 마즈다를 지상신으로 삼음으로써 아리아인 부족에 존재했던 신들을 부정하고, 또 그것을 통해 카스트(신관·승려·평민)의 체계를 부정했다. 그는 또 공동체나 국가의 관점이 아니라 선과 악이 싸우는 장(場)으로서 사회와 역사를 보는 시점을 처음으로 가지고 왔다. 여기에 유목민사회에서 시작하는 보편종교의 프로토타입이 있는 것은 명확하다. 하지만 조로아스터에 관한 사료는 매우 부족하기 때문에, 윤리적 예언자를 오로지 유대교의 역사에서 고찰하고 싶다.

일반적으로 말해, 제국의 주변부에는 유목민이 존재한다. 유목민의 기원은 원도시=국가의 단계로 거슬러 올라갈 수 있다. 유목민은 원도시=국가가 국가와 농업공동체의 형성으로 나아가는 시점에서 그것을 거부한 사람들이다. 그들의 사회는 이미 씨족사회가 아니라 가부장적 사회였지만, 어떤 점에서 수렵채집민=씨족사회의 원리를 유지하고 있었다. 예를 들어, 상위집단에 대해 독립적이고 쌍무적이라는 것, 또 외래인을 환대하는 법[掟]이 있다는 점에서 그렇다. 그들은 계속 분산되어 있지만, 제국으로부터의 압력이 높아지면, 그에 대항하여 연합한다.

이스라엘(유대민족)은 그와 같은 유목민 부족들(12부족)의 맹약공동체로서 시작되었다. 구약성서에는 그것이 '신과의 계약'으로서 이야기되고 있다. 하지만 이것은 하나의 신 아래에서의 부족맹약을 의미한다. 이것은 유대민족만의 고유한 것이 아니다. 어디든 유목민이 도시=국가를 형성할 때, 그것은 부족의 맹약에 의한 것이자 신 아래에서의 맹약이다. 베버도 "정치적 집단형성이 일개의 집단신에 대한 복속을 조건으로 삼는 것은 보편적인 현상이다"라고 말하고 있다.12) 그리스의 폴리스도 이런 맹약에 의해 형성된 것이다.

이 경우, 그들의 계약은 쌍무적(호수적)이다. 그러므로 신과 인간의 관계도 쌍무적이다. 인간이 신을 충실히 신봉하면, 신도 그에 보답하고, 그렇지 않으면 신도 폐기되어 버린다. 국가의 융성은 신의 융성이고,

그 몰락은 신의 몰락이다. 그런 의미에서 이 '신과 인간의 계약'은 호수적 교환관계이다. 그런데 유대교의 '신과 인간의 계약'에는 이와 같은 호수성이 존재하지 않는다. 이와 같은 사고(유대교)가 성립한 것은 나중에 서술하겠지만 바빌론 포로 이후이다. 초기 이스라엘의 시대에는 그와 같은 신 관념이 없었다. 그것은 다른 유목민의 부족연합체와 특별히 다른 것이 아니었다.

실제 유대민족은 유목민 생활로부터 가나안의 땅으로 침입, 전제국가와 농경공동체를 형성하기에 이르렀을 때, 유목민시대의 신을 사실상 버리고 농경민의 종교(바알신앙)로 향했다. 이것도 다른 유목민이 정주화와 함께 걸었던 길이다. 더욱이 이스라엘에서는 왕=사제의 집권화가 진행되었다. 그리고 다윗에서 솔로몬에 이르러 왕조는 아시아적 전제국가(공납제국가)로서 번영하기에 이르렀다. 이것도 일반적으로 아시아적 전제국가가 형성되는 과정과 같다. 유대민족과 종교를 특이한 것으로 보는 것은 그와 같은 왕국이 멸망한 후의 경험에 지나지 않는다.

구체적으로 말해, 솔로몬 사후 왕국은 남북으로 분열되었다. 먼저 북이스라엘왕국이 아시리아에 의해 멸망당했다(기원전 722년). 아시리아의 입장에서 보면, 이것은 그들이 세계제국을 형성하는 과정의 한 장면에 지나지 않았다. 이때 멸망당한 이스라엘왕국의 사람들은 민족으로는 소멸되었다. 즉 그들의 신도 버려졌던 것이다. 이것은 제국의 형성 과정에서 많은 부족국가에 생긴 케이스의 하나에 불과하다.

특이한 사건이 일어난 것은 그 다음 남유대왕국이 아시리아를 대체한 바빌로니아에 의해 멸망당한 후이다(기원전 586년). 이때도 많은 이들이 신을 버렸다. 나라가 망했기 때문이다. 하지만 이때 바빌론에 끌려갔던 사람들 사이에서 미증유의 사건이 일어났다. 국가의 멸망에도 불구하고 신이 폐기되지 않았던 것이다. 그때 새로운 신 관념이 태어났다. 그것은 국가의 패배를 신의 패배가 아니라 인간이 신을 무시한 것에 대한 신의 징벌로서 해석하는 것이었다. 그것은 호수성의 부정이었다. 종교의 '탈주술화'는 이때 생겨났다. 이것을 초래한 것은 에스겔과 같은 예언자나 지식인이었다.

포로였던 유대인은 약 50년 후에 바빌로니아를 멸망시킨 페르시아제국에 의해 해방되어 가나안으로 귀환했다. 이때 유대교 교단은 국가 없는 백성을 조직하게 되었다. 『성서』가 편찬된 것은 그 후였다. 그리고 이런 관점에서 그때까지의 예언자 활동이나 모세의 신화 등이 편집, 정리되었다. 이에 따르면, 예언자는 솔로몬시대부터 활동하고 있는 것처럼 보인다. 그들은 관료사제의 횡포, 인간의 타락, 빈부의 차를 비판하며 이대로는 국가가 멸망한다고 경고한다. 하지만 그와 같은 예언자들은 특별히 유대교적이라고 말할 수는 없다. 그들의 비판은 일반적으로 유목민이 전제국가 하에서 농경민이 되었을 때 생겨나는 상투적 비판을 넘어서고 있지 않다.

수렵민이나 유목민은 정주를 한 경우, 한편으로 정주생활을 향수하면서, 그것에 의한 타락을 비판적으로 바라본다. 예를 들어, 중국을 지배한 몽골의 지배자는 궁전이 아니라 텐트에서 잤다고 한다. 그것에 의해 유목민적인 것을 상징적으로 회복하려고 했던 것이다. 따라서 가나안의 땅에서 번영한 농경사회와 전제국가를 신의 이름으로 비판한 사람들이 있었다고 해도, 예외적인 현상은 아니었다. 그런데 그와 같은 사람들은 포로시기에 나온 예언자와는 다르다. 『성서』의 편찬과정에서 포로 이후의 예언자 모습이 그 이전의 예언자에 투사되었던 것이다.

모세신화에 관해서도 같은 것을 말할 수 있다. 역사적으로 모세가 이끌었다고 이야기되는 기원전 13세기 무렵의 이스라엘은 부족연합체(12부족)여서 모세와 같은 독재적인 지도자가 있었을 리가 없다. 따라서

「출애굽기」는 바빌론포로에서의 탈출(엑소더스)이라는 경험을 과거에 투영한 것이다.[13] 그러므로 모세의 신에 대한 신앙이 시작된 것은 포로 이후에 지나지 않는다.

하지만 모세의 신이 출현한 것이 후대였다고 해도, 문제는 왜 그것이 강력한 힘을 가졌는지에 있다 하겠다. 이 점에 관해서는 프로이트의 『모세와 일신교』가 중요하다. 『토템과 타부』가 현재의 인류학자들에 의해 일소에 붙여진 것과 마찬가지로, 이 책은 성서학자나 역사가에 의해 일소에 붙여졌다. 사실(史實)이 뒷받침되어 있지 않기 때문이다. 간단히 말하면, 프로이트는 모세를 아크나톤의 일신교를 회복시키려고 한 이집트왕족의 한 사람이라고 생각했다. 모세는 포로가 된 유대인들에게 일신교를 받아들이면 이집트로부터 해방시켜주겠다는 약속을 했다. 프로이트는 이것을 '신과 인간의 계약'이라고 말한다.

물론 이와 같은 가설을 지지할 전문가는 없다. 하지만 프로이트는 왜 '계약'이 인간이 아닌 신의 이니시어티브(initiative)에 의한 것인지를 설명하려고 했다. 통상 부족연합체로서의 국가가 형성될 경우, 계약은 쌍무적이다. 그러므로 약속이 지켜지지 않으면, 신도 내버려진다. 그런데 여기서 계약은 오히려 신 쪽에서 강제적으로 진행시키고 있다. 그것은 쌍무적이 아니다. 그러므로 인간이 그것을 버릴 수 없다. 그렇다면 어떻게 해서 그와 같은 것이 가능했던 것일까. 프로이트를 조소하는 사람은 이 물음에 답할 의무가 있다.

더욱이 프로이트의 가설 중에서 중요한 것은 모세에 의해 통솔되어 이집트를 탈출하여 사막을 방랑한 사람들이 풍요로운 가나안에 들어가기 직전에 모세를 죽였다는 점이다. 그것은 모세가 사막에 머물 것을 명령했기 때문이다. 하지만 살해당한 모세는 가나안 문명의 발전 가운데에서 모세의 신으로서 돌아왔다고 프로이트는 생각한다. 말할 것도 없이 이것은 『토템과 타부』에 씌어진 '원부(原父)살해'의 반복이다.

프로이트의 『토템과 타부』는 유동수렵채집민이 씨족사회를 형성할 때의 문제와, 『모세와 일신교』는 유목민부족이 국가사회를 형성할 때의 문제와 관계가 있다. 이미 서술한 것처럼 유동수렵채집민의 단계에 프로이트가 가정한 전제적 원부는 없으며, 유목민사회에도 '백성'을 지배하는 전제적 수장은 존재하지 않는다. 하지만 그와 같은 비판에 의해 프로이트가 개시한 것의 의의를 부정해버릴 수는 없다. 중요한 것은 어떻게 해서 씨족사회의 '형제적' 맹약이 가능했는지, 또 어떻게 해서 모세의 신이 인간의 의지를 넘어선 초월적이고 강박적 신이 되었는지를 설명하는 것이기 때문이다.

프로이트의 해답은 모세와 그 신이 한번 살해되고, 이후 '억압된 것의 회귀'로서 강박적인 형태로 출현했다는 것이다. 이런 생각은 사실(史實)과 모순되지 않는다. 만약 모세의 가르침이 유목민사회에 존재했던 윤리, 즉 독립성과 평등성에 있다고 한다면, 그것은 가나안땅에서 발전한 전제국가(사제·관료제와 농경공동체)에서 '살해당한' 것이다. 즉 그것은 완전히 억압되었다. 물론 사람들은 과거를 부정할 생각은 없고, 오히려 전통을 지키려고 했다. 하지만 그와 같은 상태야말로 '억압'의 완성태이다. 따라서 유목민시대의 윤리는 전통이나 사제에 반(反)하여 예언자를 통한 신의 언어로서만, 즉 인간의 의식·의지에 반하는 형태로서만 '회귀'했던 것이다.

나는 교환양식D에서 교환양식A가 보다 고차원적으로 회복된다고 서술했는데, 이 경우 회복이라기보다 '억압된 것의 회귀'라고 해야 한다. 즉 그것은 노스탤직(nostalgic)한 회복과는 다른 것이다. 에른스트 블로흐는 프로이트의 '무의식'이라는 개념에 대하여 '아직 의식되지 않은 것'(das Noch-Nicht-Bewußte)이라는 개념을 내세웠다.[14] 이런 관점은 프로이트가 말하는 '억압된 것의 회귀'를 과거에 있었던 것의 노스탤직한 회복으로 간주하는 것이다. 하지만 물론 그렇지 않다. 블로흐가 말하는 '아직 의식되지 않는 것'이야말로 '억압된 것의 회귀'로서만 생겨나는 것이다. 그것은 인간이 공상하는 자의적인 유토피아일 수 없다.

5. 신의 힘

부족적 종교로서의 유대교는 이스라엘왕국이나 유대왕국의 멸망과 함께 내버려졌다. 많은 사람들이 다른 민족에 흡수되었다. 보편종교로서의 유대교가 성립한 것은 바빌론의 포로가 된 사람들에게서다. 그들이 야훼를 믿은 것은 이제 부족이나 국가의 강제력에 의해서가 아니다. 국가의 멸망과 함께 그와 같은 힘은 더 이상 작동하지 않았다. 중요한 것은 그때 포로가 된 자의 대부분이 지배계층이나 지식인층이었다는 것이고, 더욱이 그들이 바빌론에서 주로 상업에 종사했다는 것이다. 즉 국가를 잃고, 부족적인 공동체를 넘어선 교통이 일반적이었던 도시에 살았던 그들의 경험을 통해 새로운 신 야훼가 그들 앞에 나타난 것이다. 물론 그것은 개개인이 야훼를 발견했다고 해도 좋다.

실제로 이것은 같은 사건의 양면이다. 하나는 신이 부족이나 국가를 넘어선 보편적·초월적인 존재가 되었다는 것이다. 그리고 다른 하나는 공동체의 일원이 아니라 그로부터 상대적으로 자립한 개인이 등장했다는 것이다. 전자의 측면은 '신의 힘'이 공동체의 힘, 국가의 힘, 그리고 화폐의 힘을 넘어선 것으로서 나타났다는 것을 의미한다. 이것은 교환양식A·B·C를 넘어선 것으로서의 교환양식D가 '신의 힘'을 통해서 발동되는 것, 또 그것 이외에는 발동될 수 없다는 것을 의미한다. 또 후자의 측면은 교환양식D가 공동체로부터 자립한 개개인을 전제로 한다는 것을 의미한다. 이들 두 계기는 분리할 수 없다. 국가나 공동체를 넘어서 초월화된 신은 다른 한편으로 국가나 공동체에 의거할 수 없는 개인의 존재와 조응한다.

하지만 보편종교가 초래한 것은 단지 국가나 공동체로부터 떨어져 있는 개인이 직접적으로 신과 관계한다는 것이 아니다. 오히려 그것을 통해 개인과 개인의 관계를 새롭게 창출한다는 것이다. 실제 보편종교에서는 '사랑'이나 '자비'가 설파된다. 교환양식이라는 관점에서 보면 그것은 순수증여(무상의 증여)이다. 즉 그것은 교환양식A·B·C를 넘어선 D인 것이다. 구체적으로 말해, 보편종교가 지향하는 것은 개개인의 어소시에이션으로서 상호부조적인 공동체를 창출하는 것이다. 따라서 보편종교는 국가나 부족공동체를 해체하면서 그것을 새로운 공동체로서 조직한다. 다른 관점에서 말하면, 보편종교는 사제계급을 부정하면서 새로운 신앙집단을 조직하는 예언자에 의해 실현된다.

유대교는 민족의 종교가 아니라 개개인이 형성하는 교단으로서 생겨난 것이다. 그것은 예를 들어 에세네파와 같은 교단에서 현저하다. 말할 것도 없이 예수의 교단도 유대교 가운데에서 생겨난 것이다. 하지만 바빌론포로의 단계에서 생겨난 것도 그것과 본질적으로 같다. 즉 국가를 잃어버린 사람들이 야훼를 믿는 집단으로서 새롭게 조직된 것이다. 그리고 그것이 새로운 유대민족이 되었다. 즉 유대교는 유대민족이 선택한 종교가 아니라, 역으로 유대교가 유대민족을 창출한 것이다.15)

기독교가 지배적이 된 후에 유대교에 대한 편견이 하나 생겨났다. 그것은 유대교가 유대민족의 종교이며, 포교에 의한 종교가 아니라는 편견이다. 이것은 시오니즘 이후의 유대인에게도 공유되고 있다. 하지만 유대교는 로마제국 각지에서만이 아니라 이슬람교가 출현한 시기의

아라비아나 아프리카, 러시아에서도 많은 개종자를 가지고 있었다. 유대
교는 헬레니즘 시대에 보편화되었다고 이야기된다. 하지만 역으로 헬레
니즘, 즉 폴리스나 공동체가 해체된 코스모폴리스에서 유대교가 사람들
에게 강한 매력을 가졌다는 것을 잊어서는 안 된다.

물론 비유대인이 유대교도가 될 경우, 할례 등의 특수한 부족적 관습이
장애가 되었다. 그리고 그것을 둘러싸고 보편적인 것과 특수한 것의
모순이 노정되었다. 후에 이 모순이 유대교의 내부에서 현재화되었을
때, 보편성을 선택한 기독교가 탄생한 것이다. 물론 그것은 기독교가
보다 보편적이라는 것을 의미하지 않는다. 역으로 기독교는 특수한
것, 즉 다양한 공동체나 국가의 관습을 받아들이게 되었다. 그 결과
기독교는 확대될 수 있었지만, 동시에 그것은 공동체나 국가의 종교가
되고 말았다. 그러므로 이렇게 말하는 것이 좋다. 보편종교는 특수성을
부정하기 때문에 보편적인 것이 아니다. 오히려 그것은 보편성과 특수성
의 모순을 끊임없이 의식함으로써 보편적인 것이라고 말이다.

같은 것을 신의 초월성과 내재성이라는 문제에 대해서도 말할 수
있다. 보편종교의 신은 초월적이다. 하지만 그것은 동시에 (개인적으로)
내재적인 것이다. 만약 신이 외부에 인격적 존재로서 있다면, 그와 같은
신은 '우상'에 지나지 않는다. 하지만 다른 한편으로 신이 인간에 내재적
이라면, 신은 불필요하다. 신이 존재하는 것은 역시 초월적으로, 즉
외부적으로 있기 때문이다. 그러므로 초월성과 내재성은 분리할 수
없는 역설적 결합으로서 존재한다. 이 두 계기 중 어느 한 쪽을 해소하면,
보편종교는 끝나고 만다.

이상 내가 서술한 것은 유대교의 케이스를 특권화한 것이 아니다.
동시에 그것을 보편종교의 초기적 단계로서 정리하는 것도 아니다.
이것들은 모든 보편종교에 따라다니는 문제이다. 그 밖의 종교에 대해서

는 나중에 논하겠지만, 여기서 주의를 환기하고 싶은 몇 가지가 있다. 예를 들어, '우상숭배의 금지'는 유대교의 특징으로 간주된다. 하지만 이것은 보편종교에 공통된 것이다. 왜냐하면 초월적인 신은 표상불가능 하기 때문이다. 세계를 초월하는 신이라는 존재는 어떤 형태로도 표상할 수 없으며, 바로 그렇기 때문에 표상되어서는 안 된다.

일반적으로 우상은 초월적인 존재의 '물상화'로 간주된다. 하지만 예를 들어 신을 인격으로서 보는 것도 물상화이자 우상숭배에 다름 아니다. 그러므로 불교에서는 초월자를 '무'(無)로 간주한다. 초월자는 바깥에 있는 것이 아니다. 하지만 안에 있는 것도 아니다. 왜냐하면 그것은 '무'이기 때문이다. 그런 의미에서 불교도 '우상숭배 금지'를 지향하고 있다고 해도 좋다. 현실에서 불교는 국가나 공동체에 종속되어 존재하기 때문에 우상숭배에 빠져 있다. 하지만 그것은 많든 적든 모든 보편종교에 해당되는 것이다.

6. 기독교

예수는 유대교의 예언자였다. 그가 바리새파나 율법학자를 비판한 것은 그 이전의 예언자가 사제계급을 비판한 것과 같다. 다만 예수의 비판은 이전까지의 예언자에 의한 비판보다 철저했다. 이는 그가 유대인 이 로마제국과 화폐경제 하에서 점차 전통적인 공동체에서 유리된 개인 으로 살아가게 된 시기에 활동했기 때문이다. 그와 같은 상황에서 예수가 시사한 것은 국가, 전통적 공동체, 화폐경제 모두를 부정하고 살아가는 것이었다.

나는 보편종교가 교환양식D로서, 즉 A · B · C를 부정하는 형태로 나타났다고 서술했다. 그것은 예수의 가르침에서 전형적으로 보인다. 신약성서에서 그것을 보여주는 예를 들어보자. 첫째로 사제·율법학자에 대한 비판이 있다. "너희는 너희 전통을 지키려고 하나님의 계명을 잘 저버리는구나."(「마가복음」, 7장 9절) 그리고 가족·공동체에의 거부가 있다. 예수는 다음과 같이 말한다. "무릇 내게 오는 자가 자기 부모와 처자와 형제와 자매, 그리고 자기 목숨까지 버리지 않으면, 능히 내 제자가 될 수 없다."(「누가복음」, 14장 26절) 그리고 예수는 화폐경제와 사유재산이 가져온 부의 불평등·계급사회에 항의했다. "나는 의인을 부르러 온 것이 아니요 죄인을 부르러 왔다."(「마가복음」, 2장 17절) 여기서 '죄인'은 범죄자만이 아니라 세금징수인이나 매춘부와 같이 꺼리는 직업에 종사하는 자도 의미한다. 궁극적으로 그것은 경제적인 문제이다. '죄'는 사유재산에 있다. "너희 중에 누구든 자기의 모든 소유를 버리지 아니하면 능히 내 제자가 되지 못하리라."(「누가복음」, 14장 33절)

그리고 예수가 설파한 것은 다음 두 가지로 요약된다. "신을 사랑하라"와 "자신을 사랑하는 것과 같이 이웃을 사랑하라"이다.(「마가복음」, 12장 31절) 그런데 예수가 말하는 '사랑'은 단순히 마음의 문제가 아니다. 현실적으로 그것은 '무상의 증여'를 의미한다. 예수의 교단은 엥겔스나 카우츠키가 강조한 것처럼 '공산주의'적이었다. 그것은 예수의 사후에도 이어졌다. 예를 들어, 「사도행전」에는 다음과 같이 씌어져 있다. "그(베드로)의 말을 받은 사람들이 세례를 받으매 이 날에 신도의 수가 삼천이나 더하더라. 그들이 사도의 가르침을 받아 서로 교제하고 떡을 떼며 오로지 기도하기를 힘쓰니라."(「사도행전」, 2장 41-42절) "믿는 무리가 한마음과 한 뜻이 되어 모든 물건을 서로 공유하고 자기 재물을 조금이라도 자기 것이라 하는 이가 한 명도 없더라. …… 밭과 집 있는 자는 그것을 팔아 그 판값을 가져다가 사도들의 발 앞에 두매 그들이 각 사람의 필요에 따라 나누어주더라."(「사도행전」, 4장 32-35절)

하지만 이와 같은 코뮤니즘(어소시에이션)은 예수가 처음 시작한 것이 아니다. 이미 에세네파에서 보이는 것이다. 그리고 이것은 누가 발명했다고 말할 수 있는 것이 아니다. 보편종교의 초기단계에서 이런 경향이 나타나는 것은 그것이 교환양식A의 '억압된 것의 회귀'라는 것을 보여주고 있다. 보편종교는 상인자본주의·공동체·국가에 대항하여 호수적(상호적)인 공동체(어소시에이션)를 지향하는 것으로서 나타난다.

따라서 예수의 교단이 가진 특성을 기독교만의 고유한 것으로 삼을 수는 없다. 애당초 예수의 교단은 유대교 안의 한 섹트였다. 그것을 기독교로 만든 것은 바울이다. 유대교도는 예수가 예언자라는 것은 인정했어도 그가 그리스도(메시아)라는 것을 인정했을 리가 없다. 왜냐하면 유대교도의 구제를 완수하지 않았기 때문이다. 따라서 예수를 그리스도로 간주하는 것은 오히려 비유대교도에 의해 받아들여지기 쉬웠다. 그리스도가 인간의 죄를 대속하기 위해 희생되어 죽었다가 부활했다는 바울의 생각은 어떤 의미에서 보편적이다. 그것은 프로이트가 지적한 것처럼 '토템'과 같은 기원을 가지기 때문이다. 게다가 바울은 교단으로부터 그때까지 농후하게 유대적이었던 율법이나 습관을 폐기했다. 이렇게 해서 예수=그리스도의 가르침은 유대적 공동체를 넘어서 로마제국(세계제국)에 침투하기 시작했던 것이다.

하지만 그와 더불어 기독교단도 변질되었다. 처음에 사도들은 유목민처럼 유동적이었고 평등주의적인 집단을 만들었다. 하지만 포교가 진행되자 말하자면 정주자의 집단이 된다. 즉 그것은 사제에 의해 통치되는 히에라르키한 집단이 되었다. 그들이 부정해온 바리새파적 교단조직과 닮아갔다. 동시에 기독교의 교회는 로마제국에 대하여 영합적이 되었다.

초기단계에서는 복음서에도 쓰여져 있는 것처럼 '신의 나라'가 지상에서 실현된다고 생각되었다. 그리고 그것이 곧 다가온다고. 하지만 그와 같은 종말론적 열광이 가라앉자, '신의 나라'는 천상화(天上化)된다. 그리고 현실에서는 비정치적이 된다. 이로부터 예수의 언동을 해석하게 된다. 예를 들어, 예수는 다음과 같이 말하고 있다. "하지만 이제는 돈주머니가 있는 사람은 그것을 챙겨라, 자루도 그렇게 하여라. 그리고 칼이 없는 사람은 옷을 팔아 칼을 살지어다."(「누가복음」, 22장 36절) 즉 무장을 하라고 말하고 있는 것이다. 하지만 이와 같은 면은 사라지고, "악한 자에 맞서지 마라"는 것이 강조되게 된다.

물론 기독교는 여러 번 탄압을 받았다. 도시국가 이래의 로마의 종교와 충돌했기 때문이다. 하지만 그 이외의 사회적 · 정치적인 레벨에서 교회는 로마제국의 지배질서와 대립하지 않았다. 노예제에 대해서도 반대하지 않았다. 로마제국 말기에 노예제가 소멸해 갔던 것은 노예가 비싸지고 경제적으로 성립할 수 없게 되었던 것에 지나지 않는다. 그러므로 로마제국이 기독교를 받아들여 국교로 삼아도(황제 테오도시우스 1세, 380년) 아무 문제도 없었다. 그것은 다른 귀족이나 부족국가에 대한 황제의 권력을 높이는 데에 공헌했다. 또 기독교는 그때까지 씨족신이나 농경신이 수행하던 역할을 대체하게 되었다.

이처럼 보편종교는 국가나 공동체에 침투함과 동시에, 역으로 그것들에 흡수되어버렸다. 즉 그리스도교회는 그때까지 아시아적 전제국가로 존재했던 사제=왕이라는 구조에 편입되었던 것이다. 실제 동로마제국(비잔틴)에서는 교황이 곧 황제였다. 이것은 그리스도교회가 강하다는 것을 의미하지 않는다. 그 반대로 왕권의 강함을 증명하는 것이다. 대조적으로 서로마제국에서는 황제권력이 약하고 교회가 강했다. 그 이유 중의 하나는 기독교를 받아들인 켈트계의 부족사회에서는 원래 사제계급이 우월했다는 데에 있다. 또 그와 같은 부족사회는 황제와 같은 전제권력을 허용하지 않았다. 그 결과 서로마교회는 봉건제후의 분립상태가 된 서유럽에서 세계제국으로서의 동일성을 유지하는 역할을 수행했던 것이다. 하지만 그렇게 존재하는 한, 기독교는 세계종교(세계제국의 종교)일지 모르지만 보편종교는 아니다.

7. 이단과 천년왕국

서로마제국의 멸망 이후, 화폐경제와 도시는 쇠퇴했다. 사회는 봉건제후가 지배하는 농업공동체가 되었다. 기독교는 유럽에 침투했지만, 그것은 공동체의 종교로서였다. 그것은 동지나 춘분의 농경의례를 크리스마스나 이스터(Easter, 부활절)라고 부르는 것처럼 기존의 농업적 제식이나 공동체의 습관을 바꿔 말한 것에 지나지 않았다. 하지만 기독교가 불가결했던 것은 제국멸망 후의 세계에서 제국으로서의 동일성을 유지하는 유일한 이데올로기였기 때문이다. 각지에서 난립한 왕국이나 봉건제후를 하나로 모았던 것은 정치적 권력이 아니라 로마교회였다. 또 교회는 그 자신이 봉건적 제후와 마찬가지로 대토지 소유자가 되었다.

초기 기독교가 보존된 것은 수도원에서다. 수도원은 로마제국 시기부터 시작되었지만, 로마 멸망 이후의 '암흑시대'에 기독교만이 아니라 고전고대의 문화·학문을 전달한 유일한 장소였다. 그것은 원시기독교의 공동소유·노동이라는 원칙을 회복하려는 것이었기 때문에, 교회조직과는 본질적으로 대립하는 요소를 가지고 있었다. 물론 수도원도 그곳에서의 생산이 발전함과 더불어 타락해갔지만, 끊임없이 개혁이 시도되었다. 그 경우, 예수나 사도들 시기 교단의 존재방식으로 돌아가자는 형태를 취했다. 이런 의미에서 기독교는 '원시기독교로 돌아가라'라는 운동을 항상 내포하고 있었다.

하지만 기독교가 보편종교로서의 활력을 되찾는 것은 수도원 바깥으로 확대되었을 때, 즉 민중들 사이에 퍼졌을 때이다. 그것이 일어난 것은 화폐경제와 도시가 발전한 12세기 무렵이다. 이것은 보편종교나 교환양식D가 상품교환양식C가 가져온 양의적 효과에 대한 리액션으로 생겨난다는 것을 뒷받침한다. 화폐경제는 사람들을 공동체의 유대로부터 떼어냄과 동시에 새로운 계급관계(화폐를 가진 자와 갖지 않은 자)에 놓는다. 바꿔 말해, 화폐경제는 각자에게 자유를 가져다줌과 동시에 불평등을 가져다준다. 보편종교가 존립하는 것은 교환양식C가 일반화되는 장소에서이다. 긴밀한 농업공동체가 존재하는 곳에서 보편종교는 그저 공동체의 종교가 되어버린다. 중세의 유럽이 그러했다.

12세기가 되어 기독교는 되살아났다. 그것은 공동체의 질곡에서 해방된 민중 개개인들에 어필하고 사회적 운동을 불러일으켰다. 새롭게 설파된 기독교의 특징은 첫째로 천상화되어 있는 '신의 나라'를 차안화(此岸化)하는 데에 있었다. 이것은 또 '신의 나라'가 역사적으로 실현된다는 견해가 된다. 두 번째 특징은 교회의 히에라르키를 부정하는 데에 있었다. 그것은 일반적으로 신분차별, 부의 차별, 남녀차별을 부정하는 것이었다. 이들 두 가지 요소가 교회나 봉건제사회에 대립하는 민중적 운동과 연결된 것은 명백하다.

구체적으로 말해, 11세기에 출현한 카타리파나 12세기의 왈도파가 그런 사회운동이다. 카타리파는 '신의 나라'가 이 세상에서 역사적으로 실현된다고 생각했다. 또 그것은 선과 악의 투쟁을 통해 실현된다는 관점을 도입했다. 이 세계는 구약의 여호와=사탄에 의해 만들어진 것으로, 그리스도에 의해 사람들은 영적으로 구제받는다는 것이다. 이것이

조로아스터교나 마니교와 닮은 사고라는 것은 애써 말할 필요도 없다. 그리고 카타리파에는 신비주의, 즉 신(초월)은 개개인에 내재한다는 관점이 있었다. 이로부터 성직자의 히에라르키의 부정만이 아니라 만인의 평등, 남녀의 평등이라는 사고로 인도되었다. 당연히 교회는 이것을 이단으로 간주했지만, 운동은 점점 확대되었다. 그것은 봉건영주에게도 위협이었다. 따라서 카타리파는 교회와 봉건영주의 결탁(알비주아Albigeois십자군¹)에 의해 잔혹하게 섬멸되었다.

한편 왈도파는 창시자 왈도가 예수처럼 청빈한 생활을 지향하여 시작된 신도들의 운동이다. 그들은 스스로 복음정신을 배우고 설교를 행했다. 하지만 이로부터 확대된 사회운동은 교회에 의해 이단시 되고 철저히 탄압받았다. 하지만 교황청은 같은 것을 시작한 아시시의 프란체스코, 그리고 도미니크 수도원에 대해서는 승인했다. 교회 또한 자신을 위협하지 않는 범위에서 기독교 본래의 존재방식을 회복할 필요가 있었기 때문이다.

종교개혁이라고 하면 자주 루터의 그것으로부터 이야기가 이루어진다. 하지만 종교개혁은 12세기부터 각지에서 일어나고 있었다. 그리고 그것은 반드시 사회운동과 결부되었다. 하지만 루터의 종교개혁은 그렇지 않았다. 그는 그것이 계기가 되어 일어난 농민전쟁을 단호히 탄압하는 쪽으로 돌아섰기 때문이다. 루터의 종교개혁이 교회 측에 의해 중시되는 것은 오히려 그 때문이고, 기독교신앙을 개인의 내면으로 가두고 '신의 나라'를 천상화하는 것으로서이다. 한편 루터의 지원을 받은 봉건제후가 탄압한 농민운동을 이끌었던 것은 토마스 뮌처였다. 엥겔스는 다음과 같이 서술하고 있다.

• • •

1_ 카타리파의 한 분파인 알비주아파를 토벌하기 위해 로마교회가 파견한 십자군.

뮌처의 종교철학이 무신론과 통하는 부분이 있었던 것처럼 그의 정치강령은 공산주의와 통하고 있다. 그리고 근대 공산주의적 분파 가운데 2월 혁명(1848년) 전야가 되어도 그들이 구사하는 이론적 무기고의 내용이 아직 16세기 '뮌처파'의 그것을 넘어서지 못한 분파 가 한둘이 아니었다. 뮌처의 강령은 당시 도시평민의 요구를 집대성한 것이라기보다는 도시평민 사이에 드디어 발전하기 시작한 프롤레타 리아적 요소의 해방을 위한 제 조건에 대한 천재적인 예견에 가까운 것으로, 신의 왕국 즉 예언된 천년왕국을 지상에 바로 세울 것을 요구했다. 이 땅에서의 천년왕국의 수립은 교회가 본래의 모습으로 되돌아가고, 뮌처가 본래적 기독교라 여겼던 것과 대립되는 모든 제도를 폐지함으로써—그런데 사실상 이것이 바로 현대교회의 사 상이기도 하지만—이루어질 수 있다. 뮌처가 이해한 신의 나라는 계급차별도, 사적 소유도, 그리고 사회의 구성원으로부터 자립적인 외적인 국가권력도 더 이상 존재하지 않은 사회였다.[16]

'어떤 계급차별도 사적 소유도 사회의 구성에 대한 자립적인, 외적인 국가권력도 더 이상 존재하지 않는 사회상태'란 교환양식D가 지배적인 사회구성체에 다름 아니다. 뮌처가 그처럼 생각한 것을 그만의 독자적인 '천재적 예견'이라고 이야기할 것은 아니다. 이것은 근본적으로 보편종 교에 포함된 교환양식D이다. 즉 그것은 교환양식A・B・C 모두를 넘어 서려는 것이다.

이상, 나는 보편종교에 의해 개시된 교환양식D가 자주 이단적 종교의 운동이라는 형태를 취하고 현실의 사회운동으로서 나타난다는 것을 보여주었다. 하지만 교환양식D는 다른 형태로 역사적 사회구성체에 영향을 주어왔다고 해도 좋다. 왜냐하면 보편종교를 자신의 근거를 만들기 위해 도입한 국가는, 그 결과 보편종교가 개시한 '법'을 받아들임으로써 자기규제를 하게 되었기 때문이다.

예를 들어, 유럽의 경우 교회가 국가 안에 정착함에 따라 교회법이 그때까지의 게르만법이나 로마법에서 유래하는 세속법의 영향을 받아서 형성되었다. 교회법은 약자(빈자, 병자, 고아, 과부, 여행객)의 보호, 형벌의 인도(人道)화, 재판의 합리화, 사투(私鬪, Fehde)의 억압과 평화의 확보(신의 평화, 신의 휴전) 등의 점에서 세속법에 커다란 영향을 미쳤다. 또 그것은 근대서양의 국가법 형성에서 법이나 국가의 윤리적 기초에 관한 이론이나 국제단체의 관념과 국제분쟁의 평화적 처리방법 등의 이론적인 면에 공헌했다. 이런 의미에서 보편종교는 현실의 사회구성체에 큰 영향을 미쳐왔다.

교환양식의 관점에서 보면, A · B · C라는 세 가지 양식의 결합으로 이루어진 사회구성체는 보편종교에서 유래하는 관념이나 법을 통해서 교환양식D의 영향을 받아왔다. 그러므로 사회구성체의 역사를 볼 때, 현실적으로는 존재하지 않는 교환양식D의 계기를 무시할 수 없다.

8. 이슬람교 · 불교 · 도교

이상과 같이 내가 서술한 것은 유대교나 기독교를 특권화하는 것은 아니다. 보편종교는 각지에서 제국이 성립하는 과정, 교환양식B · C가 충분한 전개를 달성한 시점에서 출현했다. 물론 그것들은 각기 다르다. 하지만 그 차이의 대부분은 각각이 나온 역사적 문맥의 차이에 의한 것이다. 예를 들어, 불교는 윤회와 그로부터의 해탈을 지향하는 종교적 전통과 사제의 지배 가운데에서 그에 대한 '탈구축'적인 비판으로 시작되었다. 그런 문맥을 가지고 있지 않은 지역에서 불교는 그것이 탈구축하려고 한 교의(敎義) 그 자체를 가져온 것처럼 보인다. 예를 들어, 불교는 윤회를 설파했다, 또는 윤회로부터의 해탈을 설파했다는 식으로 말이다. 하지만 보편종교의 보편성은 그것이 나온 문맥이 아니라 그것을 어떻게 탈구축했는지에서 찾아져야 한다.

예를 들어, 유대교는 인격적인 일신교이고, 불교는 그렇지 않다는 통념이 있다. 확실히 선(禪)에서 인격신은 부정된다. 하지만 현실적으로 불교의 여러 파(특히 정토교 · 정토진종)에서는 초월자를 인격신(아미타불)으로 간주하고 있다. 신란(親鸞)은 아미타불 따위는 존재하지 않지만, '무'(無)라고 하면, 대중이 이해할 수 없기 때문에 일종의 '방편'으로서 그렇게 말하는 것이라고 이야기한다. 하지만 이런 이중성은 소위 일신교에서도 존재한다. 유대교에서도 기독교에서도 이슬람교에서도 그 안의 신비주의자는 신을 인격으로 보는 것을 조소적으로 부정한다. 다만 대중용으로는 신을 인격신으로 간주하고 있다. 또 그렇게 하지 않으면 이단으로서 추방당하고 만다. 그러므로 일신교와 불교의 차이를 말한다면, 이상의 것을 전제한 후에 말해야 한다.

보편종교의 공통된 특징은 왕=사제 비판이다. 하지만 모든 종교집단이 세력을 확대함에 따라 스스로가 부정한 길을 걸었다. 즉 국가종교가 되고, 성직자가 지배하는 체계가 되었던 것이다. 하지만 동시에 그에 대한 탈구축적인 힘을 전면적으로 잃는 일은 없었다. 그것은 역사적인 현실이라는 문맥에서 '원시교단으로 돌아가라'라는 형태를 취하는 종교 개혁을 통해 되살아났다. 예를 들어, 이슬람교도 그 중 하나이다.

예언자 마호메트가 초래한 것은 유대교나 기독교에서 상실된 유목민적인 호수적 공동체를 다시 회복하려는 운동이었다. 그렇지만 그것은 근본적으로 도시의 종교이고, 또 거기서 강조되는 공동체(움마ummah)는 부족적 공동체와는 다른 고차적 공동체이다. 하지만 사제=왕권을 부정하는 이슬람교도 세력이 확대되자 바로 교권국가가 되어버렸다. 예언자 마호메트 사후에 성직자=왕(칼리프)의 지배가 생겨난 것이다. 그리고 교의(敎義) 상으로도 사제계급에 의해서 발전되었다. 실제 그리스 철학, 특히 아리스토텔레스를 받아들여 '신앙과 이성'이라는 문제와 처음 씨름한 것은 이슬람교도이고, 그것이 중세유럽의 기독교권에 도입되었다.

한편 이에 대해 공동체(움마)를 회복하려는 운동이 내부에서 일어났다. 그것은 '이맘'(imam, 지도자)에 의한 것이다. 예언자 숭배는 오히려 성직자-왕권에 권위를 부여한다. 그런데 이맘은 신과 개인, 또는 초월성과 내재성을 역설적으로 결부시킨다. 따라서 이맘에의 신앙은 민중에게 예언자 숭배 이상으로 중요했다. 특히 마호메트의 사위로 참살된 알리(ali)를 최초의 이맘으로서 숭상한 시아파에서 그러했다. 바울이 예수의 죽음을 구제사의 관점에서 의미를 부여했던 것처럼 시아파는 알리의 죽음을 구제사의 핵심으로 삼았다. 이와 같은 이맘신앙에서 교권국가를 뒤엎는 천년왕국적 사회운동이 여러 번 생겨났다. 이렇게 보면, 기독교에 관해 서술한 것이 이슬람교에 관해서도 기본적으로 타당하다. 즉 보편종교의 에센스는 사제=왕권에의 비판에 있었다.[17]

불교에 대해서도 같은 것을 말할 수 있다. 이미 서술한 것처럼 붓다가 출현한 것은 도시국가가 난립하고 화폐경제가 급격히 발전한 시기였다. 그것은 또 마하비라(자이나교 개조開祖)를 시작으로 많은 자유사상가가 배출된 시기이다. 붓다가 행한 것을 한마디로 말하면, 선행하는 공동체·국가의 종교에 대한 탈구축이다. 그것은 윤회하는 동일적 자기를 환상으로서 배척하는 것으로 집약된다. 그것은 카스트체제를 정당화하는 이데올로기로서의 윤회에 대한 부정이다. 또 윤회를 고행에 의해 해탈하는 것에 대한 부정, 더욱이 제의나 주술의 부정이다. 바꿔 말해, 사제(바라몬) 계급의 부정이다. 붓다의 교단이 '공산주의'적 유동집단이었다는 것은 말할 필요도 없다. 불교는 특히 상공업자와 여성 사이에서 퍼졌다. 후에 여성을 죄가 깊은 존재라고 말한 것이 불교라고 간주되지만, 그것은 불교 이전부터 있었던 수행자들의 통념에 지나지 않았다. 그것을 부정했기 때문에 불교는 오히려 여성들 사이에서 우선 퍼졌던 것이다. 이처럼 불교는 상공업자 등 지배계급의 보호를 받았지만, 농민과의 연결은 희박했다.

제국을 형성시킨 마우리아 왕조의 아소카왕 시대(기원전 3세기)에 불교는 제국의 종교가 되었다. 아소카왕은 불교 법(다르마)의 정치적 실현을 지향했다. 이후 불교는 고도로 철학적으로 다듬어지게 되었지만, 농업공동체에는 침투하지 않았다. 그러므로 불교는 정치적으로 국교로서의 지위를 잃자, 인도에 남지 않았던 것이다. 불교를 흡수한 토속적 종교, 즉 힌두교에 의해 대체되었다. 불교가 존속한 것은 인도의 바깥이다. 하지만 거기에서도 기본적으로는 같은 것이 일어났다. 즉 보급되어 정착되면, 국가체제의 이데올로기가 되었고, 또 토속적 종교와 합쳐졌다. 예를 들어, 중국에서 불교는 당(唐)나라 때 국교로서 받아들여졌다. 왜냐하면 당 왕조는 이전까지와는 달리 유라시아에 미치는 대제국이었기 때문이다.

하지만 불교에서 성직자=왕권을 부정하는 계기가 완전히 사라진 것은 아니다. 특히 인도의 바깥, 동아시아나 동남아시아에서는 미륵(마이트레야)신앙—미륵이 이 세계에 출현하여 정토를 실현한다는—이 퍼졌고, 그것이 각지에서 천년왕국운동을 낳았다. 그것은 중국이나 한국에서 민중반란과 결부되었다. 하지만 그 후 불교는 영향력을 잃었다.

동남아시아나 티베트를 별도로 하면, 불교가 뿌리를 내린 것은 일본이다. 하지만 그것은 일종의 종교개혁의 결과이다. 불교는 6세기 일본에 도래했다고 간주되는데, 이것은 야마토(大和)조정이 집권적인 체제를 만들기 위해서였고, 이후도 불교는 '진호(鎭護)국가'를 위한 것이었다. 불교의 보편종교적 성격이 일본에서 발현된 것은 13세기(가마쿠라시대) 씨족사회가 해체되고, 새로운 농민공동체가 형성되는 과도기에서이다. 즉 불교가 개개인에게 호소하는 것이 된 것은 씨족사회의 계류(繫留)로부터 벗어난 개인이 출현했기 때문이다.

특히 기성의 교단이나 승려를 부정한 정토진종이나 니치렌(日蓮)종이 민중 사이에 보급되었다. 그것을 상징하는 것은 승려의 계율을 파괴하고 아내를 취한 신란(親鸞)의 말, "선인일지라도 왕생할 수 있으니, 하물며 악인은 말할 것도 없다."(『탄이초(歎異抄)』)이다. 이 경우 악인이란 범죄자가 아니라 신약성서에 등장하는 세금징수인이나 매춘부처럼 사회에서 기피되고 경시되는 직업에 종사하는 사람을 가리킨다. 다른 한편, 선인은 '악'으로부터 자유롭다고 이야기되는 부자·지배계급이다. 이와 같은 가치전도가 사회적 계급의 전도에 이어지고 있는 것은 당연하다. 정토진종은 15세기 이후 천년왕국적 사회운동(농민전쟁)으로 바뀌어 봉건영주를 타도하고 공화국(가가加賀)을 만들었고, 봉건영주로부터 자립한 도시(사카이堺)를 뒷받침했다. 하지만 16세기 말 도요토미·도쿠가와에 의한 정치적 집권화 밑에서 괴멸될 수밖에 없었다. 이후 불교는 도쿠가와 바쿠후 행정기구의 일단이 되고, 그 보편종교적 성격을 상실했다.

중국에서 보편종교의 개조는 공자와 노자이다. 앞서 서술한 것처럼 그들은 춘추전국시대, 즉 폴리스가 난립하고 제자백가가 배출된 시대에 등장했다. 그들은 그때까지의 공동체 종교가 기능하지 않게 된 시기에

그것을 근본적으로 다시 물었다. 그것들은 종교로서 이야기된 것은
아니다. 오히려 항상 정치적 사상으로 말해지고, 그처럼 기능했다. 하지
만 공자도 노자도 각각 새로운 '신'을 도입했다고 해도 좋다. 그것을
공자는 초월적인 '하늘'에서, 노자는 근본적인 '자연'에서 발견했다.

먼저 공자가 설파한 것은 한마디로 말하면 인간과 인간의 관계를
'인'(仁)에 기초하여 다시 세우는 것이다. 인이란 교환양식으로 말하면
무상의 증여이다. 공자의 가르침(유교)의 에센스는 씨족적 공동체를
회복하는 것이라고 해도 좋다. 물론 그것은 씨족공동체를 고차원적으로
회복하는 것으로 단순한 전통의 회복이 아니다. 특히 공자의 사상에서
그런 사회변혁적인 면은 맹자에 의해 강조되었다. 하지만 현실적으로
유교는 법이나 실력에 의해서가 아니라 공동체적 제사나 혈연관계에
의해 질서를 유지하는 통치사상으로서 기능했다.

다음으로 그것을 철저히 부정한 것이 '무위자연'(無爲自然)을 설파한
노자이다. '무위'란 아무것도 하지 않는 것이 아니다. 유교나 법가가
생각하는 '유위'(有爲, 사회제도의 구축)의 무화, 즉 그 적극적인 탈구축을
지향하는 것이다. 노자는 집권적 국가만이 아니라 씨족사회 그 자체를
'인위적인 제도'로 부정했다. 공자가 씨족적 공동체의 회복을 지향했다
고 한다면, 이것은 말하자면 유동적 수렵채집민의 생활을 회복하려는
것이었다고 해도 좋다. 하지만 현실적으로 노자의 가르침도 통치사상의
일종으로서 기능했다. 그것은 통치자는 '법의 지배'에 위임하고 아무것
도 하지 않는 것이 좋다는 법가사상이 되기 쉬운 것이었기 때문이다.

제자백가 중에서 정치적으로 가장 유효하고 유력했던 것은 법치주의
로 진(秦)을 강국으로 만든 법가이다. 특히 한비자는 진의 시황제에 봉사
하여 씨족적 연대를 배격하고 관료제와 상비군을 통한 중앙집권적 체제
를 확립하는 정책을 추진했다. 진의 시황제는 제국을 확립하자 유교를

봉건적(지방분권적) 공동체를 지향하는 반(反)법치주의적 사상으로서 철저히 탄압했다. 소위 '분서갱유'를 단행했다.

하지만 진 왕조는 극히 단명했다. 다음 한 왕조의 초기단계에서는 '무위자연'을 설파한 노자의 사상이 국시(國是)가 되었다. 이것은 법과 공포를 통해 지배한 진 왕조 때문에 황폐해진 사회가 회복될 때까지는 유효했다. 하지만 3대째 황제인 무제는 유교를 씨족적 공동체의 기반에서 국가질서를 유지하는 이데올로기로 활용하려고 했다. 한편 그때까지 주(周) 왕조의 봉건적 사회를 이상화하고 집권적 국가를 부정하고 있었던 유교도 법가의 중앙집권주의를 받아들여 변용되었다. 이후 유교는 국가질서를 공동체적 의례나 혈연적 유대로 고착시키는 역할을 수행했다.

물론 이상이 유교의 전부는 아니다. 이후 유교의 역사에서 예를 들어 양명학처럼 인에 기초하는 사회변혁사상이 회복되고, 그것이 다양한 사회운동을 초래한 면도 놓쳐서는 안 된다. 또 노자의 사상은 이제 통치사상으로서가 아니라 통치 그 자체를 부정하는 유토피아주의와 아나키즘의 원천으로서 계속 존재했다. 노자의 사상은 원래 통치자·지식인에게만 알려져 있었지만, 도교의 시조로 간주됨으로써 대중화되었다. 노자는 주술적인 도교와는 무관하지만, 적어도 도교가 왕조에 대항하는 대중운동이 될 때, 거기에 노자의 사상이 살아있었다고 말할 수 있다. 중국사에서는 최초의 민중반란은 후한 말에 일어난 '황건의 난'이다. 이것은 도교에 기초한 천년왕국 운동이었다. 이것은 제국을 멸망시키는 계기를 만든 데에 그쳤지만, 이후 중국사에서 왕조의 교대시기에 자주 '황건의 난'과 닮은 종교적 사회운동이 일어났다. 예를 들어, 명 왕조의 태조 주원장은 그와 같은 운동의 지도자였다.[18]

제3부

근대세계시스템

서론 세계=제국과 세계=경제

나는 이제까지 교환양식B가 우위에 있는 사회구성체의 존재방식을 고찰했다. 제3부에서는 교환양식C가 우위에 있는 사회구성체를 다룬다. 하지만 그 전에 생각해야 할 문제가 있다. 그것은 교환양식C의 우위성이 어떻게 성립했는가이다. 교환양식C, 즉 상품경제는 고대부터 존재했지만, 아무리 확대되어도 그것이 교환양식B가 지배적인 사회구성체를 무너뜨린 일은 없었다. 그런데도 유럽에서 그것이 일어난 것이다.

마르크스주의자 사이에는 이것이 '봉건제에서 자본주의로의 이행'이라는 문제로 논의되어왔다.1) 한편으로 폴 스위지는 자본주의가 그에 앞서는 교역의 발전—특히 아메리카대륙으로부터의 은 유입—위에 존재한다는 점을 강조했다. 다른 한편으로 모리스 돕은 봉건제의 내부적 해체를 강조했다. 그것은 유통과정을 중시하는 자(스위지)와 생산과정을 중시하는 자(돕) 사이의 대립이라고 말할 수 있다. 양자의 대립은 마르크스 문헌에 의존하는 것만으로는 해결할 수 없다. 마르크스는 양쪽의 견해를 모두 제시하고 있기 때문이다.

예를 들어, 그는 다음과 같이 말한다. "근대적 경제의 현실적 과학은 이론적 고찰이 유통과정에서 생산과정으로 옮겨갈 때야 비로소 시작된다."[2] 여기서 마르크스는 근대자본주의의 기원을 매뉴팩처에서, 더욱이 생산자(자영농민) 자신이 자본가이기 시작하는 매뉴팩처에서 발견했다. 바꿔 말해, 근대자본주의의 기원을 봉건제사회가 내부적으로 해체된 것에서 발견했다. 돕만이 아니라 일반적으로 마르크스주의자는 이런 면을 강조해왔다.

하지만 동시에 마르크스는 다음과 같이 말하고도 있다. "상품유통은 자본의 출발점이다. 상품생산과 발달한 상품유통인 상업은 자본이 성립하기 위한 역사적 전제를 이루고 있다. 세계상업과 세계시장은 16세기에 자본의 근대적 생활사를 개시한다."[3] 마르크스가 생각하기에 이와 같은 '세계시장'은 구체적으로 말하면 15세기 발트 해 지역과 지중해 지역의 국제적 경제가 연결되었을 때, 그리고 16세기에 유럽과 아메리카, 아시아를 연결하는 '유통'이 열렸을 때 성립한 것이다. 유럽의 자본주의적 발전은 이제까지 고립되었던 복수의 세계=제국을 결부시키는 세계시장 없이는 생각할 수 없다. 스위지의 견해는 이 위에 서있다. 16세기 유럽에서 세계=경제가 시작되었다는 월러스틴의 견해도 그 연장선상에 있다.

하지만 두 견해 모두 자본주의경제가 왜 유럽에서 발생했는지를 설명하지 못한다. 생산을 중시하는 견해에 관해 이야기하자면, 봉건제가 해체된다고 말하기 전에, 왜 어떻게 유럽에서 특유의 봉건제가 시작되었는지를 물어야 한다. 그것을 단지 부역공납제의 일종으로 간주하는 것은 불충분하다. 또 유통을 중시하는 견해에 관해 말하자면, 왜 어떻게 '세계상업과 세계시장'이 유럽에서 시작되었는지를 물어야 한다. 그것은 기존의 세계=제국에서의 교역과는 이질적이다. 그리고 이 두 가지 문제는 다른 것이 아니다. 유럽에서 시작되는 '세계상업'은 '봉건제'와 분리할 수 없다.

이 문제를 생각하기 위해 먼저 브로델에 근거하여 세계＝제국과 세계＝경제를 구별하는 것에서 시작하고 싶다. 이들의 차이는 국가에 의한 교역의 관리가 있는지에 집약된다. 세계＝제국에서는 국가관료가 교역을 독점하고 식량 등의 가격을 통제한다. 한편 그와 같은 국가적 통제가 없이 교역과 로컬한 시장이 통합될 때, 세계＝경제가 성립한다. 월러스틴은 이 경우 세계＝경제가 16세기 유럽에서 생겨나 그것이 각지의 기존 세계＝제국을 삼키고, 세계를 중심(core), 반주변(semi-periphery), 주변(periphery)이라는 구조로 재편성했다고 생각한다.

하지만 브로델은 세계＝제국에서 세계＝경제로의 '발전'이라는 견해를 거부했다.4) 유럽은 16세기 이전부터 세계＝경제였다는 것이다. 게다가 세계＝경제는 서유럽에 한정되지 않는다. 폴라니가 지적한 것처럼 그리스나 로마에도 세계＝경제가 존재했기 때문이다. 그리스에서는 앞서 서술한 것처럼 경제적 통제를 행할 관료기구를 받아들이지 않았다. 그것을 시장에 맡겼다. 그것은 그들이 문명적으로 '앞서 나갔기' 때문이 아니다. 그 반대로 씨족적 독립성의 전통이 농후하게 남아있었기 때문이다. 더욱이 세계＝제국에서 문명을 받아들이면서 그 간섭을 받아들이지 않아도 되는 지역, 즉 세계＝제국의 아주변에 존재했기 때문이다.

마찬가지로 서유럽에서 세계＝경제가 발생한 것도 그것이 문명적으로 앞서 나가고 있었기 때문이 아니라, 로마제국, 그리고 그것을 이어받은 아라비아 세계＝제국의 아주변에 존재했기 때문이다. 물론 유럽도 세계＝제국을 실현하려고 했지만, 결국 실현시키지 못했다. 즉 집권적인 국가가 성립하지 않고 왕이나 봉건제후가 난립하여 항쟁하는 상태가 이어졌다. 그리고 그런 만큼 국가의 통제 없이 교역이나 시장이 자유롭게 생겨났다. 그 결과 자립적인 도시가 많이 성립했다. 따라서 유럽에서의

'봉건제'와 '세계상업'은 분리할 수 없다.

브로델은 각종 세계=경제를 비교하여 공통의 경향규칙을 도출했다. 그것은 세계=경제에는 하나의 중심이 있으며, 그것이 중심적 도시(세계 =도시)라는 것이다. 세계=제국에서 도시는 정치적인 중심이다. 하지만 세계=경제에서는 정치적 중심이라는 점이 중심적인 도시를 결정하는 것이 아니다. 역으로 교역의 중심이야말로 정치적으로도 중심이 된다. 그리고 세계=경제에서 중심은 끊임없이 이동한다.

브로델은 말한다. "세계=경제는 항상 중심점 역할을 하는 도시를 가지고 있다. 그곳은 사업상의 병참기지와 같은 곳이다. 이곳으로 정보, 상품, 자본, 신용, 인력, 주문, 상업통신문이 유입되었다가 다시 빠져나간다."[5] 그와 같은 중심을 다수의 중계도시가 멀찍이 둘러싼다. 하지만 그들 사이의 경합이 존재하기 때문에, 중심은 고정되지 않고 끊임없이 이동한다. 물론 세계=제국에서도 중심은 도시에 있으며, 또 그것도 이동하지 않는 것은 아니다. 다만 중심의 이동이 있어도 그것은 오로지 정치적·군사적인 이유 때문이다. 그런데 세계=경제에서는 중심적 도시가 이동함에 따라 정치적인 중심이 이동한다.

세계=제국에서 중심과 주변이라는 공간적 구조는 주로 정치적·군사적 힘의 성질에 따라서 형성된다. 제국의 범위는 첫째로 로지스틱스(logistics, 병참)에 의해 한정된다. 단지 영토를 정복하는 것만이 아니라 그것을 유지하려고 한다면, 그 범위는 제한된다. 둘째로 제국의 범위는 경계의 확장을 통해 얻어지는 부와 그것을 위해 필요한 군·관료제 코스트(cost)의 비율에 의해 결정된다. 한편 세계=경제에는 '한계'가 없다. 상품교환은 공간적으로 어디든 다다를 수 있기 때문이다. 그렇지만 현실적으로 국가에 의한 법과 안전의 확보가 없으면, 그것은 성립하지 않는다. 그러므로 역사상 존재한 세계=경제는 세계=제국에 의해 파괴

되거나 병합되어 왔다. 하지만 서유럽에서 확대된 근대적 세계=경제는
역으로 세계=제국을 삼켜버렸다.

앞서 서술한 것처럼 세계=제국에는 중핵(core), 주변(margin), 아주변
(sub-margin), 권외라는 구조가 존재했다. 하지만 세계경제가 세계를 뒤
덮은 상태에서는 더 이상 세계=제국은 중핵으로서 존재할 수 없다.
따라서 그 주변·아주변도 존재할 수 없게 된다. 한편 세계=경제에서도
중심과 주변이라는 지정학적 구조가 존재한다. 그것을 최초로 '메트로폴
리스'와 '새터라이트'(satellite)라는 용어(term)로 지적한 것이 안드레 군
더 프랑크였다. 그가 생각하기에 세계=경제는 중심부가 주변부로부터
잉여를 수탈하는 구조였다. 그렇기 때문에 주변부는 중심부의 발전에
대응하여 저개발(under-develop)되게 된다. 주변부는 원래 미개발이었던
것이 아니라 중심과 관계하여 저개발되었다는 것이다. 이에 대해 월러스
틴은 반주변이라는 개념을 보탰다. '반주변'은 중심부로 이동할 수 있고,
주변부로 전락할 수 있다. 이처럼 세계=경제는 중심(core), 반주변
(semi-periphery), 주변(periphery)이라는 구조를 이룬다.

이것은 비트포겔이 보여준 세계=제국의 구조, 즉 중핵, 아주변, 주변
과 유사하다. 하지만 세계=제국과 세계=경제의 구조에는 결정적인
차이가 존재한다. 세계=제국에서는 중심부가 폭력적인 강제에 의해
주변부로부터 잉여를 수탈하지만, 주변부로 가면 갈수록 그것이 곤란하
게 된다. 제국의 판도를 확대하기 위해서는 역으로 중심부의 잉여를
주변으로 돌리지 않으면 안 된다. 예를 들어, 중국의 조공외교도 말하자
면 호수적인 교환이고, 이 경우 조공에 대한 황제로부터의 리턴(return)
쪽이 크다. 그와 같은 증여에 의해 황제는 위신을 유지하고 지배영역을
넓혔던 것이다.

그런데 세계=경제에서는 직접적인 수탈보다도 오히려 단순한 상품

교환을 통해 중심부가 주변부로부터 잉여를 수탈하는 구조가 존재한다. 또 세계=제국에서는 주변부가 원료를 가공한 생산물을 중심부에 보내는 데에 반해, 세계=경제에서는 주변부가 원료를 제공하고 중심부에서 그것을 가공·제조하는 구조이다. 이와 같은 국제분업에서는 가공·제조부분 쪽이 가치생산적이다. 그 때문에 중심부는 주변부를 국제분업에 편입시킴으로써 잉여가치를 획득할 수 있다.

한마디로 말해, 세계=제국에서는 부의 축적=수탈이 폭력적인 강제와 안도감이라는 교환에 의해 이루어진다. 즉 그것은 교환양식B에 근거하고 있다. 한편 세계=경제에서는 부의 축적=수탈이 상품교환에 의해 이루어진다. 즉 그것은 교환양식C에 기초하고 있다. 유럽에서 시작된 이런 시스템은 그때까지의 세계시스템을 급격히 변화시켜 갔다. 이에 대해 서술하기에 앞서 다음과 같은 점에 주의를 환기시키고 싶다.

첫째로 세계시장과 세계자본주의의 확대 속에서 기존의 세계=제국이 주변화된 것은 사실이지만, 그것은 아스텍제국(멕시코)이나 잉카제국(페루·볼리비아)을 제외하면, 16세기가 아니라 19세기 이후부터이다. 그럼에도 불구하고 19세기 이후의 압도적인 유럽의 우위가 그 이전의 실상을 왜곡해버렸다. 16세기 이후 서유럽의 세계=경제가 확대된 시기, 아시아는 고대제국인 채로 정체되어 있었던 것은 아니며, 쇠퇴하고 있었던 것도 아니다. 몽골에 의한 유라시아 대제국이 붕괴한 후, 아시아 각지에서는 중국의 청조, 인도의 무굴제국, 그리고 오스만투르크 등의 세계제국이 재건되었다. 그것들은 경제적으로 커다란 발전을 이루었다. 이 점에 관해 프랑크는 아시아의 근세제국, 특히 중국의 그것은 18세기 말까지 경제적으로 유럽보다 우월한 것이었다고 말하고 있다(『리오리엔트』).[1] 근대유럽의 세계=경제 발전은 아메리카 대륙에서 얻은 은을 가지고 중국이나 동남아시아의 교역에 참여함으로써 성립된 것이다.

더욱이 조셉 니담이 지적한 것처럼 중국은 과학기술에서도 서양보다도 훨씬 앞서 있었다.6)

둘째로 글로벌한 세계=경제 속에 아주변에 놓인 지역에도 기존의 세계=제국의 중핵, 주변, 아주변, 권외라는 지정학적 구조의 차이는 존속한다. 예를 들어, 주변적인 지역이나 권외지역이 서양의 나라들에 의해 간단히 식민지화된 데에 반해, 구제국의 중핵이나 아주변은 용이하게 식민지화 되지 않았다. 아주변적인 지역에 있었던 일본은 세계=경제에 급속히 적응하여 그 중핵에 들어가 있었고, 또 세계=제국의 중핵이었던 러시아나 중국은 세계=경제 속에서의 주변화에 대항하여 새로운 세계시스템을 재건하려고 했다. 러시아나 중국의 사회주의 혁명은 오히려 그런 기도(企圖)로 보아야 할 것이다. 통상 세계=제국은 민족들로, 즉 다수의 국민국가로 분해되어 버린다. 러시아나 중국이 그런 운명을 면했던 것은 민족보다도 계급문제를 근본에 놓는 마르크스주의자에 의해 지휘되었기 때문이다. 물론 그들은 제국을 재건할 생각은 아니었다. 하지만 '의식하지 않았지만 그렇게 했다'(마르크스) 하겠다.

• • •
1_ 안드레 군더 프랑크, 『리오리엔트』, 이희재 옮김, 이산, 2003.

제1장 근대국가

1. 절대주의 왕권

앞서 서술한 것처럼 세계제국에서는 상업이나 교역이 발전했는데, 그것은 국가에 의해 독점적으로 관리된 것이었고, 거기서 상품교환 원리는 다른 교환양식을 상회할 수 없었다. 세계=경제, 즉 상품교환 원리가 다른 교환양식보다 우월한 사태는 국가가 일원적인 집권성을 가지고 있지 않은 지역, 즉 서유럽에서만 일어났다. 그곳에서는 동로마제국 또는 그리스정교권이나 이슬람권과 달리 정치권력과 종교권력이 일원적으로 통합되지 않았다. 교회, 황제, 왕, 봉건제후가 대립하여 계속 항쟁하고 있었다. 그것들의 대립을 이용하여 자립도시가 성립했다. 즉 도시도 작은 국가로서 왕이나 봉건제후와 어깨를 나란히 하고 있었다.

서유럽에서 집권적인 국가가 시작되는 것은 절대주의적 왕권국가(이후 절대왕정이라고 부른다)에 의해서다. 그것은 왕이 그때까지 왕과 어깨를 나란히 하고 있었던 다수의 봉건제후를 제압하고, 교회의 지배권을 빼앗음으로써 성립했다. 이것이 가능했던 것은 다음과 같은 이유 때문이라고 해도 좋다. 하나는 파괴력을 가진 화기의 발명이다. 화기는 기존의 전력을 무효화하고 귀족=전사의 신분을 무의미하게 만들었다. 이것은 국가가 폭력의 독점에 있다는 관점에서 보면 중요하다.

또 한 요인은 화폐경제의 침투이다. 예를 들어, 영국에서는 14세기 시점에 봉건영주는 사실상 농민으로부터 봉건적 공납을 받는 대신에 지대를 받은 지주계급이었다. 물론 그들은 의식적으로는 봉건영주인 채로였고 다양한 봉건적 특권을 가지고 있었다. 그러므로 왕은 도시의 상공업자와 계속 결탁하면서 봉건제후의 특권들을 폐지하고 토지세[地租]를 독점하고, 관세나 소득세를 얻기 위해 무역을 추진했다. 권력을 빼앗긴 봉건제후는 국가가 획득하는 조세로부터 분배를 받는 궁정귀족·지주계급이 되었다. 이처럼 화폐경제는 절대왕정을 뒷받침하는 관료나 상비군을 초래했다.

하지만 압도적인 군사력, 화폐경제, 다수부족의 제압, 중상주의정책은 절대왕정 고유의 것은 아니다. 그것은 옛날 공납전제국가가 형성되던 과정에도 있었다. 그런 점에서 양자에는 공통된 면이 있다. 앞서 서술한 것처럼 베버는 봉건제와 '가부장제적 가산제'(아시아적 국가)의 차이 중 하나를 복지정책에서 발견했다. 즉 봉건제가 행정기능을 극소화하고 자기 자신의 경제적 존립에 있어 불가결한 범위 내에서만 예속민의 경우(境遇)를 생각했던 데에 반해, 가부장제적 가산제에서는 행정적 관심이 극대화된다. 그런 점에서 절대왕권국가는 봉건적 국가보다도 훨씬 공납전제국가와 닮아있다고 베버는 말한다(130쪽 이하 참조).

절대왕권국가가 아시아적 전제국가와 닮았다는 것은 단지 집권적인 국가기구의 형성이라는 면에서다. 하지만 그 내용은 다르다. 아시아적 전제국가가 교환양식B가 지배적인 사회구성체인 데에 반해, 절대왕권국가는 사실상 교환양식C가 지배적인 사회구성체이다. 그러므로 아시아적 전제국가는 붕괴되어도 바로 재건되는 데에 반해, 절대왕정이 붕괴될 때는 부르주아사회가 된다.

이 점에서 절대왕권국가는 아시아적 전제국가(세계=제국)와 근본적으로 이질적이다. 그것은 바로 세계=제국이 존재하지 않았던 서유럽에서 생겨난 것이다. 서유럽에서는 로마교회가 전체를 통합하고 있었지만, 정치적으로 통합이 이루어지지는 않았다. 황제가 존재했어도 교회에 의해 유지된 명목적인 존재에 지나지 않았다. 실제로는 교회, 왕, 봉건영주, 도시 등이 길항하고 또 상호 의존하는 착종된 상태가 계속되었다. 이런 상태로부터 절대왕권국가가 출현했다.

그것은 다른 봉건영주나 도시를 제압함으로써 생겨났다. 하지만 그것은 일국 내부에서만 생겨난 것이 아니다. 예를 들어, 왕이 대항하는 영주들을 간단히 억누를 수 없었던 것은 그 배후에 교회 내지 외국의 왕 등이 있었기 때문이다. 내전이 바로 외국과의 전쟁이 되어버렸다. 그러므로 왕이 다른 영주를 억누르고 왕권을 확립하기 위해서는 그 나라에서 외적·초월적인 것을 억눌러야 했다. 그 가운데에서 최대의 장애는 교회이고, 또 교회에 의해 뒷받침되었던 '제국'이라는 관념이다.

절대왕권은 다음 두 가지 의미에서 '절대적'이다. 첫째로 왕권의 절대성은 일정영역에서 그때까지 봉건제후 가운데 제1인자 정도의 지위에 있었던 왕이 다른 영주(귀족)들을 넘어선 '절대적'인 지위에 서는 것을 의미했다. 둘째로 왕권의 절대성은 상위조직이나 관념(교회나 교황)을 거부한다는 것을 의미했다. 그것은 왕이 황제와 같은 지위에 선다는 것을 의미하지 않는다. 역으로 절대왕정은 자신이 황제와 같은 위치에 서는 것을 부정한다. 바꿔 말해 그것은 다른 절대왕권의 존재를 승인하는 것이다. 그 결과, 제국으로서의 통합이 단념되고, 복수의 왕권국가가 공존하게 된다.

이처럼 서유럽에서는 일찍이 없었던 타입의 집권적 국가가 출현했다. 16세기 사상가 장 보댕은 이와 같은 절대왕권을 '주권'이라고 불렀다.[1] 그는 주권을 두 가지 측면에서 파악했다. 첫째로 주권은 대외적으로 신성로마제국 황제나 특히 로마교황의 보편적 권위에 대해 자립하는 것. 둘째로 주권은 대내적으로 영역 내의 모든 권력을 넘어서, 신분, 지역, 언어, 종교 등의 차이를 넘어서 존재하는 것이다. 말할 것도 없이 이와 같은 이면성은 절대왕권의 이면성에 다름 아니다.

일반적으로 국가는 그 내부와 동시에 외부국가와의 관계 안에서 규정된다. 그러므로 '주권'이 대내적이고 대외적인 이중의 측면에서 생각되는 것은 당연하다. 하지만 보댕이 말하는 '주권'국가는 특수한 유럽적인 문맥에서 생겨난 것이다. 주권국가는 상호승인에 의해 성립한다. 그보다 상위의 존재, 제국을 인정하지 않는다. 하지만 그와 같은 주권국가는 유럽의 판도 속에서 성립한 것이기 때문에, 유럽 바깥에서는 타당하지 않다. 그렇다면 그것은 왜 일반적인 근대국가의 원리가 된 것일까.

물론 그것은 유럽열강이 경제적·군사적으로 우위에 있었기 때문인데, 주권국가라는 관념이 일반화된 것은 그들이 비서양국가를 지배했을 때, 주권국가의 원리에 근거하여 그렇게 했기 때문이다. 첫째로 주권국가라는 관념은 주권국가로서 인정되지 않은 나라는 지배되어도 좋다는 것을 함의한다. 유럽의 세계침략·식민지지배를 뒷받침한 것은 이런 사고이다. 그러므로 그런 지배로부터 벗어나기 위해서는 스스로를 주권국가라고 주장하고, 서양열강들로부터 그것을 인정받아야 했다.

둘째로 서양열강은 오스만, 청조, 무굴과 같은 거대한 세계제국에는 손을 댈 수 없었기 때문에, 그들 제국의 통치형태를 비난하고 마치 제국에 종속되어 있는 민족을 해방시켜 주권(민족자결권)을 주는 것처럼 행동했다. 그 결과 구세계제국은 해체되고 다수의 민족국가로 분해되어 각자가 주권국가로서 독립하는 길을 걸었다. 요컨대 주권국가라는 존재는 필연적으로 다른 주권국가를 만들어낸다. 이처럼 서유럽에서 시작되었지만 주권국가는 글로벌하게 주권국가를 만들어냈다. 그것은 세계=경제가 유럽에서 시작되었지만, 글로벌하게 된 것과 같다.

2. 국가와 정부

다시 말하면, 주권국가는 그 내부의 집권화를 통해 생겨났지만, 본래 외부에 대하여 존재하는 것이다. 절대왕정에서는 그것이 명확했다. 하지만 절대왕정을 쓰러뜨린 시민혁명 이후에는 그와 같은 사실이 간과되었다. 예를 들어, 로크는 국가를 주권자인 시민들의 사회계약으로 파악했다. 하지만 이때 국가는 그 내부만으로 생각되고 있다. 따라서 국가는 주권자인 사람들의 대표인 정부로 환원되어버린다. 국가가 무엇보다도 다른 국가에 대하여 존재한다는 것을 놓치게 된다. 다시 말해, 절대왕정에서는 중상주의정책이 보여주는 것처럼 그것이 자본=국가인 것, 즉 국가와 자본주의가 분리될 수 없다는 것이 자명했다. 하지만 절대왕정을 무너뜨린 시민혁명 이후 이것을 잃어버리게 된다. 정치적인 것과 경제적인 것이 분리되기 때문이다. 요컨대 시민혁명 이후의 견해, 혹은 그것에 근거한 오늘날의 이데올로기는 국가가 무엇인지를 간과하게 한다.

여기서 홉스에 대해 생각해보기로 하자. 절대왕정을 비판한 로크에 비하면, 홉스는 절대왕정을 지지한 것처럼 보인다. 하지만 홉스가 『리바이어던』을 쓴 것은 청교도혁명의 한가운데에서였다. 영국의 청교도혁명은 1648년에 절대왕정이 무너진 후 크롬웰의 독재체제가 있었고, 다시 그것이 무너지고 1660년 왕정복고가 이루어졌고, 1688년에 소위 명예혁명에서 입헌군주제가 확립되었다. 로크의『시민정부론』은 그것에 이론적 근거를 부여한 것이다. 그렇다면 홉스의『리바이어던』은 무엇에 근거를 부여하려고 한 것일까. 그가 이것을 절대왕정이 무너진 후에 출판한 것은 그것을 옹호하려고 했기 때문이 아니다. 그가 옹호하려고 했던 것은 내전상태를 종결시키는 자로서의 주권자이다.

절대왕정 시대에는 왕이 초월적인 존재라고 하는 '왕권신수설'이 있었고, 그것으로 충분했다. 하지만 홉스가 보기에, 절대왕정은 진정으로 주권자(리바이어던)라고 말할 수 없다. 그것은 확실히 귀족(봉건영주)이나 교회를 제압했지만, 그들은 아직 몽테스키외가 말하는 '중간세력'으로 남아있었기 때문이다. 그것은 내전의 가능성이 있다는 것, 또 외부로부터의 개입이 있다는 것을 의미한다. 그런데 청교도혁명은 그와 같은 중간세력을 일소시켰다. 그러므로 오히려 왕이 없는 공화정에서야말로 절대적인 주권자(리바이어던)가 성립했다고 말할 수 있다. 그렇지만『리바이어던』은 공화정을 옹호하기 위해 씌어진 것도 아니다. 홉스가 생각하기에 중요한 것은 왕정이든 공화정이든 여하튼 주권자가 존재한다는 것, 그리고 그것에 의해 '전쟁상태'가 사라진다는 것이다. 그것이 홉스가 말하는 의미의 사회계약이다. 로크가 말하는 사회계약은 그후에 성립한 것에 지나지 않는다.

이미 서술한 것처럼 홉스는 "주권을 획득하는 방법에는 두 가지가 있다"는 것이다. 하나는 '획득된 코먼웰스'로 '공포에 의해 강요된 계약에 기초하고 있는 것이고, 또 하나는 '설립된 코먼웰스'로 '다른 모든 인간으로부터 자신을 지켜줄 것으로 믿고 어떤 한 사람이나 합의체에 자발적으로 복종하는 것에 동의하는 경우'에 생긴다.[2] 하지만 홉스가 생각하기에 '공포에 의해 강요된 계약'이 근원적이고, 로크가 말하는 계약은 2차적인 것에 지나지 않는다.

홉스의 견해는 주권자를 국가의 내부에서가 아니라 외부와의 관계에서 보는 것이다. 내부만을 보면, 왕이 주권자인가 국민이 주권자인가는 커다란 차이처럼 보인다. 하지만 예를 들어 아일랜드인이 보면 절대왕정과 크롬웰의 차이는 없을 것이다. 영국의 정치체계가 어떻게 바뀌든 주권국가가 하는 일은 똑같다. 홉스가 생각하기에 주권은 군주정, 귀족정, 민주정이라는 정치체계와 관계가 없다. 예를 들어, 개인이 주권을 가진 경우도 있고, 합의체가 주권을 가지는 일도 있지만, 그것이 주권의 성질을 바꾸는 것은 아니다. "선거로 뽑힌 왕은 주권자가 아니라 주권자의 대행자에 지나지 않는다. 제한된 권력밖에 가지고 있지 않은 왕도 주권자가 아니라 주권을 가진 자의 대행자에 불과하다. 또 민주정이나 귀족정의 코먼웰스가 지배하고 있는 속령이 받고 있는 것은 민주정 내지 귀족정이 아니라 군주정에 의한 통치이다."3) 예를 들어, 그리스의 폴리스는 각기의 내부에서는 민주정이다. 즉 주권은 시민의 '합의체'에 존재한다. 하지만 식민지나 노예에 대해서는 '군주정에 의한 통치'인 것이다.

로크나 시민혁명 이후의 사상가는 개개인을 주체(subject)로 간주하고, 그와 같은 개인들(국민)에게서 출발하여 '사회계약'을 생각했다. 하지만 홉스가 생각하기에는 "주권자 이외의 모든 자는 그의 <신민>(subject)이다." 즉 국민이라는 주체는 절대적인 주권자에 복종하는 신민으로서 형성되는 것이다. 국민주권은 절대왕정에서 파생된 것이고, 그것과 떼어낼 수 없다. 절대왕정이 무너지면, 국민이 주권자가 되는 것처럼 보인다. 하지만 주권이라는 사고는 국내에서만 생각할 수 있는 것이 아니다. 주권은 먼저 바깥에 대해서 존재한다. 따라서 절대왕정이 무너져도 다른 국가에 대한 주권의 성격은 전혀 바뀌지 않는다.

3. 국가와 자본

주권으로서 국가의 본질은 국가의 내부에서 보는 한 보이지 않지만, 전쟁에서 현재(顯在)화된다. 그러므로 칼 슈미트는 주권자를 '예외상태'에서 보려고 했다. 왜 전쟁에서 국가의 본질이 나타나는 것일까. 국가는 무엇보다도 다른 국가에 대하여 존재하기 때문이다. 국가는 그와 같은 대외적인 면에서 내부에서 보이는 것과는 다른 양상을 드러낸다. 시민혁명 이후 주류가 된 사회계약론의 관점에서 국가의 의지란 국민의 의지이고, 그것은 선거를 통해서 정부에 의해 대행된다고 생각된다. 그런데 국가는 정부와 다른 것이며, 국민의 의지로부터 독립된 의지를 가지고 있다. 그것이 전쟁과 같은 예외상황에서 노출되는 것이다.

하지만 이것은 절대왕정에서나 일반적으로 근대 이전의 국가에서는 명료히 가시적이었다. 다만 국민국가 이후에는 그것이 보이지 않게 된 것이다. 통상 국민은 국가라는 것이 끊임없이 전쟁상태에 있고, 전쟁을 준비하고 있다는 것을 깨닫지 못한다. 그러므로 전쟁은 갑작스러운 사건처럼 보인다. 하지만 그것은 장기적인 전망과 전략에 의해 준비되고 예상된 것이다. 그리고 그것을 실행하는 것이 국가기구인 상비군과 관료이다. 서유럽에서는 이것들이 절대왕정에 의해 형성되었다는 것은 이미 서술했다. 그렇다면 절대왕정이 시민혁명에 의해 폐기된 후, 군과 관료기구는 어떻게 되었을까. 그것들은 폐기되기는커녕 질적으로나 양적으로나 증대되었다. 그리고 그것은 특별히 '국민'을 위해서가 아니다. 국민주권이라 하더라도 국가는 그 자신을 위해 존속하려고 한다. 하지만 국가를 그 내부만으로 보고 있으면, 그와 같은 것이 보이지 않게 된다.

국가가 자립적이고 독자적인 의지를 가진다는 것은 국가의 내부에서는 보이지 않는다. 거기에서는 많은 세력이 항상 싸우고, 많은 의견, 이해, 욕망이 서로 얽혀 있기 때문이다. 그런데 다른 국가에 대해서는 그것이 어떤 의지를 가지고 행동하고 있는지가 명확하게 보인다. 즉 국가는 바깥에서 보았을 때 국민과는 다른 자립적인 존재로서 등장한다. 그것은 또 국가가 다른 국가와 관계하는 차원에서는 국내에서 낯익은 것과는 소원한, 즉 '소외된' 형태로 나타나는 것을 의미한다.

국가를 그 내부에서만 보는 관점에서는 국가를 지양하는 것이 그렇게 곤란하지 않다. 프루동도 초기 마르크스도 근대국가를 시민사회의 자기소외로서 파악했다. 즉 거기서는 공공적인 것이 국가로서 소외되고, 시민사회는 사적인 부르주아적 세계가 된다. 그렇지만 여기서 시민사회 그 자체에 공공성을 되돌려주면, 또는 시민사회에서의 계급적 모순을 해소하면, 국가는 소멸한다는 것이 된다. 이와 같은 사고는 지금도 유력하다. 예를 들어, 하버마스처럼 시민사회에서 공공성을 강화함으로써 자기소외로서의 국가를 무화한다는 생각도 국가를 그 내부에서만 생각하는 타입이다. 하지만 국가를 용이하게 지양할 수 없는 것은 그것이 다른 국가에 대하여 존재하기 때문이다. 그것이 노골적으로 나타나는 것은 전쟁에서이다. 물론 현실적으로 전쟁이 일어나지 않아도 상관없다. 적국이 있다는 것만으로 충분하다.

국민국가에 의해 애매하게 되었지만, 절대왕정에서 명료했던 또 한 가지 점은 자본=국가, 즉 자본과 국가의 결합이다. 절대왕정은 자본주의가 국가에 의해 추진된다는 것을 보여주고 있다. 즉 거기서는 국가가 능동적인 주체로서 나타난다. 그런데 시민혁명 이후의 부르주아국가에서 국가는 부르주아를 대변하는 기관 내지는 시민사회의 계급적 이해가 정치적으로 표현되는 장으로서 간주된다. 국가가 그 자체로 능동적인 주체라는 점을 생각하지 않는다. 그 점에서 절대왕정은 국가가 능동적인 주체라는 점을 명백히 보여주고 있다. 예를 들어 엥겔스는 절대왕정을 봉건적 사회와 부르주아사회의 과도기적 현상으로 보았다. 그와 같은 때에만 국가(절대왕정)가 자립하여 독자적인 역할을 수행한다는 것이다. 하지만 오히려 절대왕정에서야말로 부르주아사회에서 보이지 않게 되는 국가의 자립성, 또는 자본=국가의 본질이 명료하게 존재한다.

자본과 국가의 결합은 다음 두 가지 점에서 현저하다. 하나는 국채의 발행이다. 절대주의 왕권은 이 '마법의 지팡이'(마르크스)에 의해 언제든지 세수(稅收)를 선취할 수 있게 되었다. 동시에 국채는 근대적 은행제도나 국제적 신용제도를 발생시켰다.4) 또 하나는 보호주의적 정책이다. 영국의 산업자본의 발전도 국가의 보호에 의해 가능했지만, 영국보다 늦은 그 밖의 후발자본주의국에서 국가에 의한 산업자본주의화가 일어난 것은 당연하다. 그 경우 어디에서든 '왕정'인가 아닌가와는 별도로 '절대주의'적 체제가 필요했다. 그러므로 국가가 자본제경제에 있어서 단순히 상부구조가 아닌 불가결한 요소라는 것은 명확하다.

예를 들어, 국가는 도로·항만을 시작으로 산업자본주의에 불가결한 '공공적'인 사업을 행한다. 하지만 국가가 행하는 것 가운데 산업자본주의에 있어서 가장 중요한 것은 산업프롤레타리아의 육성이다. 이들은 단순한 빈민이 아니다. 규율을 가지고 근면하게 새로운 다양한 작업에 빨리 적응할 수 있는 능력을 가진 사람들이다. 또 그들은 농민처럼 자급자족하는 것이 아니라 임금노동을 통해서 얻은 돈으로 생산물을 사는 소비자이다. 자본은 이와 같은 산업프롤레타리아(노동력상품)를 생산할 수 없다. 그것을 만드는 것은 국가이다. 구체적으로 말해, 학교교육이고 징병제에 의한 군대이다. 후자는 군사력보다도 오히려 산업프롤레타리아 육성에 공헌했다.

절대왕정에서 국가는 군·관료라는 국가기구로서 나타났다. 시민혁명 이후 관료는 의회를 통해 표현되고 결정된 국민의 의지를 실행하는 '공복'이라고 생각하게 된다. 하지만 실제사정은 그렇지 않다는 것을 모두가 알고 있다. 예를 들어, 헤겔은 의회와 관료에 대해 이렇게 생각했다. "국가의 최고관리들 쪽이 국가의 여러 기구나 요구의 본성에 대해 한층 깊고 포괄적인 통찰을 필연적으로 갖추고 있을 뿐만 아니라, 동시에 직무에 대해 한층 뛰어난 기능과 습관을 필연적으로 갖추고 있어서, 의회가 있어도 끊임없이 최선의 것을 분명 이룰 것이 분명하지만, 의회 없이도 최선의 것을 이룰 수 있다."[5] 헤겔에 따르면, 의회의 사명이란 시민사회의 합의를 얻음과 동시에 시민사회를 정치적으로 도야하여 사람들로 하여금 국정에 대한 지식과 존중을 강화하는 데에 있다. 바꿔 말해, 의회는 사람들의 의지에 의해 국가의 정책을 결정해 가는 장(場)이 아니라, 관리들의 판단을 사람들에게 알리고 마치 그들 자신이 결정한 것처럼 생각하게 하는 장이다.

이런 견해를 헤겔 자신의 의회 경시, 또는 프로이센민주주의의 미발달 때문이라고 할 수는 없다. 의회제민주주의가 발달한 오늘날의 선진국에서 관료제의 지배는 점점 더 강해지고 있다. 다만 그처럼 보이지 않게 되었을 뿐이다. 의회제민주주의는 실질적으로 관료 내지 그와 유사한 자들이 입안한 것을 국민이 스스로 결정한 것처럼 생각하게 하는 정교한 절차이다.

20세기에 국가가 케인즈주의적인 경제 개입, 더욱이 사회복지나 노동정책·교육정책을 취하게 된 것이 주목받고 있다. 하지만 국가가 경제에 개입하지 않았던 시기는 한 번도 없었다고 말해야 한다. 예를 들어, 19세기에 경제적 자유주의라고 불린 것은 정치적·경제적으로 세계의 헤게모니를 가진 영국이라는 국가의 '경제정책'이었고, 그것은 그 체제를 지키기 위한 거대한 군사예산과 과세에 근거하고 있었다. 보호주의적 정책을 취한 후발자본주의 국가인 프랑스, 독일, 일본 등에서 국가경제에의 개입은 자명한 것이었다. 국가가 자본주의경제를 발전시킨 것이다. 그리고 그것을 담당한 것이 관료기구이다.

최근 마르크스주의자 중에는 이런 변화를 현대국가의 변질로 보는 사람이 있다. 하지만 국가가 복지정책을 취하는 것은 현대국가만의 고유한 것이 아니며 계급지배의 은폐도 아니다. 여러 번 이야기한 것처럼 그것은 아시아적 전제국가나 절대왕권국가에서도 일반적으로 보이는 현상이다.

또 최근 국가의 '상대적 자립성'을 강조하는 한편, 권력을 국가로만 한정하는 견해를 부정하는 사람들이 증가하고 있다. 원래 그것은 국가를 부르주아계급의 지배를 위한 폭력장치로 보는 일반적인 마르크스주의에 대해 안토니오 그람시가 제출한 시점에 근거하는 것이다. 그는 폭력적 강제인 권력과 피지배자가 자발적으로 복종하도록 하는 헤게모니를 구별했다. 바꿔 말해, 그는 국가의 질서는 폭력장치가 아니라 그 성원을 자발적으로 복종하게 하는 이데올로기적 장치(가족, 학교, 교회, 미디어 등)에 의해 유지되고 있다는 점을 지적한 것이다. 이와 같은 견해의 연장선상에서 미셸 푸코는 개개의 주체가 discipline(규율훈련)에 의한 권력의 내면화를 통해 생기는 것이고, 또 권력이란 중심에 있는 실체적인 무언가가 아니라 네트워크로서 편재한다고 주장했다.

이와 같은 의견은 국가권력을 부르주아의 계급지배를 위한 폭력장치로 보는 낡은 타입의 마르크스주의자에 대한 비판으로서 유효하다. 하지만 어쨌든 국가를 그 내부만으로 본다는 점에서, 즉 국가가 다른 국가에 대하여 존재한다는 위상을 보지 않는다는 점에서는 같다. 국가를 그 내부만으로 보면, 국가 특유의 권력은 보이지 않게 된다. 거기에서는 국가의 권력보다도 시민사회에서의 헤게모니, 즉 공동체나 시장경제가 가진 사회적 강제력이 중시된다. 그 결과 국가의 권력이나 국가의 자립성이 경시된다. 하지만 되풀이 하자면, 국가의 자립성은 그것이 다른 국가에 대하여 존재한다는 위상에서만 발견되는 것이다.

4. 마르크스의 국가론

사회계약이라는 생각에 따르면, 국가는 인민의 의지결정에 근거한다. 그런데 그것은 국가를 정부와 동일시하는 것이다. 한편 마르크스주의자는 국가를 경제적 계급(부르주아)이 지배하기 위한 수단으로 보아왔다. 이것은 국가의 자립성을 인정하지 않는다는 점에서 사회계약론자와 같다. 마르크스주의자는 계급대립이 해소되면, 국가는 스스로 해소된다고 생각했다. 그러므로 자본주의경제를 폐기하기 위해 국가권력을 잡는 것은 일시적으로 허용가능하다고 생각하게 된다. 하지만 국가는 자립적인 존재로서 무언가를 위한 수단이 될 수는 없다. 국가를 수단으로 간주하는 자는 역으로 국가의 수단이 될 수밖에 없다.

예를 들어, 사회주의혁명은 기존의 국가기구를 폐기하는 것처럼 보인다. 하지만 그것은 바로 바깥의 간섭을 불러오기 때문에, 혁명의 방위를 위해 기존의 군·관료기구에 의존할 수밖에 없다. 그리하여 기존의 국가기구가 보존되고 재강화되게 된다. 국가를 그 내부에서만 보는 사고에서는 국가를 지양하기는커녕 오히려 국가를 강화하는 것에 그치고 만다. 예를 들어, 국가의 측면에서 보면, 러시아혁명은 구(舊)러시아제국이 국민국가로 분해되는 것을 저지하고, 그것을 새로운 세계=제국으로 재건하는 데에 공헌한 셈이다.

마르크스는 자본주의에 대해 깊은 고찰을 남겼지만, 국가에 대해서는 충분히 그렇게 하지 않았다. 예를 들어, 『자본론』에서 자본이 얻은 총이익이 이윤, 지대, 노임 이 세 가지로 분배되는 것, 그리고 그것들이 3대 계급을 형성한다는 것이 지적되고 있다. 이것은 본래 리카도의 견해를 계승한 것인데, 결정적으로 다른 점이 있다. 리카도가 주저 『경제학 및 과세의 원리』에서 '세'(稅)를 중시하고 있는 데에 반해, 마르크스는 '세'를 제거했다. 리카도에게 있어 세는 자본의 수익에서 국가가 징수하는 것이고, 그런 의미에서 세에 근거한 계급(군·관료)이 존재한다는 것을 암묵적으로 보여주고 있다. 그러므로 세의 문제는 '정치경제학'(political economy)의 핵심이었다. 그런데도 마르크스는 국가를, 또는 군·관료라는 '계급'을 제거한 것이다.

마르크스의 주저인 『자본론』에 국가가 사실상 빠져 있는 것은 마르크스주의자에게 국가를 경시하게 만들거나, 또는 역으로 『자본론』 이전 마르크스의 국가론으로 회귀하게 했다. 일반적으로 초기 마르크스의 생각은 국가는 '환상적 공동체'였고, 중기의 생각은 국가는 계급적 지배장치라고들 한다. 하지만 예를 들어, 『루이 보나파르트의 브뤼메르 18일』(1851년)에는 그와 같은 단순한 관점을 뛰어넘는 성찰을 볼 수 있다. 이것은 1848년의 혁명에서 그때 아직 나폴레옹의 조카라는 것 외에 아무것도 아니었던 루이 보나파르트가 황제가 되어간 악몽과 같은 과정을 분석한 작품이다.

여기서 마르크스는 국가기구(관료장치)가 하나의 계급으로서 존재하는 것을 놓치고 있지 않다. 그는 또 자본, 임금노동, 지대라는 카테고리에 들어가지 않는 계급들, 특히 소농(분할지농민)이 행한 역할을 놓치지 않고 있다. 그가 『자본론』에서 그것들을 완전히 무시하고 있는 것은 그것들을 의도적으로 괄호에 넣고, 상품교환양식이 초래하는 시스템을 순수하게 파악하려고 했다는 것을 의미한다. 그것은 자본주의경제를 이해하는 데에 있어서 국가를 무시해도 좋다는 것이 결코 아니다. 일단 국가를 괄호에 넣어도 좋은 것은 국가의 경제 개입도 오직 자본제경제의 원리를 따라서 이루어지기 때문이다.

일반적으로 마르크스주의자는 자본주의국가에서 정당은 현실의 경제적 관계를 반영한다고 생각해왔다. 그에 반해 오늘날의 마르크스주의자는 정치구조나 이데올로기는 경제적 구조에 의해 중층적으로 결정되고 있다, 즉 경제적 구조에서 상대적으로 자립해 있다는 견해를 취하고 있다. 그것은 제1차 대전 후 혁명의 좌절과 파시즘 경험 때문이다. 예를 들어, 빌헬름 라이히는 당시 마르크스주의자를 비판하고, 독일인이 나치즘에 이끌렸던 원인을 정신분석을 통해 찾으려고 했다. 그가 거기서 발견한 것은 '권위주의적 가족이데올로기', 그리고 그것에 의한 성적 억압이다(『파시즘의 대중심리』). 그 후 프랑크푸르트학파도 정신분석을 도입했다. 하지만 『브뤼메르 18일』로 돌아가 생각해보면, 우리는 특별히 정신분석을 필요로 하지 않는다. 왜냐하면 마르크스는 그곳에서 프로이트의 『꿈의 해석』을 거의 선취하고 있기 때문이다. 그는 단기적으로 일어난 '꿈'과 같은 사태를 분석하고 있다. 이 경우, 그가 강조하는 것은 '꿈의 사상' 즉 실제의 계급적 이해관계가 아니라 '꿈의 작업' 즉 그들의 계급적 무의식이 어떻게 압축·전치되어 갔는지이다. 프로이트는 다음과 같이 말하고 있다.

꿈은 여러 가지 연상의 단축된 요약으로서 모습을 드러내고 있습니다. 하지만 그것이 어떤 법칙에 따라 이루어지는지는 아직 알지 못합니다. 꿈의 요소는 말하자면 선거에 의해 선출된 대중의 대표자와 같은 것입니다. 우리가 정신분석의 기법을 통해 손에 넣은 것은 꿈에 의해 치환되고, 그 가운데에서 꿈의 심리적 가치가 발견되지만, 더

이상 꿈이 가진 기괴한 특색, 이상함, 혼란을 보여주고 있지는 않습니다.[6]

여기서 프로이트는 '꿈의 작업'을 보통선거에 의한 의회에 비유하고 있다. 그렇다면, 우리는 마르크스의 분석에 정신분석을 도입하거나 적용하기보다는 『브뤼메르 18일』에서 정신분석을 읽어야 한다. 마르크스는 이 꿈과 같은 사건을 해명하는 열쇠를, 1848년의 혁명이 초래한 보통선거에 의한 의회에서 발견했다. 그 후의 사태는 모두 이 의회(대표제) 안에서 생겨난 것이다.

의회 바깥 현실에는 경제적 계급의 다양한 분절화가 있고, 의회 안에는 대표하는 자들의 담론 간의 다양한 분절화가 있다. 그것들은 어떻게 관계하는 것일까. 마르크스의 생각으로는 대표하는 자(담론)와 대표되는 자(경제적 계급)의 사이에는 필연적인 연결은 존재하지 않는다. 그런데 바로 그곳에 근대국가를 특징짓는 보통선거에 의한 대표제(의회)의 특질이 존재한다. 그러므로 여러 계급이 자신들의 본래 대표에 등을 돌리고, 보나파르트에게서 그들의 대표를 발견하는 것이 가능했던 것이다. "의회의 당이 두 개의 큰 파벌로 해체되었으며, 각 분파는 다시 자체 내에서 해체되었을 뿐만 아니라, 의회 안의 질서당은 의회 밖의 질서당과 사이가 나빠졌다. 부르주아의 대변자와 율법학자, 그들의 연단과 그들의 신문 즉 부르주아의 이데올로그와 부르주아 그 자신, 대표하는 자와 대표되는 자들이 서로 소원하게 되고 이제 이야기가 통하지 않게 되었다."[7]

나폴레옹의 조카라는 것 이외에 아무것도 아니었던 보나파르트가 대통령이 되고, 또 황제가 되어간 이 사건에 존재하는 '꿈이 가진 기괴한 특색, 이상함, 혼란'(프로이트)을 마르크스는 대표제의 '위기'를 통해서

본 것이다. 이 경우 보나파르트를 그저 대통령에 머물게 하지 않고 황제로 삼은 원인 중 하나는 인구면에서 최대이면서 자신들의 계급을 대표할 담론도 대표자도 가지고 있지 않았던 농민층에 있다. 그들은 보나파르트를 자신의 대표자로서가 아니라 우러러볼 '무제한의 통치권력'으로서 발견했다. 바꿔 말해, 대통령이라기보다도 황제로서 말이다.

하지만 보나파르트를 황제로 삼은 원인은 그것만이 아니다. 마르크스는 다음과 같은 존재를 잊고 있지 않다. "거대한 관료조직과 군사조직 즉 50만의 군대와 나란히 50만의 관료군을 지닌 집행권력은 망막(網膜)처럼 프랑스 사회라는 육체에 달라붙어 모든 모공을 막는 놀라운 기생체로, 절대왕정시대에 봉건제가 쇠퇴하고 있을 때 생성되어 봉건제의 쇠퇴를 가속화시켰다."8) 그리고 마르크스는 1851년의 주기적 세계공황(위기)이 여기서 크게 작용한 것을 지적하고 있다. 이 예외상황에서 보통선거 의회제 하에, 또는 시장경제 하에 숨겨져 있던 것처럼 보이는 관료기구가, 바꿔 말해 '국가' 그 자체가 전경에 등장했다. "국가는 제2의 보나파르트 하에서 비로소 완전히 자립한 것처럼 보인다. 국가기구는 부르주아사회에 대하여 자신의 입지를 확실히 굳혔다."9)

그렇지만 국가기구가 직접 전면에 나서는 일은 없다. 국가기구의 자립은 보나파르트가 의회를 넘어선 황제로 자립함으로써만 가능했다. 예를 들어, 마르크스는 루이 보나파르트가 모든 계급에 시원스럽게 '증여'함으로써 권위를 얻어가는 과정을 묘사하고 있다. "보나파르트는 모든 계급에게 가부장적인 은인으로서 나타나고 싶었다. 하지만 그는 다른 계급으로부터 빼앗아오지 않고서는 어느 계급에게도 베풀 수 없었다."10) 보나파르트는 약탈한 것을 재분배하는 것에 지나지 않음에도, 그것이 '증여'로서 받아들여졌다. 그렇기 때문에 그는 모든 계급에 증여하는 초월자, 즉 황제로서 표상된다. 즉 국가기구에 의한 약탈-재분배에,

증여-답례라는 호수교환의 외견을 부여함으로써 황제권력이 확립되었던 것이다.

사실 이런 과정은 이미 제1차 프랑스혁명에서 일어난 것이다. 제1차 프랑스혁명은 부르주아혁명이었다고 이야기된다. 하지만 이 혁명을 실제로 담당한 것은 도시의 소생산자·직인들이었으며, 또 최종적으로 권력을 잡은 것은 부르주아가 아니라 황제 나폴레옹이었다. 바꿔 말해, 나폴레옹을 통해 '국가'가 전면에 등장한 것이다. 이런 의미에서 프랑스혁명은 영국의 산업자본에 압도되어 위기적 국면에 놓여 있었던 프랑스 국가의 대항을 초래하는 것으로서 존재했다. 그것이 1848년에도 되풀이된 것이다.

1848년 프랑스를 시작으로 하는 유럽혁명 직전에 마르크스와 엥겔스는 『공산당선언』을 발표했다. 하지만 마르크스의 예견, 세계가 자본가와 프롤레타리아라는 이대계급의 결전이 될 것이라는 예견은 빗나갔다. 프랑스 보나파르트나 프로이센 비스마르크의 등장은 국가가 자립적인 존재라는 것을 여실히 보여주었다. 그리고 마르크스가 그것을 놓치지 않고 본질적인 고찰을 한 것은 이상으로부터도 명확하다. 그럼에도 불구하고 마르크스는 경제적 계급대립이 지양된다면, 상부구조인 국가는 자연스럽게 소멸될 것이라는 관점을 계속 가지고 있었다. 그리고 그것이 이후 사회주의에 치명적인 결과를 가져오게 되었다.

5. 근대관료제

근대국가를 생각할 때, 국민국가가 아니라 절대주의왕권에서 고찰해야 한다. 절대주의국가에서는 군과 관료라는 국가기구가 주권자인 왕의 의지를 이행하고 있다. 그런데 부르주아혁명 이후 국가는 주권자인 국민의 의지를 대행하는 정부와 같은 것이 된다. 바꿔 말해, 부르주아혁명과 국민국가는 국가가 교환양식B에서 기인하는 주체라는 것을 은폐해 버린다. 하지만 국민주권은 허구에 지나지 않는다. 사실 위기적 상태에서는 주권자, 즉 절대주의적인 왕과 같은 강력한 지도자가 국민의 갈채와 함께 출현한다. 그런 의미에서 유럽에서 절대주의왕권이 걷게 된 과정은 보편적이다. 그것은 반드시 '왕'이 아니어도 좋다, 사회구성체 내의 분열을 정치적으로 통합하는 자라면. 그리고 이것은 근대세계시스템에서 주변에 놓인 지역이 독립과 산업화를 꾀했을 때, 어떻게 했는지를 보면, 참고가 될 것이다. 예를 들어, 개발형 독재정권이나 사회주의적 독재정권은 절대주의왕권에 상당하다고 해도 좋다.

마지막으로 다시 관료제의 문제에 대해 논해보자. 베버가 이것을 중시한 것은 그것이 근대의 국가와 자본에 있어 중요한 문제였기 때문이다. 그는 관료제를 '합법적 지배'의 한 형태로 간주했다. 즉 관료제는 지배의 가장 합리화된 형태이다. 그 특징은 규칙에 의한 권한의 명확화, 관직계층제, 자유로운 계약에 의한 임명, 규율에 의한 승진, 전문적 훈련, 화폐의 형태로 지불되는 급여라는 것에 있다. 그것은 동양적 국가의 가산관료제부터 존재했던 것이다. 단 가산관료제에서는 '전통적 지배'와 단절되어 있지 않고, 군주나 주인에 대한 인격적 관계에 종속되어 있었다. 그렇기 때문에 이상의 원칙은 수미일관된 형태로 실현되지 않았다. 그에 비해 근대관료제는 한층 '합리적'(목적합리적)이다.

더욱이 중요한 것은 근대에서는 관료제가 국가기구만이 아니라 사기업에서도 존재한다는 점이다. 아니 그렇다기보다 근대관료제는 오히려 자본주의적 경영형태(분업과 협업)에 근거하여 형성된 것이다. 마르크스는 『자본론』에서 개개의 생산자가 횡단적으로 연합한 매뉴팩처 단계부터 자본에 의해 위계적으로 관리되는 공장단계로의 이행을 논하고 있는데, 그것은 기업의 관료제화에 대응하고 있다. 마르크스가 말하는 산업프롤레타리아는 그와 같은 관료제화 훈련을 받은 자를 가리킨다. 그에 반해 아나키즘이 번성한 것은 언제나 산업자본이 미발달하고 노동자가 직인적인 장소였다. 이것은 자본주의적 발전이 동시에 관료제적 발전이라는 것을 의미한다.

일찍이 라이트 밀즈가 분석한 것처럼 화이트칼라는 사기업의 관료층이다(『화이트칼라』). 선진자본주의국가에서는 화이트칼라의 역할이 크다. 그들은 화폐와 상품이라는 경제적 카테고리에 근거한 계급(class)으로 말하자면, 프롤레타리아이지만, 실제로는 블루칼라를 지배하는 신분(status)에 있다. 화이트칼라의 고뇌는 거기에 들어가기 위해 '과거'와 같은 시험을 통과해야 한다는 것, 또 들어가면 자신의 의사를 희생하여 조직의 톱니바퀴로 일하고, 위계를 올리기 위해 아등바등해야 한다는 데에 있다. 즉 이것은 임금노동제라기보다는 오히려 관료제에 특징적인 문제이다.

노동자계급은 기업 안에서 경영진, 정사원, 파트타이머라는 위계제 하에 나뉘어져 있다. 그렇기 때문에 기존의 '계급투쟁'론이 통용되지 않게 된다. 하지만 자본과 임금노동의 대립은 본질적으로 해소되어 있지 않다. 그저 생산과정에서만 계급투쟁을 보려고 하는 기존의 방식이 통용되지 않을 뿐이다. 이 문제에 관해서는 제4부 제2장 1절 「자본에의 대항운동」에서 상술한다.

한편, 국가의 관료제에 대해 말하자면, 네오리버럴리스트(리버테리언 libertarian)는 그것을 '민영화'나 '시장경제원리'에 의해 해소해야 한다고 주장한다. 관료제는 비능률적이어서 그것을 기업과 같은 기준으로 한다면, 능률이 오르고 관료는 축소될 것이라는 말이다. 하지만 민영화에 의해 관료제를 해소할 수 있다는 생각은 기만이다. 사기업 그 자체가 이미 관료제적이기 때문이다. 사기업이 관청보다도 목적합리적으로 보이는 것은 그것이 관료제적이 아니기 때문이 아니다. 무엇보다도 그 '목적'이 자본의 자기증식(이윤의 극대화)이라는 명백하고 단순한 것이기 때문이다.

하지만 이윤이라는 계산가능한 목적을 갖지 않거나, 또는 가질 수 없는 영역과 관계하는 공적 관료에게 그와 같은 목적합리성을 강조할 수는 없다. 그러므로 공적 관료제만이 관료제라고 생각하고, 그것을 민영화에 의해 없앨 수 있다고 생각하는 것은 잘못이다. 그와 같은 목적합리성의 강제에 의해 생겨나는 것은 관료제의 소멸이 아니라 그저 좀 더 철저하게 목적합리적이 된 관료제이다.

아르코 캐피탈리스트(리버테리언)는 경찰이나 군대를 포함한 관료기구의 민영화를 이야기한다. 하지만 그것은 관료제의 지양이 아니며, 국가의 지양에 이르는 일도 없다. 상품교환양식C가 아무리 확대되어도 국가나 네이션이 자동적으로 해소되는 일은 없다. 왜냐하면 그것들은 상품교환과는 다른 교환양식에 뿌리를 두고 있기 때문이고, 또 상품교환도 국가나 네이션을 불가결한 것으로 삼기 때문이다. 리버테리언이 지향하는 것은 단지 자본을 네이션=스테이트의 멍에에서 해방시키는 것이다. '신자유주의'란 그와 같은 정책이다(394쪽 이하 참조).

제2장 산업자본

1. 상인자본과 산업자본

상인자본주의는 고대부터 존재했으며, 사회에서 커다란 위치를 점하고 있었다. 그럼에도 불구하고 그것이 자본제 이전의 사회구성체를 근본적으로 바꾸는 일은 없었다. 바꿔 말해, 상품교환양식C는 옛날부터 존재했지만, 교환양식A나 B가 우위에 있는 사회구성체 속에서 그것들에 종속된 채로 있었다. 상품교환양식C가 지배적인(dominant) 사회구성체는 산업자본주의와 함께 등장한 것이다. 그러므로 산업자본주의의 출현이라는 사건은 씨족사회의 출현이나 국가의 출현과 나란히 세계사적으로 획기적인 사건이었다. 이 장에서 논하는 것은 교환양식C가 어떻게 지배적인 교환양식이 되었는가이다.

우리는 이미 그 열쇠를 유럽의 세계=경제에서 구했다. 거기에는 중앙집권적인 국가가 없었고, 따라서 원격지교역과 로컬한 시장의 결합이 생겨났기 때문이다. 그 결과 유럽 각지에서는 도시가 출현했다. 게다가 그것들은 서로 길항하는 교회와 제후 간 힘의 밸런스를 통해 자립적인 도시가 되었다. 여기에 자본주의경제의 출현기반이 있다는 것은 확실하다. 하지만 교역이나 시장의 확대는 자본주의경제의 필요조건이지만 충분조건은 아니다. 예를 들어, 세계시장을 겨냥한 상품생산은 역으로 동유럽에서는 '재판(再版) 농노제'를, 또 라틴아메리카에서는 새로운 노예제나 농노제를 초래했다. 즉 교역이나 시장의 발전이 반드시 상품교환양식C가 지배적이 되는 것을 보증하지는 않는다. 상품교환양식C가 교환양식B나 A의 저항을 넘어서기 위해서는 어떤 변화가 생겨나야 한다. 그렇다면, 그것은 무엇일까.

산업자본주의에는 그때까지의 자본주의와는 이질적인 무언가가 있다. 실제 많은 논자는 산업자본이 상인자본과 다르다는 점을 강조해왔다. 그 최초의 논자는 아담 스미스이다. 그는 상인자본은 싸게 사서 비싸게 파는 차액에서 이윤을 얻는 데에 반해, 산업자본은 생산성의 향상을 통해 이윤을 얻는다고 주장했다. 베버도 산업자본에서 고대부터 존재한 상인자본주의로부터의 근본적 단절을 보려고 했는데, 그것을 말하자면 노동에 대한 태도 변화에서 보려고 했다. 예를 들어, 산업자본주의의 근저에서 상인자본에 있었던 이윤추구나 소비욕망의 단념, 그리고 근면한 노동의 에토스를 발견한 것이다(『프로테스탄티즘의 윤리와 자본주의의 정신』).

일반적으로 산업자본에서 상인자본으로부터의 근본적인 단절을 발견하는 이는 생산과정에 주목한다. 하지만 이런 견해는 자본주의의 문제를 유통 내지 소비의 과정에서 보는 이로부터 비판을 받았다. 예를 들어, 좀바르트는 베버에 반대하여 산업자본주의를 근본적으로 상인자본주의의 연장으로 간주했다. 그는 자본주의적 발전의 계기를 금욕보다도 사치를 찾는 욕망에서 보았던 것이다. 이런 견해는 후기자본주의 내지 소비사회의 단계에서 높은 평가를 받게 되었다.

하지만 이상의 견해는 각각 산업자본주의의 일면밖에 보지 않는 것이다. 내가 보기에 산업자본주의를 양면에서 명확히 한 것은 역시 마르크스이다. 일반적으로 마르크스는 스미스와 같은 입장에 서있는 것으로 간주되고 있다. 실제 그는 이렇게 서술하고 있다. "근대적 경제의 현실적 과학은 이론적 고찰이 유통과정에서 생산과정으로 옮겨갈 때에야 비로소 시작된다."1) 하지만 마르크스가 고전파와 다른 점은 다시 유통과정에 초점을 둔 데에 있다. 그는 자본주의가 무엇보다도 교환양식C에서 생겨나고 있다는 인식에서 시작한 것이다. 그는 산업자본이 교환에 의한 차액에서 이익을 얻는다는 점에서 상인자본과 근본적으로 다르지 않다고 생각했다. 따라서 자본 일반을 M-C-M'라는 공식 하에서 고찰한 것이다.

산업자본을 상인자본으로부터 구별하는 사람은 산업자본이 상인자본과 같은 것을 하고 있다는 점을 보지 않거나 은폐한다. 앞서 지적한 것처럼 상인자본이 부등가교환에서 이윤을 얻는다는 견해는 잘못이다. 물론 하나의 가치체계 안에서 싸게 사서 비싸게 판다면, 부등가교환이라기보다 사기가 된다. 그리고 한 자본이 이익을 얻어도 다른 자는 손해를 입기 때문에, 총체로서의 자본은 잉여가치를 얻을 수 없다. 마르크스도 쓰고 있다. "일국의 자본가계급 전체가 자기 자신을 편취(騙取)한다고 할 수는 없다. 그러므로 생각하고 싶은 대로 마음대로 생각해보는 것이 좋다. 총계는 항상 동일하다. 등가가 교환된다면, 잉여가치는 성립하지 않고, 비등가가 교환된다고 해도, 어떤 잉여가치도 성립하지 않는다. 유통 또는 상품교환은 어떤 가치도 낳지 않는다."2)

그렇다면 등가교환으로부터 어떻게 이윤을 얻을 수 있을까. 이 문제는 앞서 서술한 것처럼 다른 가치체계 사이의 유통이나 상품교환을 상정함으로써 해결된다. 마르크스가 지적한 것처럼 어떤 물건의 가치는 다른 모든 상품과의 가치관계 체계 속에서 결정된다. 그러므로 같은 물건이 다른 체계에 의해 다른 가치를 갖게 된다. 그런 까닭에 예를 들어 상인이 어떤 물건을 싼 곳에서 사서 비싼 곳에서 팔면, 각각은 등가교환이지만 잉여가치를 얻을 수 있다. 이 경우 잉여가치(차액)가 큰 것은 체계가 공간적으로 떨어져 있는 경우, 즉 원격지교역이다. 하지만 멀리까지 나가는 것이나 싼 물건을 발견하는 것은 쉬운 일이 아니다. 따라서 원격지로 향하는 상인이 이윤을 자신의 지식과 용기에 대한 정당한 보수로 간주한다고 해도 부당하다 할 수 없다. 만약 산업자본가(기업가) 가 이윤을 노동자에게서 착취했다고 생각하지 않고, 자신의 지식이나 용기에 대한 정당한 보수로 간주한다면 말이다.

다음으로 산업자본이 생산과정에서 이윤을 얻는 데에 반해, 상인자본 은 유통과정에서 이윤을 얻는다는 사고는 허위이다. 일반적으로 상인자 본은 그저 중계무역에 의해 이윤을 얻을 뿐이라고 이야기된다. 하지만 상인자본도 생산에 관여하는 경우가 많다. 예를 들어, 스미스는 바늘 제조를 예로 협업과 분업이 어떻게 생산성을 향상시키는가를 설명했다. 하지만 이와 같은 매뉴팩처는 오히려 상인자본에 의해 조직된 것이다. 그것은 먼저 르네상스기의 이탈리아 도시들에서 일어나고, 다음으로 네덜란드에서 일어났다. 상인자본도 생산성의 향상으로부터 이익을 얻 었다.

물론 그와 같은 매뉴팩처를 산업자본의 초기형태라고 부를 수 없는 것은 아니다. 하지만, 나중에 서술하겠지만, 상인자본이 주체라면 산업 자본은 시작되지 않는다. 말이 나온 김에 덧붙이자면, 이와 같은 '협업과 분업'은 고대부터 존재했다. 고대의 교역에서도 생산성의 향상이 중요했 다. 그리고 그것은 '협업과 분업' 없이는 불가능했다. 또 '협업과 분업'은 노예제생산에서도 가능하고 또 불가결하다. 그러므로 그것은 산업자본

주의만의 고유한 특징이 아니다.3)

상인자본은 다른 가치체계 사이의 중계(中繼) · 중개(仲介)에서 차액을 얻는다. 즉 공간적 차이로부터 이윤을 얻는다. 그러므로 '원격지' 교역이 주가 된다. 하지만 반드시 그런 것만은 아니다. 상인자본은 단순히 가치체계의 공간적 차이에 근거하고 있을 뿐만 아니라, 가치체계를 시간적으로 차이화한다. 예를 들어, 상인자본은 스스로 생산을 효율적으로 조직하고, 노동생산성을 올린다. 즉 상품생산에 필요한(사회적) 노동시간을 단축시킨다. 이처럼 싼값이 된 생산물을 해외시장에서 '높은 값'으로 팜으로써 잉여가치를 얻는다. 즉 싸게 사서 비싸게 파는 것을 단순한 중개가 아니라 스스로 생산을 조직함으로써 행하는 것이다. 다른 한편, 산업자본도 생산과정의 기술혁신만으로 잉여가치를 얻지는 못한다. 산업자본 또한 보다 싼 원료와 노동력과 소비자를 구하기 위해 '원격지'로 나아간다. 그러므로 상인자본과 산업자본의 차이를 그저 유통과정이나 생산과정을 보는 것만으로 명시할 수는 없다.

2. 노동력상품

마르크스는 상인자본과 산업자본의, 일견 눈에 띄는 차이에 얽매이지 않았다. 한편으로 그는 고전파와 마찬가지로 산업자본이란 유통과정에서 잉여가치를 얻는 것이 아니라고 생각했다. 하지만 다른 한편으로 그는 잉여가치란 어디까지나 유통과정에서 얻을 수 있다고 생각했다. 바꿔 말해, 마르크스는 유통과정을 중시한 중상주의자와 생산과정을 중시한 고전파 양쪽을 모두 비판한 것이다. 그는 산업자본에서의 잉여가치가 단순한 유통과정도 단순한 생산과정도 아닌 곳에서 얻어진다고 생각했다.

> 그러므로 자본은 유통에서 발생할 수 없다. 그리고 동시에 유통에서 발생할 수 없다고 말할 수도 없다. 자본은 유통 가운데에서 발생하지 않으면 안 되지만, 동시에 그 가운데에서 발생해야 하는 것도 아니다. …… 화폐의 자본으로의 전환은 상품교환의 내재적 법칙의 기초 위에서 전개되어야 한다. 따라서 등가물의 교환이 출발점으로 생각된다. 아직 자본가의 번데기로서 존재하고 있는 데에 지나지 않는 화폐 소유자는 상품을 그 가치대로 사서 그 가치대로 팔아야 한다. 그리고 그럼에도 불구하고 이 과정의 끝에서 그는 투입한 것보다 많은 가치를 인출하지 않으면 안 된다. 그의 나비로의 발전은 유통부문에서 이루어져야 하지만, 또 유통부문에서 반드시 이루어져야 하는 것은 아니다. 이것이 문제의 조건이다. Hic Rhodus, hic salta! [여기가 로도스다, 자 여기서 뛰어라!]⁴⁾

이런 이율배반(antinomy)은 어떤 상품을 가지고 옴으로써만 해결된다. 그것은 노동력상품이다. 다시 말해, 상인자본의 가치증식 과정은 화폐 →상품→화폐+α, 즉 M-C-M'(M+⊿M)라는 공식으로 표시된다. 산업자본의 축적도 기본적으로 그것과 같다. 하지만 산업자본은 특수한 상품을 발견했다는 점에서 상인자본과 다르다. 그 상품이란 그것을 사용하는 것이 생산과정인 상품, 즉 노동력이다.

구체적으로 말해, 산업자본은 상인자본처럼 단순히 상품을 사고파는 것이 아니라 스스로 생산설비를 갖추고 원료를 산 후, 노동자를 고용해서 생산한 상품을 파는 것이다. 그러므로 산업자본의 가치증식과정은 M-C…P…C-M'라는 공식으로 제시된다. 상인자본과의 차이는 이 C 부분의 일부에 있다. 즉 노동력이라는 상품에 있다. 하지만 생산과정을 보는 것만으로는 이 상품의 특이성이 보이지 않는다. 이미 서술한 것처럼 상인자본도 임금노동자를 고용한다. 따라서 단순히 임금노동자를 고용한다는 것이 산업자본만의 특유한 것은 아니다. 그렇다면 산업자본을 가능하게 하는 임금노동자, 즉 산업프롤레타리아는 어떨까.

마르크스는 산업프롤레타리아를 '이중적인 의미에서 자유로운' 인간들로 보았다. 첫째로 그들은 자신의 노동력을 자유롭게 팔 수 있다. 이것은 그들이 다양한 봉건적 구속에서 자유라는 것을 의미한다. 둘째로 그들은 노동력 이외에는 팔 것을 가지고 있지 않다. 이것은 그들이 생산수단(토지)으로부터 자유롭다(free from), 즉 생산수단을 가지고 있지 않다는 것을 의미한다.

먼저 첫 번째 의미의 '자유'에 대해 서술해 보자. 프롤레타리아는 노예나 농노와 다르다. 노예가 상품으로서 매매되는 데에 반해, 프롤레타리아는 그저 노동력을 상품으로서 팔 뿐이다. 그리고 그것은 자유로운 합의에 근거한다. 이 매매계약(고용계약) 외에 프롤레타리아가 자본가에 종속되는 일은 없다. 프롤레타리아는 '경제외적'인 강제로부터 자유롭다. 단 그런 만큼 '경제적' 강제에는 종속된다. 예를 들어, 그들은 노동력의 가치에 관해 노동시장의 가격을 따를 수밖에 없다. 노동시간이나 내용에 관해서도 계약조항의 이행을 강제당한다. 그렇지만 이것은 모든 계약에 해당되는 것이어서 '경제외적 강제'와는 다르다.

다만 노동의 밀도로 말하면, 프롤레타리아의 노동이 노예나 농노의 그것보다도 가혹한 경우가 적지 않다. 노예나 농노는 감시나 징벌이 없을 때는 적당히 게으름을 피울 수 있지만, 산업프롤레타리아는 특히 기계적 생산에 종속된 노동의 경우, 계약한 노동시간의 강제로부터 도망칠 수 없기 때문이다. 하지만 이와 같은 가혹한 강제를 '노예적'이라고 불러서는 안 된다. 왜냐하면 그것은 어디까지나 합의에 근거한 계약에 따른 것이기 때문이다. 저임금인 경우도 그것은 노동시장의 가격에 기초한 것이고, 자본가의 자의를 넘어서 있다.

다음으로 프롤레타리아는 자영농민이나 길드직인과도 다르다. 후자는 각각 공동체에 종속되기 때문이다. 그것에 의해 그들은 어느 정도 자급자족적 생활이 가능하다. 예를 들어, 농민의 경우, 공동체에 살고 있으면, 토지가 없어도 공유지를 이용하거나 이런저런 일을 하거나 호수적 부조를 받아 어떻게든 살아갈 수 있다. 하지만 그런 만큼 그들은 공동체적인 구속에 속해 있다. 즉 '자유'가 아니다. 직인에 대해서도 마찬가지다. 도제제를 따른다면, 어느 정도 장래는 보장되지만, 그런 만큼 그것에 구속되어 있다. 이런 점에서 산업프롤레타리아는 농노나 노예나 길드직인과는 다르다.

하지만 그런 것만이 아니다. 산업프롤레타리아가 노예나 농노는 물론이고, 임금노동자 일반과도 다른 점은 그들이 스스로 만든 것을 사는 자라는 것에 있다. 상인자본에 의한 매뉴팩처 하에서 생산하는 임금노동자는 그들의 생산물을 살 일은 없다. 그것들은 대체로 해외 내지 부유층을 위해 만들어진 사치품이기 때문이다. 그런데 산업자본을 뒷받침하는 것은 생산한 것을 스스로 다시 사는 노동자이다. 또 그 생산물은 노동자가 필요로 하는 일용품이 주를 이룬다.

예를 들어, 프롤레타리아는 노동력 이외에 팔아야 할 것을 가지고 있지 않다고 할 때, 그들의 빈곤성이 강조되고 있는 것처럼 보인다. 하지만 이것은 오히려 프롤레타리아가 생활물자를 자급자족하지 않고 구입할 수밖에 없는 존재라는 것을 의미한다. 노예는 자신이 생활물자를 사는 일은 없으며, 농노는 공동체에서 자급자족한다. 그에 반해 산업프롤레타리아는 자신의 노동력을 판 돈으로 자신 및 가족을 부양하는 사람들이다. 산업프롤레타리아의 출현이란 동시에 그들의 생활을 유지하기 위해 상품을 사는 소비자의 출현이다. 산업프롤레타리아와 노예 또는 농노의 차이는 무엇보다도 여기에 있다.

산업자본주의 경제에서 노동자의 소비는 자본의 축적과정과 따로 존재하는 것은 아니다. 노동자의 소비는 그것을 통해 노동력을 생산 및 재생산하는 것이기 때문에, 자본 축적과정의 일환으로서 존재한다. 노동자계급의 개인적 소비는 자본가에게 있어 불가결한 생산수단인 노동력 자신을 생산하고, 재생산하는 것이다. "노동자가 개인적 소비를 자본가를 위해서가 아니라 자기 자신을 위해 한다고 해서 사태가 달라지는 것은 결코 아니다."[5]

이처럼 산업자본이란 노동자에게 임금을 지불하여 협력하게 하고, 그리고 그들이 만든 상품을 그들 자신이 다시 사도록 하여, 거기서 생기는 차액(잉여가치)에 의해 증식하는 것이다. 산업자본에서의 잉여가치는 이와 같은 특이한 상품 덕분에 생산과정에서 생겨남과 동시에 유통과정에서도 생기게 된다. 마르크스가 "여기가 로도스다. 여기서 뛰어라"라고 서술한 곤란은 이처럼 해결된다.

산업자본의 획기성은 노동력이라는 상품이 생산한 상품을 노동자가 자신의 노동력을 재생산하기 위해 다시 산다는 오토포이에시스(autopoiesis)적 시스템을 형성한 점에 있다. 그것에 의해 상품교환의 원리C가 전 사회·전 세계를 관철하는 것이 될 수 있었다. 상인자본의 단계에서는 생산과정이 노예제든 농노제든, 또는 길드적 공동체든 관계가 없었다. 그런데 산업자본은 노동력상품에 의거하기 때문에 적극적으로 상품교환의 원리를 보급시킬 필요가 있었다.

덧붙여 산업프롤레타리아의 '이중적인 의미에서의 자유'에 대해 더 설명을 보태고 싶다. 일반적으로 프롤레타리아라는 단어에는 로마 이래의 의미가 따라다니고 있다. 즉 그것은 생산수단(토지)을 잃고 노동력밖에 팔 것이 없게 된 빈곤자의 이미지로 이야기된다. 하지만 예를 들어 농민은 그저 농업만으로는 생활이 불가능하게 되었기 때문에 임금노동자가 되는 것이 아니다. 오히려 많은 경우 공동체의 구속에서 자유롭게 되기 위해서다. 길드의 직인에 관해서도 같은 것을 말할 수 있다. 오늘날 이전까지는 가정에 있던 여성이 임금노동자가 되려고 한다. 그것은 단순히 남편의 수입만으로는 생활이 불가능하기 때문이라기보다는 남성이나 가족의 구속으로부터 자유롭게 되기 위해서이기도 하다. '노동력'의 상품화는 이처럼 항상 이중의 의미를 가진다. 그것은 개개인을 자유롭게 한다. 즉 교환양식A나 교환양식B에 의한 구속에서 해방시킨다. 다른 한편으로 노동력상품의 소유자로서의 개개인은 새로운 구속이나 복종을 강요당한다. 언젠가 해고될지도 모른다는 공포에 노출되고, 실제 해고된다. 그럼에도 사람들은 공동체나 가족에 종속되기보다도 노동력을 팔면서 사는 쪽을 좋아한다.

그렇지만 프롤레타리아라는 말에는 항상 빈곤자라는 이미지가 따라다닌다. 예를 들어, 생산수단을 가진 농민, 상점, 소생산자 등은 자신의 아이에게 뒤를 잇게 하기보다는 대학에 보내 '샐러리맨'으로 만들려고 한다. 그것은 아이를 프롤레타리아로 만드는 것이지만, 그렇게 생각하지 않는다. 오늘날 화이트칼라라고 불리는 계층의 사람들은 명백히 임(금)노동자임에도 불구하고, 자신을 프롤레타리아라고는 생각하지 않는다. 프롤레타리아는 가난한 육체노동자라는 고정관념이 있기 때문이다. 그렇지만 쓸데없는 오해나 혼란을 피하기 위해 나는 프롤레타리아라는 단어의 사용을 가능한 한 유보하고 임금노동자(노동력상품을 파는 자)라고 부르기로 한다. 중요한 것은 자본에 노동력을 팔아서 일하는 존재방식, 즉 임금노동이라는 존재방식이고, 그들의 생활이 현실적으로 풍요로

운가 빈곤한가와는 관계가 없다.

3. 산업자본의 자기증식

마르크스는 『자본론』 제1권에서 자본을 개개의 자본이 아니라 자본
일반으로 파악하려고 했다. 하지만 산업자본은 종류가 많고 다양하다.
그것은 소비재를 생산하는 부문에서 생산수단을 생산하는 부문에 이른
다. 또 각 자본의 '유기적 구성'도 다르다. 즉 불변자본이 점하는 비율이
높고 가변자본(노동력)이 작은 부문과 그 역인 부문 사이에 분포하고
있다. 또 동일부문에서 자본의 경쟁은 치열하다. '자본일반'을 보고 있으
면, 그와 같은 것을 모른다. 물론 마르크스는 『자본론』 제3권에서 이
문제와 씨름하고 있다. 즉 자본을 복수의 개별 자본에서 생각했다.

하지만 자본을 자본일반 또는 총자본으로서 보아야 하는 경우가 있다.
나는 앞서 산업자본의 특성은 노동자가 자본 하에서 만든 것을 다시
사는 시스템에 있다고 서술했다. 당연하지만 이것은 총자본과 그것에
대응하는 총노동에 대해서만 타당하다. 예를 들어, 노동자는 자기 자신이
만든 것을 다시 사는 것이 아니다. 그들은 다른 자본, 즉 다른 노동자가
만든 것을 산다. 하지만 총체로서의 노동자는 스스로 만든 것을 다시
산다고 말할 수 있다. 또 노동자가 사는 것은 일반적으로 소비재이지
생산재가 아니다. 생산재는 자본이 산다. 하지만 총체로서 보면, 자본의
자기증식은 자본이 노동자를 고용하여 생산하도록 한 물건을 노동자
스스로가 사도록 함으로써만 초래된다고 말할 수 있다.

그렇다면 왜 어떻게 거기서 차액(잉여가치)이 가능한 것일까. 잉여가
치를 생각하기 위해서는 총자본이라는 관점이 불가결하다. 개개의 자본

에 대해 잉여가치를 운운하는 것은 요점에서 벗어난 것이다. 예를 들어, 이득을 얻은 기업이 노동자를 착취했다고 한다면, 이윤을 얻지 못해 도산한 자본은 노동자를 착취하지 않은 양심적인 기업이라는 것이 되어버린다. 또 개개의 자본은 부등가교환에서 잉여가치를 얻을 수 있지만, 총자본으로서는 그럴 수 없다. 예를 들어, 마르크스주의자는 일찍이 자본이 얻는 잉여가치는 노동자를 부당히 혹사시키고 착취함으로써 얻을 수 있는 것이라고 선전해왔다. 하지만 총자본이라는 관점에서 보면, 그렇게 해서는 자본축적이 불가능하다. 마르크스는 이 점에 대해 다음과 같이 쓰고 있다.

> 모든 자본가는 자신의 노동자와 자신의 관계가 소비자에 (대한) 생산자의 관계가 아니라는 것을 알고 있고, 또 자기 노동자의 소비를, 즉 그 교환능력, 그 임금을 가능한 한 제한하기를 원한다. 물론 모든 자본가는 다른 자본가의 노동자가 자기상품의 가능한 한 큰 소비자이기를 원한다. 하지만 각각의 자본가가 자신의 노동자에 대해서 갖는 관계는 자본과 노동의 관계일반이고 본질적인 관계이다. 그런데 바로 그것에 의해 환상이, 자신의 노동자를 제외한 다른 모든 노동자계급은 노동자로서가 아니라 소비자 및 교환자로서, 화폐지출자로서 자신을 상대한다──개개의 자본가를 다른 모든 자본가로부터 구별한다면, 진실이겠지만──는 환상이 생겨난다. …… 자본을 지배와 예속의 관계로부터 구별시키는 것은 바로 노동자가 소비자 및 교환가치의 조정자로서 자본과 상대하는 점, 화폐소지자의 형태, 화폐형태에서 유통의 단순한 기점──유통의 무한히 많은 기점 중 하나──이라는 점인데, 여기서는 노동자의 노동자로서의 규정성이 소거되고 있다.[6]

개별자본은 노동자에게 임금을 지불하고 싶지 않지만, 생산물을 사줄 소비자는 원한다. 즉 다른 자본은 좀 더 임금을 지불해주었으면 한다. 또 개별자본은 노동자를 해고하고 싶지만, 다른 기업이 그렇게 하는 것은 곤란하다. 실업자가 증가하면, 소비도 감소하기 때문이다. 하지만 개개의 자본은 각자의 이익을 추구하기 때문에, 총자본의 관점을 취하는 일은 없다. 하지만 위기와 만나면 개별자본의 의지에 반하여 총자본이 등장한다. 그것은 개별자본가의 합의로서가 아니라 '국가'라는 형태로 등장한다. 예를 들어, 1930년대의 대불황에서 국가=총자본은 개별자본 이라면 취할 리 없는 정책을 취했다. 케인즈주의나 포디즘이 그런 것이 다. 즉 국가가 공공투자를 통해 수요를 창출하는 것, 또 기업이 임금을 올림으로써 생산과 고용의 창출이 시도된 것이다.

하지만 이것에 의해 자본주의가 '수정'된 것은 아니다. 위기에 직면하여 총자본=국가가 전면에 나온 것에 지나지 않는다. 애당초 총자본의 관점에서 보면, 자본의 자기증식 즉 잉여가치의 실현은 부등가교환이나 부당한 착취에 의해서 달성될 수 없는 것이다. 총자본은 총노동에 대해 등가교환을 행하고, 또 그것에 의해서 다시 잉여가치를 얻을 수 있도록 해야 한다. 잉여가치는 총체로서 노동자에 의해 지불된 노동력의 가치와 그들이 실제로 만들어낸 상품의 가치 사이의 차액에 있다. 여기서 어떻게 차액이 생겨나는 걸까.

앞서 서술한 것처럼 아담 스미스는 바늘의 매뉴팩처를 예로 자본이 노동자를 고용하여 조직하는 '협업과 분업'이 개개의 노동자가 이룰 수 있는 것을 넘어선 생산성을 가져온다고 생각했다. 그 경우 스미스나 리카도는 개개의 노동자는 자본가가 조직한 분업과 협업을 통해서 이룬 생산의 전(全) 성과를 요구할 수 없다, 그 증가분(이윤)은 그것을 고안하고 조직한 자본가가 가져야 한다고 생각했다. 한편 리카도과 사회주의자는 그 증가분이 '잉여가치'이고, 그것은 본래 노동자에게 귀속되는 것인데, 자본가가 부당하게 빼앗고 있다고 생각했다. 프루동 또한 자본은 개개의 노동자가 집단적으로 일함으로써 실현한 '집합력'에 지불을 하지 않는다, 그러므로 "재산은 도둑질이다"라고 주장했다.

마르크스도 이와 같은 견해를 이어받고 있다. 그는 노동시간의 연장이나 노동강화에 의해 얻을 수 있는 잉여가치를 '절대적 잉여가치'라고 부르는 한편, 이처럼 기술혁신=생산성 향상에 의해 초래되는 잉여가치를 '상대적 잉여가치'라고 불렀다. 일반적으로『자본론』의 '절대적 잉여가치'에 관한 기술은 잘 알려져 있지만, 중요한 것은 '상대적 잉여가치' 쪽이다. 바로 여기에 산업자본의 정수가 있기 때문이다. 또 '절대적 잉여가치'와 달리 상대적 잉여가치에 대해 생각하기 위해서는 총자본의 레벨에서 생각할 필요가 있다.

여기서 노동력상품의 가치에 대해 설명해 보자. 상품의 가치는 그것을 생산하는 데에 필요한 사회적 노동시간에 의해 결정된다. 한편 노동력의 가치는 노동력의 생산·재생산에 필요한 코스트이고, 생활물자를 중심으로 한 다른 상품의 가치에 의해 규정된다. 다른 상품의 가치가 변동되면, 노동력의 가치도 변동된다. 즉 노동력의 가치는 전 상품의 관계체계 속에서 결정된다. 그러므로 그것은 나라와 지역에 따라 다르고, 역사적으로도 변화한다. 다른 관점에서 말하면, 노동력의 가치 수준은 노동생산성에 의해 결정된다고 해도 좋다. 예를 들어, 어떤 나라의 노동자 임금이 다른 나라와 비교해 낮다면, 그것은 노동생산성의 평균적 수준이 낮기 때문이다.

한마디로 말해, '상대적 잉여가치'는 한 나라나 지역의 가치체계에서 기술혁신에 의해 생산성을 향상시켜 새로운 가치체계를 만들어내는 것에서 얻을 수 있다. 노동력의 가치는 노동자가 그것을 팔아 고용되는 시점과 그들의 생산물이 팔리게 되는 시점에 따라 다르다. 산업자본은 이처럼 가치체계를 차이화함으로써 그 사이의 교환(등가교환)에서 차액을 얻는다. 그런 의미에서 상인자본과 같다. 하지만 산업자본은 그 자기증식을 노동자가 만든 것을 노동자 자신이 다시 사는 과정을 통해 실현되기 때문에, 상인자본과는 다른 곤란을 가지고 있다. 스미스의 예로 말하자면, 분업과 협력에 의해 이제까지보다 10배나 많이 생산한 바늘을 누가 사는 것일까. 싸게 된다고 해도 노동자가 그것을 10배나 사는 일은 없다. 그러므로 자본이 잉여가치를 실현시키기 위해서는 그것을 살 소비자를 '외부'에서 발견해야 한다. 그것은 외국시장이나 이제까지 있었던 자급자족적인 공동체 가운데서 새로운 노동자=소비자로서 참가하는 자, 즉 프롤레타리아다.

이상의 사고실험에서 명확한 것은 하나의 폐쇄된 가치체계 안에서는 아무리 생산성을 향상시켜도 잉여가치가 존재하지 않으며, 따라서 자본의 증식이 불가능하다는 것이다. 자본의 자기증식을 확보하기 위해서는 끊임없는 생산성 향상만이 아니라, 끊임없이 새로운 프롤레타리아(노동자=소비자)를 편입시키지 않으면 안 된다. 마르크스는 산업자본의 전제조건의 하나로 '산업예비군'을 들고 있다. 이것은 국내 농촌이나 국외에서 참여하는 새로운 프롤레타리아라고 보아야 한다. 끝없이 유입되는 프롤레타리아가 '산업예비군'을 형성한다. 이와 같은 산업예비군이 없으면, 임금이 상승하고, 또 소비가 포화상태가 되어 하락하기 때문에, 자본의 이윤율이 저하하게 된다.

자본이 계속 축적을 하기 위해서는 끊임없이 새로운 프롤레타리아가 필요하다. 물론 이런 새로운 프롤레타리아는 새로운 소비자이다. 새로운 프롤레타리아=소비자의 참여가 산업자본의 증식을 가능하게 한다. 이처럼 산업자본은 근본적으로 그 규모를 확대하도록 운명지어져 있다.

자본은 M-C-M'라는 증식과정이다. 증식되지 않으면, 그것은 존재할 수 없다. 그러므로 산업자본은 이전 사회의 표면에 머물고 있던 상인자본과 다르게 기존의 공동체를 심층에서부터 해체하여 상품경제에 편입시킬 수밖에 없었다.

4. 산업자본주의의 기원

산업자본의 축적은 M-C……C-M'라는 공식으로 제시된다. 상인자본은 M-C-M', 대부자본은 M-M'이다. 역사적으로는 후자 쪽이 오래되었다. 산업자본은 그것들이 존재하는 가운데에서 출현한 것이다. 마르크스는 상인자본은 산업자본주의의 성립과 함께 산업자본의 상업부분으로 폄하된다고 말하고 있다. 대부자본에 대해서도 마찬가지다. 하지만 산업자본의 발전에 의해 상인자본이나 대부자본의 형식이 사라지는 것은 아니다. 차이에서 잉여가치를 얻는 자본은 본성상 차이가 무엇이든 상관이 없다. 자본에게는 이윤율만이 문제이다. 그러므로 자본은 가능하면 불변자본(고정자본)에의 투자가 필요한 산업자본보다도 상업이나 금융에서 자기증식을 시도하려고 한다. 이것은 산업자본이 중심이 되어도 변함이 없다. 예를 들어, 20세기 말 이후 아메리카가 금융자본주의로 경사한 것을 보면 된다.

여기서 산업자본의 출현에 대해 생각해보자. 이것을 단순히 상인자본에서 산업자본으로의 '이행'으로만 볼 수는 없다. 산업자본은 세계시장이나 상품생산의 발전에 의해 자동적으로 생겨나는 것이 아니다. 예를 들어, 근세의 세계시장 하에서 각지에서 상품생산이 발전했지만, 앞서 서술한 것처럼 그것이 반드시 산업자본이나 프롤레타리아를 초래하지는 않았다. 상인자본은 종래의 체제를 파괴하기보다는 오히려 그것을 보존하고 강화하는 일이 적지 않다.

실제 문제로서 산업자본(자본주의적 생산)은 영국에서 생겨났다. 왜 그럴까. 이 문제에 관해 마르크스는 봉건제생산양식에서 자본주의적 생산양식으로의 이행에서 '두 가지 길'이 있었다고 말하고 있다.[7] 그것은 생산자가 매뉴팩처를 조직하는 경우와 상인자본이 매뉴팩처를 조직하는 경우로 나뉜다.

> 봉건적 생산양식으로부터의 이행은 이중으로 행해진다. 생산자는 농업적 자연경제와 중세도시공업의 동직조합(同職組合)에 구속된 수공업과 대립하여 상인이나 자본가가 된다. 이것이 현실적으로 혁명적인 길이다. 또는 상인이 직접 생산을 지배한다. 후자의 길은 역사적으로는 아무리 이행으로서 작용한다고 해도—예를 들어 17세기 영국의 직물상인처럼 그는 독립적이었던 직물업자를 자신의 통제 하에 두고 그들에게 그 양모를 팔아 그들의 직물을 산다—, 그 자체로서는 낡은 생산양식을 변혁하는 데에 이르지 않고, 오히려 그것을 보전하고 자신의 전제로서 유지한다.[8]

영국에서는 전자의 길이 취해졌다. 그렇다면 왜 어떻게 그러한 것일까. 마르크스주의자 사이에서는 이런 마르크스의 견해에서 나온 '봉건적 생산양식으로부터의 이행'에 관한 유명한 논쟁이 있었다.[9] 앞서 서술한 것처럼(제3부 서론), 그것은 산업자본주의를 생산과정—매뉴팩처의 측면에서 보는 관점(돕으로 대표되는)과 유통과정—세계시장의 측면에서 보는 관점(스위지로 대표되는)의 대립이다. 전자는 제1의 길, 생산자 자신에 의해 매뉴팩처가 이루어진 것을, 후자는 제2의 길, 상인의 이니셔티브(initiative)로 매뉴팩처가 이루어진 것을 뒷받침한다.

물론 이 두 가지는 모두 존재한다. 영국에서도 마찬가지다. 다만 전자의 의견으로 영국에서는 '제1의 길'이 우월했다. 그 원인은 영국에서는 봉건적 생산양식이 빨리 해체되었다는 데에 있다. 예를 들어, 이 논쟁에서 돕 측에 서서 개입한 다카하시 고하치로(高橋幸八郞)는 어떤 특정한 나라에서 '두 가지 길' 가운데 어느 하나가 우월하다는 것이 그 나라 자본주의시대의 사회구조를 특징짓는다고 서술했다. 그는 프랑스와 영국에서 '제1의 길'이 우월했던 것, 독일이나 일본과 같은 나라에서는 '제2의 길'이 우월했던 것, 이것에 의해 이들 사회구조의 차이를 많은 부분 설명할 수 있다고 말한다. 이와 같은 견해는 일본에서는 오히려 다카하시의 스승이었던 오쓰카 히사오(大塚久雄)의 학설로서 알려져 있다.

오쓰카에 따르면, 네덜란드의 자본주의는 상인자본적이고 사치품 중심이며 중계무역에 근거하고 있었다.[10] 그에 반해 영국에서는 '아래로부터의 매뉴팩처'가 진행되었다. 값싼 일용품 생산이 중심이었다. 그것은 기존의 도시가 아니라 농촌 근방에 생긴 새로운 도시에서 이루어졌다. 즉 그곳에서 만들어진 물건은 농촌을 떠나온 노동자 자신에 의해 구매되었던 것이다. 이처럼 지역적인 '시장'이 각지에서 형성되고, 그것들이 결부되어 국내시장이 되었다. 얼마 안 되어 영국의 산업자본주의는 세계시장에서도 네덜란드의 상인자본주의를 몰아내기에 이르렀다.

따라서 오쓰카의 의견에 따르면, 영국에서 '아래로부터의 매뉴팩처'가 매우 일찍 진행된 것은 봉건제의 해체가 진행되고 있었기 때문이다. 이와 같은 견해는 영국이 선진국의 전형인 것처럼 보인다. 하지만 사실은 그렇지 않다. 이탈리아의 도시들은 무역으로 패권을 잡았지만, 그 기반은 단순히 중계가 아니라 매뉴팩처에 있었다. 17세기 네덜란드도 마찬가지다. 네덜란드 상인은 매뉴팩처에 의한 모직물을 수출함으로써 이탈리아의 도시들이나 한자동맹의 도시를 밀어냈던 것이다. 상인자본은 생산과정을 조직하는 것 없이 국제적인 교역경쟁에서 이길 수 없다. 하지만 네덜란드의 매뉴팩처는 산업자본으로는 발전하지 않았다. 그것은 네덜란드에 영국보다도 봉건적 체제가 뿌리깊이 남아 있었기 때문이 아니다. 네덜란드가 상업과 금융에서 패권을 잡았기 때문이다. 자본은 가능하다면 리스크가 많은 산업자본보다도 상인자본이나 금융자본의 축적방식을 선택한다. 세계시장의 패권을 잡은 네덜란드의 자본이 매뉴팩처를 추진하기보다 상업이나 금융으로 향한 것은 당연한 것이었다.

한편 영국에서도 생산자에 의한 '아래로부터의 매뉴팩처'가 처음부터 발전한 것은 아니다. 실제 '위로부터의 매뉴팩처'가 있었고, 그 비율은 높았다. 광산업과 그 밖의 대규모 매뉴팩처는 국가가 관여하지 않고서는 불가능하기 때문이다. 또 중앙의 상인자본 없이 '아래로부터의 매뉴팩처'도 불가능하다. 하지만 영국에서 '아래로부터의 매뉴팩처'나 산업자본주의가 진행된 것은 세계교역에서 네덜란드에 뒤졌기 때문이다. 영국은 중상주의(보호주의)적인 정책으로 국내 산업을 보호했다. 그런 의미에서 영국에서의 '아래로부터의 매뉴팩처'는 국가에 의한 보호와 지원 하에서 이루어졌다. 그것은 선진국의 현상이라기보다 후진국의 현상이다.

되풀이하면, 영국에서 '제1의 길'이 시작된 것은 그곳에서 봉건제생산 양식의 해체가 진행되었기 때문이 아니라, 오히려 해외시장을 단념할 수밖에 없었기 때문이다. 그러므로 문제는 '위로부터의 매뉴팩처'인가 '아래로부터의 매뉴팩처'인가가 아니다. 문제는 그것이 어떤 시장을 향하여 이루어지는가이다. 상인자본에 의한 '위로부터의 매뉴팩처'는 사치품이 주(主)이고 왕후귀족·부유층을 위한 것이었다. 또 그것은 해외시장이 주였다. 그에 반해 '아래로부터의 매뉴팩처'에서는 값싼 일용품이 중심이었다. 이것은 기존의 도시가 아니라 농촌 근방에 생긴 새로운 도시를 무대로 하고 있었다. 즉 산업자본은 기존의 도시길드 직인공동체도 아니고, 또 농촌공동체도 아닌 새로운 산업도시=시장에서 출현했다. 산업자본은 근교농촌에서 나온 노동자가 자본 하에서 사회적으로 결합하여 생산한 물건을 그들 자신이 사는 시스템으로서 발생한 것이다. 이 사이 영국에서는 네덜란드의 자유무역주의에 대항하여 관세를 통해 국내 산업이 보호되고 있었다.

이렇게 보면, 영국에서는 산업자본주의가 자생적으로 발전한 데에 반해, 독일과 그 밖의 후발자본주의국에서는 국가의 보호와 육성에 의해 발전했다는 견해는 성립하지 않는다. 영국도 마찬가지였기 때문이다. 또 영국은 19세기에 자유무역주의를 취했지만, 그것은 헤게모니를 잡은 국가로서의 정책이었지 시장경제가 국가와 무관하게 존재했기 때문이 아니다. 또 1930년대 이후 영국에서 케인즈주의에 의해 경제에의 국가적 개입이 이루어지게 된 것도 특별히 새로운 사태가 아니다. 케인즈의 이론을 모르는 독일이나 일본에서도 같은 것을 하고 있었다. 애당초 자본주의적 시장경제가 국가와 무관하게 자율적으로 발전한다는 사고 자체가 잘못된 것이다.

앞서 나는 총자본의 의지는 자본가의 합의로서만이 아니라 국가의 의지로서 등장한다고 서술했다. 이것은 노동력상품의 육성이라는 문제에서 생각하면 명백하다. 우리는 앞서 그것을 '이중의 의미에서 자유로운' 프롤레타리아의 출현으로 보아왔다. 그것은 토지의 사유화·공동지의 폐지 때문에, 생산수단에서 자유롭게 된'(을 가지지 않은) 사람들의 출현이다. 하지만 그것이 초래하는 것은 오히려 도시의 부랑자이다. 그들이 산업프롤레타리아이기 위해서는 그저 생산수단을 가지고 있지 않다는 것만으로는 부족하다. 산업프롤레타리아는 근면하고 시간을 지키며 분업과 협업에 적응가능한 사람들이다. 따라서 베버는 프로테스탄티즘이 산업자본주의에 적합한 근면한 에토스를 가져왔다고 주장했다. 하지만 그와 같은 에토스는 학교와 군대의 집단적 훈련을 통해서 초래된다는 쪽이 보편적이다.

학교교육은 직인의 도제제 훈련과는 다르다. 산업자본주의에서의 '노동력'상품에는 특정한 기능이 아니라 어떤 직종으로 이동해도 적응가능한 능력이 필요하다. 따라서 계산능력이나 언어능력과 같은 일반적인 지식을 부여하는 교육이 필요하다. 게다가 산업자본의 가치증식은 기술혁신(생산성의 향상)에 근거하고 있기 때문에, 단순노동만이 아니라 고도의 과학기술을 가져다주는 노동력을 육성해야 한다. 그러므로 대학이나 연구기관이 불가결하다. 이와 같은 과제를 완수하는 것은 개별자본이 아니라 총자본 즉, 현실적으로 국가이다.

국가에 의해 노동력이 육성된다는 것은 영국 이외의 후발자본주의 국가를 보면 명백하다. 그곳에서는 오히려 영국의 산업에 대항하기 위해 국가가 솔선하여 의무교육을 실시했기 때문이다. 그것을 실행한 것은 계몽전제군주나 그와 닮은 체제(보나파르트나 비스마르크로 대표되는)이다. 비서양국가 가운데 급속한 공업화를 지향한 나라에서도 같은 것이 이루어졌다. 즉 공업기술의 도입 못지않게 노동력의 육성이 중시되었던 것이다. 예를 들어, 일본은 메이지유신 후 4년째에 징병령과 의무교육령을 발포했다. 공업은 발달하지 않은 상태였지만, 의무교육과 집단적인 규율에 의해 자본제생산에 적합한 노동력이 먼저 창출되었던 것이다. 후발자본주의 국가는 매뉴팩처를 통해서 직인기질을 서서히 바꾸어가는 느긋한 방식을 취할 수 없었다. 이처럼 산업자본주의가 발전하기 위해서는 국가의 개입이 불가결하다. 국가도 존속을 하기 위해서는

산업자본주의의 발전이 불가결하다. 국가와 자본은 이질적이지만, 상호
의존함으로써만 존속가능하다.

5. 화폐의 상품화

칼 폴라니는 시장경제가 '자기조정적 시스템'으로서 자립하기 위해서
는 노동력, 토지 그리고 화폐가 '의제(擬制)상품화'되는 것이 불가결한데,
그것이 역사적으로 구체화된 것은 18세기 말 이후에 지나지 않는다고
말한다. 이 경우 토지의 상품화와 노동력의 상품화는 서로 결부된 사태이
다. 왜냐하면 '노동력의 상품화'에는 '토지의 상품화', 즉 공유지의 폐지
와 같은 '토지의 사유화'가 선행되어야 하기 때문이다. 농업공동체는
토지의 사유화에 의해 그 현실적 근거를 빼앗겼다. 물론 토지의 상품화가
진행되어도 수리(水利)나 자연환경 등 농업경영을 위해 불가결한 공동성
은 일단 남게 된다. 또 그것을 유지하기 위해 '토지의 상품화'가 제한된다.
하지만 '공동체'는 이제 관념에 지나지 않는다. 또 토지의 사유화는
공동체의 해체에 머물지 않고 자연환경(에코시스템) 일반을 파괴하게
된다. 왜냐하면 농업공동체의 운영 그 자체가 자연환경의 유지였기
때문이다.
　이어서 '화폐의 상품화'는 신용이나 금융과 관계하는 것이다. 이것들
은 본래 상품교환이 가지는 본래적 곤란에서 발생한다. 신용제도는
그것을 회피하기 위해 형성된 것이다. 예를 들어, 상품매매에서 나중에
화폐를 지불하기로 하고 '어음'을 건넨다. 신용을 통해 자본은 새로운
투자를 할 수 있다. 또 돈이 없는 경우, 자본은 타인으로부터 빌려 나중에
이자를 붙여서 변제한다. 이와 같은 신용에 의해 상품교환이 증진되고

생산이 증대된다. 역으로 말해, 상품교환의 확대는 화폐를 상품으로서
다루는 대부자본(M-M')을 증대시킨다.

이와 같은 시스템은 어느 정도 고대·중세부터 존재했으며, 상인자본
주의와 함께 발전해왔다. 실제 산업자본주의가 시작되었을 때 상업신용,
은행신용이라는 시스템이 이미 존재하고 있었다. 또 산업자본 하에서
상인자본이나 대부자본이 소멸한 것은 아니다. 그것들은 다만 산업자본
하에서 재편성되었을 뿐이다. 마르크스는 말한다.

> 산업자본 이전에 이미 지나갔거나 현재 쇠멸하고 있는 사회적
> 생산 가운데에서 나타난 다른 종류의 자본은 산업자본에 종속된
> 것으로 간주되고, 그로 인해 자신들의 기능 메커니즘이 산업자본에
> 적응하여 변하게 되었을 뿐만 아니라, 이제 산업자본의 기초 위에서만
> 운동함으로 인해 이들의 기초와 생사존망을 함께 하게 된다. 화폐자본
> 과 상품자본은 그것들이 산업자본과 나란히 독자적인 사업부분의
> 담당자로서 기능을 가지고 나타나는 한, 이제 산업자본이 유통부문의
> 내부에서 때론 채택되고 때론 버려지는 여러 종류의 기능형태들이
> 사회적 분업에 의해 독립하여 일면적으로 육성된 존재양식에 지나지
> 않는다.[11]

하지만 산업자본의 우위가 확립된 후 상인자본이 산업자본의 일부분
이 된 것만은 아니다. 오히려 반대의 일이 생겨났다. 상인자본이나 금융
자본이 산업자본을 감싸게 되었다. 그리고 산업자본에서도 상인자본
내지 대부자본적인 축적이 생겨나고, 또 우월해져가는 사태가 생겨났다.
그것은 은행과 주식회사의 발전에서 초래되었다.

주식회사는 본래 원격지교역에 대한 공동출자에서 투자자의 리스크

를 분산시킬 목적으로 창시되었다. 산업자본에서 그것이 일반화된 것도 같은 이유에서다. 그런데 고정자본에의 투자야말로 커다란 리스크였다. 그것을 피하기 위해 주식자본, 즉 '자본의 상품화'를 통해 자본 자체가 시장에서 매매되게 되었다. 그로 인해 자본가는 언제든지 생산과정에서 고정적으로 집적된 형태(현실자본)를 화폐자본으로 되돌릴 수 있었다. 즉 자본은 축적과정에서의 곤란을 주식화를 통해 피한 것이다.

주식회사는 그때까지 분산되어 있던 중소자본의 집중, 바꿔 말해 노동의 사회화를 한층 추진했다. 마르크스는 주식자본의 역사적 의의를 인정하고, 그것을 '자본주의적 생산양식 그 자체의 한계 내에서의 자본주의적 생산양식의 지양'이라고 생각했다. 주식회사가 '자본가'라는 존재를 지양시켰다는 의미이다. 후에 벌리[1]와 민즈가 제창한 '자본과 경영의 분리'는 애당초 주식자본에 포함되어 있던 가능성이다. 주식자본에서 자본가는 이윤율(배당률)밖에 관심이 없는 주주가 되고 생산과정으로부터 유리된다. 하지만 그로 인해 자본이 소멸된 것은 아니다. 자본은 주식회사에 의해 산업자본에서 일종의 상인자본으로 바뀌었다. 즉 자본이라는 상품을 다루는 자본가에 의해 말이다. 주식회사는 자본가를 다시 투기적으로 만든 것이다.

덧붙여 마르크스는 『자본론』의 서두에서 자본제경제는 상품의 집적이라고 서술하고, 이 상품에서 자본으로의 변증법적 발전을 기술했다. 하지만 그는 처음에 발견되는 상품에 자본 자체를 포함시켜 두었어야 했다. 왜냐하면 논리적인 시원으로서의 상품에 이미 자본이 포함될 때, 상품에서 주식자본으로의 발전은 헤겔적인 의미에서 변증법적이

• • •

1_ Adolf Augustus Berle(1895-1971). 미국의 법률가. '주식회사혁명'을 논한 민즈(G.C. Means)와의 공저 『근대주식회사와 사유재산』(1932)으로 유명. 저서로는 『20세기 자본주의 혁명』(1954), 『재산 없는 권력』(1959) 등이 있다.

되기 때문이다. 그때『자본론』은 정신=자본의 '자기실현'을 기술한 것이 될 수 있다. 물론 주식회사는 상품교환의 곤란을 최종적으로 해결하지는 못한다. 역으로 그것의 불가능성을 보여준다.

루돌프 힐퍼딩은『금융자본론』에서 마르크스체계 안의 화폐·신용론을 발전시켰다. 그는 주식회사에서 실체자본의 가치를 상회하는 주가의 형성이나 신주발행에 수반되는 창업자이익 등을 분석하고, 은행과 산업의 결합, 자본의 집중과 독점조직의 형성을 통해 금융자본이 형성된다고 생각했다. 금융자본은 산업자본과 같은 자유로운 가격경쟁에 기초하는 것이 아니라, 시장이나 자원·노동력을 독점하려고 한다. 이것이 19세기 말의 제국주의를 경제학적으로 설명하는 논리였다. 그리고 그것이 초래한 세계전쟁 이후 금융자본의 활동을 국제적으로 규제하는 체제가 있었다. 그것이 해금되고, 화폐 및 자본의 상품화가 전면화된 것이 1990년대 이후의 글로벌리제이션에서다.

6. 노동력의 상품화

산업자본과 함께 지위가 추락했던 낡은 자본의 축적형태(M-M', M-C-M')가 각광을 받게 되고, 또 비난을 받게 되었다. 마치 그것이 자본주의의 본질인 것처럼, 또 그것을 규제하면 자본주의가 건전하게 되는 것처럼. 하지만 산업자본의 본질은 어디까지나 '노동력의 상품화'에 있다. 토지의 상품화나 화폐의 상품화, 그리고 자본의 상품화도 중요하지만, 가장 근본적인 것은 노동력의 상품화이다. 이것이 없으면, 상품교환이 전면화될 수 없기 때문이다. 그리고 자본주의의 위기도 본질적으로는 여기서 온다.

자본주의경제는 '신용'으로 이루어지는 체계이다. 그리고 신용이란 상품교환의 곤란을 일단 초월하는 수단이었다. 그러므로 신용이 돌연 붕괴될 위험이 항상 있다. 그렇지만 신용의 '위기'를 우발적이 아니라 필연적으로 초래하는 것은 어떤 종류의 상품교환인데, 그것이 노동력상품이다. 왜냐하면 토지나 화폐·자본의 상품화에 관해서는 시장의 '자기조정적 시스템'이 불완전하다고는 해도 일단 기능을 하지만, 노동력상품에 관해서는 그와 같은 '자기조정'이 있을 수 없기 때문이다.

나는 앞서 산업자본주의가 노동력상품을 얻음으로써 '상품이 만든 상품을 상품이 산다'는 오토포이에시스적인 시스템을 완성했다고 서술했다. 하지만 여기에는 노동력상품 그 자체의 특이성에서 오는 치명적인 결함이 있다. 자본은 상품으로서의 원료를 얻는 것도, 그것을 가공하여 상품을 생산하는 것도 가능하지만, 노동력이라는 상품을 생산할 수는 없다. 노동력상품은 다른 상품과 달리 시장의 '자기조정적 시스템'으로는 조정이 불가능하다. 즉 수요가 없다고 해서 폐기할 수도 없고, 부족하다고 해서 갑자기 증산할 수도 없다. 예를 들어, 노동력이 부족한 경우, 해외 이주노동자로 보충할 수 있지만, 나중에 불필요하게 된다고 간단히 내보낼 수 없다. 그 결과 노동력의 시장'가격'은 끊임없이 수급에 따라 변동되며, 자본의 이윤율은 그것에 의해 좌우된다.

노동력상품의 이런 고유한 특이성 때문에 경기순환이 불가피하다. 구체적으로 말해, 호황기에는 고용이 증대되고 노임이 오른다. 그 때문에 이윤율이 하락한다. 하지만 호황에서는 신용이 과열되기 때문에 자본은 겉으로 보이는 수요에 응하여 생산을 계속한다. 마지막으로 신용이 파탄이 나고 공황이 발생한다. 그리고 과잉생산이었다는 것이 판명된다. 공황과 그 후의 불황은 이윤을 확보할 수 없는 위태로운 기업을 도산시키고 도태시킨다. 그런데 불황 때문에 임금이 내려가고 이자율이 낮아짐으로써 자본이 새롭게 기계나 기술에 투자를 하는 게 가능하게 된다. 그 후 서서히 호황이 찾아오게 된다. 그리고 그 정점에서 공황이 일어난다.

자본의 축적이나 '자본의 유기적 구성'의 고도화는 이처럼 경기순환을 통해서 이루어진다. 자본주의는 그것을 이 같은 폭력적인 방식으로만 이룰 수 있다. 이렇게 보면 공황은 자본주의를 붕괴시키기는커녕, 자본축적에서 불가결한 한 과정에 지나지 않는다. 신용공황이 더 이상 고전적인 형태로는 일어나지 않는다고 해도, 이와 같은 불황과 호황의 경기순환은 산업자본에 따라다닌다. 이상의 예는 마르크스가 살았던 시대에 만났던 단기적인 경기순환에 근거하고 있는데, 장기적인 경기순환에 대해서는 뒤에서 논한다.

여기서 공황에 대해 하나만 서술해 두자. 마르크스는 상품에서 화폐로의 변환에서의 '목숨을 건 도약—평이하게 말하면, 상품이 팔릴지 어떨지 알 수 없다는 것—에 '공황의 가능성'이 잠재해 있었다고 말하고 있다. 물론 이것은 공황의 형식적인 가능성에 지나지 않는다. 현실적으로 공황이 일어나는 것은 상품경제에서 신용제도가 발달한 후이다. 신용이란 상품이 일단 팔렸다고 하고 나중에 결제가 되도록 하는 것이고, 그것은 교역을 용이하게 하고 증대시키는 데에 불가결하다. 신용에 의해 추진된 매매가 어떤 계기로 현실에서는 성립하지 않은 것이 판명될 때 공황이 생긴다. 모든 공황은 그런 의미에서 신용공황으로서 나타난다.

중요한 문제는 그것이 왜 주기적인지에 있다. 산업자본주의 이전에도 공황은 있었다. 예를 들어, 네덜란드에서 튤립투기 때문에 발생한 세계공황은 유명하다. 하지만 그것들의 원인은 돌발적인 투기나 버블에 있었다. 따라서 그것으로는 1820년에서 시작된 주기적 공황이나 경기순환을 설명할 수 없다. 『자본론』의 마르크스는 그것에 관해 많은 설명을 하고 있지만, 공황의 일반적 원인을 말할 뿐으로 공황이 주기적인 까닭을 충분히 설명하고 있지 못하다. 우노 고조가 말한 것처럼 경기순환에 주기성을 부여하고 있는 것은 다름 아닌 노동력상품의 고유한 성격 때문이다.[12]

하지만 그것은 왜 10년 정도의 주기인 것일까. 이에 관해 마르크스는 주요한 공업인 면공업의 기계가 10년 정도밖에 수명을 가지고 있지 않기 때문이라고 말한다. 이것은 중요한 포인트이다. 마르크스가 고찰한 주기적 공황이나 경기순환은 어떤 의미에서 면공업이 주요한 생산이었던 사태에 의해 규정되었다고 말할 수 있다. 면공업의 경우, 노동집약적이었기 때문에 임금의 상승이 빠르고, 이윤율의 저하가 10년 정도로 찾아온다. 그것이 우연히 기계가 마멸하는 시기와 딱 맞았다.

하지만 이런 주기적 공황은 1873년의 공황을 마지막으로 사라졌다. 그것은 1860년대부터 진행된 중공업 발전의 결과라고 말할 수 있다. 그곳에서는 설비투자(불변자본)의 비율이 증대되기 때문에 노동생산성 (잉여가치율)이 높아지더라도 이윤율은 저하된다. 또 중공업에서는 면공업만큼 쉽게 신규 설비투자를 할 수 없다. 게다가 그것은 노동력(가변자본)을 그렇게 필요로 하지 않으므로 실업이 증가한다. 그러므로 국내소비가 감소하고 불황이 만성적이 된다.

경기순환의 문제를 총합적으로 생각하기 위해서는 노동력상품만이 아니라 어떤 상품이 세계자본주의의 기축상품이 되는지를 고려해야 한다. 마르크스가 분석한 경기순환은 주글라파라고 불리는 단기파동이다. 이에 반해 콘트라예프는 약 5, 60년의 장기파동을 고찰했다. 이 이외에도 물가의 장기적 변동에 근거하여 장기적인 사이클이 발견되었다. 하지만 내가 생각하기에 산업자본주의에서의 사이클은 어디까지 노동력상품의 문제로 볼 수 있어야 한다. 그것은 장기적으로는 면공업이나 중공업이라는 산업자본의 주요한 생산형태의 변화로서 생긴다. 다른 관점에서 말하면, '장기파동'은 세계상품(기축상품)의 교대-모직물, 면직물, 중공업, 내구소비재……에 대응한 형태로 일어난다. 세계상품의 이행은 기술수준, 생산·소비 형태의 변동이기 때문에, 전 사회적인 변동을 반드시 수반한다.

예를 들어, 모직물이 세계상품이었던 동안에 영국은 네덜란드를 이기지 못했다. 네덜란드의 우위는 모직물공업에 있었고, 그 결과로서 중계무역이나 금융업의 헤게모니를 잡았다. 면제품이 세계상품이 되기 시작했을 때, 헤게모니는 네덜란드에서 영국으로 이행했다. 네덜란드는 상업과 금융에서 헤게모니를 유지했지만 말이다. 이어서 영국은 섬유공업으로부터 중공업으로의 이행에서 독일이나 아메리카에 뒤졌다. 예전의 네덜란드와 마찬가지로 상업과 금융 부분에서는 헤게모니를 유지했지만 말이다.

중공업 단계에서 생겨난 문제에 대해서는 이미 다루었다. 그곳에서는 국내수요는 감소하고 불황이 만성적이 된다. 게다가 중공업 생산물은 철도나 조선이 전형적이지만, 국내보다도 국외를 겨냥한 것이다. 자본은 그 활로를 해외시장에서 구할 수밖에 없다. 그리고 그것은 국가의 뒷받침 없이는 불가능하다. 중공업에는 대규모의 자본이 필요하다. 그러므로 주식회사에 의한 자본의 집적만이 아니라 국가적인 투자가 불가결하다. 영국이 독일보다 늦었던 것은 그 때문이다. 이처럼 중공업 단계에서는 이전보다 더욱 경제에의 국가의 개입이 강화된다. 이렇게 하여 '제국주의'라고 불리는 시대에 들어가는 것이다.

다음으로 1930년대 대불황 이후 세계상품은 내구소비재(자동차나 전기제품)로 이행했다. 그것은 대량생산·대량소비에 의한 '소비사회'를 가져왔다. 그런데 그것이 포화상태에 도달한 것이 1970년대로, 그

심각한 불황에서 벗어나기 위해 취해졌던 것이 '글로벌리제이션'이다. 그것은 새로운 노동자=소비자를 발견하는 것이다. 그것을 가능하게 한 것은 소비에트연방의 붕괴(1991)였다. 이처럼 이제까지 세계시장에서 격리되어 있던 구사회주의권과 그 영향 하에 있었던 지역에서 세계자본주의의 활로가 발견되었다. 하지만 그것은 인도나 중국의 거대한 인구를 끌어들이는 것이기 때문에 그때까지 노정되어 있던 모순들을 폭발적으로 격화시켰다. 환경파괴도 위기적인 레벨에 도달한다.

7. 산업자본주의의 한계

산업자본은 노동력상품에 의해 자기증식적 시스템이 되었지만, 이미 서술한 것처럼 노동력이라는 상품에 근거한다는 것 자체에 그 한계가 있었다. 첫째로 그것은 끊임없는 기술혁신을 필요로 한다. 왜냐하면 산업자본의 상대적 잉여가치는 노동생산성을 향상시키는 것으로 얻어질 수 있기 때문이다. 둘째로 그것은 끊임없이 값싼 노동력=새로운 소비자를 필요로 한다. 그것은 농촌부·주변부에서 제공된다. 이상의 두 가지 요소가 자본축적에서 불가결하다. 이것들이 없으면, 자본주의는 끝나버린다.

예를 들어, 아담 스미스는 그들의 경제성장은 일시적인 현상이고, 머지않아 자본주의 경제는 일정한 상태로 안정될 것이라고 예측했다. 그는 기술혁신이 계속된다고 생각하지 않았던 것이다. 하지만 그것은 어떤 의미에서 기술혁신이 정체되면, 어떻게 될 것인지를 보여준다. 이 경우 작은 기술혁신이 아니라 '세계상품'의 시프트—예를 들어, 면공업에서 중공업으로, 그리고 내구성소비재로와 같은—를 일으키는 기술혁신이 있을지 없을지의 문제이다. 현재, 이것은 거의 정점에 도달했다. 이어서 제2의 조건에 대해 말하자면, 자본제경제의 외부는 더 이상 무진장 존재한다고 말할 수 없다. 그것은 각지의 탈농촌화에 의해 소멸되어가고 있기 때문이다. 예를 들어, 중국이나 인도가 충분한 공업화를 달성하면, 글로벌한 노동력상품의 등귀 및 소비의 포화와 정체로 귀결된다.

그리고 제2의 조건과 겹치는 것이지만, 산업자본주의경제의 성장은 다음의 조건을 전제로 하고 있다. 그것은 공업생산의 외부에 무진장한 자연이 있다는 전제이다. 그것은 자원이 무진장하게 있다는 것과 자연계가 생산에 수반되는 폐기물을 처리할 수 있을 정도로 무진장하다는 것이다. 이제까지 산업자본주의경제의 발전이 가능했던 것은 이상의 의미에서 '자연'— 인간적 자연(노동력)과 자연(환경)— 이 무제한적으로 존재했기 때문이다. 하지만 산업자본주의의 현 단계에서는 그것들이 급속히 한계에 도달하고 있다.

이 문제는 '인간과 자연'의 관계와 연결되어 있다. 이제까지 이런 측면을 제거해온 것은 '인간과 자연'의 관계는 인간과 인간의 교환양식을 통해서만 실현되기 때문이다. '인간과 자연'의 관계는 근본적이다. 하지만 그것을 강조함으로써 '인간과 인간의 관계'를 망각시키는 이데올로기에 주의해야 한다. 일반적으로 그것은 공업사회비판, 테크놀로지비판이라는 문명비판의 형태로 나타난다. 그것은 대체로 낭만주의적 근대 문명비판의 형태를 답습하고 있다. 하지만 환경파괴를 단지 '인간과 자연의 관계'라는 시점에서만 볼 수는 없다. 왜냐하면 환경의 파괴=자연의 착취는 인간이 인간을 착취하는 사회에서 생기기 때문이다. 예를 들어 인류사에서 최초의 환경문제는 메소포타미아의 관개지에서 일어났다. 그리고 관개에 근거한 고대의 대문명은 전부 멸망하고 사막화되었다. 인간을 '개발=착취'(exploit)하는 시스템(교환양식)이 인간과 자연 간의 교환(물질대사)을 파괴한 것이다. 자본과 국가의 지양을 지향하지 않는 한, 환경문제를 해결할 길은 없다.

8. 세계경제

나는 산업자본을 총자본으로서 고찰해왔다. 그것은 자본의 자기증식(잉여가치의 실현)을 개별자본만으로 생각할 수 없기 때문이다. 하지만 우리가 지금까지 해온 것은 산업자본을 기껏해야 일국단위로 생각한 것이었다. 그런데 실제로 산업자본은 노동력, 원료 및 생산물을 사는 소비자를 일국 안에서만 발견하는 것이 아니다. 오히려 산업자본은 해외시장 없이는 성립하지 않는다. 마르크스도 자본주의적 생산은 일반적으로 외국무역 없이는 있을 수 없다고 말했다. 예를 들어, 영국에 면공업을 중심으로 한 산업혁명이 일어난 것은 그저 국내시장 때문이 아니다. 이전까지의 중상주의적 경쟁 가운데에서 국제적인 패권을 잡기 위해서였다.

하지만 해외무역에서 이윤을 얻는 중상주의를 반대하고, 또 그것이 가져올 보호관세정책도 반대한 리카도는 자유무역이 상호 이익을 가져온다는 점을 주장했다. 그것은 '비교생산비의 법칙', 즉 각국의 생산비 구조에서 비교적 생산력이 높고, 따라서 비교적 적은 노동으로 상품을 생산할 수 있는 생산부문이 수출산업 부분으로 특화되어, 이런 산업부분의 국제적 분업관계로 인해 각국 간에 국제분업이 형성된다는 것이다. 하지만 이 '국제분업론'은 기만적인 이데올로기이다. 리카도는 영국의 면직물과 포르투갈의 와인을 예로 들어 국제분업을 설명했다. 각기 생산을 '특화'하는 것이 서로에게 이익이 된다는 것이다. 하지만 역사적 사실로서 포르투갈은 농업국으로 바뀌고, 영국의 산업자본에 종속되기에 이르렀다. 그것은 일국 내부에서 노동생산성을 높이는 산업자본이 농업부문의 우위에 서는 것과 같다.

자유주의를 주창한 스미스나 리카도는 식민지주의에 반대했다. 식민지화는 무역독점이기 때문이다. 하지만 그들의 자유주의야말로 산업자본이 발전한 국가가 취하는 '자유제국주의'이다. 그들은 기존의 제국이나 중상주의국가처럼 주변부에서 강제적으로 수탈을 할 필요는 없다. 자유무역에 의한 등가교환을 통해 가치체계의 차이에서 잉여가치를 얻을 수 있기 때문이다. 이 가치체계의 차이화는 산업자본이 끊임없는 기술혁신을 통해 노동생산성을 높임으로써 이루어진다.

산업자본이 발전한 나라에 비해, 노동생산성이 낮은 원료생산국에서는 노동력의 가치가 낮고 원료도 아직 싸다. 따라서 선진국의 자본은 자국의 노동자만이 아니라 원료를 통해, 그리고 이주노동자를 통해, 주변부와의 '등가교환'으로부터 잉여가치를 얻을 수 있다. 이것은 선진국의 노동자 문제를 생각할 때 중요하다. 왜냐하면 선진국 노동자나 농민이 자본에 착취당하고 있다고 하더라도, 도상국의 노동자나 농민에 비할 것은 아니기 때문이다.

리카도의 비교우위와 국제분업이라는 생각은 지금도 '신자유주의' 경제학자들 사이에서 지지되고 있다. 이에 대해 처음으로 이의를 제기한 것은 아기리 에마뉘엘과 안드레 군더 프랑크였다. 그들은 세계시장가격에서 중추(core)와 식민지 사이의 교환은 필연적으로 식민지의 희생으로 중추에 이익을 부여하는 부등가교환을 초래하고, 일단 부등가교환이 시작되면, 그 결과는 누적적이라고 주장했다. 그리고 사미르 아민은 비교우위와 국제분업이라는 사고를 비판하고, 후진국이 후진성에 머무

는 원인을 이런 '부등가교환'과 '종속'에서 찾았다. 영국에서 산업혁명이
일어나기 전까지 유럽과 비유럽, 특히 아시아와의 사이에 경제적·기술
적 수준 차는 그렇게 없었다. 후자의 미개발성은 원래 존재했던 것이
아니라, 산업자본주의 이후에 만들어진 것이다. 크게 말해, 이 '종속론'의
주장은 옳다. 예를 들어, 월러스틴은 이렇게 말하고 있다.

> 중핵과 주변이라는 것은 부르주아에 의한 잉여가치취득시스템의
> 혁신적 부분 중 한 가지를 지시하는 말에 다름 아니다. 극단적으로
> 말해, 자본주의란 프롤레타리아가 창출한 잉여가치를 부르주아가
> 취득하는 시스템이다. 이 프롤레타리아와 부르주아가 다른 나라에
> 있는 경우, 잉여가치취득의 과정에 영향을 주어온 메커니즘의 하나가
> 국경을 넘어서는 가치의 flow(흐름)를 컨트롤하는 교묘한 조작이다.
> 그로부터 중핵·반주변·주변이라는 개념으로 총괄되는 저 '불균등
> 발전'의 패턴이 생겨나는 것이다. 이 개념은 자본주의세계경제에서
> 다양한 형태의 계급충돌(conflict)을 분석하는 데에 유용한 지적 개념
> 장치다.[13]

그러나 이런 부등가교환에 특별히 '교묘한 조작'이 존재한 것은 아니
다. 여기에는 어떤 수수께끼도 없다. 수수께끼가 생기는 것은 산업자본을
상인자본과 이질적인 것으로 간주하기 때문이다. 이미 여러 번 서술한
것처럼 상인자본이든 산업자본이든 자본은 다른 가치체계 사이의 교환
에서 잉여가치를 얻는다. 각각의 가치체계 내부에서는 등가교환이지만,
가치체계의 차이가 잉여가치를 초래하는 것이다. 상인자본주의의 단계
에서 각지의 가치체계의 차이, 또는 '불균등발전'은 원래 자연적인 조건
의 차이에 의한 것이었다. 그런데 산업자본에 의한 공업적 생산물과의

교환에 의해 비산업자본주의국가의 산업은 원료생산 등으로 '특화'되어 보다 '불균등'하게 되었다. 그리고 이 '불균등'은 매일 재생산된다.

마르크스가 일반적 이윤율의 경향적 저하, 프롤레타리아의 궁핍화 또는 계급의 양극분해를 예상했던 것은 이미 19세기 말부터 비판당해왔다. 하지만 예를 들어 영국의 노동자계급이 마르크스가 말하는 '궁핍화 법칙'과 반대로 풍요로울 수 있었던 것은 자본이 해외무역에서 잉여가치를 얻고, 그것이 영국의 노동자에게도 어느 정도 재분배되었기 때문이다. 궁핍화는 국내에서보다 오히려 해외사람들에게 생겼다. 그것은 현재도 생겨나고 있다. 따라서 우리는 자본주의의 문제를 일국 단위가 아니라 항상 세계=경제에서 보지 않으면 안 된다.

제3장 네이션

1. 네이션의 형성

이제까지 교환양식C가 지배적인 자본제사회구성체가 어떻게 출현했는가에 대해 고찰했다. 그것은 그 이전 사회에 존재했던 교환양식의 결합방식이 어떻게 바뀌었는지를 보는 것이었다. 이번 장에서 살펴볼 것은 그것이 교환양식C의 우위 하에서 자본＝네이션＝스테이트라는 형태를 취한다는 점이다.

네이션＝국가는 네이션과 국가라는 이질적인 것의 결합이다. 하지만 그것이 성립하기 전에 실은 자본＝국가, 즉 자본과 국가의 결합이 선행하고 있다. 이것이 절대왕권이다. 앞서 나는 절대왕권은 사회구성체 가운데에서 그때까지 지배적이었던 교환양식B가 교환양식C의 우세 가운데에서 변형되어 나타난 형태라고 서술했다. 네이션이 나타나는 것은 그 후, 즉 절대왕권이 시민혁명에 의해 무너진 이후이다. 간단히 말해, 네이션이란 사회구성체 중에서 자본＝국가의 지배 하에서 해체되어 가던 공동체 내지 교환양식A를 상상적으로 회복하는 형태로 등장한 것이다. 네이션은 자본=국가에 의해 형성된 것이지만, 그것은 동시에 자본=국가가 가져오는 사태에 항의하고 대항하는 것으로서, 그리고 자본=국가의 결락을 보충해서 메우는 것으로서 출현했다.

네이션의 감성적인 기반은 혈연적·지연적·언어적 공동체이다. 하지만 그것이 네이션의 비밀을 명확히 만드는 것은 아니다. 그와 같은 공동체가 있다고 해서 반드시 네이션이 성립하는 것이 아니기 때문이다. 네이션은 자본=국가의 성립 이후에 등장한다. 따라서 네이션 형성은 우선 두 가지 시각에서 볼 수 있다. 하나는 주권국가이고, 다른 하나는 산업자본주의이다. 바꿔 말해, 전자는 교환양식B라는 측면이고, 후자는 교환양식C라는 측면이다. 네이션은 이들의 계기를 통합함으로써 성립한다.

a. 주권국가의 레벨

통상 네이션은 시민혁명에서 등장한다. 예를 들어, 영국에서는 명예혁명(1688년)에서 인민주권이 확립되었을 때, 네이션=스테이트(commonwealth)가 확립되었다고 해도 좋다. 여기서 네이션(국민)이란 국가의 주권자이다. 하지만 당연히 이와 같은 주권자로서의 네이션(인민)이 처음부터 존재했던 것은 아니다. 그것은 타도된 절대왕권(주권자) 하에서 그때까지 다양한 신분이나 집단에 속해있었던 사람들이 왕의 신하로서 동일한 지위에 놓임으로써 형성된 것이다. 이와 같은 절대왕권이 선행하지 않으면, 주권자인 네이션(인민)은 출현하지 않는다.

예를 들어, 아시아적 전제국가의 경우, 왕조가 무너지면 부족 간·호족 간의 다툼으로 되돌아가고, 이윽고 다음 왕조가 재건된다. 따라서 전제체제가 무너지고 인민이 주권자가 되는 것은 그 전제로서 절대왕권 내지 그것과 닮은 것의 선행이 필요하다. 다수의 부족이나 민족을 통합하기 위해서는 독재적인 권력이 불가결하다. 예를 들어, 유럽의 후진지역에서 절대왕권은 '계몽전제군주'라는 형태를 취했다. 군주 자신이 봉건적 세력을 억누르고 정치·경제적 근대화를 성취하려고 한 것이다. 또 비유럽의 많은 나라에서는 절대왕권이 행한 역할이 오히려 독재적인 리더에 의해 수행되었다. 그 후에 독재자가 쓰러지고, 주권자로서의 인민이 출현했다.

다수의 부족을 넘어서 하나의 네이션이 존재하기 위해서는 몇 가지가 부정되어야 한다. 그 중 하나는 국가를 넘어선 제국의 권위이다. 앞서 나는 유럽에서 세계=제국은 충분히 성립하지 않았고, 바로 그렇기 때문에 그곳에서 세계=경제가 진전될 수 있었다고 썼다. 하지만 정치적으로는 제국이 성립하지 않았다고 해도, 넓은 의미에서 서유럽을 하나의 세계로서 통합하는 것이 존재했다. 그것은 로마교회이고, 세계언어로서의 라틴어, 그리고 로마법 내지 그것에 연원하는 자연법이었다. 이것들을 거부한 것이 절대왕권이다. 절대왕권은 첫째로 국법을 제국의 법(자연법)이나 교회법에 우선시했다. 둘째로 로마교회의 권위를 부정했다. 그것들을 전형적으로 보여주는 것이 영국의 왕권에 의한 교회재산의 몰수이다. 그리고 절대왕권 하에서 각국어로 쓰는 것이 시작되었다. 즉 라틴어를 각 지역의 속어로 번역함으로써 각국의 문자언어가 형성되었다.[1] 절대왕권은 이처럼 자신의 '절대성'을 확립함으로써 결과적으로 네이션이 존재하기 위한 길을 닦았던 것이다.

이상, 나는 서유럽을 예로 들었지만, 이와 같은 과정은 다른 지역에도 해당된다. 예를 들어, 식민지화된 지역에서는 지배자국가에 대한 대항운동 과정에서 부족 간의 대립이나 차이가 극복되었다. 이 경우, 국가가 이미 존재한 곳이나 그렇지 않은 곳이냐에 따라 네이션의 형성이 다르다. 전자에서는 서양의 지배자에 대항하는 가운데 그때까지의 국가나 문명을 기반으로 한 내셔널리즘이 형성된다. 후자에서는 식민지지배자가 만든 국가장치를 지렛대 삼아 내셔널한 국가나 언어가 형성되었다. 어느 경우도 그 이전에는 없었던 네이션으로서의 동일성이 형성되었다. 이런 의미에서 식민지지배국가가 절대주의적 국가의 기능을 수행했다고 해도 좋다. 그리고 그것을 타도하는 투쟁(민족해방)을 통해 네이션이 확립되었다.

일반적으로 부족적 공동체가 네이션의 기반이라고 생각한다. 하지만 실제 그것은 네이션으로서의 동일성의 기반이 되는 것이 아니라, 역으로 부족 간의 끊임없는 불화와 싸움, 다른 나라와의 결탁이나 배신을 불러온다. 유럽에서 그것을 억누르고 통합시킨 것이 절대왕권이다. 이와 같은 집권화가 불가능했던 지역에서는 네이션이 형성될 수 없었다. 또 그와 같은 지역에서는 국가를 넘어서는 종파가 강고하게 남아 네이션으로서의 통합을 방해하는 결과를 낳았다.

b. 산업자본주의의 레벨

이어서 네이션을 교환양식C에서, 즉 산업자본주의에서 살펴보자. 이것과 관련하여 참고가 되는 것은 어네스트 겔너[1]의 견해이다. 그는 내셔널리즘의 기원을 산업사회에서 보려고 했다. 이 사회의 특징은 '직업적인 유동성과 급속히 변천하는 불안정한 분업' 및 '모르는 사람들 사이에서 빈번하고 정밀한 커뮤니케이션'이 일어난다는 데에 있다. "근대사회는 신입자 전원에 대해 상당히 주도적인 장기간의 훈련을 실시하여 일정한 공통된 자질, 즉 읽기쓰기, 계산능력, 기초적인 노동습관, 사회적

• • •

1_ Ernest Gellner(1925-1995). 체코계 영국인 사회인류학자. 저서로 『무슬림사회』(1981), 『민족과 내셔널리즘』(1983) 등이 있다.

인 기능(技能), 기초적인 기술적 사회적 기능의 숙지라는 자질을 강하게 요구한다."2)

겔너가 말하는 것은 바로 내셔널리즘이 산업자본의 '노동력상품'이 형성됨과 함께 등장했다는 것이다. 도제제의 경우, 일이 고정되어 있고, 그에 대한 수련이나 숙련의 방법이나 단계가 정해져 있다. 또 하나의 업종에서 마스터가 된 자는 다른 업종에 몰두하는 일이 없다. 그런데 산업자본주의에서는 분업화와 함께 끝없이 새로운 기술이 발명되고, 새로운 일이 생겨난다. 산업프롤레타리아는 그런 변화에 민감하게 반응할 수밖에 없기 때문에 하나의 업종에 숙련되는 것보다는 끝없이 새로운 일에 적응할 수 있는 기초적인 기술이 필요하다. 그리고 시간을 엄수하고 강한 인내심을 가지고 일하는 태도, 그리고 모르는 타인과 협동하는 능력이 필요하다. 타인과 협동하기 위해서는 공통의 언어나 문화를 갖는 것이 불가결하다.

하지만 이런 노동력상품은 산업사회나 산업자본보다도 오히려 근대국가에 의해 형성되었다고 해야 한다. 앞서 서술한 것처럼 후발적 자본주의국가가 제일 먼저 행하는 것은 징병제와 의무교육이다. 그것은 내셔널리즘을 육성하는 것과 '노동력상품'을 육성하는 것이 분리될 수 없다는 것을 의미한다.

2. 공동체의 대리보충

하지만 위의 사항들은 네이션을 생각하는 데에는 필요하지만 충분하지는 않다. 이상의 관점에서 보면, 네이션을 만든 것은 국가나 자본이 된다. 하지만 네이션은 그저 자본=국가의 수동적인 산물이 아니다.

그것 스스로가 자본=국가에 대항하는 것으로서 출현한 것이다. 네이션은 노동능력이나 경제적 이익이라는 차원만으로 말할 수 없다. 오히려 그것에 대한 반발을 품고 있다. 그런 의미에서 네이션은 말하자면 감정이라는 차원에 근거하고 있다고 해도 좋다.

네이션은 시민혁명에 의해 절대적인 주권자가 쓰러지고 개개인이 '자유와 평등'을 획득할 때에 성립한다. 하지만 그것만으로는 불충분하다. 그러므로 개개인의 자유나 평등 외에 개인들 사이의 '연대'가 필요하다. 예를 들어, 프랑스혁명에서는 자유·평등·우애라는 슬로건이 주창되었다. 이 경우 자유와 평등은 합리적인 것이지만, '우애'는 다르다. 그것은 개인들 사이의 연대 감정을 의미한다. 네이션에 필요한 것은 이와 같은 '감정'이다. 그것은 가족이나 부족공동체 안의 사랑과는 다른, 오히려 그와 같은 관계로부터 이탈한 사람들 사이에서 생겨나는 새로운 연대의 감정이다.

네이션을 이와 같은 감정(sentiment)으로 설명하는 것은 피상적인 견해처럼 보인다. 그보다 네이션을 민족적(ethnic), 언어적 공동성이나 경제적 공동성이라는 현실적인 기반에서 설명해야 한다고 생각하는 사람도 있을 것이다. 하지만 그런 종류의 공동성이 반드시 네이션을 형성하지는 않는다. 오히려 자주 네이션의 형성을 방해한다. 예를 들어, 부족이나 종파를 위해 네이션이 희생되기 때문이다. 그러므로 네이션에 대해 생각할 때, 우리는 오히려 그것을 어떤 종류의 '감정'에서 보아야 한다. 이것은 문제를 심리학으로 환원하는 것이 아니다. 반대로 감정이라는 형태로만 의식되는 '교환'을 본다는 것을 의미한다.

니체가 지적한 것처럼 죄책감과 같은 감정에는 일종의 교환이 숨어있다. 물론 그것은 호수적인 교환이고 상품교환과는 다르다. 상품교환의 경우, 사람들은 오히려 감정에서 벗어나 말하자면 비즈니스처럼 행동할 수 있다. 그런데 호수적 교환에서 유래하는 채무감정은 돈으로 변제가 되지 않는 것이어서, 경제적으로는 그야말로 '경제합리성'을 결여한 것이다. 네이션이 '감정'으로서 나타난다는 것은 네이션이 국가나 자본과는 다른 교환양식에 뿌리를 두고 있다는 것을 의미한다. 하지만 통상 그렇게 생각되고 있지 않다.

네이션이라는 문제는 마르크스주의자를 걸려 넘어지게 해온 문제 중 하나였다. 그들에게 네이션은 근대자본주의적 경제구조가 낳은 이데 올로기에 지나지 않았다. 즉 계몽에 의해 해소해야 하고 또 해소될 수 있는 것이었다. 그런데 그처럼 네이션을 경시한 마르크스주의자의 운동은 내셔널리즘을 내건 파시즘에 굴복했을 뿐이다. 사회주의국가 자체가 내셔널리즘을 내걸고 서로 싸우기에 이른 것이다.

베네딕트 앤더슨은 자신이 네이션에 대해 고찰한 것은 중국과 소련의 대립, 중국과 베트남의 전쟁 같은 사건에 직면한 후, 마르크스주의의 맹점과 직면했기 때문이라고 서술하고 있다. 그는 네이션을 '상상의 공동체'(imagined community)로 파악했다. 일견 이것은 종래의 마르크스 주의자의 견해—네이션은 사람이 그로부터 깨어나야 할 공동환상이라는 견해, 즉 계몽주의적 관점처럼 보인다. 하지만 앤더슨이 한 가지 다른 점은 네이션이 오히려 계몽주의의 결과로서 생겨났다는 점을 보고 있다는 것이다. 즉 그는 18세기 서양에서의 네이션 발생을 오히려 계몽주의, 합리주의적 세계관의 지배 속에서 종교적 사고양식이 쇠퇴한 것에서 발견했다. 그가 생각하기에 네이션은 종교를 대신하여 개개인에 불사성·영원성을 부여하고 그 존재에 의미를 부여한 것이었다.

인간의 죽음이 보통 우연에 의해 좌우되는 것이라고 한다면, 결국 죽게 된다는 것은 인간으로서 피할 수 없는 운명이다. 인간의 삶은 그런 우연과 필연의 조합으로 가득 차 있다. 나는 이미 우리의 고유한 유전적 속성, 우리의 성별, 우리가 살아가는 시대의 제약, 우리의 신체적 능력, 우리의 모국어 등의 우연성과 불가피성을 잘 알고 있다. 전통적인 종교적 세계관의 위대한 공적(그것은 물론 전통적인 종교적 세계관이 특정한 지배·수탈체제의 정당화를 위해 애써온 역할과 구별되어야 한다) ── 그것은 이들 종교적 세계관이 우주 안에서의 인간, 종으로서의 인간, 그리고 삶의 우연성에 관계해 온 것에 있다. 불교, 기독교, 또는 이슬람교가 수십 개의 다양한 사회구성체에서 수천 년에 걸쳐 존속해온 것, 이것은 이들 종교가 병, 불구, 슬픔, 늙음, 죽음이라는 인간이 가진 고통의 압도적 무게에 대해 상상력으로 가득 찬 응답을 해왔다는 것을 증명하고 있다.[3)]

내셔널리즘은 종교를 대신하여 '상상력이 가득한 응답을 해왔다'고 앤더슨은 말한다. 그러나 여기서 그가 말하는 계몽주의에 의해 해체된 종교적 세계관이란 오히려 농업공동체의 세계관이라고 말해야 한다. 기독교든 불교든 보편종교는 공동체에 대항하여 출현하는 것인데, 현실적으로 공동체에 뿌리를 내리면, 그 요구를 만족시켜야 했다. 즉 보편종교는 농업공동체의 종교와 융합한 것이다. 따라서 공동체의 해체와 함께 오히려 보편종교는 그 본래적 성격을 되찾았다고 해도 좋다. 실제 종교는 개인주의적인 종교(프로테스탄티즘)로서는 오히려 계몽주의 이후에 발전했다고 해야 한다.

다시 말해, 계몽주의를 단순히 종교비판으로서만 볼 수는 없다. 계몽주의는 통상 영국의 시민혁명 이후 특히 로크 등의 사상과 결부되고 있다. 하지만 18세기의 독일이나 러시아에서 지배적이었던 것은 '계몽전제군주'였다. 말할 것도 없이 이것은 절대왕권이다. 절대왕권은 국내를

통치하기 위해 로마교회 등의 외적 권위를 부정하는 계몽주의를 필요로
한 것이다. 그런 의미에서 계몽주의는 오히려 절대왕권의 이데올로기이
고, 그것이 추진한 것은 자본=국가를 강화하는 것이었다. 그리고 그것은
농업공동체를 해체하지 않고는 달성할 수 없었다. 이것이 계몽주의라고
한다면, 그것에 대한 반발로서 나온 낭만주의가 자본=국가에 대한 비판,
그리고 그것에 의해 해체되어가던 공동체와 그 호수원리의 회복이라는
의미를 품고 있던 것은 당연하다. 그러므로 낭만주의는 양의적이다.
그것은 노스탤직한 복고주의라는 측면과 자본=국가에 대한 비판이라
는 측면을 동시에 가졌다. 일반적으로 전자의 면이 지배적이지만, 예를
들어 영국의 낭만파에서는 후자의 측면이 강하고, 그들의 대다수가
사회주의자였다는 것은 주목할 만한 가치가 있다.[4]

그런데 자본=국가에 의한 공동체의 해체는 앤더슨이 지적한 것처럼
심각한 의미를 가졌다. 공동체의 소멸은 그것이 가지고 있던 '영원'을
보증하는 세대적 시간성의 소멸이기도 했기 때문이다. 농업공동체의
경제에서는 단지 살아있는 자들 사이의 호수만이 아니라 죽은 자(선조)
와 앞으로 태어날 자(자손)와의 사이에도 호수적 교환이 상정되어 있었
다. 예를 들어, 살아있는 자는 자손을 생각해서 행동하고, 또 자손은
그들을 위해 배려해준 선조에게 감사한다. 농업공동체의 쇠퇴와 더불어
자신의 존재를 선조와 자손 사이에 둠으로써 얻을 수 있었던 이와 같은
영속성이란 관념도 사라진다. 보편종교는 개인의 영혼을 영원하도록
만들지만, 공동체의 이런 시간성을 회복시키지는 않는다. 그리고 그것을
상상적으로 회복하는 것이 네이션인 것이다. 따라서 '국민'이란 현재
있는 자들만이 아니라 과거와 미래의 성원을 포함하는 것이다. 내셔널리
즘이 과거와 미래에 얽매이는 것은 그 때문이다.

앤더슨은 네이션을 종교의 대리보충으로 보았는데, 그것으로는 예를

들어 인도에서의 힌두내셔널리즘과 같은 '종교적 내셔널리즘'을 이해할수 없다. 하지만 네이션이 공동체의 대리보충이라고 생각한다면, 종교적내셔널리즘이라고 보이는 것도 쇠퇴한 공동체의 상상적 회복이라는것이 명확해진다. 이런 경우의 종교는 보편종교가 아니라 공동체의종교이다. 그러므로 공동체의 쇠퇴 속에서 상상적으로 회복되는 네이션이 종교적 형태를 취한다고 해도 이상한 일이 아니다.

네이션을 경제적·정치적인 이해(利害)만으로 생각할 수는 없다. 거기에는 메타피지컬한 문제가 존재한다. 하지만 그것은 네이션이 경제나정치와 다른 어떤 정신적 레벨의 문제라는 것을 의미하는 것은 아니다.그것은 단지 네이션이 상품경제와는 다른 타입의 교환, 즉 호수적 교환에뿌리를 두고 있다는 것을 의미한다. 네이션이란 상품교환의 경제에의해 해체되어가는 공동체의 '상상적' 회복에 다름 아니다. 네이션은말하자면 자본=국가에 결여된 '감정'을 거기에 불어넣는 것이다. 헤겔은 『법철학 강의』에서 홉스적인 국가를 '오성적 국가'라고 불렀다. 그것은 거기에 '감정'이, 따라서 '네이션'이 결여되어 있다는 것을 의미한다.헤겔이 생각하기에 자본=네이션=스테이트야말로 진정한 '이성적 국가'인 것이다. 이 문제를 생각하기 위해 나는 네이션이 출현하는 사태를철학적인 문맥에서 고찰하고 싶다.

3. 상상력의 지위

주목해야 하는 것은 18세기 후반 유럽에 앤더슨이 말하는 '상상된공동체'가 형성되었을 뿐만 아니라, 바로 '상상력' 그 자체가 특수한의의를 갖고 출현했다는 점이다. 네이션이 성립하는 것과 철학사에서 상상력이 감성과 지성을 매개하는 지위에 놓이는 것은 같은 시기이다. 그때까지의 철학사에서 감성은 항상 지성의 하위에 놓여있었지만, 이 시기 처음으로 칸트가 상상력을 감성과 지성을 매개하는 것, 또는 지성을 선취하는 창조적 능력으로서 발견했다. 예를 들어, 낭만파 시인·비평가 코울리지는 칸트에 기초하여 공상(fancy)과 상상력(imagination)을 구별 했다. 상상력은 자의적인 공상과는 다르다. 그런 의미에서 네이션이 '상상된 공동체'인 경우, 그것은 '공상'이 아니라 '상상'이라는 것에 유의해야 한다. 바꿔 말해, 그것은 단순히 계몽에 의해 사라질 수 없는 근거를 가지고 있다.

네이션의 '감정'이 형성되는 것과 '상상력'의 지위가 높아지는 것은 역사적으로 평행하는 사태이다. 이런 종류의 문제가 철학에서 가장 빨리 주제화된 것은 자본주의적 시장경제가 가장 빨리 발전한 영국, 특히 스코틀랜드에서이다. 18세기 전반에 철학자가 주목한 것은 어떤 종류의 감정이었다. 그것은 철학자 허치슨이 처음 말한 도덕감정(moral sentiment)이다. 허치슨의 제자 아담 스미스는 도덕감정에 대해 논하면서 공감=동정(sympathy)에 대해 다음과 같이 서술했다.

인간의 본성에는 아무리 이기적이라고 해도 타인의 운명을 배려하고 타인의 행복을 보는 게 기분이 좋다는 것 이외에 아무것도 얻을 수 없는 경우도 그들의 행복이 자기 자신에게 없어서는 안 되는 것처럼 느끼게 하는 어떤 원리가 존재하는 것은 분명하다. 연민 또는 동우(同憂)는 바로 이런 종류의 원리에 속하며, 그것은 타인의 행복을 직접 보거나 또는 타인의 불행에 대해 생생한 이야기를 들려주거나 하면, 그들의 불행에 대해 바로 느끼는 정서이다. 타인이 슬퍼하는 것을 보면 바로 슬프게 되는 것은 따로 예증할 필요가 없는 자명한 이치이다. …… 상상의 작용에 의해 우리는 자기 자신을 타인의 입장으로 바꿔놓고 스스로 모두 똑같은 고문을 참고 견디고 있는 것처럼 생각하고, 말하자면 타인의 신체에 이입하여 어느 정도까지 그 사람과 같은 인격이 되고, 그리고 그 인간의 느낌에 관한 어떤 지식을 얻고 그 정도야 상당히 약하지만 그 인간이 느낀 감정과 완전히 다르다고도 생각하지 않는 어떤 종류의 감각조차 느끼게 된다.5)

스미스가 말하는 심퍼시(sympathy)란 상대의 몸이 되어서 생각하는 상상력이다. 그런데 허치슨이 말하는 도덕감정과 스미스가 말하는 그것 사이에는 미묘하지만 결정적인 차이가 있다. 허치슨에게 있어 도덕감정은 이기심과 대립하는 것이지만, 스미스가 말하는 공감은 이기심과 양립하는 것이다. 무릇 상대의 몸이 되어서 생각하는 것이라면, 상대방의 이기심을 인정해야 한다. 말할 것도 없이 스미스는 각자가 이기적으로 이익을 추구하는 것이 결과적으로 전체의 복리(welfare)를 증대시킨다는 것, 그러므로 laissez faire(자유방임)로 해야 한다고 주장한 경제학자이다. 그러나 스미스는 본래 윤리학자였다기보다 최후까지 윤리학자였고, 그의 political economy(국민경제학)는 윤리학적 체계의 마지막에 나타난 것이다.

위와 같은 도덕감정론과 약육강식을 긍정하는 laissez faire의 시장주의는 양립하지 않는 것처럼 보인다. 이 문제는 종종 다음과 같이 생각된다. 스미스는 한편으로 laissez faire를 말하면서, 다른 한편으로 그것이 불가피하게 초래하는 폐해를 깨닫고 있었는데, 거기에 그의 윤리학이 있었다고 말이다. 이 때문에 스미스는 후생(厚生)경제학의 선구자로 간주된 것이다. 하지만 스미스가 이기심을 긍정함과 동시에 sympathy를 말한 것은 특별히 모순되는 것이 아니다. 기독교——불교나 이슬람교에서도 마찬가지지만——에서는 이기심의 부정이 이야기되고 연민이 이야기된다. 그러나 스미스의 경우 이기심과 공감(동정)은 배반되지 않는다. 무릇 스미스가 말하는 sympathy는 연민이나 자비와는 다르다. 그것은 이기심이 긍정되는 상황, 즉 자본주의적 시장경제에서 비로소 출현하는 것이다. 연민이나 자비는 상품교환원리C가 부차적인 사회의 윤리이다. 그런데 스미스가 말하는 sympathy는 상품교환의 원리가 지배적이 되고, 호수원리가 해체되어버릴 때에만 출현하는 '도덕감정'이나 '상상력'이어서 기존 사회에는 존재하지 않았던 것이다.

4. 도덕감정과 미학

프랑스혁명에서 '우애'라고 불린 것은 스미스가 공감이나 동류감정(fellow feeling)이라고 부른 것과 같다. 우애라는 관념은 원래 기독교적인 기원을 갖는다. 하지만 스미스가 말하는 공감이 종교적 연민과 달리 이기심이 승인되는 상태에서 생기는 것처럼 이 시기의 우애는 기독교적인 관념과는 비슷하지만 다르다. 우애는 프랑스혁명에서 직인적 노동자들의 어소시에이션의 표현이었다. 하지만 우애는 프랑스혁명의 과정에서 네이션에 흡수되었다. 구체적으로 말해, 혁명방위전쟁, 그리고 나폴레옹 하의 내셔널리즘으로 바뀌었던 것이다.

그 후 '우애'는 초기사회주의에서 부활했다. 하지만 '우애'는 항상 내셔널리즘과 이어지는 경향이 있다. 초기사회주의에서 가장 영향력이 있었던 것은 생시몽주의이다. 그것은 국가에 의한 산업발전과 사회문제 해결을 동시에 꾀하는 것이었다. 하지만 그것도 역시 내셔널리즘으로 귀결되었다. 사회주의적 색채를 가진 내셔널리즘으로 말이다. 예를 들어, 나폴레옹 3세(루이 보나파르트)는 생시몽주의자였으며, 프로이센의 비스마르크도 독일판 생시몽주의자인 라살레의 친구였다. 따라서 프루동이 사회주의에 '우애'라는 계기를 가지고 오는 것을 거부하는 데에서 시작한 점은 중요하다.

하지만 18세기 영국이나 프랑스에서는 공감이나 우애라는 '감정'에 관해 그 이상의 철학적 음미는 이루어지지 않았다. 그것이 이루어진 것은 독일이라고 해도 좋다. 독일에서 우애의 문제는 정치·경제적 레벨이 아니라 오로지 철학적 논의로서 존재했다. 따라서 그들의 논의를 읽을 경우, 우리는 그것이 본래적으로 가지고 있는 문제를 놓치지 않아야 한다.

독일에서 '도덕감정'이라는 문제는 감정에 도덕적 또는 지적인 능력이 있는지 없는지의 문제로 제출되었다. 앞서 서술한 것처럼 그때까지의 철학에서 감성은 경시되었다. 즉 감성은 사람으로 하여금 과오를 저지르게 하는 것이고, 진정한 인식이나 도덕은 감성을 넘어선 곳에 있다고 생각해왔다. 근대과학과 함께 감성이 중시되었지만, 그것은 감각(지각)과 관해서였고, 감정은 항상 하위에 놓여 왔다. 홉스나 스피노자에게서도 그것은 인간이 지성으로 극복해야 할 정념에 다름 아니었다.

18세기가 되어서 감정에 의해 지적 인식이나 도덕적 판단이 가능할 뿐만 아니라, 어떤 의미에서 오성이나 이성을 넘어선 능력이 있다고 주장하는 논의가 나왔다. 그것은 에스테틱(aesthetics)이라 불리었다. 그 것은 현재 미학(미에 관한 학)을 의미하지만, 원래 감성론이라는 의미이다. 예를 들어, 바움가르텐은 『미학』을 '감성적 인식의 학'으로 썼고, 예술론은 그 중 일부에 지나지 않았다. 하지만 에스테틱이 거의 미에 관한 학이라는 의미로 이해된 것은 바움가르텐이 감성 또는 감정에서

이성적 인식능력을 발견했기 때문이다. 칸트는 그것을 비판했다.6)

『순수이성비판』에서 칸트는 에스테틱을 감성론이라는 의미로만 사용하고 있다. 이 경우 칸트는 감성과 오성을 구별하는 것, 바꿔 말해 '느낄 수 있는 것'과 '생각할 수 있는 것'의 구별을 일관되게 유지했다. 왜냐하면 그것을 구별하지 않는 사고, 바꿔 말해 어떤 것(이를테면 신)을 '생각할 수 있다'고 해서 바로 그것이 '있다'고 논증해버리는 사고는 형이상학이 되어버리기 때문이다. 감성과 오성을 예리하게 나눈 칸트는 감성에서 인식능력을 발견한 바움가르텐을 비판함과 더불어 '도덕감정'으로 도덕에 근거를 부여하려고 한 허치슨을 비판했다. 칸트가 생각하기에 도덕법칙은 이성적인 것이고, 그것은 감정이나 감성에는 존재하지 않는다. '도덕감정'과 같은 것이 있다고 한다면, 그것은 도덕법칙을 이미 알고 있다는 것에서 생겨나는 것에 지나지 않는다. 그런데도 사전에 이성적인 것이 감정에 있다는 것은 도덕(이성)의 감성화=미학화(aesthetization)이다.

칸트가 생각하기에 감성과 오성은 상상력에 의해 종합된다. 그것은 바꿔 말해, 감성과 오성은 '상상적으로밖에' 종합되지 않는다는 것을 의미한다. 칸트 자신은 "인간적 인식의 두 가지 줄기, 감성과 오성"은 "아마 공통의, 하지만 우리에게는 알려져 있지 않은 하나의 뿌리에서 나왔을 것이다"라고 서술하고 있다(『순수이성비판』)². 하지만 그는 그것을 적극적으로 제시하려고 하지 않았다. 그는『판단력비판』에서도 그것은 그저 '회의적 방법'에 의해서 암시할 수 있을 뿐이라고 서술하고 있다. 그런데 칸트 이후의 낭만파 철학자는 감성과 오성(이론이성)의

- - -

2_ カント,『純粹理性批判』(上), 篠田英雄 訳, 岩波文庫, 1961, 82頁(칸트,『순수이성비판』(1), 백종연 옮김, 아카넷, 2006, 236쪽).

제3장 네이션 317

이원성을 넘어서는 직관적 지성(intuitiver Verstand)이라는 것을 발견했다. 그것은 감성과 오성의 종합이다. 바꿔 말해, 그것은 모든 인식의 근저에서 예술을 발견하는 것이다. 이것은 철학의 '미학화'에 다름 아니다.

5. 국가의 미학화

철학사에서는 칸트가 감성과 오성의 이원론을 고집했고, 낭만파가 그것을 뛰어넘었다고 되어있다. 하지만 칸트는 이원성을 긍정했던 것이 아니다. 감성과 오성의 분열이라는 것은 구체적으로 말해, 인간이 스스로 생각하고 있는 것과는 다른 존재방식을 현실에서 하고 있다는 말이다. 예를 들어, 자본제사회에서는 모두가 평등하다고 생각되고 있지만, 현실에서는 불평등하다. 그렇다면 오성과 감성의 분열이 실제로 있는 것이다. 그런 분열을 상상력으로 초월하려고 할 때, 문학작품이 태어난다. 그와 같은 문학에 의한 현실초월이 '상상적'인 것이라는 점은 누구도 부정하지 않을 것이다.

네이션도 그와 같은 의미에서 '상상적'인 공동체이다. 네이션에서는 현실의 자본주의경제가 가져오는 격차, 자유와 평등의 결여가 상상적으로 보전(補塡)되고 해소되고 있다. 또 네이션에서는 지배장치인 국가와는 다른 호수적 공동체가 상상되고 있다. 그런 의미에서 네이션은 평등주의적인 요구이고, 국가나 자본에의 비판과 항의(protest)를 포함하고 있다. 하지만 동시에 네이션은 자본=국가가 초래하는 모순을 상상적으로 해결함으로써 그것이 파탄이 나는 것을 막는다. 네이션에는 이와 같은 양의성이 있다. 나는 처음에 소위 네이션=스테이트는 자본=네이션=국

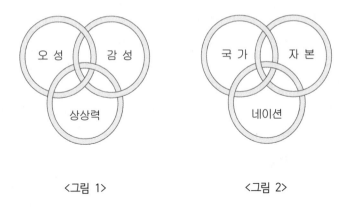

<그림 1>   <그림 2>

가로서 보아야 한다고 서술했다. 그것은 자본주의경제(감성)와 국가(오성)가 네이션(상상력)에 의해 결부되고 있다는 말이다. 이것들은 이를테면, 보로메오의 매듭을 이룬다. 즉 어느 하나를 없애면, 파괴되고 마는 매듭이다(<그림 1>, <그림 2> 참조).

하지만 낭만파 철학자들은 네이션이 상상적인 것이라는 시점을 놓치고 있다. 즉 그것이 객관적인 실재라고 생각되어버리는 것이다. 그것은 그들이 감성과 오성의 이원성을 부정하기 때문이다. 예를 들어, 칸트의 이원론을 가장 처음 넘어서려고 한 것은 그의 제자 헤르더인데, 그는 『언어기원론』(1772)에서 루소의 『언어기원론』이 감정만을 베이스로 삼고 있는 것을 비판하고, 언어의 기원에는 처음부터 이성이 관여하고 있다는 점을 강조했다. 감정 그 자체에 이성적인 것이 포함되고 있다는 것이다.[7] 그에게는 감성과 이성이 처음부터 종합되어 있다. 헤르더는 근대의 주관적 철학에 대항하여 풍토, 언어, 그리고 언어공동체로서의 민족(Volk)인 감성적 존재에서 출발하려고 했다. 하지만 이 경우 그는 이미 감성을 이성화하고 있다. 역으로 말해, 이미 이성을 감성화=미학화하고 있었던 것이다. 그러므로 국가적 이성은 풍토, 언어, 민족이라는 감성적인 것 속에서 기반을 가지게 된다. 그리하여 국가는 홉스나 로크와 같은 사회계약론에서 볼 수 있었던 국가와는 다른, 말하자면 '감정'에 입각한 것, 즉 네이션이 된다.

이어서 피히테의 경우, 네이션의 핵심은 언어에 있다고 생각했다. 네이션을 구성하는 것은 혈연적·지연적 공동체도, 정치적 국가도 아닌 언어인 것이다.

먼저 처음에 중요한 것부터 말씀드리자면, 국가와 국가를 나누는 최초의 원시적인 그리고 진정한 의미에서 자연적 국경이란 의심할 나위 없이 그 내적인 국경입니다. 같은 언어를 말하는 자들은 모든 인위에 앞서서 자연적인 본성 그 자체에 의해 이미 눈에 보이지 않는 무수한 끈에 의해 서로 결부되어 있습니다. 그들은 서로 이해하고 서로의 생각을 점점 명철하게 헤아리는 것이 가능합니다. 그들이 모여서 일단을 이루고 자연적인 통일체를 형성하고 불가분의 전체를 이루는 것입니다. 이와 같은 전체가 계통과 언어를 달리 하는 민족을 받아들여 자신과 혼합시키려고 한다면, 적어도 당분간 분규가 생기며 균형 잡힌 문화의 진전(進展)이 현저하게 방해받을 수밖에 없습니다. 인간정신의 자연본성 그 자체에 의해 이끌렸던 이 내적 국경에서 비로소 그 결과로서 거주지라는 외적 국경이 생기는 것입니다. 사태의 자연적인 견해에서도 산과 산, 강과 강으로 구별된 내부에 머물고 있다고 해서 그 인간들이 하나의 민족인 것은 결코 아닙니다. 역으로 '하나의' 민족이기 때문에 함께 살고 있는 것입니다. 그리고 운이 좋게 그들이 강이나 산에 둘러싸여 머물 수 있게 되었다면, 그것은 그들이 이미 그것에 앞서 매우 고차원적인 자연법칙에 의해 <하나의>

민족이었기 때문입니다.

　이처럼 독일국민은 공통의 언어와 사고양식을 통해 분열 없이 결합하여 다른 민족들과 충분히 확연하게 구별되며, 계통을 달리하는 종족을 분할성벽으로 삼아 유럽의 중앙에 존재하면서 타국으로부터의 모든 습격에 대해 자신의 국경을 방위할 수 있을 만큼의 인구와 용기를 계속 유지하면서 살고 있었던 것입니다.[8]

　피히테는 여기서 네이션을 국가와 구별하고 있다. 국가가 국경을 가진 데에 반해, 네이션은 '내적 국경'을 가진다. 그리고 '내적 국경'이 현실화될 때, 진정으로 이성적인 국가가 확립되는 것이다. 하지만 내적 국경으로서의 언어에 이미 이성적인 것이 감성화=미학화되어 있는 것이 분명하다. 역으로 말해, 감성적인 것이 정신화되고 있다. 예를 들어, 언어(문학)를 통해 산이나 강이 내셔널한 풍경으로서 미학화된다. 그러므로 피히테는 다음과 같이 말한다.

　다른 게르만 민족과 우리 독일인을 구별하는 근본적인 특징을 발견한다는 과제는 해결되었습니다. 그 차이는 바로 공동체로서의 종족이 최초로 분열되었을 때에 생긴 것으로, 그 본질은 자연력(自然力)에서 분출되는 최초의 흐름까지 거슬러 올라갈 수 있는 생생한 언어를 독일인이 말하고 있는 데 반해, 다른 게르만 종족은 표면적으로는 활발하더라도 그 뿌리에서는 죽은 언어를 말하고 있다는 것에 존재합니다.[9]

　독일인이 근원적 민족(Urvolk)이라는 것, 게다가 독일인으로부터 분열되어간 다른 종족들과는 반대로 그야말로 단적으로 민족으로 자칭할 권리를 가지고 있는 근원적 민족이라는 것, 이런 독일인의

기본적 성격에 대해서는 이제까지의 강연에서 말씀드렸으며, 또 역사 속에서 증명되기도 했습니다.[10]

하지만 피히테는 독일어가 어떻게 만들어졌는지를 잊고 있다. 그것은 예를 들어 루터에 의한 성서 번역을 통해서 형성되었다. 내셔널한 언어는 그것이 제국의 문자언어(라틴어나 한자 등)로부터의 번역을 통해 형성되었다는 점이 잊혀지고, 직접적인 감정이나 내면에서 나온다고 생각된 시점에서 완성된다. 즉 헤르더와 같은 낭만파 철학자가 '언어의 기원'을 고찰하기 시작했을 때에는 이미 내셔널한 언어가 완성되어 있었다. 그들이 발견하는 음성언어는 이미 문자언어(제국의 언어)가 번역된 것이다. 다른 관점에서 말하면, 그들이 발견하는 감성은 이미 이성에 의해 매개되어 있다. 앞서 나는 낭만파처럼 감성과 오성의 종합에서 시작하는 것을 '미학적'이라고 불렀는데, 그것은 언어의 레벨에서도 말할 수 있다.

이런 독일의 낭만파 철학이 완성된 모습은 헤겔에서 볼 수 있다. 특히 헤겔의 『법철학 강의』는 자본제경제, 국가, 네이션이 어떻게 연관되어 있는지를 처음으로 보여준 책이라고 해도 과언이 아니다. 이 책은 가족, 시민사회, 국가라는 순으로 전개되고 있다. 하지만 그것은 이들의 역사적 순서가 아니라 그것들의 구조적 연관을 변증법적으로 보여주는 것이다. 예를 들어, 헤겔이 제일 처음 드는 가족은 원시적·부족적인 것이 아니라 근대적 핵가족이다. 그 가족의 상위레벨에 시민사회가 있다. 그것은 욕망(에고이즘)이 서로 충돌하는 경쟁적 세계이다. 단 헤겔은 '시민사회'의 단계에서 시장경제적 사회만이 아니라 경찰이나 사법, 사회정책이나 직능집단을 포함하는 국가기구를 다루고 있다. 하지만 헤겔에 따르면, 그것은 '오성적 국가'에 지나지 않는다. 말하자면, 거기에는 네이션이 가진 감정적 계기가 결여되어 있다. 그리고 그들의 통합은

'이성적 국가', 즉 네이션=스테이트에서 비로소 초래된다. 물론 헤겔이 말하는 국가는 당시 독일에서는 성립해 있지 않았다. 그는 동시대 영국을 모델로 생각했다.

이처럼 헤겔은 한편으로 민족이 가족이나 부족이라는 감성적 기반에 뿌리내리고 있는 점을 시사하면서, 다른 한편으로 그것은 가족·공동체를 넘어선 시민사회를 다시 넘어서 실현되는 높은 차원, 즉 네이션에서만 나타난다고 말한다. 그의 논리에 따르면, 헤르더와 마찬가지로 이미 감성의 단계에 이성의 맹아가 있고, 그것이 서서히 실현된다는 것이다. 그래서 민족은 감성적인 것이지만, 본래 이성적인 것이고, 그것이 최종적으로 네이션=국가로서 실현된다는 말이 된다. 물론 이와 같은 서술은 실제 역사적 과정과는 별개의 것이다.

헤겔이 『법철학 강의』에서 파악하려고 한 것은 자본=네이션=국가라는 매듭이다. 이 보로메오의 매듭은 일면적인 접근(approach)으로는 파악할 수 없다. 헤겔이 위와 같은 변증법적 기술을 취한 것은 그 때문이다. 예를 들어, 헤겔의 생각으로부터 국가주의자도 사회민주주의자도 내셔널리스트(민족주의자)도 각기 자신의 논거를 이끌어낼 수 있다. 게다가 헤겔에 근거하여 그들 중 다른 어떤 것도 비판할 수 있다. 그것은 헤겔이 자본=네이션=국가라는 보로메오의 매듭을 구조론적으로 파악했기―그의 표현으로 사용하자면, 개념적으로 파악했기(begreifen)―때문이다. 그러므로 헤겔의 철학은 용이하게 부정할 수 없는 힘을 가진다.

하지만 헤겔에게 있어서는 이런 매듭이 근본적으로 네이션이라는 형태를 취한 상상력에 의해 형성되고 있다는 점이 망각되고 있다. 즉 네이션이 상상물에 지나지 않는다는 것이 망각되고 있다. 그러므로 이런 매듭이 지양될 가능성이 있다는 점은 전혀 보이지 않게 된다.

6. 네이션＝스테이트와 제국주의

나는 네이션의 성립을 서유럽에서 보았다. 그것은 네이션이 절대왕권
(주권국가)과 마찬가지로 서유럽에서 처음 출현했기 때문이다. 그리고
주권국가가 다른 주권국가를 낳은 것처럼 네이션＝스테이트는 스스로
확대됨으로써 다른 지역에서 네이션＝스테이트를 낳았다. 그 최초의
결과는 나폴레옹에 의한 유럽지배이다. 나폴레옹은 프랑스혁명의 이념
을 전했지만, 현실적으로는 피히테가 그러했던 것처럼 프랑스에 의해
점령된 지역에서 네이션＝스테이트가 나왔다. 아렌트는 다음과 같이
말하고 있다.

> 국민국가와 정복정책의 내적 모순은 나폴레옹의 장대한 꿈이 좌절
> 되는 것을 통해 명확히 백일하에 드러났다. (……) 나폴레옹이 명료하
> 게 보여준 것은 한 네이션에 의한 정복은 피정복민족에게 민족의식을
> 각성시키고 정복자에 대한 저항을 불러일으키거나 확실한 전제정치
> 로 이끌거나 한다는 것이다. 이와 같은 전제정치는 충분한 폭력만
> 있으면 이민족 압제에는 성공은 하겠지만, 그 권력을 유지하기 위해서
> 는 피통치자의 동의에 기초한 국민국가로서의 본국(本國)제도들을
> 먼저 파괴하지 않으면 안 된다.[11]

왜 그런가 하면, 아렌트는 국민국가가 제국과 달리 다수의 민족이나
국가를 지배할 원리를 가지고 있지 않기 때문이라고 말한다. 국민국가가
다른 국가나 민족을 지배할 때, 그것은 제국이 아니라 '제국주의'가
된다고.[12] 이처럼 서술할 때, 아렌트는 국민국가와 다른 제국의 원리를
로마제국에서 발견하고 있다. 하지만 그것은 특별히 로마제국에 한한

것이 아니다. 일반적으로 '제국' 고유의 원리이다.

예를 들어, 오스만투르크는 20세기에 이를 때까지 세계제국으로서 존속해왔지만, 그 통치원리는 그야말로 '제국'적이다. 오스만 왕조는 주민을 이슬람화하려고 하지 않았다. 각지의 주민은 고유의 민족성이나 종교, 언어, 때로는 정치체제나 경제활동까지도 독자적으로 유지하고 있었다. 그것은 국민국가가 성원을 강제적으로 동질화하는 것과 대조적이다. 또 국민국가의 확장으로서 제국주의가 다른 민족에 동질성을 강요하는 것과 대조적이다.

오스만'제국'의 해체, 다수 민족의 독립은 서구국가들의 개입에 의해 이루어졌다. 그때 서구의 국가들은 여러 민족을 주권국가로서 제국에서 해방시켰다고 주장했다. 서구국가들은 이것을 통해 그들을 독립시켜 경제적으로 지배하려고 했다. 말할 것도 없이 그것은 '제국'이 아니라 '제국주의'이다. '제국주의'란 '제국'의 원리 없이 네이션=스테이트가 다른 네이션을 지배하는 것이다. 따라서 오스만투르크를 해체시킨 서양 열강은 곧바로 아랍 내셔널리즘의 반격과 만날 수밖에 없었다.13)

아렌트는 "국민국가가 정복자로 등장하면, 반드시 피정복민족에게 민족의식과 자치에의 요구를 깨닫게 만든다"고 말한다.14) 그런데 아시아적 전제국가에 의한 정복이 '제국'이 되고, 국민국가에 의한 정복이 '제국주의'가 되는 것은 왜일까. 이 문제는 아렌트가 말하는 정치적 통치원리만으로 생각할 수 없다. 그것은 교환양식이라는 관점에서 볼 때만 이해할 수 있다.

세계제국의 경우, 정복은 복종·공납과 안전의 교환으로 귀결된다. 즉 세계제국은 교환양식B에 기초하는 사회구성체이다. 광역국가인 제국은 정복된 부족이나 국가의 내부에 간섭하지 않는다. 그러므로 동질화를 강요하는 일은 없다. 물론 지배자에 대한 반항이 일어나지 않은 것은 아니다. 세계제국이 판도를 확대하면, 그것에 대한 부족적 반란은 끊임없이 생겨난다. 그것이 자주 왕조를 와해시킨다. 하지만 그것이 사회의 존재방식을 근본적으로 바꾸는 것은 아니다. 제국이 멸망해도, 다른 제국이 재건되기 때문이다.

한편 국민국가의 확대로서의 제국주의는 각지에 국민국가를 속출시키는 결과로 끝났다. 그것은 교환양식으로 말하면, 제국이 교환양식B에 기초하는 지배인 데에 반해, 제국주의가 교환양식C에 기초하는 지배이기 때문이다. 전자와 달리 후자는 기존의 사회구성체를 근본적으로 변용시킨다. 즉 자본주의적 시장경제가 부족적·농업적 공동체를 해체한다. 그것이 '상상의 공동체'로서의 네이션의 기반을 제공한다. 따라서 제국의 지배로부터는 부족적 반란이 생길 뿐이지만, '제국주의'적 지배로부터는 내셔널리즘이 생긴다. 이처럼 제국주의, 즉 국민국가에 의한 다른 민족의 지배는 의도치 않게 국민국가를 창출한다.

국민국가는 결코 백지에서 생겨난 것이 아니다. 그것은 선행하는 사회적 '지반(땅)' 위에서 생겨나는 것이다. 비서양권에서의 내셔널리즘의 문제를 생각할 경우, 이 '지반'의 차이에 주의를 기울일 필요가 있다. 앞서 서술한 것처럼 기존의 세계는 근대세계시스템 하에서 주변부로 쫓겨났지만, 그 상황은 다양했다. 구세계제국에서 중핵, 주변부, 아주변부, 권외 어디에 위치했는지에 따라 그 상황이 달랐다.

첫째로 서양의 식민지주의 및 제국주의 하에서 제국의 권외, 즉 국가를 형성하기 이전 부족사회에서는 서양열강에 의한 식민지화가 용이하게 이루어졌다. 그들은 상호 고립되어 있었기 때문이다. 이와 같은 지역에서는 식민지주의 국가가 만든 영토구분이나 국가기구가 네이션=스테이트의 기본이 되었다. 예를 들어, 인도네시아는 섬이 수천 개에 달하며, 언어, 종교, 풍습이 다른, 서로 소원한 다수의 부족으로 성립되어 있었지

만, 그것들은 네덜란드의 통치하에서 네이션으로서 동일화되었다.15)

이어서 세계제국의 중핵과 주변 및 아주변에 대해 서술해 보자. 서양열강의 침입은 제국의 지배가 충분히 이르지 않은 주변부에서 시작되었다. 이와 같은 지역에서 네이션의 형성은 그저 서양제국주의로부터의 독립만이 아니라, 구세계제국으로부터의 독립을 함의하는 것이기도 했다. 예를 들어, 서유럽의 라틴어나 기독교처럼 다른 세계제국에도 공통의 문자언어나 종교가 존재한다. 주변부는 그것을 유지할지 말지에 대한 선택을 강요당했다. 서양화에 의해 구세계제국으로부터 독립을 시도하는 케이스도 있으며, 역으로 구세계제국의 문명을 통해 서양의 지배로부터 자립하려고 한 케이스도 있다. 어쨌든 비서양권에서도 네이션=스테이트는 구세계제국 안의 분절화로서 생겨난 것이다. 또 아주변의 예로서는 일본이나 태국이 존재한다. 이와 같은 나라는 세계제국에 정치적·문화적으로 그렇게 많이 종속되어 있지 않았기 때문에, 서양열강의 침입에 독자적으로 대응하여 식민지화를 면했다. 일본의 경우, 그 후 급격히 공업화를 추진하여 제국주의 진영에 참가하기에 이르렀다.

문제는 세계제국의 중핵이다. 이들은 경제적·군사적으로 대국이어서 쉽게 식민지화가 되지 않았지만, 19세기 후반에 이르러 제국주의열강에 의해 침식당하게 되었다. 세계제국, 예를 들어 오스만 왕조나 청조는 스스로를 근대국가로 재편성하려고 했다. 하지만 다수의 부족이나 국가를 포섭하고 있었기 때문에 잘되지 않았다. 이때 제국의 규모를 유지하면서 중앙집권적인 공업화를 실행하는 이데올로기는 하나밖에 없었다. 계급문제가 해소되면 민족문제는 해결된다는 사고, 계급을 민족보다 우선시하는 마르크스주의이다. 러시아나 중국에서의 사회주의혁명은 이런 의미에서 기존 세계제국의 존속을 가능하게 했다고 해도 좋다.

제4장 어소시에이셔니즘

1. 종교비판

나는 앞서 교환양식D가 보편종교로서 나타났다는 것, 그러므로 사회운동 또한 종교의 형태를 취하여 나타났다는 것을 서술했다. 이것은 고대나 중세만이 아니라 근대에서도 마찬가지다. 예를 들어, 최초의 부르주아혁명이라고 불러야 하는 것은 영국에서 청교도혁명(1648년)으로서 일어났다. 즉 그것은 부르주아가 아닌 계층에 의한 사회운동으로서, 게다가 종교적 운동으로서 개시되었다. 그 중에서도 중요한 것은 수평파(Levellers)라고 불리는 당파이다. 그들은 자본주의적 경제의 확대 속에서 몰락해 가고 있던 독립소상품생산자 계급을 대표하고 있었다. 그 점에서 19세기의 아나키스트와 닮아있다. 더구나 개척파(Diggers)가 되면, 농촌의 프롤레타리아를 대표하여 명료하게 공산주의적이었다. 하지만 그들의 주장은 '지복천년'이라는 종교이념으로서 이야기되었다.

이와 같은 급진적 당파는 절대왕정을 타도하는 과정까지 큰 역할을 맡았지만, 이내 크롬웰정권에 의해 배제되었다. 하지만 후자도 1660년의 왕정복고에 의해 붕괴되었고, 다시 소위 명예혁명(1688년)에서 입헌군주제가 확립되었다. 이 시점에서 영국의 부르주아혁명은 완결되었다고 해도 좋다. 하지만 청교도혁명에 존재했던 사회주의적 요소는 그 이후에도 나타났다. 예를 들어, 명예혁명 이후 존 벨러스[1]는 빈곤문제를 해결하기 위해 노동지폐나 교환은행, 직능조합운동을 주창했다. 그는 오웬이나 프루동의 선구자였다고 말할 수 있다.

프랑스혁명(1789년)에서는 청교도혁명과 같은 종교적인 색채는 없었다. 하지만 19세기 이후도 사회주의적 운동은 항상 종교적인 문맥과 결부되어 있었다. 예를 들어, 생시몽의 사회주의는 기독교적 색채를 농후하게 띠고 있었다. 뿐만 아니라, 일반적으로 사회주의자 사이에서 예수는 사회주의자로, 원시기독교단은 코뮤니즘으로 생각되었다.

1848년의 혁명에서도 종교적 사회주의는 여전히 힘이 있었다. 하지만 그 이후 사회주의와 기독교의 연결은 사라지게 된다. 그 원인 중 하나는 1848년 이후 국가가 주도한 산업자본주의의 발전이 노동력의 상품화와 함께 사회를 근저에서부터 바꾸었다는 데에 있다. 그것은 이전의 사회에서 기능하고 있던 종교적 사회주의를 무효화시켰다. 또 한 가지 원인은 프루동이나 마르크스가 등장했기 때문이다.

종교적 사회주의가 우세했던 1840년대에 프루동은 사회주의를 완전히 새로운 관점에서 사고했다. 그는 '과학적 사회주의'를 주창한 최초의 인물이다. 과학적 사회주의란 사회주의의 근거를 종교적 사랑이나 윤리가 아니라 '경제학'에서 찾는 것이었다. 그는 노동력상품에 근거하는 자본주의경제를 국가적 재분배를 통한 평등화에 의해서가 아니라, 노동

• • •

1_ John Bellers(1654-1725). 영국의 사회개혁가. 평생을 빈민교육과 자선사업에 바쳤다. 저서로 『빈곤』, 『화폐에 대하여』 등이 있다.

자의 호수적 교환관계를 만듦으로써 지양시키려고 했다. 나는 보편종교
는 아직 존재하지 않는 교환양식D를 개시했다고 서술했다. 하지만 프루
동은 교환양식D를 산업자본주의 안에서 실현시킬 가능성을, 더 이상
종교에서가 아니라 문자 그대로 교환양식의 실현, 즉 '경제학'에서 발견
했던 것이다.

프루동 이후 사회주의자는 종교를 부정하게 되었다. 그 때문에 19세기
말에는 사회주의와 종교의 연관관계가 소멸되어버렸다. '과학적 사회주
의'를 주창한 엥겔스와 그 제자 카우츠키가 새삼스럽게 사회주의와
종교적 운동의 연관관계를 회복하려고 했을 정도로 말이다.[1] 하지만
사회주의와 보편종교의 관계는 복잡하다. 교환양식D는 처음에 보편종
교라는 형태로 나타난다. 그러므로 사회주의에 있어 보편종교는 없어서
는 안 될 기반이다. 하지만 종교라는 형태를 취하는 한, 그것은 교회=국
가적 시스템에 회수될 수밖에 없다. 과거에도 현재에도 종교는 그렇게
되어 있다. 따라서 종교를 부정하지 않으면, 사회주의는 실현되지 않는
다. 그렇지만 종교를 부정함으로써 원래 종교로서만 개시되었던 '윤리'
를 잃어서는 안 된다.

내 생각에 프루동에 앞서서 종교를 비판하면서 종교의 윤리적 핵심
즉 교환양식D를 구출하는 과제를 추구했던 사상가가 있다. 칸트이다.
그는 "타자를 수단이 아닌 목적으로 다뤄라"라는 격률을 보편적인 도덕
법칙이라고 생각했다. 그것이 실현된 상태가 '목적의 나라'이다. 칸트는
다음과 같이 말한다. "목적의 나라에서는 모든 것이 가치를 가지거나
존엄을 가지거나 둘 중 하나이다. 가치를 갖는 것은 다른 등가물로
치환될 수 있지만, 이에 반하여 모든 가치를 초월하는 것, 즉 값을 매길
수 없는 것, 따라서 등가물을 절대로 허락하지 않는 것은 존엄을 갖는다.'[2]

타자를 '목적으로서 다룬다'는 것은 타자를 자유로운 존재로서 다룬

다는 것이고, 그것은 타자의 존엄 즉 대체할 수 없는 단독성을 인정하는 것이다. 자신이 자유로운 존재라는 것이 타자를 수단으로 삼는 것이 되어서는 안 된다. 즉 칸트가 보편적 도덕법칙으로서 발견한 것은 그야말로 자유로운 상호성(호수성)이다. 이것이야말로 교환양식D이다. 이것이 보편종교에 의해 개시되었다는 것은 확실하다. 하지만 현실적으로 교회는 교환양식B를 위한 시스템으로 바뀌었다. 그러므로 칸트가 취한 태도는 한편으로는 종교를 철저하게 부정함과 동시에, 다른 한편으로 그곳에 있는 도덕성을 구출하는 것이었다.

한편으로 칸트는 교회나 국가·공동체의 지배장치로 변한 종교를 부정했다. "퉁구스족의 샤먼에서부터 교회와 국가를 동시에 통치하는 유럽의 고위성직자에 이르기까지, ……그 원리에 차이가 있는 것은 아니다."[3] 다른 한편으로 칸트는 종교를 그것이 보편적인 도덕법칙을 개시하는 한에서 긍정했다. 그가 생각하기에 도덕법칙은 종교에 의해 개시되었지만, 본래 '내부적인' 것이 아니다. 우리가 생각하기에 그것은 '외부적인' 교환양식D이다. 교환양식D는 보편종교를 통해서 개시되기 때문에, 종교에서 유래하는 것처럼 보이지만, 실제로는 교환양식B와 C에 의해 억압된 교환양식A의 고차원적인 회복에 다름 아니다. 그리고 그럴 때만 종교도 보편종교다울 수 있었다.

그렇다면 왜 자유의 상호성이 '내적 자유'로서 나타나는 것일까? 예를 들어, 프로이트는 칸트가 말하는 의무는 '아버지'에서 유래하는 초자아에 지나지 않는다고 서술했다. 그리고 초자아는 내면화된 사회의 규범이라고 했다. 하지만 자유의 상호성이라는 의무는 그와 같은 것일 수 없다. 그렇다고 프로이트의 이론을 거부할 필요는 없다. 자유의 상호성이 왜 내적 '의무'로서 집요하게 따라다니는지를 합리적으로 설명하기 위해서는 프로이트가 '억압된 것의 회귀'라고 부른 관점이 필요하다. 요컨대 칸트가 말하는 '내적 의무'는 억압된 교환양식A가 의식에서 강박적으로 회귀하는 데에서 생기는 것이다.

칸트가 말하는 도덕법칙은 보통 그저 주관적인 도덕 문제로 간주된다. 하지만 이것이 사회적 관계와 연관되어 있다는 것은 명백하다. 예를 들어, 자본주의경제에서 자본–임금노동의 관계는 자본가가 노동자를 그저 수단(노동력상품)으로 취함으로써 성립했다. 그렇게 되면, 인간의 '존엄'은 상실될 수밖에 없다. 그러므로 칸트가 말하는 도덕법칙은 임금노동 그 자체, 자본제적 생산관계 그 자체의 지양을 함의하고 있다.

칸트가 그와 같은 것을 생각한 배경에는 당시 독일, 특히 칸트가 있었던 쾨니히스베르크에서, 그때까지 직인적 노동자 또는 단순상품생산자가 중심이었던 곳에서, 상인자본에 의한 자본주의적 생산이 막 시작되고 있었다는 상황이 있다. 그러므로 신칸트파 철학자 헤르만 코헨은 칸트를 '독일 최초의 진정한 사회주의자'라고 불렀다.

물론 이와 같은 사회주의에는 역사적 한계가 있다. 자본제생산이 시작되면, 이런 독립소생산의 연합은 질 수밖에 없고, 자본–임금노동이라는 양극으로 분해되었기 때문이다. 그렇지만 칸트는 그 이후에 출현하는 사회주의(어소시에이셔니즘)의 핵심을 파악하고 있었다고 말할 수 있다. 사회주의란 호수적 교환을 고차원적으로 회복하는 것에 있다. 그것은 분배적 정의, 즉 재분배에 의해 부의 격차를 해소하는 것이 아니라, 애당초 부의 격차가 생기지 않는 교환적 정의를 실현하는 것이다. 칸트가 그것을 '의무'로 간주했을 때, 호수적 교환의 회복이 사람들의 자의적인 소망이 아니라 '억압된 것의 회귀'로서 일종의 강박적 이념으로서 도래한다는 것을 파악하고 있었던 것이다.

여기서 다음을 부가해 두기로 하자. "타자를 수단으로서만이 아니라 목적으로 다뤄라"라는 도덕법칙에서 '타자'는 살아있는 자만이 아니라 사자(死者)와 아직 태어나지 않은 미래의 타자를 포함한다. 예를 들어, 우리가 환경을 파괴하여 경제적 번영을 얻을 경우, 그것은 미래의 타자를 희생하는 것, 즉 그들을 그저 '수단'으로 다루는 것이다. 자유의 상호성을 이처럼 이해한다면, 그것을 실현하는 것이 자본주의경제에 대한 비판에 이르는 것은 당연하다.

또 중요한 것은 칸트가 말하는 도덕성은 국가의 지양을 필연적으로 포함하는 것이다. 그는 세계사가 '세계시민적인 도덕적 공동체', 즉 '세계 공화국'을 향해 나아가고 있다고 생각했다. 그것은 국가들이 지양된다는 것이다. "어떤 전쟁도 있어서는 안 된다"고 칸트는 말한다. 이것은 "타자를 수단으로서만이 아니라 동시에 목적으로 다뤄라"라는 도덕법칙에서 오는 것이다. "함께 생활하는 사람들 간의 평화상태는 단순히 자연상태 (status naturalis)가 아니다. 자연상태는 오히려 전쟁상태이다. 바꿔 말해, 설령 적대행위가 항상 생겨나는 상태는 아니라고 해도, 적대행위에 의해 끊임없이 위협을 받고 있는 상태이다. 그러므로 평화상태는 창설되어야 한다."[4]

이렇게 말할 때, 칸트는 홉스와 마찬가지 전제에서 생각하고 있다. 홉스는 주권국가(리바이어던)에 의해 평화가 실현된다고 생각했는데, 이 평화는 국가 내부만의 것으로 국가 간에는 없었다. 한편 칸트는 국가 간의 평화상태를 창설하려고 했다. 그리고 그것이 실현된 상태가 세계공화국이다.

칸트가 말하는 '영원평화'란 단순히 전쟁이 없는 상태가 아니라 '모든 적대감이 끝나는' 상태를 의미한다. 국가가 무엇보다도 먼저 다른 국가에 대하여 존재한다는 것을 생각하면, 그것은 국가가 끝난다는 것이다. '세계공화국'이란 국가들이 지양된 사회를 의미한다. 그리고 이것은 단순히 정치적 차원만으로 끝나는 것이 아니다. 국가와 국가 간에 경제적인 '불평등'이 있는 한, 평화는 존재할 수 없다. 영원평화는 일국만이 아닌 다수의 나라에서 '교환적 정의'가 실현됨으로써만 실현된다. 따라서 '세계공화국'은 국가와 자본이 지양된 사회를 의미한다. 국가와 자본, 그 어느 쪽을 무시하고 세워진 논의는 공소할 수밖에 없다.

다음으로 중요한 것은 칸트가, 세계사가 '목적의 나라' 내지 '세계공화국'에 이르는 것을 '이념'으로서 이해했다는 점이다. 칸트의 언어체계에서 이념은 다음과 같은 것을 의미한다. 첫째로 이념은 가상이다. 단 가상에도 두 종류가 있고, 하나는 감성에 의한 것으로, 이성에 의해 정정이 가능하다. 또 하나는 이성이 낳는 가상으로, 이것은 이성으로 고칠 수 없다. 이성이야말로 이와 같은 가상을 필요로 하기 때문이다. 그는 그것을 초월론적 가상이라고 불렀다. 예를 들어, 동일한 자기가 있다는 것은 가상이다. 하지만 그것이 없으면, 인간은 통합실조증이 될 것이다. 마찬가지로 역사에 목적이 있다는 것은 가상이다. 하지만 이것이 없으면, 마찬가지로 통합실조증이 된다. 결국 인간은 어떤 목적을 발견하지 않을 수 없다.

이것에 관련하여 중요한 것은 구성적 이념과 규제적 이념의 구별, 또는 이성의 구성적 사용과 규제적 사용의 구별이다. 칸트는 이 구별을 설명하기 위해 수학에서의 비례와 철학에서의 유추의 차이를 예로 들고 있다. 수학에서 세 개의 항이 주어지면, 제4항은 확정된다. 이것이 구성적이다. 한편 유추에서는 제4항을 아프리오리하게 도출할 수 없다. 하지만 유추에 의해 그 제4항에 해당하는 것을 경험 중에 탐색하기 위한 지표(index)가 부여된다. 예를 들어, 이제까지 역사적으로 이러했다고 해서, 앞으로도 그러하다고 말할 수는 없다. 하지만 그럴 것이라고 가정해서 대처하는 것이 규제적(regulative)인 이성의 사용이다. 이것은 어디까지나 가정이지만, 이와 같은 지표를 가지고 나아가는 것과 그저 무조건

나아가는 것은 다르다.

알기 쉽게 이야기하면, 이성을 구성적으로 사용한다는 것은 자코뱅주의자(로베스피에르)가 전형적인 것처럼, 이성에 기초하여 사회를 폭력적으로 바꾸는 것과 같은 경우를 의미한다. 그에 반해 이성을 규제적으로 사용한다는 것은 무한히 먼 일일지라도, 인간이 지표에 가까워지려고 노력하는 것과 같은 경우를 의미한다. 예를 들어, 칸트가 말하는 세계공화국은 그것을 향해 사람들이 점진적으로 나아가야 할 지표로서의 규제적 이념이다. 물론 그것은 가상이지만, 그것이 없으면 안 된다는 의미에서 초월론적 가상이다. 규제적 이념의 목소리는 작다. 하지만 그 목소리는 현실에서 실현될 때까지는 결코 멈추지 않는다.

'세계공화국'이란 교환양식D가 실현되는 사회이다. 그것이 완전히 실현될 리는 없다. 하지만 그것은 우리가 서서히 가까워져야 할 지표로서 계속 존재할 것이다. 그런 의미에서 세계공화국은 규제적 이념이다. 한편, 칸트는 점진적으로 실현가능한 구체적인 안을 생각했다. 그는 세계정부와 같은 것을 처음부터 만드는 것에 반대했다. 왜냐하면 그것은 거대한 세계정부(제국)를 만드는 게 되기 때문이다. 칸트가 구상한 것은 국가연방이다. 그것은 국가의 지양을 다수 국가의 어소시에이션 형성에서 구하는 것이다. 그것이 품은 문제에 대해서는 제4부의 최종 장에서 검토한다.

여기서 한마디만 해두고자 한다. 오늘날 역사의 이념을 조소하는 포스트모더니스트의 대부분은 일찍이 '구성적 이념'을 믿었던 마르크스=레닌주의자이고, 그와 같은 이념에 상처를 입고 이념 일반을 부정한 후 시니시즘이나 니힐리즘으로 도망친 자들이다. 그들은 사회주의는 환상이다, 거대서사에 지나지 않는다고 말하지만, 세계자본주의가 초래하는 비참한 현실을 살아가고 있는 사람들에게는 그것으로 충분할 리가 없다. 현실적으로 1980년대 이후 세계자본주의의 중심부에서 포스트모던한 지식인이 이념을 조소하고 있는 사이, 주변부나 저변부에서는 종교적 원리주의가 확대되었다. 적어도 거기에는 자본주의와 국가를 넘어서려는 지향과 실천이 존재하기 때문이다. 물론 그것은 '신의 나라'를 실현하기는커녕 성직자=교회국가의 지배로 귀결될 수밖에 없다. 하지만 선진자본주의국의 지식인에게 그것을 조소할 자격은 없다.

2. 사회주의와 국가주의

사회주의에는 크게 말해 두 가지 타입이 있다. 하나는 국가에 의한 사회주의이고, 다른 하나는 국가를 거부하는 사회주의(어소시에이셔니즘)이다. 엄밀하게는 후자만을 사회주의라고 해야 한다. 왜냐하면 전자는 국가사회주의나 복지국가주의라고 불러야 하기 때문이다. 사회주의 운동은 프랑스혁명에서 실현되지 않았던 평등을 추구하는 것이라고 이야기된다. 하지만 엄밀한 의미에서 사회주의(어소시에이셔니즘)는 프랑스혁명의 연장이 아니라 그것을 거부하는 데에서 생겨났다고 해야 한다.

프랑스혁명에서는 주지하다시피 '자유·평등·우애'라는 슬로건이 주창되었다. 교환양식에서 보면, 이 세 가지는 세 가지 교환양식의 결합을 보여준다. 즉 자유는 시장경제, 평등은 국가에 의한 재분배, 우애는 호수제이다. 여기서 보면, 프랑스혁명이 다음과 같이 진전된 것이 명확하다. 먼저 '자유'의 실현, 즉 봉건적 특권이나 제한의 철폐이다. 이어서 '우애'를 주창하면서 '평등'을 성급하게 실현하려고 한 것이 자코뱅파이다. 그리고 그 때문에 공포정치에 빠져 몰락하고 말았다. 하지만 그것에 의해 '자유·평등·우애'가 방기된 것은 아니다. 오히려 프랑스혁명은 그것들의 통합을 '상상적'으로 실현하는 형태로 수습한 것이다.

그와 같은 통합을 가져온 것은 혁명을 방위하는 전쟁을 통해 인기를 얻은 군인, 나폴레옹이었다. 그것은 혁명이라기보다 네이션을 방위하고 확장하는 전쟁이 되었다. 나폴레옹은 프랑스혁명의 '우애'를 영국자본에 대항하는 '내셔널리즘'으로 변형시켰다. 이처럼 프랑스혁명에 존재했던 '자유·평등·우애'는 자본=네이션=스테이트라는 보로메오의 매듭으로 통합되었다. 나폴레옹은 모든 계급의 요구를 만족시킬 것 같은 환상을 부여하고, 그것을 통해 대통령에서 황제가 되었다. 1848년 제2차 프랑스혁명에서 루이 보나파르트는 일찍 삼촌이 행한 것을 반복하여 황제에 취임했다. 하지만 루이 보나파르트는 예외적인 인물이 아니다. 그는 이후 자본=네이션=스테이트의 위기 때 각지에서 나타나는 카리스마적 정치가의 원형(prototype)이다.

우리의 생각으로 사회주의는 교환양식D이다. 그것은 '자유·평등·우애'나 자본=네이션=스테이트를 넘어설 때만 가능하다. 하지만 현실적으로 프랑스혁명 이후의 사회주의운동은 그와 같은 것이 아니었다. 그 주류는 자코뱅파의 흐름을 수용했다. 즉 생시몽에서 루이 블랑까지, 사회주의운동은 자코뱅주의를 공유하고 있었다. 예를 들어, 루이 블랑은 '자유·평등·우애'라는 슬로건을 '평등·우애·자유'로 바꿔 말했다. 그것은 그의 사회주의가 국가사회주의라는 것을 보여준다. 따라서 그것은 생시몽주의자였던 루이 보나파르트 정권에 의해 흡수되었다.

이런 국가주의적 사회주의에 근본적인 이의를 제기한 것이 프루동이다. '자유·평등·우애'라는 슬로건에서 프루동은 평등보다도 자유를 우위에 두었다. 게다가 우애보다도 자유를 우위에 두었다. 이것이 무엇을 의미하는지를 이해하기 위해서는 이것을 교환양식의 관점에서 보면 된다. 아니 프루동이야말로 사회주의를 교환양식이나 '경제학'의 관점에서 볼 것을 제기한 최초의 인물이다.

첫째로, 그는 평등을 자유보다 우월한 것으로 만드는 사고에 반대했다. 평등은 국가에 의한 재분배에 의해 실현되기 때문에, 많든 적든 그것은 자코뱅주의 또는 국가의 강화로 인도된다. 교환양식으로 말하면, 그것은 교환양식C가 초래한 '자유'를 희생하여 교환양식B를 회복하는 것이 된다. 프루동은 자코뱅주의적 혁명만이 아니라 루소에서 유래하는 정치사상 그 자체에서 자유를 희생시키는 사상을 발견했다.

프루동은 이렇게 생각했다. 루소의 인민주의라는 사고는 실제로는 절대주의 왕권국가의 변형임에도 불과하고, 그것을 은폐하는 것이다. 주권자로서의 국민이란 주권자(절대왕정)에 속하는 신하로서 형성되었다는 점이 망각될 때 성립하는 가공의 관념이다. 루소는 개개인의 의지를 넘어선 '일반의지'를 들고 와 이것으로 모든 것의 기초로 삼는다. 하지만 일반의지란 개개인의 의지를 국가에 종속시키는 것에 지나지 않는다. 즉 루소가 말하는 사회계약이란 개개인은 사실상 존재하지 않는다는 것이다.

그렇지만 프루동이 루소의 '사회계약'이라는 사고 전체를 폐기한 것은 아니다. 그는 루소에게 있어서의 계약이 쌍무적이지 않다는 것을 비판한 것이고, 어떤 의미에서 사회계약이라는 관념을 철저화시킨 것이다. 프루동이 말하는 '아나르시'(아나키)란 쌍무적=호수적 계약에 근거하는 민주주의를 말한다. 아나키는 통상 혼돈이나 무질서처럼 생각되지만, 프루동에 의하면 국가에 의하지 않는, 자기통치에 의한 질서를 의미하는 것이다.

둘째로, 프루동은 우애를 자유 위에 두는 것을 부정했다. 우애가 진정으로 존재하기 위해서는 공동체로 수렴되는 것이 아니라 공동체를 넘어선 세계시민적인 것이어야 한다. 하지만 우애는 자주 협소한 공동체를 형성하게 된다. 교환양식으로 말하면, 우애는 양식A를 상상적으로 회복하는 것으로서 네이션 형성으로 나아가는 경향이 있다. 실제 프랑스혁명은 당초의 민족을 넘어선 '시민'이 프랑스 '국민'이 되는 것, 즉 우애가 내셔널리즘으로 바뀌는 것으로서 종결되었다. 프루동이 생각하기에 자유가 우위에 있을 때만이 공동체를 넘어선 우애가 성립한다. 바꿔 말해, 공동체와 한번 절연된 개인(칸트의 언어로 말하면, 세계시민)에 의해서만 진정한 우애나 자유로운 어소시에이션이 가능하다는 것이다.

그것을 극단적으로 강조한 것이 '에고이즘(유일자)'을 주창한 막스 슈티르너이다. 그는 철저히 사회주의자였다. 단 어소시에이션을 형성하기 위해서는 개개인이 한번 공동체와 절연해야 한다는 것이 그의 포인트다. 이 경우, '우애'가 커다란 덫이 된다. 왜냐하면 우애가 어소시에이션을 형성하는 것은 확실하지만, 자주 '상상의 공동체'를 형성함으로써 내셔널리즘으로 변용되어버리기 때문이다.

이 점에서 보면, 프루동의 사회주의나 아나키즘이 지향하는 바는 명백하다. 그것은 교환양식D에 다름 아니다. 그는 평등을 경시한 것이 아니다. 다만 그것을 '분배적 정의'로서 실현하는 것에 반대한 것이다. 그것은 국가에 의한 부의 재분배를 요구하는 것이 되고, 그것이 재분배하는 국가의 권력을 강화시키는 것이 된다. 그러므로 자유가 희생당한다. 이에 반해, 그는 '교환적 정의'를 주장했다. 그것은 불평등을 낳지 않는 교환시스템을 만드는 것이다. 그것을 위해 그는 다양한 구상을 제기했다.

3. 경제혁명과 정치혁명

상호합의에 의한 교환에 근거한 자본제경제에서 왜 불평등이 생기는 것일까. 프루동의 생각에 노동자들은 협업과 분업에서 개개인이 가지고 있는 것 이상의 '집합력'을 발휘하지만, 그것에 대해서는 받지를 못하고, 자본가가 그 미지불분을 소유한다. 불평등은 여기서 생긴다. 그러므로 프루동은 "소유는 도둑질이다"라고 말한다. 이것은 마르크스의 잉여가치론을 선취하는 것이라고 이야기된다. 하지만 이와 같은 사고는 영국에서 리카도파 사회주의자에 의해 일찍부터 이야기되었던 것이다. 프루동 자신이 리카도파 사회주의자로부터 어느 정도 영향을 받았음이 분명하다. 그것에 대해서 뒤에서 서술한다.

프루동에게 사회주의는 오히려 프랑스혁명이 실현한 것에 대한 비판으로서 존재했다. 프랑스혁명은 '자유'를 가져왔다. 즉 그것은 종래의 경제외적 강제에 기초하는 지배관계를 거부했다. 하지만 그것은 다른 지배-피지배관계를 창출했다. 즉 자본주의적 생산관계가 그것이다. 자본가가 노동자를 일하게 하는 것은 영주가 농노를 일하게 하는 것과는 다르게 강제가 아니라 자유로운 합의에 근거한다. 하지만 그것은 지배-피지배관계가 없어졌다는 것을 의미하지 않는다. 자본가와 노동자의 고용계약은 확실히 자유의지에 의해 이루어진다. 하지만 노동력상품을 파는 자는 화폐를 가진 자본가와 대등한 관계에 있지 않다. 자본가는 지휘감독권을 가지고, 임금노동자는 그에 종속된다. 이 지배-피지배관계는 화폐를 가졌는지 상품을 가졌는지에 의해 결정된다. 바꿔 말해, 화폐와 상품의 관계로 귀결되는 것이다.

프루동에 따르면, 진정한 민주주의는 정치적 레벨만이 아니라 경제적 레벨에서 실현되어야 한다. 프랑스혁명은 왕권을 폐지했다. 하지만 경제적으로는 '화폐의 왕권'이 남아있었다. 자본가의 권력은 화폐의 왕권에 근거하고 있다. 프루동이 '화폐의 왕권'을 폐지하기 위해 구상한 것은 화폐를 대신하여 대체화폐와 신용은행을 창출하는 것이었다. 이 대체화폐에는 화폐와 같은 특권적인 힘이 없다. 따라서 이자도 없다. 이와 같은 통화에 근거한 교환은 상호적이며 거기에 '도둑질'이 있을 수 없다. 경제적 불평등을 중앙집권적인 국가에 의한 재분배를 통해 해결하려고 하는 것이 '정치혁명'이라고 한다면, 이것은 '경제혁명'이다. 이것은 불평등을 낳지 않는 시스템을 가져온다.

그렇다고 해서 프루동이 말하는 '경제혁명'이 뭔가 새로운 것을 계획하고 실현하는 것은 아니다. 현실적으로 자본주의경제가 존재한다. 그곳에서 자본은 노동자를 고용하고, 협업과 분업을 통해 개개의 노동자가 가지고 있지 않은 '집합력'을 가져온다. 자본제생산에는 소외된 형태이지만, 노동자의 분업과 협업에 의한 생산성의 고도화가 실현되고 있기 때문에, 그와 같은 소외상태만 폐기되면 된다. 그런 까닭에 프루동은 '우리 앞에 현재 나타나고 있는 세계'의 심층에 사회적 노동이 낳은 '힘들의 균형에서 유래하는 연대성', 개인들의 '자발성'과 '절대적 자유'에 의해 형성되는 '진실사회'가 있다고 생각했다.

이와 같은 사고방식은 1840년대 독일의 청년헤겔파 사이에서 풍미한 '소외론'과 같은 것이다. 실제 그들은 프루동의 영향을 받고 있었다. 일반적으로는 이렇게 생각되었다. 처음에 포이어바흐가 종교에서 인간의 유적 본질적 존재가 소외되고 있다고 비판하며, 그것을 회복할 것을 주장했다, 그리고 이와 같은 종교비판이 그에 의해 자극을 받은 청년헤겔파의 모제스 헤스나 마르크스에 의해 국가나 자본에의 비판으로 바뀌었다고 말이다. 하지만 여기서 주의해야 하는 것은 포이어바흐가 그를 계승한 헤겔파 철학자보다도 먼저 프루동의 영향을 받았다는 점이다.

그의 종교비판에는 이미 자본주의비판이 포함되어 있었다.

포이어바흐가 말하는 '유적 본질적 존재'는 프루동이 말하는 '진실사회'와 닮아있다. 그것은 사회적·집합적인 생산양식을 의미한다. 자본주의에서는 그것이 자본에 의해 조직되기 때문에, 소외된 형태로밖에 실현되지 않는다. 또 그것은 노동자 자신을 적대하고 지배적인 것으로서, 즉 자기소외로서밖에 나타나지 않는다. 이 자기소외를 폐기하고 '유적 본질적 존재'를 회복하라는 것이 포이어바흐가 말하고자 한 것이었다. 포이어바흐가 스스로를 코뮤니스트라고 칭한 것은 이런 의미에서다. 그리고 이 코뮤니즘은 프루동적인 어소시에이셔니즘이다.

포이어바흐가 말하는 '유적 본질적 존재'는 헤겔의 '정신'을 유물론적으로 다르게 한 말이 아니다. 따라서 그것은 또 헤겔에 있어서의 '개'(個)에 대한 '전체'를 의미하는 것이 아니다. 그것은 개와 개의 관계를 의미하는 것이다. '유적'이란 말하자면 '나와 너'라는 관계성을 의미하는 것이다. '나와 너'는 경제적 관계성, 즉 호수적 교환관계를 함의한다. 예를 들어, '나와 너'를 축으로 하여 생각한 사상가 마르틴 부버는 포이어바흐에 근거하고 있었다. 동시에 그가 협동조합사회주의자였다는 것은 우연이 아니다.

마르크스가 프루동만이 아니라 포이어바흐를 통해서 얻은 사회주의의 이념은 그와 같은 것이었다. 그가 포이어바흐를 비판하고 프루동을 비판해도 이 점은 평생 변하지 않았다. 바꿔 말해, 마르크스가 국가주의적이었던 적은 단 한 번도 없었다. 『공산당선언』(1848년)에서도 그는 공산주의는 '자유로운 어소시에이션'의 실현이라고 쓰고 있다. 프루동과의 사이에서 균열이 생긴 것은 1846년에 프루동이 공동으로 행동하자는 마르크스의 제의를 거절하고, 다음과 같은 편지를 쓴 후부터이다.

나는 또 당신 편지의 '행동의 때에는'이라는 부분에 대해 몇 가지 견해를 서술해 두어야 할 것 같습니다. 어떤 개혁도 실력행사 없이는, 즉 옛날에는 혁명이라고 불렸지만, 기껏해야 동란에 지나지 않은 것의 도움 없이는 실제로는 불가능하다는 생각을 아마 당신은 아직 가지고 있는 것 같습니다. 나 자신도 이 생각을 오랫동안 가지고 있었기 때문에, 그 생각을 이해하며, 기쁘게 논의를 할 생각이지만, 매우 최근의 연구를 통해 이 견해를 완전히 방기했다는 것을 고백해 두겠습니다. 그것은 우리가 성공하기 위해 필요한 것은 아니라고 생각합니다. 즉 혁명적 행동을 사회개혁의 수단으로 봐서는 안 됩니다. 왜냐하면 이 수단이라는 것은 그저 힘이나 전제에의 호출, 요컨대 모순에 지나지 않기 때문입니다. 그러므로 나는 문제를 다음과 같이 세우려고 합니다. 즉 '어떤 경제조직으로 사회에서 빼앗은 부를 다른 경제조직으로 사회에 반환하는 것'입니다. 바꿔 말해, 우리는 경제학에서 당신 같은 독일의 사회주의자가 공산주의라고 부르고 있는 것─나는 일단 그것을 자유나 평등이라고 불러왔을 뿐이지만─을 만들어내는 것을 통해 소유의 이론을 소유에 대항시켜야 합니다. 그런데 나는 이 문제를 해결할 방법을 최근에 알게 되었습니다. 나는 소유자에 대해 성 바돌로매 학살을 행하여 소유에 새로운 힘을 부여하는 것보다 오히려 소유를 불로 태워버리는 쪽을 선택할 것입니다.[5]

마르크스가 프루동을 비판하기 시작한 것은 이후부터다. 프루동이 경제혁명을 주장한 데에 반해, 마르크스는 정치혁명, 즉 정치권력을 잡는 것이 불가결하다고 생각했다. 하지만 이와 같은 주고받음으로부터 마르크스와 프루동의 대립을 정치혁명인지 경제혁명인지에서 발견하는 것은 옳지 않다. 마르크스가 정치혁명의 필요를 서술한 것은 국가주의자였기 때문이 아니다. 자본주의경제가 법제도나 국가정책에 의해 보호되고 있는 이상, 적어도 일시적으로 그것을 정지시킬 필요가 있고, 그것을 위해 국가권력의 장악이 필요하다고 생각했던 것이다. 예를 들어, 프루동이 제안하는 인민은행과 대체화폐만 해도 법제도적인 뒷받침이 필요하다.

실제 프루동 자신도 곧 정치혁명 없이 경제혁명은 실행불가능하다는 점을 인정했다. 그때까지 정치혁명을 '단순한 동란'으로 부정하던 프루동은 1848년 2월 혁명에서 실현된 보통선거에 입후보하여 의원이 되었다. 부결되었지만, 7월과 8월 두 번에 걸쳐 '교환은행' 설립안을 국민의회에 제출했다. 그의 사후 프루동파에 대해서도 같은 것을 말할 수 있다. 1871년 파리코뮌에서 그들은 마르크스의 반대에도 불구하고 국가권력을 탈취하는 봉기를 결행했다. 물론 마르크스도 사후적으로 그것을 지지하고 '프롤레타리아 독재'의 견본으로서 칭찬했다.

마르크스가 국가권력의 장악을 주장하게 된 것은 1848년 무렵 블랑키파와 접촉한 시기부터다. 그는 소수 전위의 비밀결사가 혁명을 선도하여 '프롤레타리아독재'를 실현한다고 말하는 루이 블랑키에 찬동했다. 그런데 블랑키는 루이 블랑과 같은 국가사회주의자와는 이질적이었다. 그는 프루동에 기본적으로 찬동하고 있었고, 경제적인 계급관계가 소멸하면 국가는 소멸된다고 생각하고 있었다. 그는 전위(당)가 권력을 잡는 것이 아니다, 혁명은 대중의 봉기에 의해서 초래되어, 대중 자신에 의해 실행되어야 한다, 하지만 소수의 눈을 뜬 전위(당)가 없으면, 방향을 잡을 수 없어서 실패한다, 그러므로 전위가 선도해야 한다고 생각했다. 이와 같은 생각은 아나키즘과 모순되는 것이 아니다. 프루동도 후에 활동가를 '소수정예' 멤버로 한정해야 한다고 말했다.

바쿠닌은 마르크스를 국가주의자·집권주의자로 규탄했지만, 실제

사정은 그렇지 않았다. 마르크스는 국가를 지양해야 하고, 또 지양될 수 있다고 생각했다. 경제적인 계급관계가 소멸되면, 국가는 소멸될 것이라고 생각했다. 그러므로 단기간의 '프롤레타리아독재'가 과도적인 것으로 허용되었던 것이다. 마르크스에게 국가의 자립성에 대한 경계가 부족했다는 것은 확실하다. 하지만 그것은 그가 프루동과 다르게 국가주의적이었기 때문이 아니라, 국가에 관해 프루동과 같은 형태의 견해를 가지고 있었기 때문이라고 말해야 한다.

4. 노동조합과 협동조합

마르크스는 유통과정에서 자본주의경제에 대항하려는 프루동의 생각을 비판했다. 산업자본주의의 핵심은 생산과정에 있다. 그러므로 프롤레타리아에 의한 자본에의 투쟁은 생산과정에서 발견되어야 한다. 마르크스주의에는 이런 사고가 강고하게 남아있다. 하지만 프루동이 유통과정을, 마르크스가 생산과정을 강조했다는 것은 피상적인 통념에 지나지 않는다.

프루동이 유통과정에서의 '경제혁명'을 생각한 것은 우선 당시 프랑스에서는 산업자본에 의한 공업생산이, 바꿔 말해 산업프롤레타리아가 거의 존재하지 않았기 때문이다. 당시 프롤레타리아라고 불리는 사람들이란 실제로는 몰락해가고 있던 직인이나 소생산자들이었다. 그들이 가두투쟁에서 고전적 '정치혁명'의 주역이었다. 프루동이 '경제혁명'이라고 말할 때, 오히려 이런 프롤레타리아를 생산과정에서 조직하는 것을 의미했다. 그가 생각한 것은 직인이나 소생산자들에 의한 협동조합적인 생산이며, 그것을 위한 금융시스템이었다. 즉 생산과정을 위해 유통과정이 중시되었던 것이다.

한편 동시적으로 산업자본이 발달한 영국에서는 산업프롤레타리아
의 투쟁이 생산과정에서 조직되었다. 그것은 노동조합에 의한 투쟁이다.
또 영국에서 사회주의운동은 이론적으로 '생산과정'에 초점을 맞춘 고전
경제학, 즉 리카도의 이론에 뿌리를 두고 있다. 앞서 서술한 것처럼
프루동은 자본은 개개의 노동자에게 임금을 지불하지만, 노동자가 협업
과 분업에 의해 생산한 것에 관해서 지불하지 않는다, 그러므로 '소유는
도둑질이다'라고 주장한 것이지만, 이와 같은 사고는 영국에서는 이미
윌리엄 톰슨에 의해 대표되는 리카도파 사회주의자에 의해 주장되었을
뿐만 아니라, 그것에 근거한 실천이 이루어지고 있었다.[6]

리카도파 사회주의는 기업의 전 이윤이 생산수단의 소유자가 아니라
노동에 종사한 자에게 분배되어야 한다고 생각했다. 리카도 자신이
사실상 그것을 시사하고 있었다. 그는 기계의 응용, 공장에 자연과학의
도입, 노동도구의 집중, 값싼 식량의 수입 등이 노동의 교환가치를 저하
시킨다는 것을 마르크스가 말하는 '상대적 잉여가치'의 문제로서 이해하
고, 게다가 이 지불되지 않은 노동으로서의 잉여가치가 이윤과 지대의
원천이라고 생각했다. 다만 이 경우 리카도는 노동자들의 노동을 결합
(combine)한 것은 자본가이기 때문에, 그로부터 생기는 잉여분은 자본가
에게 가야 한다고 생각했다. 그런데 잉여분도 노동자가 받아야 한다는
사고(노동전수권론)를 주장한 것이 리카도파 사회주의자이다.

이 생각에 근거하여 노동자가 단결하여 미지불 노동분을 자본가에게
요구하는 투쟁, 또는 노동시간의 단축이나 노동조건의 개선을 요구하는
투쟁이 시작되었다. 처음에 이것은 자본에 의해 탄압되었다. 그것은
개개의 자본에 커다란 타격이었기 때문이다. 노동조합의 투쟁은 격하게
계급투쟁이 되었다. 하지만 차티스트운동이 정점에 달한 1848년 이후

그것은 수습되었다. 노동자계급의 요구가 대폭 실현되었다. 예를 들어, 노동시간은 10시간으로 단축되고, 임금은 올랐으며, 복지정책도 진전되었다. 이것은 자본에게 패배처럼 보이지만, 그렇지 않다. 자본은 노동조합을 승인하고 그 요구를 받아들임으로써 산업자본주의로서의 축적방법을 확립했던 것이다.

이전까지의 자본은 가능한 한 노동자에게 임금을 지불하지 않고, 보다 오래 노동을 시키려고 했다. 하지만 결국 그것은 '총자본'을 위한 것이 아니었다. 제3부 제2장에서 인용한 마르크스의 말을 다시 인용해보자. "모든 자본가는 자신의 노동자와 자신의 관계가 소비자에 (대한) 생산자의 관계가 아니라는 것을 알고 있고, 또 자기 노동자의 소비를, 즉 그 교환능력, 그 임금을 가능한 한 제한하기를 원한다. 물론 모든 자본가는 다른 자본가의 노동자가 자기상품의 가능한 한 큰 소비자이기를 원한다."[7]

그러므로 임금을 올리고 복지를 향상시키는 것은 개별자본에게는 손실이지만, 총자본에 있어서는 바람직한 것이다. 그것은 소비를 확대하고, 자본의 축적을 증가시킨다. 이와 같은 변화가 자본주의경제를 변용시켰다. 그 결과 노동자계급의 많은 이들이 더 이상 빈곤자가 아니라 중산계급적인 소비자로서 나타났다. 하지만 그와 더불어 이 운동은 비정치적이 되었다. 또 사회주의운동도 존 스튜어트 밀로 대표되는 사회민주주의적인 것이 되어갔다.

이상의 현실은 영국에서 처음 일어났지만, 산업자본주의가 진전되면 모든 곳에서 생기는 현상이다. 일반적으로 프롤레타리아트가 반자본주의적이 되고 정치적으로 과격해지는 것은 산업자본주의가 충분히 확립되어 있지 않은 단계에서다. 그것이 확립되면, 프롤레타리아트는 비정치적·비혁명적이 된다. 나중에 서술하겠지만, 그것은 19세기 말 독일에서도 일어났다. 그 결과 베른슈타인은 종래의 사회주의운동을 부정하고 점진적인 개량주의를 주창했다. 하지만 그가 시대에 뒤처졌다고 나무랐던 마르크스도 그와 같은 사태와 완전히 무관했던 것은 아니다. 그러기는 커녕 그는 바로 그와 같은 사태 속에서 『자본론』을 썼다.

『자본론』이 그의 이전의 자본주의론과 다른 점은 오히려 이로부터 온다고 해야 한다. 예를 들어, 마르크스는 자본주의를 생산과정에서 생각한 고전경제학자에 반대하여, 역으로 그것을 유통과정에서 생각하려고 했다. 즉 자본을 상인자본(M-C-M')에서 생각했다. 산업자본의 특질은 그것이 특수한 상품, 즉 '노동력상품'을 가지고 있다는 데에 있다. 즉 산업자본은 노동자에게서 노동력상품을 사서 그들에게 노동을 시킴과 동시에 그 생산물을 사게 하여, 그 차액에서 잉여가치를 얻는다. 이와 같은 축적은 노동자를 소비자로 만들지 않으면 성립하지 않는다. 그렇다면 이와 같은 구조가 확립된 가운데에서 노동자는 자본에 대하여 어떻게 대항할 수 있을까.

그것을 위해서는 자본주의에의 대항운동에 대한 생각을 바꿔야 한다. 『자본론』이 보여주는 것은 마르크스가 영국의 협동조합운동에 비상한 관점을 보였다는 점이다. 협동조합은 리카도좌파의 '노동전수권론'에서 나온 두 가지 운동 중 하나이다. 하나는 이미 서술한 노동조합이고, 다른 하나는 협동조합이다. 노동조합은 자본이 노동자를 결합(combine)시켜 일하게 함으로써 얻는 잉여를 되찾기 위한 투쟁이다. 협동조합은 노동자 자신이 노동을 연합(associate)하는 것이다.[8] 이 경우, 이윤은 당연히 노동자 자신에게 배분된다. 그러므로 이것은 이제는 자본제생산이 아니다. 여기에 노동력상품은 존재하지 않는다.

노동조합과 협동조합은 원래 자본에 대항하는 운동이지만, 질적으로 다른 것이다. 한마디로 말해, 노동조합은 자본제경제 내부에서 자본과 투쟁하는 것이고, 협동조합은 자본제 바깥으로 나가려는 운동이다. 바꿔 말해, 전자는 '생산과정'을 중심으로 하는 것이고, 후자는 '유통과정'을 중심으로 하는 것이다. 후자에는 대체화폐나 신용은행도 포함된다. 그런 의미에서 프루동의 시도와 공통된다.

이 두 가지 대항운동은 분리할 수 없다. 그것은 협동조합의 창설자 로버트 오웬이 전국노동조합연합회를 결성한 인물이라는 것으로도 분명하다. 협동조합운동을 발전시킨 것은 오웬파 노동자들이었다. 오웬이 처음부터 협동사회를 만들려고 하다 실패했기 때문에, 그들은 먼저 일용품의 공동구입에서 출발하여 서서히 공동성의 범위를 넓혀가는 전략을 구사했다. 즉 유통과정에서 시작한 것이다. 그들은 1844년 로치데일에서 로치데일공정선구자조합(Rochdale Society of Equitable Pioneers)이라는 소비조합을 설립했다. 이 조합의 활동이 성공했기 때문에, 이것을 배워 (1)가입자유, (2)1인1표의 민주적 운영, (3)출자금에의 배당제한, (4)잉여금 조합원에의 조합이용고(利用高)에 따른 분배 등 소위 '로치데일 원칙'에 근거하는 소비협동조합이 연이어 설립되었다. 그리고 1850년대에는 '생산자협동조합'(협동조합공장)도 계속해서 설립되었다.

앞서 서술한 것처럼 마르크스는 자본주의경제의 외부에 비자본주의적 기업이나 경제권을 창출하는 프루동의 사고에 부정적이었다. 하지만 그는 오히려 영국에서 그것을 생각하게 되었다. 그도 그럴 것이 거기에서는 자본주의적 생산내부에서의 대항운동이 곤란에 직면해 있었기 때문이다. 노동조합운동은 이미 자본주의적 축적과정의 일환에 지나지 않게 되었다. 그것은 노동력상품을 지양하는 것이 전혀 아니었다. 그저 노동력의 가치를 확보하고 높이기 위한 운동이었다. 그에 반해 협동조합에는 노동력상품의 지양, 자본제의 지양이라는 지향이 명확히 존재했다.

마르크스주의자는 구(舊)유고슬라비아의 티토주의자를 열외로 한다

면, 일반적으로 생산자=소비자협동조합을 부정하지는 않았지만 경시
해왔다. 하지만 마르크스는 협동조합을 매우 중시했다. 그것은 협동조합
에서 노동력상품의 지양이 실현되기 때문이다. 그곳에 임금노동은 존재
하지 않는다. 노동자 자신이 경영자이기 때문이다. 그러므로 마르크스는
말한다. "이 협동조합공장의 내부에서는 자본과 노동의 대립이 지양되
어 있다."[9)

　물론 여기서 임금이 완전히 평등화되는 것은 아니다. 노동은 '감독노
동'을 포함하여 다양하고, 또 그에 따라 임금의 차이가 존재한다. 즉
'불평등'은 어느 정도 존재한다. 하지만 중요한 것은 화폐-상품이라는
관계에 근거하는 지배-피지배관계가 이제 존재하지 않는다는 점이다.
사람들이 감독지휘자를 따르더라도 후자에 의해 고용되었기 때문이
아니다. 그들은 자신이 선임한 자를 따를 뿐이다. 여기서는 노동하는
자들이 주권자이다. 루소가 말하는 인민주권이 명목적인 것과 달리,
이것은 현실적이다. 노동하는 자들의 관계는 호수적(쌍무적) 관계이다.
진정한 민주주의는 정치적인 레벨만이 아니라 경제적 레벨에서 달성되
어야 한다는 프루동의 생각은 협동조합공장에서 실현되고 있다. 그것은
교환양식D를 현실화한다.

　문제는 이 앞에 있다. 마르크스는 협동조합을 칭찬하고, 거기서 진정
으로 자본주의경제를 지양할 열쇠를 발견했다. 하지만 그는 협동조합공
장은 자본제주식회사와 비교하여 너무나도 힘이 없고 소규모였다. 그것
은 이윤을 실현하기 위한 경쟁을 지향하고 있지 않다. 또 자본을 모으는
힘도 빈곤하다. 실제 1860년대 이후 자본주의적 주식기업의 발전, 특히
중공업으로의 이행과 함께 협동조합공장은 쇠퇴하게 되었다. 그런 까닭
에 협동조합운동은 소비협동조합이나 자본이 참여하지 않는 소생산자
들의 협동조합으로 한정되게 되었다.[10)

이런 의미에서 마르크스는 협동조합의 한계를 지적했다. 그것은 그가 프루동의 신용은행이나 대체화폐를 비판한 것과 같다. 후자의 경우, 로컬하게는 성립하고 유효할 수 있다. 단 화폐를 대체하는 것은 불가능하다. 마찬가지로 협동조합은 자본이 미치지 않은 영역이나 소비협동조합으로서는 충분히 성립하고 유효할 수 있다. 단 그것을 통해 자본제기업을 압도하는 것은 불가능하다. 요컨대 노동자의 어소시에이트된 생산이 아무리 바람직하다고 하더라도 자본(화폐)이 노동력상품을 모아서 결합한 생산에 대적할 수 없다.

하지만 마르크스의 이런 비판의 결과, 마르크스주의자는 프루동이 기도한 유통과정에서의 다양한 시도, 또는 오웬주의자가 기도한 협동조합의 시도를 부정하거나 그저 부차적인 것으로 간주하게 되었다. 엥겔스 이후의 마르크스주의자는 국영화를 통해 자본주의를 넘어서는 것을 생각했다. 하지만 마르크스가 협동조합의 한계를 지적한 것과 협동조합에서 사회주의의 열쇠를 발견한 것은 서로 배치되는 것이 아니다. 예를 들어, 마르크스는 프루동파가 주류였던 '국제노동자협회'(제1인터내셔널)의 '설립선언'에서 협동조합공장에 대해 다음과 같이 쓰고 있다. "이런 위대한 사회적 실험의 가치는 아무리 높이 평가해도 지나치지 않다."11) 마르크스에게 사회주의란 협동조합적 어소시에이션에 다름 아니었다.

파리코뮌(1871년)에서 프루동파는 마르크스의 반대에도 불구하고, 국가권력을 탈취하는 봉기를 결행했다. 물론 마르크스도 사후적으로 이를 지지하고, '프롤레타리아독재'의 견본으로서 칭찬한 것은 이미 서술했다.

만약 협동조합적 생산이 기만이나 함정으로 머물러야 하는 것이 아니라면, 만약 그것이 자본주의제도를 대신해야 하는 것이라면, 만약 협동조합의 연합체(associated co-operative societies)가 하나의 계획에 근거하여 전국의 생산을 조정하고, 그리하여 그것을 자신의 통제 하에 두고, 자본주의적 생산의 숙명인 부단한 무정부상태와 주기적인 경련(공황)을 종식시켜야 하는 것이라면─여러분, 그것이야말로 공산주의, '가능한' 공산주의가 아니고 무엇일까요![12)

한편 마르크스가 절대로 받아들이지 않았던 것은 라살레의 '국가사회주의'이다. 마르크스파와 라살레파가 합동으로 만든 독일사회주의노동자당의 「고타강령」(1875년)에 대해서도 그는 국가에 의해 어소시에이션(생산자협동조합)을 육성한다는 라살레의 생각을 통렬히 비판하고 있다.

노동자가 협동조합적 생산조건들을 사회적 규모로, 우선 처음은 자국에 국민적 규모로 만들려고 하는 것은 현재의 생산조건의 변화를 위해 노력하는 것에 다름 아니며, 국가의 보조에 의한 협동조합 설립과는 아무런 관련도 없는 것이다! 오늘날의 협동조합에 대해 말하자면, 그것들은 정부나 부르주아로부터의 보호 없이 노동자가 자주적으로 만들어낸 것일 때만 비로소 가치를 갖는 것이다.[13)

마르크스는 국가를 통해 협동조합을 육성하는 것이 아니라, 협동조합의 어소시에이션이 국가를 대신해야 한다고 말하는 것이다. 그렇지만 법적규제 외 국가에 의한 지원이 없으면, 생산자협동조합이 자본제기업에 패하는 것은 피하기 힘들다. 그러므로 마르크스는 프롤레타리아가 국가권력을 잡는 것이 불가결하다고 생각했다. 하지만 마르크스가 라살레와 대립하는 것은 다음과 같은 점에서이다. 라살레가 헤겔에게 배워서 국가를 이성적인 것으로 간주하고 있었다면, 마르크스는 국가를 소멸해야 하는 것으로서 보고 있었다. 이 점에서 마르크스는 끝까지 프루동파였다. 한편 비스마르크의 친우(親友)이기도 한 라살레는 말하자면 독일판 생시몽주의자, 즉 국가사회주의자였다.

5. 주식회사와 국유화

마르크스는 협동조합생산에서 사회주의, 즉 연합적(associated) 생산을 실현하는 열쇠를 발견했지만, 동시에 그 한계도 깨닫고 있었다. 그것은 확대될 수 없고, 따라서 자본에 대항할 수 없다는 것이다. 한편, 마르크스는 그 한계를 넘어서는 열쇠를 주식회사에서 발견했다. "자본주의적 주식기업도 협동조합공장과 마찬가지로 자본주의적 생산양식에서 결합생산양식으로 가는 과도적 형태로 보아야 하는데, 다만 한편에서는 대립이 소극적으로 다른 한편에서는 적극적으로 지양되고 있다."14)

이것은 무엇을 의미하는 걸까. 주식회사에서는 '자본과 경영'의 분리가 생겨난다. 주주는 출자분에 대한 배당의 권리를 가지며, 경영에 관하여 의결권도 갖는다. 하지만 생산수단 등에 대한 소유권을 갖지는 않는다. 그것은 법인의 소유가 된다. 그것에 의해 주주는 기업의 손실에 대해 무한책임을 지지 않는다. 즉 회사가 도산해도 주주는 자신의 투자분을 잃을 뿐이고, 또 언제든지 주식을 팔아 화폐자본으로 바꿀 수 있다. 이 때문에 주식회사는 자본을 대규모로 집적시킬 수 있다. 따라서 또 그것이 노동의 대규모 사회적 '결합'(combination)을 가져온다. 협동조합에서는 이와 같은 확대가 어렵다. 그러므로 마르크스는 주식회사가 달성한 것을 협동조합화, 즉 연합적(associated)인 생산양식으로 전환하면 된다고 생각했다. 그는 주식회사가 '공산주의로 옮겨가기 위한' '가장 완성된 형태'라고 말한다.15)

주식회사에서는 기존의 의미에서의 자본가는 사라졌다. 물론 그것은 자본의 '소극적인' 지양에 지나지 않는다. '자본'은 이윤율의 확보라는 지상명령으로서 남아있기 때문이다. 자본의 축적(자기증식)이 불가능하면, 자본은 자본다울 수 없다. 따라서 주식회사가 자본의 지양이 아니라는 것은 절대왕권을 무너뜨린 공화제정부가 국가의 지양이 아닌 것과 같다. 주권자로서의 인민의 정부가 국가를 대체한 것처럼 보이지만, 정작 '국가'가 왕이나 카리스마적 지도자로서 현재화(顯在化)된다. 마찬가지로 '자본' 또한 경영의 위기에서 현재화된다.

그럼에도 불구하고 이 소극적 자본의 지양에 의해 이제까지의 자본가와 임금노동자의 관계와는 다른 관계가 생겨났다는 것은 확실하다. 즉 자본가와 임금노동자의 관계는 경영자와 노동자의 관계라는 형태를 취하게 되었다. 경영자는 주주(화폐자본)와는 별개다. 또 경영자는 현실자본의 소유자가 아니다. 그것을 소유하는 것은 기업(법인)이기 때문이다. 경영자는 노동자를 조직하고 지휘하는 '감독노동'(마르크스)에 대해 임금을 받는 임금노동자(화이트칼라)이다. 마르크스는 여기에서 경영자와 노동자가 주주(자본)의 지배에서 벗어나 자립하여 어소시에이션을 형성할 수 있는 조건을 발견했다. 주식회사를 협동조합화하는 것은 용이하다. 주주의 다수결지배 하에 존재하는 주식회사를 협동조합의 로치데일원칙에 의해 주주를 포함한 전종업원이 1인1표 투표권으로 의결하는 시스템으로 바꾸면 된다. 필요한 절차는 단지 그것뿐이다.16)

하지만 이것은 말은 쉽고 행동은 어렵다. 왜냐하면 이와 같은 변혁을 개개 기업의 레벨에서 하면, 협동조합공장과 마찬가지로 바로 곤란에 직면하기 때문이다. 그것은 단지 탄압받거나 방해를 받거나 하는 것은 아니다. 협동조합적 기업은 자본제기업 사이에서의 경쟁을 견딜 수 없다. 예를 들어, 자본제기업은 아무렇지 않게 해고를 하고, 또 뛰어난 기술자를 높은 급여로 고용하지만, 협동조합에서는 그런 것이 불가능하다. 실제 그런 것을 한다면, 더 이상 협동조합이라고 부를 만한 가치가 없게 된다. 협동조합은 그 원리를 유지하려고 하면 멸망하고, 애써 존속하려고 하면 자본주의적인 방식을 도입하게 된다. 그때 분명 지양되어 있었던 '자본'이 재부상한다. 따라서 이런 변혁은 개개의 기업 안에서의 투쟁에 의해서가 아니라 국가적 규모로 법제도를 바꿈으로써만 가능하다.

마르크스는 1867년에 이렇게 쓰고 있다. "사회적 생산을 자유로운 협동조합노동의 거대하고 조화로운 하나의 체계로 바꾸기 위해서는 전반적인 사회적 변화, 사회의 전반적 조건의 변화가 필요하다. 이 변화는 사회의 조직된 힘, 즉 국가권력을 자본가와 지주의 손에서 생산자 자신의 손으로 옮기는 방법으로만 실현될 수 있다."[17] 말할 것도 없이 이와 같은 의견은 프루동파와 대립하는 것이 아니다. 왜냐하면 협동조합을 발전시키는 것이나 개개 기업을 협동조합화해 가는 것이 곤란하다는 것은 프루동파도 인정하고 있기 때문이다. 그것을 위해서는 국가권력을 잡아 일거에 그것을 행할 필요가 있다. 따라서 마르크스의 의견은 프루동파가 중심이었던 국제노동자평의회(제1인터내셔널)에서 승인되었으며, 실제 프루동파는 파리코뮌에서 이것을 실행하려고 했다.

하지만 국가권력을 잡는다고 하더라도, 마르크스가 말하는 것은 라살레가 말한 '국가에 의해 협동조합적 생산을 보호육성한다'는 것과는 닮았지만 다른 것이다. 그것은 결국 국가 하의 협동조합이고, 사실상 산업의 국유화인 것이다. 앞서 서술한 것처럼 마르크스는 그와 같은 생각을 부정했다. 필요한 것은 국가를 통해 협동조합을 육성하는 것이 아니라, 자본주의적 주식회사를 협동조합적으로 재편성하는 것이다. 마르크스가 국가권력 장악의 필요성을 강조한 것은 국유화를 위해서가 아니다. 협동조합화를 통해 자본-임금노동이라는 계급관계를 폐기하기 위해서이다. 그것에 의해 계급지배에 근거하는 국가는 사멸된다. 하지만 그러기 위해서는 노동자계급이 일시적으로 국가권력을 잡을 필요가 있다고 마르크스는 생각했던 것이다.

마르크스가 주장한 것은 주식회사의 국유화가 아니라 주식회사의 법인소유를 노동자의 공동점유로 바꾸는 것이다. 이 두 가지는 닮은 것처럼 보이지만, 본질적으로 다르다. 예를 들어, 국유화와 자본주의는 배반되는 것이 아니다. 그 증거로 현재도 거대기업이 위기에 빠지면, 국유화를 통해 붕괴를 회피한다. 일반적으로 국영기업은 민간의 주식회사에서는 불가능한 거대한 자본집적을 가능하게 한다. 그러므로 메이지 일본과 같은 후발자본주의국가에서는 예를 들어 제철처럼 자본의 집적을 필요로 하는 것은 먼저 국영기업으로서 개시되어 나중에 민영화로 전환되었다. 그런 의미에서 주식회사는 국영기업보다도 발전된 형태이다. 마르크스가 생각하기에 주식회사야말로 '가장 완성된 형태'이고, 그것을 협동조합(공동점유)의 형태로 만드는 것이 사회주의였다. 그러므로 그것을 국영화하면, 사회주의로부터 점점 더 멀어질 뿐이다.

하지만 파리코뮌의 유산과 함께 마르크스의 협동조합론도 이후 무시되었다. 그것은 또 어소시에이션=협동조합에 의한 국가지양이라는 관점의 무시로 이어졌다. 그 책임은 엥겔스에게 있다. 『자본론』 제3권을 편집했을 때, 엥겔스는 마르크스가 쓴 것보다 주식회사가 거대한 발전을 이룬 것을 높이 평가하는 코멘트를 본문에 넣고 있다. 그것은 넌지시 협동조합화의 의의를 깎아내리는 것이었다. 엥겔스는 그와 같은 거대한 주식회사를 '국유화'한다면 사회주의는 바로 실현가능하다고 생각했던 것이다. 그에게 사회주의는 자본주의경제 전체를 계획적인 것으로 삼는 것이었다. 여기서 레닌처럼 사회주의란 사회를 '하나의 공장'처럼 만드는 것이라는 생각이 나온다. 이후 마르크스주의에서 사회주의=국유화라는 사고는 의심된 적이 없다. 그것은 결코 스탈린주의의 소산이 아니다. 오히려 국유화가 스탈린주의를 낳은 것이다. 예를 들어, 트로츠키는 『배반당한 혁명』에서 다음과 같이 말하고 있다. "사유재산이 사회적 재산이 되기 위해서는 반드시 국유재산이라는 단계를 통과해야 한다."

물론 국유화를 통해 자본주의경제를 부정하는 것은 가능하다. 하지만 그것은 노동력상품(임금노동)을 폐기하는 것이 될 수 없다. 그저 노동자를 국가공무원, 즉 국가의 임금노동자로 만드는 것에 지나지 않는다. 또 농업의 국영화나 집단농장화는 오히려 아시아적 전제국가의 농업공동체로 되돌아가는 것이 된다. 이것은 소련이나 중국에서 일어난 것이다. 국유화와 국가통제에 의해 국가관료는 절대적인 힘을 가지게 된다. 국유화와 국가통제를 행한다면, 아무리 경계하고 비판하고 '문화혁명'을 일으키더라도 관료제화는 불가피하다.

6. 세계동시혁명

앞서 서술한 것처럼 마르크스가 국가권력의 장악을 불가피하다고 간주한 것은 그가 국가주의자이기 때문이 아니다. 일시적으로 국가권력을 잡아서 경제적 계급관계를 폐기하면, 국가는 자연스럽게 소멸한다고 생각했기 때문이다. 그것은 프루동과 같은 생각이었다. 그러므로 마르크스는 프루동파와 파리코뮌에 이르기까지 같이 싸웠던 것이다. 그런데 프루동파가 파리코뮌에의 봉기를 기도했을 때, 마르크스는 강하게 반대했다. 그는 사회주의자는 국가권력을 탈취하는 대신에 먼저 패전하의 혼란에 있던 파리와 프랑스를 다시 세우는 것에 전념해야 한다고 주장했다.

마르크스는 파리가 전승국 프로이센에 의해 포위되고, 코뮌은 그것의 간섭을 받아 무참한 패배로 끝날 것이며, 그것에 의해 혁명운동은 수십 년간 재기불능에 이를 것이라고 예상했다.[18] 물론 실제로 코뮌이 결행되자, 그는 그것을 지원하고 찬사를 바쳤다. 하지만 그것은 그가 자본과의 경쟁에 패한 협동조합공장을 귀중한 '실험'으로서 평가했던 것과 같은 사정에서다. 마르크스가 예견한 대로, 파리코뮌은 프로이센군에 의해 2개월 만에 분쇄되고, 수많은 희생자를 낳았다. 이 사건에 의해 아나키스트나 고전적인 혁명운동은 종식되었다.

마르크스가 봉기에 반대한 이유는 이것이 한 도시, 또는 기껏해야 일국의 혁명에 지나지 않았기 때문이었다. 코뮌이 바로 외부 국가의 간섭이나 방해와 만날 것이 뻔히 보였다. 다른 국가가 있다면, 일국 안에서 국가를 지양하는 것은 불가능하다. 바꿔 말해, 사회주의혁명은 일국만으로는 있을 수 없다. 그것은 세계동시혁명으로서만 가능하고, 또 그것은 세계자본주의에 의한 '보편적 교통' 하에서 가능하다. 마르크스는 『독일이데올로기』에서 다음과 같이 서술하고 있다.

> 이 보편적 교통은 그 때문에 또 한편으로 '무소유의' 대중이라는
> 현상을 모든 민족 속에 동시에 낳고(보편적 경쟁), 이들 민족들 각각이
> 다른 민족들의 변혁에 서로 의존하게 하여, 마침내 세계사적인 경험에
> 서 보편적 개인들을 국지적인 개인들 대신에 형성하기 때문이다.
> 이런 것 없이는 (1) 공산주의는 그저 국지적인 것으로만 존재할 수

있을 뿐이고, (2) 교통의 힘 그 자체는 보편적인 힘, 그러므로 가부(可否)가 없는 힘으로 발전할 수 없을 것이며, 향토적이고 미신적인 '관습'에 머무를 것이고, (3) 교통의 확대를 기다리는 것 외에는 국지적 공산주의를 사라지게 할 수 없다. 공산주의는 경험적으로는 주요 민족들이 '일거에' 그리고 동시에 수행함으로써만 가능한 것이고, 그것은 생산력의 보편적인 발전과 그것과 결부된 세계교통을 전제로 삼고 있다.[19]

국가는 그 내부만으로 지양이 불가능하다. 그러므로 마르크스는 혁명은 '주요 민족들이 <일거에> 그리고 동시에 수행함으로써만 가능'하다고 생각했다. 이 경우 주의할 것은 마르크스가 '주요 민족들'이라고 말하고 있다는 점이다. 이것은 자본주의적 선진국을 의미한다. 마르크스가 생각하기에 선진국 간의 '세계동시혁명'이 후진국에서의 혁명의 전제조건이다. 영국, 프랑스 등 선진국 레벨에서 '세계동시혁명'이 존재한다면, 그들이 식민지화하거나 국제분업을 통해서 부를 수탈하는 국가들에서의 혁명이나 변혁이 용이하게 되기 때문이다. 역으로 그것이 없다면, 그들 나라에서의 혁명은 곤란하고 굴곡진 것이 된다.

마르크스가 '주요 민족들'에 한한다지만, 사회주의혁명이 '일거에 그리고 동시적인' 세계혁명 이외에는 있을 수 없다고 생각한 것은 사회주의혁명, 즉 자본과 국가를 지양하려는 기도에 따라다니는 곤란을 알고 있었다는 것을 보여준다. 일국만의 사회주의혁명은 있을 수 없다. 즉 국가를 그 내부만으로 지양하는 것은 불가능하다.

게다가 타국에 의한 간섭이나 방해는 비합법적인 혁명이나 폭력혁명에서만 생기는 것이 아니다. 예를 들어, 일국에서 민주적 선거를 통해 생겨난 정부가 주식회사를 협동조합화 하려고 한다 하자. 그것은 바로 안팎의 자본과 국가의 반발, 간섭, 이용을 불러온다. 또 그것을 예상하고 내부에서도 강한 반발이나 억제가 생긴다. 따라서 자본주의(임금노동)의 폐기가 일국에서만 일어나는 것은 불가능하다. 또는 이렇게 말해도 좋다. 국가를 그 내부만으로 지양할 수 없다고 말이다. 왜냐하면 국가는 세계시스템 속에 존재하는, 즉 다른 국가와의 관계 속에서 존재하기 때문이다.

마르크스는 파리코뮌의 봉기에 반대했다. 하지만 그 이유를 공적으로 명시하지 않았다. 그러므로 그의 코뮌에 대한 칭찬만이 후세에 남았다. 특히 레닌과 트로츠키는 마르크스의 비판을 무시하고 오로지 파리코뮌에 대한 평가만을 떠받들며 10월 혁명을 강행했다. 마르크스가 봉기에 반대한 것은 그것이 세계동시혁명이 될 수 없다고 생각했기 때문이다. 혁명을 강행하려고 한 것은 프루동파이다. 그렇다고 해도 그것은 그들이 일국만의 혁명을 생각하고 있었기 때문은 아니다. 그들도 세계동시혁명을 생각하고 있었다. 당시 세계동시혁명은 마르크스만의 생각이 아니었다. 프루동파도 바쿠닌도 세계동시혁명을 당연한 것으로 간주했다. 프루동파가 혁명을 강행한 것은 그것이 유럽세계혁명에 파급된다고 생각했기 때문이다. 물론 그것은 자의적인 믿음에 지나지 않았다.

1848년 혁명은 그야말로 세계동시혁명이었다. 그 후에 형성된 제1 인터내셔널의 혁명가들은 그와 같은 세계동시혁명을 장래에 상정하고 있었기 때문에 1871년에 파리코뮌이 세계혁명으로 전화(轉化)될 것이라고 생각한 것도 무리가 아니다. 하지만 마르크스는 이 시점에서 세계동시혁명은 없다고 판단했다. 그것은 우연이 아니었다. 세계동시혁명을 가능하게 하는 '세계' 그 자체가 근본적으로 변용하고 있었다. 마르크스는 아마 그것을 알고 있었겠지만, 명확하게 제시하려고 하지 않았다.

세계동시혁명이라는 관념은 그 전제조건을 불문에 붙인 채로 그저 공허한 슬로건으로 남아있다. 우리가 생각해야 하는 것은 다음과 같은 점이다. 1848년에는 존재했던 세계동시혁명이 이제는 존재하지 않는다. 하지만 그것은 '세계동시혁명'이 더 이상 존재하지 않는다는 말은 아니다. 그것은 가능하다. 그렇다면 어떻게 가능할까. 이것에 대해 나는 제4부의 마지막 장에서 자세히 서술하겠다. 우선 1848년 이후 '세계동시혁명'이라는 비전이 어떻게 되었는지를 살펴보자.

7. 영구혁명과 단계의 '뛰어넘음'

1848년 혁명은 확실히 '세계동시적'이었다. 하지만 사회주의 혁명으로서 그것은 허망하게 패배했다. 게다가 반혁명(anti-revolution)이라기보다도 국민국가에 의한 대항혁명(counter-revolution)에 패했다. 그 결과 출현한 것이 사회주의운동 또는 프롤레타리아계급을 강하게 의식한 정치체제였다. 영국에 관해서는 이미 서술했다. 차티스트운동은 패배했지만, 노동자계급의 많은 요구가 받아들여지고, 복지정책이 시행되었다. 프랑스에서는 황제에 취임한 루이 보나파르트가 생시몽주의자로서 국가의 개입을 통해 산업자본주의를 진흥시키고, 동시에 노동문제를 해결한다는 모순된 과제를 동시적으로 해결하려고 했다. 보나파르트는 '제1인터내셔널'의 형성을 후원하기까지 했다. 프로이센에서도 1848년의 혁명을 계기로 등장한 비스마르크의 정책은 국가에 의해 산업자본주의를 진흥시키고, 동시에 노동문제의 해결을 지향하는 것이었다. 비스마르크 자신은 사회주의자가 아니었지만, 그의 국가자본주의는 사실상 그의 친구였던 라살레의 '국가사회주의'와 호응하는 것이었다.

이런 의미에서 1848년 이후의 세계는 오히려 사회주의가 국가권력에 직접적 내지 간접적으로 참여함으로써 형성되었다고 해도 좋다. 다른 관점에서 말하면, 그것은 자본=네이션=스테이트가 형성되었다는 것이다. 즉 자본주의적 시장경제이면서 자본의 전횡을 규제하고 계급대립을 부의 재분배나 복지에 의해 해소하는, 그런 시스템이 아직은 맹아적이지만 형성되었던 것이다. 이 1848년의 시점에서 생각된 혁명은 시대에 뒤쳐진 것이 되었다. 파리코뮌은 그 최후의 빛과 같은 것이었지 미래를 보여주는 것은 아니었다.

엥겔스는 1880년에 이르러 1848년 혁명은 이미 시대에 뒤쳐진 것이라고 생각하고, 영국과 같은 상태야말로 진정한 사회주의혁명을 가능하게 하는 것이라고 생각했다. 마르크스가 죽고 3년 후인 1886년에 엥겔스는 이렇게 서술했다. "그 사람(마르크스)의 모든 이론은 영국의 경제사와 경제적 상태의 연구에 전 생애를 건 성과이며, 이 연구는 그를 다음과 같은 결론으로 이끌었다. 즉 적어도 유럽에서는 완전히 평화적이고 합법적 수단으로 불가피한 사회혁명을 수행할 수 있는 유일한 나라가 영국이라는 것이다."[20] 그리고 1890년에 들어서 독일에서 사회민주당이 의회에서 약진했을 때, 엥겔스는 이제는 독일도 그와 같은 나라라고 생각하기에 이르렀다. 즉 선진국에서는 의회제민주주의를 통해 사회주의적 변혁이 가능하다고 생각하게 된 것이다. 하지만 엥겔스는 영국에서 그와 같은 변혁이 가능한 것처럼 보이는 것은 자본=네이션=스테이트라는 시스템이 성립했기 때문이고, 이 시스템은 그 자신이 가능하게 한 변혁에 의해서는 넘어설 수 없다는 점을 보지 않았다.

만년의 엥겔스의 사고는 사회민주주의에 가까운 것이다. 엥겔스 사후, 그의 유산상속인이었던 베른슈타인은 1848년 이래 존재했던 마르크스주의의 사회주의혁명론을 비현실적이라고 부정했다. 카우츠키는 그것을 '수정주의'로서 비판했다. 하지만 양자 사이에 그렇게 큰 차이는 없었다. 모두가 사회주의혁명을 민주적 의회를 통해 국가에 의한 자본주의의 규제, 부의 재분배를 행하는 것이라고 생각했다. 베른슈타인이 복지국가주의를 주창했다면, 카우츠키는 사회민주주의를 주창했다고 해도 좋다.

하지만 그것들은 자본=네이션=스테이트가 확립된 상태에서만 성립하는 사고이다. 이로부터 두 가지를 말할 수 있다. 첫째로 그와 같은 변혁에 의해서는 자본=네이션=스테이트라는 시스템을 넘어설 수 없다는 것. 둘째로 개개의 자본=네이션=스테이트는 세계시스템 안에서 경쟁하면서 존재하기 때문에 각자의 존립이 위태롭게 되면, 사회민주주의는 방기되어버린다는 것. 사실 베른슈타인만이 아니라 카우츠키도 독일이 제1차 대전에 돌입했을 때, 그것을 지지하는 방향으로 선회했다. 그것에 의해 제2인터내셔널은 부득이하게 해산되었다. 그리하여 자본주의적 선진국의 국제적 사회주의운동은 끝나고 말았다.

선진자본주의국가에서 기존과 같은 혁명운동이 성립하지 않은 것은 명확했다. 하지만 이 문제에 직면한 마르크스주의자는 그것과 씨름하기보다도 오히려 고전적 혁명운동이나 계급투쟁이 아직 존재하는 주변부에서의 혁명으로 향했다. 그와 같은 전회를 가져온 것은 특히 러일전쟁의 결과로서 생겨난 제1차 러시아혁명(1905년)이다. 이 경험에 입각하여 트로츠키나 로자 룩셈부르크는 각기 자본주의가 가장 발전한 단계에서만 사회주의혁명이 가능하다는 마르크스주의의 통념을 수정하는 주장을 내세웠다.

먼저 로자 룩셈부르크에 대해 이야기하자면, 그녀는 러시아제국에 속한 폴란드인으로서 제1차 러시아혁명을 경험했는데, 이를 통해 주변부혁명론을 생각하게 되었다. 그리고 중심부(선진국)에서의 자본축적이 주변부(후진국)로부터의 수탈에 의해 성립한다는 이론을 통해 주변부에서의 혁명이란 단순히 선진국의 뒤를 쫓는 것이 아니라, 선진국의 자본축적에 타격을 주는 것이라고 의미를 부여했다. 어떤 의미에서 이것은 마르크스를 채용하면서 마르크스의 낡은 관점에 도전하는 것이었다. 한편 트로츠키는 초기마르크스의 사고로부터 끌어낸 '영구혁명'이라는 이론으로 후진국에서의 사회주의혁명에 근거를 부여했다.

마르크스는 1848년 시점에서 블랑키의 소수전위에 의한 봉기와 프롤레타리아독재라는 생각에 찬동했었다. 또 산업자본주의가 아직 발달하지 못하고 부르주아민주주의혁명도 달성되어 있지 않은 독일에 도래할 혁명은 우선 부르주아혁명이지만, 그저 거기에 머물러서는 안 된다, '프롤레타리아 독재'를 통해 일거에 사회주의혁명을 추진해야 한다고 생각했다. 이것이 '영구혁명' 이론이다. 하지만 마르크스는 2년 후 그것을 다음과 같이 부정했다.

나는 항상 프롤레타리아트의 일시적 의견에 반대해왔다. 우리는 당 자신에게 다행스럽게도 아직 그야말로 권력에 도달할 수 없는 당에 몸을 바치고 있다. 만약 권력을 잡게 되면, 프롤레타리아트는 직접 프롤레타리아적이 아닌 소부르주아적인 방책을 취하게 될 것이다. 우리 당은 주위의 사정이 당의 견해를 실현하는 것을 가능하게 했을 때에 비로소 권력을 잡을 수 있다. 루이 블랑은 시기상조로 권력을 잡은 경우 어떻게 되는지를 보여주는 최량의 실례를 제공하고 있다. 그렇지만 프랑스에서 프롤레타리아는 단독으로 권력을 잡는 것이 아니라, 그들과 함께 농민과 소부르주아가 권력을 잡을 것이다. 그리고 프롤레타리아는 자신의 방책이 아니라 농민이나 소부르주아의 방책을 실행하지 않으면 안 되게 될 것이다. 파리의 코뮌은 무언가를 실행하기 위해 정부에 가담할 필요는 없다는 것을 증명하고 있다.[21]

이 이후의 마르크스는 역사적 단계의 '뛰어넘음'에 대해 매우 진중해졌다. 후술하겠지만 「자술리치에의 편지」에서도 그것은 명확하다. 하지만 트로츠키는 마르크스가 부정한 '영구혁명'을 억지로 끌어냈다. 그는 혁명이 세계자본주의의 모순이 가장 강하게 드러나는 지역에서 일어난다는 것, 또 거기에서는 발전단계를 '뛰어넘어' 사회주의혁명이 가능하다고 생각했다. 이것도 마르크스를 원용하고 있지만, 사실상 그의 생각에 도전하는 것이었다. 이 점에서 레닌은 트로츠키의 영향을 받았다고 해도 좋다.

러시아혁명은 1917년 2월, 제1차 대전에서 러시아의 패색이 짙어질 때에 일어났다. 그 결과, 제정이 무너지고 의회가 성립함과 동시에 노동자·농민의 평의회(소비에트)가 자연발생적으로 성립했다. 그리고 의회와 평의회라는 이중권력상태가 이어졌다. 단 그 어느 쪽에서도 사회민주노동당의 멘셰비키, 그리고 사회혁명당이 주류였고, 사회민주노동당의 볼셰비키는 소수파였다. 그런데 10월에 트로츠키와 레닌은 다른 볼셰비키 간부(스탈린을 제외한)의 맹렬한 반대를 억누르고 쿠데타를 일으켰다. 그것은 '전 권력을 소비에트로'라는 명목으로 이루어졌다. 하지만 실제로는 의회를 폐쇄했을 뿐 아니라 소비에트로부터도 다른 당파를 추방했다. 이후 평의회는 명목적인 것이 되고 볼셰비키에 의한 독재가 시작되었다. 이 시점에서 그들은 유럽의 '세계혁명'이 러시아의 뒤를 이어 일어날 것을 기대했지만, 당연히 그런 일은 일어나지 않았다. 그러기는커녕 곧바로 해외로부터의 간섭이나 침략이 시작되었다. 그 이후 타국의 간섭으로부터 혁명을 방어하기 위해 강력한 국가기구를 재건하지 않을 수 없었다. 그리하여 당=국가관료의 전제적 지배체제가 이윽고 형성되었던 것이다.

이와 같은 쿠데타의 강행을 정당화하는 이론이 역사적 단계를 '뛰어넘어' 일거에 사회주의로 향한다고 하는 '영구혁명'의 이론이었다. 그 결과가 어떻게 되었는지는 아는 대로이다. 트로츠키는 스탈린 이후의 체제를 '배반당한 혁명'이라고 부르지만, 그것은 오히려 10월 혁명이 초래한 것이다. 그런 의미에서 10월 혁명에서 이미 혁명은 배반당했다.

마르크스가 '영구혁명'을 부정하고, 또 역사적 단계의 '뛰어넘음'을 부정한 것에 대한 그런 도전(모택동을 포함한)은 전반적으로 실패로 끝났다. 즉 '뛰어넘음'은 결국 불가능했던 것이다. 실제 20세기에 일어난 혁명—모두 후진국에서 일어난—에서 권력을 잡은 사회주의자는 여러 가지 점에서 본래 부르주아가 이루어야 하는 것보다 오히려 절대왕권이 이루어야 하는 것을 대행하는 처지에 빠졌다.

유럽에서 절대왕권은 많은 봉건귀족을 제압하고 사람들을 모두 왕의 '신하'로 삼는 것에서 네이션이라는 동일성을 창출했다. 또 그것은 종래의 농업공동체를 해체하고 수탈하는 것을 통해 자본주의경제의 기반을 확립시켰다. 이것은 마르크스가 '원시적 축적'이라고 부른 과정이다. 절대왕정을 폭력혁명에 의해 무너뜨린 부르주아는 전자가 쌓은 기반위에 자본주의경제를 만들었던 것이다.

한편 산업자본주의적으로 후진적인 지역은 대부분 식민지체제하에 있었다. 즉 주권이 없었다. 또 그 안에 부족적인 대립이 있어서 네이션으로서의 동일성을 가질 수 없었다. 서구열강은 그와 같은 분열을 교묘하게 이용하여 식민지화를 이루었다. 또 그와 같은 지역에는 자급자족적인 농업공동체가 존재했다. 이와 같은 상태에서 네이션으로서 자립하고, 기존의 봉건적 체제를 타파하고, 더욱이 공업화를 이루려고 하는 자는 누구일까. 지주계급이나 매판자본가는 현상에 만족하고 있었다. 민족의 독립이나 전근대적인 사회의 개혁을 지향하는 사회주의자밖에 없다. 따라서 사회주의자는 절대왕권 내지 부르주아혁명이 행한 것을 행하지

않으면 안 된다.22)

마르크스가 말한 것처럼 이것들은 본래 사회주의자가 해야 할 사항이
아니다. 하지만 주변부 나라들에서는 사회주의자 이외에 그것을 실행할
수 있는 사람이 없었다. 그리고 사회주의자가 그렇게 하는 것은 당연하
고, 오히려 칭찬받아야 하는 것이었다. 단 비판되어야 할 것은 그들이
실행한 것을 '사회주의'라고 부른 점이다. 그렇게 함으로써 사회주의라
는 이념이 회복 불가능할 정도의 상처를 입었다. 그리고 그 원인은
'영구혁명'과 '단계의 뛰어넘음'이라는 관념에 있다.

8. 파시즘의 문제

마르크스주의자는 자본주의를 국가를 통해 제어하려고 하기 때문에
국가의 함정에 빠지고 만다. 이것에 대해서는 이미 충분히 서술했기
때문에, 여기서 부가해두고 싶은 것은 또 다른 잘못인 네이션 문제다.
마르크스와 엥겔스는 1848년 혁명의 발발 직전에 출판한 『공산당선
언』에서 프롤레타리아트는 조국을 가지고 있지 않다, 그러므로 국가를
넘어선 부르주아지와 프롤레타리아트라는 이대계급의 결전이 세계혁
명으로서 생겨날 것이라고 기대했다. 하지만 실제로는 역으로 이 시기부
터 계급문제와 나란히 민족문제가 중요해졌다.

마르크스주의자는 네이션은 상부구조이기 때문에 계급적 구조가 해
소되면 해소된다고 생각했다. 하지만 그렇게 되지 않았다. 네이션은
국가와는 별개의 자립적 존재로서 기능했고, 계속 기능하고 있다. 이미
서술한 것처럼 네이션은 공동체 또는 호수적 교환양식A의 상상적 회복
이다. 그것은 평등주의적이다. 따라서 내셔널리즘과 사회주의(어소시에

이셔니즘)운동에는 헷갈리기 쉬운 유사성이 있다.

예를 들어, 식민지상태로부터 민족해방을 지향하는 운동에서 사회주의는 내셔널리즘과 융합한다. 그것은 식민지화된 나라의 자본이 매판적·종속적이고, 사회주의자가 없으면 내셔널리즘은 실현불가능하기 때문이다. 그러므로 그와 같은 부분에서 사회주의와 내셔널리즘이 동일시된다고 해도 어쩔 수 없다. 문제는 오히려 발달한 산업자본주의국가에서 내셔널리즘이 사회주의적인 모습으로 나타난다는 점이다. 그것이 파시즘이다. 파시즘은 나치스의 당명(내셔널사회주의독일노동자당)이 보여주는 것처럼 내셔널한 사회주의다. 즉 네이션을 통해 자본과 국가를 넘어서려는 시도이다. 그것은 자본주의에도 마르크스주의에도 적대적이다. 물론 네이션을 통해 자본주의와 국가를 넘어서는 것은 불가능하다. 그것이 창출하는 것은 자본주의와 국가를 넘어서는 '상상의 공동체'에 지나지 않는다. 하지만 많은 나라에서 파시즘이 강한 매력을 가졌던 것은 그것이 모든 모순을 '지금 여기서' 넘어서는 꿈—실제는 악몽이다—과 같은 세계의 비전을 주었기 때문이다.

많은 지역에서 마르크스주의운동이 파시즘에 굴복한 것은 네이션을 단순히 상부구조로 간주했던 데에 원인이 있다. 마르크스주의자가 나치즘 앞에서 무력했던 사실과 직면하여 에른스트 블로흐는, 그 이유를 나치즘이 마르크스주의와 달리 자본주의적 합리성 속에서 억압된 낡은 요소를 다양하게 환기시키고 동원할 수 있었기 때문이라고 쓰고 있다.[23] 이것은 나치즘이 교환양식A의 상상적 회복으로서의 네이션을 활용할 수 있었다는 것을 의미한다. 그것은 일견 사회주의, 즉 교환양식D를 약속하는 것처럼 보이는 것이다.

이것은 또 많은 아나키스트들이 파시즘에 농락당한 비밀을 명확하게 해준다. 예를 들어, 이탈리아의 파시스트는 아나키스트 이론가 소렐의 영향을 받았다. 무솔리니는 원래 사회당의 리더이고, 제1차 대전 때 당초 전쟁에 반대했던 사회당에서 나왔다. 하지만 그는 자본과 국가에의 반역이라는 신념을 방기한 것은 아니다. 그가 생각한 것은 자본과 국가를 네이션으로 넘어서는 것이었다. 이탈리아 파시즘은 이런 의미에서 아나키즘이 퇴락한 형태라고 생각할 수 있다.

독일 나치의 경우, 다양한 요소가 있지만, 그중에서 '돌격대'는 자본과 관료국가를 적대하는 아나키스트였다. 그들은 나치즘(내셔널사회주의)을 자본과 국가를 네이션을 통해 넘어서는 것으로 간주했다. 그것이 예를 들어 하이데거를 나치로 이끌었던 이유이다. '돌격대'가 숙청된 후, 그는 나치에서 손을 뗀다. 하지만 그것은 그가 나치를 그만두었다기보다 나치가 내셔널사회주의를 버렸다는 것을 의미했다.

일본 파시즘의 경우, 1930년대에 가장 영향력이 있었던 사상가 중한 명인 곤도 세이쿄[2]는 반국가주의·반자본주의를 주창하고 사직(社稷 농업공동체)의 회복을 주장했다. 이때 그는 그것을 상징하는 것으로서 천황을 들고 나왔다. 이 경우 천황은 메이지 이후의 절대왕정과는 반대로 일본의 고대국가 이전 사회의 수장(首長)으로서 해석되고 있다. 흥미롭게도 많은 아나키스트들이 곤도를 지지했다. 그들은 천황 하에서만 국가없는 사회가 가능하다고 생각한 것이다. 이것 또한 파시즘과 아나키즘의 친화성을 보여주고 있다.

그것은 내셔널리즘과 사회주의(어소시에이셔니즘)의 유사성에서 온

• • •

2_ 權藤成卿(1868~1936). 농본주의자, 아나키스트, 한학자, 제도(制度)학자. 국학자의 아들로 출생. 친구가 조선 문제에 개입하는 것에 자극을 받아, 조선으로 건너와 사업을 하다 실패. 우치다 료헤이(內田良平)를 알게 되어 흑룡회 결성에 참가, 이후 아시아 연구에 뜻을 두고 17년에 걸쳐 조선, 중국, 러시아 등을 방문. 중국에 체류할 당시 혁명이 발발하자 동지들과 함께 혁명 지도자의 일원으로서 참가. 1900년에 상경하여 일본의 제도, 전례(典禮)를 연구. 그 성과를 1919년 『황민자치주의』로 펴낸다.

다. 교환양식에서 보면, 이것은 이해하기 쉽다. 모두 자본주의적 경제 가운데에서 생겨난 계급분해와 소외라는 현실에 대해 교환양식A를 상상적으로 회복하는 것이다. 차이는 그 회복이 어떻게 이루어지는지에 있다. 나는 앞서 보편종교에 관해 그것이 의식적이고 노스탤직한 과거의 '회복'과는 다르게, 무의식적이고 강박적인 '억압된 것의 회귀'라는 점을 지적했다. 같은 것을 내셔널리즘과 사회주의에 관해서도 말할 수 있다. 내셔널리즘은 과거의 존재방식을 노스탤직하게 능동적으로 회복하는 것이다. 한편 어소시에이셔니즘은 과거의 교환양식A를 회복하지만, 의식적으로 그렇게 하는 것이 아니다. 의식적으로는 미래지향적이다. 따라서 후자의 경우, 현상을 변혁하는 것이 되지만, 전자는 결국 현상의 긍정에 지나지 않게 된다.

만년의 마르크스는 러시아의 나로드니키였던 여성활동가인 자술리치[3]로부터 질문을 받았다. 러시아의 나로드니키는 바쿠닌에게 배워서 러시아의 농업공동체에 코뮤니즘이 살아있다는 사실을 높이 평가했다. 그런데 이것은 그대로 미래의 공산주의로 바뀔 수 있을까, 그렇지 않으면 자본주의적 사유화에 의해 해체되는 과정을 일단 경유해야 하는 걸까. 이것이 자술리치의 물음이었다. 마르크스가 답장을 쓰는 데에는 긴 시간이 걸렸다. 그것은 이 시기 그가 모건의 『고대사회』를 읽고 어떤 것을 다시 생각할 수밖에 없었기 때문이다.

마르크스는 원래 미래의 협동사회(어소시에이션)에서 원시공산제가 고차원적 레벨로 회복된다는 비전을 가지고 있었다. 하지만 그것은

• • •

3_ Vera Ivanovna Zasulich(1849-1919). 나로드니키(Narodniki) 여성운동가. 마르크스에게 보낸 그녀의 질문장(1881년)은 마르크스의 러시아 인식이라는 측면은 물론, 러시아 혁명의 전망과 관련해서도 중요한 문제제기가 이루어진 것으로 평가받고 있다. 제1차 러시아 혁명 때 귀국하여 페테르부르크에서 사망했다.

마르크스만이 아니라 일반적으로 사회주의자라면 가지고 있었던 것이다. 퇴니스가 정식화한 것처럼 게젤샤프트(Gesellschaft) 위에 게마인샤프트(Gemeinschaft)를 회복하려는 관점은 오히려 낭만주의적인 것이다. 장년기의 마르크스는 이런 낭만주의적 경향을 거부했다. 그가 만년에 사회주의를 '공동체'의 고차원적인 회복으로 간주하게 된 것은 낭만주의적 관점에서 온 것이 아니다. 그 계기는 아마 모건의 『고대사회』를 읽었기 때문이라 생각된다. 모건은 씨족사회에서 단순히 평등이라는 것만이 아니라 독립적인 사람들을 발견했다. 그것은 전사=농민공동체이다. 그가 생각하기에 고대그리스의 민주주의는 그것을 계승한 것이었다. 따라서 마르크스가 회복해야 하는 '모범'으로서 발견한 씨족적 공동체는 그 상위집단에 결코 복종하지 않는 공동체이다.

그런데 러시아의 미르(mir)는 그런 공동체가 아니다. 전제국가에 종속된 공동체이다. 그것은 씨족사회로부터 연속적으로 생긴 것이 아니다. 1236년에 몽골군이 침입한 이래 킵차크한국[4]에 의해 간접지배가 이어졌던 250년간에 걸친 '타타르의 멍에' 하에서, 바꿔 말해 아시아적 전제국가 하에서 형성된 것이다. 마르크스도 이것을 지적하고 있다.[24] 이와 같은 농업공동체는 더 이상 전사=농민공동체에 존재했던 독립적인 정신을 가지고 있지 않다. 그 성원은 상위의 권력에 대해 순종하며 의존적이다. 실제 그들은 차르(황제=교황)를 우러러 보고 있었다. 그러므로 이와 같은 농업공동체에서 미래의 협동사회(어소시에이션)가 나오

• • •

4_ 남러시아에 성립한 몽골 왕조(1243~1502)로 금장한국(金帳汗國, Golden Horde)이라고도 부름. 이르티시 강 이서(以西)의 스텝을 영지로 받은 칭기즈칸의 장자 주치의 사후, 그의 차남 바투가 러시아 및 동유럽 각지를 석권하여 킵차크한국의 기초를 구축했다. 14세기 말에 티무르의 공격을 받아 쇠약해졌고, 16세기 초 모스크바의 대공이었던 이반 3세에 의해 멸망당했다.

는 것은 불가능하다. 오히려 이것에 의거하는 한, 사회주의는 아시아적 전제국가와 유사한 것으로 귀결된다.

따라서 러시아의 공동체가 그대로 미래의 어소시에이션으로 바뀔 수 있느냐고 묻는다면, "아니다"이다. 그렇지만 이것이 단순히 공동체의 해체·사유화를 통과해야만 한다는 것을 의미하지는 않는다. 자본주의적 경제가 침투하고 농업공동체가 해체되어도 사람들의 국가에 대한 순종적 태도는 변하지 않는다. 그로부터 태어난 아톰화된 대중은 어소시에이션을 낳기는커녕, 새로운 '차르'를 구할 뿐이다. 그러므로 이런 농업공동체로부터의, 자본주의화에 의한 것과 다른 형태의 어소시에이션적인 자립화가 필요하다. 따라서 마르크스는 자술리치의 물음에 대해 "아니다"라고 답한다. 하지만 동시에 그것이 완전히 불가능하지는 않다고 생각했다. "이 공동체는 러시아에 있어 사회적 재생의 거점이지만, 그것이 그와 같은 것으로서 기능할 수 있기 위해서는 먼저 처음에 모든 측면에서 이 공동체를 뒤덮고 있는 유해한 영향들을 제거하는 것, 이어서 자연발생적 발전의 정상적인 조건을 이 공동체에 확보하는 것이 필요하다."25) 이것은 좀 더 구체적으로 말해, 다음과 같은 것이다.

> 러시아의 농민공동체(obshchina)는 심각하게 붕괴되어 있는 형태이긴 하지만 태고적 토지공유제의 한 형태인데, 이로부터 직접적으로 공산주의적인 공동소유라는 보다 고도의 형태로 이행할 수 있을까? 아니면 그와는 반대로 농민공동체는 그전에 서구의 역사적 발전에서 일어난 것과 같은 해체과정을 걷지 않으면 안 되는 것일까?
> 이 문제에 대해 오늘날 가능한 유일한 답은 다음과 같다. 만약 러시아혁명이 서구의 프롤레타리아혁명에 대한 신호가 되어 양자가 서로를 보충한다면, 현재의 러시아 토지공유제는 공산주의적 발전의

출발점이 될 수 있을 것이다.[26]

마르크스가 여기서 말하고 있는 것은 '세계동시혁명'의 비전이다. 즉 이것은 일국만의 혁명일 수 없다. 이와 같은 예는 현재에서도 글로벌한 자본주의의 파괴적 침투에 대한 세계 각지의 원주민 투쟁을 볼 경우 시사적이다. 거기서 자본과 국가에 대항하는 힘은 사회주의적 이념이라기보다는 호수교환, 공동의 환경, 공동체의 전통에서 오는 것이다. 하지만 그와 같은 투쟁이 발전하여 그대로 사회주의적 형태(교환양식D)가 되는지 묻는다면, 그 해답은 결국 마르크스가 준 것과 같은 것이 될 것이다. 즉 선진국에서의 사회주의적 변혁과 그것에 의한 지지나 원조가 있다면, 그것이 가능하다고 말이다.

9. 복지국가주의

1990년 이래 선진국의 좌익은 옛날과 같은 혁명을 완전히 방기했다. 시장경제를 인정하고 그것이 초래하는 모순을 민주적 절차에 의한 공공적 합의와 재분배에 의해 해결하자는 생각에 도달했다. 즉 복지국가주의 또는 사회민주주의로 귀착되었다. 하지만 이것은 자본=네이션=스테이트의 틀을 긍정하는 것이고, 그 바깥으로 나가는 사고를 방기하는 것이다. 서문에서 쓴 것처럼 그것은 이 시기 프란시스 후쿠야마가 '역사의 종언'이라고 부른 사태이다. 실제로 이것은 백 년 전의 베른슈타인과 다르지 않다. 그것은 베른슈타인의 선구성을 의미하는 것이 아니라, 그저 그에 대한 본질적인 비판이 이제까지 조금도 이루어지지 않았다는 것을 의미하는 것에 지나지 않는다.

복지국가주의는 선진자본주의국가에서 소련형 사회주의에 대항하기 위해서 '소극적으로' 채용되었다. 그 가운데 적극적으로 그것에 근거를 부여하려고 한 이론가로 주목할 만한 가치가 있는 사람은 존 롤즈이다. 왜냐하면 그는 경제적인 '격차'에 반대하고, 부의 재분배를 아프리오리 하게 도덕적 '정의'라는 관점에서 기초지으려고 했기 때문이다.

> 사상체계의 제1덕목을 진리라고 한다면, 정의는 사회제도의 제1덕 목이다. 이론이 아무리 정치하고 간명하다 할지라도 그것이 진리가 아니면 배척되거나 수정되어야 하듯이, 법이나 제도가 아무리 효율적 이고 정연하다 할지라도 그것이 정의롭지 못하면 개선되거나 폐기되 어야 한다. 모든 사람은 전체 사회의 복지라는 명목으로도 유린될 수 없는 정의에 입각한 불가침성을 갖는다. 그러므로 정의는 타인들이 갖게 될 보다 큰 선(good)을 위하여 소수의 자유를 뺏는 것을 인정하지 않는다.[27]

롤즈는 이처럼 '정의'에서 시작하는 방법을 칸트적이라고 생각했다. 어떤 의미에서 맞다. 하지만 실제로는 전혀 다르다. 칸트가 생각하는 정의가 '교환적 정의'인 데 반해, 롤즈가 말하는 정의는 '분배적 정의'이 다. 그것은 자본주의적 시장경제가 가져오는 격차를 국가에 의한 재분배 를 통해 해소하는 것이다. 그것은 불평등을 낳는 메커니즘에는 손을 대지 않고, 그 결과를 국가에 의해 시정하려는 것이다. 한편 교환적 정의는 격차를 낳는 자본주의경제를 폐기하자는 사고에 도달하게 된다.

칸트는 영국의 경험론적 도덕이론을 비판했다. 그것은 선이 행복에 있고, 또 행복은 경제적인 부로 환원된다고 생각한 공리주의와 도덕을 동정과 같은 '도덕감정'에서 생각한 아담 스미스와 같은 사고, 이 두 가지다. 칸트는 그 양쪽을 비판하고, 도덕성을 '자유'에서 발견하려고 했다. 자유란 자기원인적(자발적 · 자율적)인 것이다. 이익, 행복, 도덕감정과 같은 것은 감성적이기 때문에 자연 원인에 의해 규정되어서, 그것에 근거하는 것으로는 '자유'가 존재할 수 없다.

더욱 중요한 것은 이 자유가 타인의 자유를 희생하는 것일 수는 없다는 점이다. 그러므로 "타인을 수단으로만이 아니라 목적(자유로운 존재)으로서 다뤄라"라는 것이 선험적인 도덕법칙(지상명령)으로서 발견된다. 즉 그것은 '자유의 상호성'이다. 칸트의 윤리학은 그저 주관적인 것으로 생각되어 왔다. 하지만 '자유의 상호성'이 현실적으로 타자와의 경제적 관계라는 문제와 분리될 수 없다는 것을 칸트 자신이 명료하게 의식하고 있었다.

한편 영미에서 칸트는 주관적 윤리학으로서 거부되고, 그가 비판한 공리주의가 우세하게 되었다. 그 경우 선은 경제적 효용=이익과 거의 같은 것이 된다. 바꿔 말해, 윤리학은 경제학과 같은 것이 된다. 롤즈는 그와 같은 문화적 토양에 칸트적 윤리학을 도입한 것처럼 보인다. 하지만 그렇지 않다. 롤즈는 오히려 공리주의에 기초하여 '선'을 생각하고 분배에 의한 '평등'을 생각하고 있다. 그러므로 '자유의 상호성'이 사고되고 있지 않다. 바꿔 말해, 자본주의적 자본과 임금노동의 관계가 불문에 붙여지고 있다.

칸트가 말하는 도덕성이 자본주의 비판과 밀접히 이어지고 있는 것은 일반적으로 무시되고 있다. 마찬가지로 마르크스에게 있어 사회주의가 무엇보다도 도덕적 문제라는 것도 일반적으로 무시되고 있다. 마르크스는 젊은 시기에 다음과 같이 썼다. "종교비판이란 인간은 인간에게 있어 최고의 존재라는 교설로 끝난다. 따라서 인간이 천대받고, 예속되고, 무시되고, 경멸당하는 존재이게 하는 모든 관계를 …… 뒤엎으라고 말하는 무조건적 명령으로 끝나는 것이다."(「헤겔법철학비판서설」)[5]
이것은 종교비판이라기보다 자유의 상호성이 실현될 때까지는 종교가
사라지지 않는다는 것을 의미한다. 따라서 종교비판은 현실사회의 (경제
적) 비판으로 대체되어야 한다. 마르크스는 이런 생각을 평생 버리지
않았다. 말할 필요도 없이 자유의 상호성을 실현하라는 '무조건적 명령'
(지상명령)은 명백히 칸트적인 것이다.

• • •

5_ 마르크스, 「헤겔 법철학의 비판을 위하여」, 최인호 옮김, 『칼 맑스 · 프리드리히 엥겔스
저작 선집』(1), 박종철출판사, 1991, 9쪽.

제4부
현재와 미래

제1장 세계자본주의의 단계와 반복

1. 자본주의의 역사적 단계

나는 이제까지 국가, 자본, 네이션 등을 각각 분리해서 다루었다. 무엇보다도 그것들은 단독으로 존재하는 것이 아니다. 하지만 각각의 특성을 살펴보기 위해 애써 분리했다. 이미 서술한 것처럼 마르크스도 『자본론』에서 국가를 괄호에 넣고 있다. 예를 들어, 그는 자본의 수익이 이윤, 지대, 임금 세 가지로 배분된다는 것, 그리고 그것이 3대 계급을 형성한다는 것을 지적했다. 이것은 리카도의 견해를 계승한 것이지만, 리카도가 주저 『경제학 및 과세의 원리』에서 제목으로 보여주는 것처럼 '세'를 중시하고 있는 데에 반해, 마르크스는 '세'를 완전히 무시하고 있다. 바꿔 말해, 그는 국가 또는 군·관료라는 '계급'을 제거한 것이다.

물론 이것은 방법적인 것이다. 실제 마르크스는 『루이 보나파르트의 브뤼메르 18일』에서 국가기구(관료장치)가 하나의 계급으로서 존재한다는 것을 놓치지 않고 있다. 또 자본, 임금노동, 지대라는 카테고리에 들어가지 않는 계급들, 특히 소농(분할지농민)이 했던 역할을 놓치지 않고 있다. 하지만 그가 『자본론』에서 그것들을 완전히 무시한 것은 그것들을 의도적으로 괄호에 넣고 상품교환이 가져온 시스템을 순수하게 파악하려고 했다는 것을 의미한다. 스미스나 리카도의 political economy는 폴리스의 경제 또는 국민경제를 다루는 것이다. 한편 마르크스가 『자본론』의 부제로서 든 '국민경제학의 비판'은 자본주의를 폴리스(네이션)라는 틀을 벗기고 본다는 것을 의미한다.

　일견 그는 영국을 모델로 하여 자본주의의 발전을 보고 있는 것처럼 보인다. 또 영국의 외부를 제거하고 있는 것처럼 보인다. 하지만 마르크스의 타깃은 어디까지나 세계자본주의이다. 그렇다면 그것을 위해서는 영국만이 아니라 다른 나라도 고려하고 그 총체를 논해야 했던 것은 아닐까? 하지만 세계=경제(세계자본주의)는 다수의 국민경제의 총화로서 있는 것이 아니다. 마르크스가 영국의 경제를 대상으로 삼은 것은 영국이 당시 세계경제의 헤게모니를 잡고 있었기 때문이다. 이 경우 잔여의 세계가 생략되어 있는 것이 아니다. 그것들은 자유무역주의를 취한 영국의 경제에 의해 무역관계를 통해서 내면화되어 있다고 해도 좋다. 마르크스는 그처럼 오로지 영국경제를 대상으로 하면서도 '국민경제학'과 같은 관점을 버리고 그것을 세계=경제로서 다루었던 것이다.

　하지만 당연한 이야기겠지만 각국의 현실경제와 『자본론』 사이에는 커다란 어긋남이 발견된다. 자본제생산 또는 시장경제가 현실의 자본제 사회구성체 전면을 뒤덮고 있는 것은 아니다. 그 이외의 교환양식이나 생산관계가 남아있다. 마르크스가 모델로 삼은 19세기 영국에서도 그러하다. 다른 후발자본주의 국가는 말할 것도 없다. 그리고 자유주의적 경제정책을 취한 영국에서도 국가라는 존재는 자본주의에 있어 불가결했다. 다른 후진국에서는 더욱 그랬다. 프랑스, 독일, 일본의 예가 보여주는 것처럼 산업자본주의를 적극적으로 육성한 것은 국가이다. 영국에서도 현실경제와『자본론』의 어긋남이 두드러지는 것은 제국주의시대이다. 제국주의는 자본주의경제에서 생겨난 문제임과 동시에 단순히 그것만으로는 이해가 되지 않는 사태였다. 즉 이때 국가를 단순한 상부구조로서가 아니라 능동적인 주체로서 볼 수밖에 없게 되었다.

이와 같은『자본론』과 현실의 정치경제와의 어긋남은 마르크스주의자를 고민하게 만들었다. 그 결과『자본론』을 역사적인 작업으로서 '발전'시키는 자, 즉 사실상 그것을 방기하는 자가 나왔다. 그 가운데에서 내가 주목하는 것은『자본론』을 유지하면서 이 어긋남을 해결하려고 했던 우노 고조이다. 우노는 마르크스가『자본론』에서 '순수자본주의'를 상정했다고 생각했다. 물론 순수자본주의가 영국에 실재하고 있었던 것이 아니고, 또 장래에 실현되는 것도 아니다. 다만 마르크스가 살던 시대 영국의 자본주의는 자유주의적이고, 상대적으로 국가를 제거하고 메커니즘을 생각할 수 있었다는 의미에서 순수자본주의에 가까웠다고 말할 수 있다. 그렇지만 우노가 말하는 '순수자본주의'는 이론적인 것이다. 그는『자본론』이 다른 요소를 전부 괄호에 넣고 상품교환이 관철된 경우에 자본제경제가 어떻게 작동할 것인지를 이론적으로 고찰한 것이라고 생각했다. 따라서『자본론』은 자본제경제가 존재하는 한, 특별히 변경할 필요가 없는 이론이다.

우노는 이처럼『자본론』을 보는 한편, 다양한 요소를 포함한 현실의 사회구성체에서는 국가가 경제에 관여하고, 그것이 '경제정책'으로서 나타난다, 그리고 그것이 자본주의의 역사적 단계를 형성한다고 생각했다. 그가 말하는 단계는 중상주의, 자유주의, 제국주의이다. 그리고 우노는 제1차 대전과 러시아혁명 이후의 단계를 제국주의와는 이질적인 단계라고 생각했다. 그것은 국가가 사회주의적 또는 케인즈주의적 경제정책을 취하기에 이른 단계이다. 일반적으로 그것은 후기자본주의(late capitalism)라고 불리지만, 포디즘이라고 해도 복지국가자본주의라고 해도 상관이 없다. 덧붙여 우노이론을 계승한 로버트 앨브리턴은 이 단계를 컨슈머리즘이라고 이름붙이고 있다.[1]

내가 생각하기에 이런 단계들은 각기 '세계상품'이라고 불러야 할 기축상품의 변화에 의해 특징지어진다. 중상주의단계는 양모공업, 자유주의단계는 면공업, 제국주의단계는 중공업, 후기자본주의단계는 내구소비재(자동차와 전자제품)이다. 후기자본주의단계는 1980년대부터 진행되어온 신단계──여기서는 말하자면 '정보'가 세계상품이라고 해도 좋다──로 바뀐다. 이 단계를 어떻게 명명해야 할지에 대해서는 이후에 논한다.

물론 이와 같은 발전단계의 고찰은 마르크스주의자들 사이에 흔하다. 그들은 경제적 하부구조나 생산력의 발전이 정치적 · 문화적인 상부구조를 어떻게 바꾸었는지를 보았다. 그런 관점에서 보면, 상인자본은 국가의 보호가 필요하기 때문에, 중상주의정책을 필요로 하고, 산업자본은 그것을 필요로 하지 않기 때문에, 자유주의정책을 취한다. 그리고 제국주의단계에서는 해외로의 자본수출이 생기기 때문에 국가의 군사적 개입을 필요로 한다. 정치적인 레벨은 그처럼 경제적 레벨에 의해 규정되어 있다. 그렇다면 그와 같은 변화는 산업주의경제 그 자체의 변용에서 생기는 것이 된다. 그리고 그것을 보기 위해서는 『자본론』을 이론적으로 '발전'시키지 않으면 안 된다.

하지만 우노 고조의 '단계론'적 파악은 그것들과는 다르다. 그는 자본주의의 발전단계를 국가의 경제정책의 레벨에서 보려고 했다. 이때 그는 『자본론』에서 괄호에 넣었던 국가를 재도입했다. 그것도 『자본론』이 파악한 '순수자본주의'의 원리를 변경하지 않고서 말이다. 경제정책에서 자본주의의 발전단계를 보는 관점은 국가를 자본과 별개의 능동적인 주체로서 도입하는 것이다. 국가는 그저 자본주의경제의 변화에 의해 규정되어온 것이 아니다.

예를 들어, '중상주의' 단계에서 국가는 상인들의 배후에 숨겨져 있던 것이 아니다. 국가가 교역을 주도하고 있었다. 이 점은 고대제국 시대부터 그러했다. 원격지교역은 국가의 손에 의해 이루어졌기 때문이다. 소위 '자유주의'단계에서는 어떠할까. 거기에서도 국가가 아무것도 하지 않는 것은 아니다. 영국의 자유주의를 보증하고 있었던 것은 '7개의 바다'를 지배하는 해군력이었다. 무릇 '자유주의'란 경제적 그리고 군사적으로 타국을 압도하는 국가가 취하는 정책이다. 다른 나라는 보호주의(중상주의)적 정책을 취하고, 산업자본을 육성하고 강화시키려고 한다. 그렇게 하지 않으면 식민지상태에 놓이게 된다. 제국주의 단계에서 국가는 노골적으로 전면에 나서고 있다. 파시즘, 복지국가자본주의에서도 마찬가지다. 국가라는 차원을 제거하고 현실 자본주의경제의 역사를 보는 것은 불가능하다. 하지만 우노는 자신을 경제학자의 입장으로 한정시키고, 국가에 관해서는 매우 소극적으로만 입을 열었다. 그 때문에 결국 그의 단계론은 기존의 논의에 편입되고 말았다.

한편 역사가 월러스틴은 중상주의, 자유주의, 제국주의 등을 근대세계시스템(세계자본주의)의 헤게모니 문제로 파악했다. 즉 국가를 능동적인 주체로서 도입한 것이다. 그가 생각하기에 자유주의란 헤게모니국가가 취하는 정책이다. 그러므로 그것은 19세기 중반의 한 시기에 한정되지 않는다. 실제 그 밖의 시기에도 존재했다. 다만 월러스틴의 고찰에 따르면, 그와 같은 헤게모니국가는 근대의 세계경제 속에서 세 나라밖에 없었다. 네덜란드, 영국, 그리고 아메리카(합중국)이다.

네덜란드는 헤게모니국가로서 자유주의적이었다. 그 사이(16세기 후반에서 17세기 중반까지)에 영국은 중상주의(보호주의적 정책)를 취하고 있었다. 네덜란드는 정치적으로도 절대왕정이 아니라 공화정이었고, 영국보다도 훨씬 자유로웠다. 예를 들어, 수도 암스테르담은 데카르트나 로크가 망명하고 스피노자가 안주할 수 있었던 당시 유럽에서 예외적인 도시였다. 이것은 말하자면 영국이 헤게모니국가가 되었던 시기의 런던에 마르크스가 망명해 있었던 것과 유사한 현상이다. 월러스틴은 말한다. "스코틀랜드인은 수세대에 걸쳐 대학교육을 받기 위해 네덜란드로 가게 되었다. 이 사실은 18세기 말 스코틀랜드의 계몽주의를 설명하는 또 하나의 연결고리였다. 게다가 스코틀랜드의 계몽주의는 그 자체 영국공업의 극적인 발전에서 결정적인 요인 중의 하나였다."[2]

월러스틴은 헤게모니의 교대는 다음과 같은 패턴으로 생긴다고 말한다. "농=공업의 생산효율이라는 점에서 압도적으로 우위에 선 결과, 세계상업이라는 면에서 우월할 수가 있다. 이렇게 되면, 세계상업의 센터로서의 이익과 '보이지 않는 상품', 즉 운송・통신・보험 등을 확보함으로써 얻을 수 있는 무역 외 수익이라는 서로 관련된 두 종류의 이익이 따라온다. 이런 상업상의 패권은 금융부문에서의 지배권을 가져온다. 여기서 말하는 금융이란 외환, 예금, 신용 등의 은행업무와 (직접 또는 포트폴리오에의 간접)투자활동을 말한다."[3]

이처럼 국가는 생산에서 상업, 그리고 금융이라는 차원으로 나아가 헤게모니를 확립한다. 그러나 "특정한 중핵국가가 동시에 생산・상업・금융이라는 삼차원 모두에서 모든 중핵국가들에 대해 우위를 확보하는 상태는 매우 짧은 시기에 불과하다."[4] 이것은 헤게모니가 실은 덧없는 것으로서 확립된 순간 붕괴되기 시작한다는 것을 의미한다. 동시에 생산에서 헤게모니를 잃어도 상업이나 금융에서의 헤게모니는 유지된다는 것을 의미한다.

그런데 월러스틴의 근대세계시스템의 정식화에 대해 조반니 아리기는 몇 가지 이의를 제기했다.5) 첫째로 그는 네덜란드 이전의 제노바를 헤게모니국가로서 발견했다. 그리고 제노바, 네덜란드, 영국, 아메리카에서 각각 생산확대에서 금융확대로 전환되어 가는 과정이 반복되었다고 말한다. 둘째로 월러스틴은 이와 같은 변화의 근거를 콘트라예프의 장기파동에서 찾고 있지만, 아리기에 따르면 콘트라예프의 장기파동도 브로델의 '장기적 사이클'도 물가의 장기적 변동에 기초하고 있는 것으로, 근대자본주의 이전에도 해당되기 때문에, 그것으로는 자본축적(자기증식)시스템만의 고유한 현상을 파악할 수 없다는 것이다.

그래서 그는 자본축적방식으로서 마르크스가 『자본론』에서 정식화한 (a)상인자본M-C-M'와 (b)이자를 낳는 자본M-M'라는 두 가지 공식을 받아들인다. 자본은 무역이나 생산에 대한 투자에 의해 축적이 가능할 때는 (a)를 취하지만, 그것으로 충분한 이윤율을 얻을 수 없는 경우, (b)로 향한다. 이것이 헤게모니국가가 상승국면에서 생산확대로 나아가지만, 하강국면에서 금융확대로 나아가는 과정을 되풀이하는 비밀이라고 말한다. 하지만 아리기는 근대세계시스템을 복수의 자본이나 복수의 국가가 경쟁하면서 공존하는 것으로서 보고 있지 않다. 그 때문에 월러스틴이 보고 있는 능동적인 주체(agent)로서의 국가를 경제과정으로 환원시켜버리게 된다. 우리는 어디까지나 자본과 국가를 double-headed(쌍두적)인 것으로 보지 않으면 안 된다.

네덜란드는 제조업 부문에서 영국에 추월당한 18세기 후반이 되어도 유통이나 금융 영역에서 헤게모니를 가지고 있었다. 영국이 완전히 우월하게 된 것은 거의 19세기가 되고 나서이고, 그것이 우노가 '자유주의' 단계라고 부른 시기이다. 하지만 자유주의는 헤게모니국가의 정책이다. 세계자본주의에서 영국이 패권을 잡은 시기를 자유주의라고 부른다면, 네덜란드가 패권을 잡은 시기도 그렇게 불러야 한다. 한편, 중상주의

	1750–1810	1810–1870	1870–1930	1930–1990	1990–
세계자본주의	중상주의	자유주의	제국주의	후기자본주의	신자유주의
헤게모니국가		영국		아메리카	
경제정책	제국주의적	자유주의적	제국주의적	자유주의적	제국주의적
자본	상인자본	산업자본	금융자본	국가독점자본	다국적자본
세계상품	섬유산업	경공업	중공업	내구소비재	정보
국가	절대주의왕권	국민국가	제국주의	복지국가	지역주의

<표 1> 자본주의의 세계사적 단계들

는 헤게모니국가가 존재하지 않는 시기, 즉 네덜란드가 헤게모니를 잃고 영국과 프랑스가 그 후임을 노리고 싸우기 시작한 시기이다. 1870년 이후 제국주의라고 불리는 단계도 그와 같다. 그것은 영국이 제조업에서 헤게모니를 잃고, 다른 한편으로 아메리카와 독일, 일본 등이 그 후임을 노리고 싸우기 시작한 시기이다. 이렇기 때문에 중상주의적 단계와 제국주의단계는 유사하게 된다. 나는 그것들을 '제국주의적'이라고 부르기로 한다. 그래서 세계자본주의의 단계는 <표 1>과 같이 된다.

이렇게 보면, 세계자본주의의 단계는 자본과 국가의 결합 그 자체의 변화로서 나타난다는 것, 또 그것은 리니어한(linear, 직선적인) 발전이 아니라 순환적이라는 것을 알 수 있다. 예를 들어, 내가 <표 1>에서 '중상주의'(1750-1810년)라고 부르는 것은 그저 영국이 취한 경제정책이나 경제적 단계가 아니다. 그것은 네덜란드에 의한 자유주의에서 영국의 자유주의에 이르기까지의 과도적 단계, 즉 네덜란드가 몰락해가는 한편,

영국과 프랑스가 그것을 대신하려고 치열한 싸움을 계속한 '제국주의적' 단계를 의미한다. 마찬가지로 1870년 이래의 제국주의란 그저 금융자본이나 자본의 수출에 의해 특징지어지는 단계가 아니라, 헤게모니국가 영국이 쇠퇴하는 가운데, 독일이나 아메리카, 그리고 일본이 대두하여 싸우는 시대이다. 제국주의전쟁은 신흥세력이 '중상주의'시대에 획득한 영불란(英佛蘭)의 영토를 재분할하려는 것이었다. 이처럼 세계자본주의의 단계는 한편으로 생산력의 고도화에 의해 리니어한 발전을 함과 더불어, 다른 한편으로 '자유주의적'인 단계와 '제국주의적' 단계가 서로 번갈아가며 이어지는 형태를 취한다.

2. 자본과 국가에 있어서 반복

근대세계시스템(자본과 국가)이 취하는 단계 및 그 순환적 성격을 보기 위해서는 자본주의의 고유한 반복성을 볼 뿐만 아니라 국가의 반복성을 보아야 한다. 전자에 관해서는 나는 이미 장기적 경기순환에 대해 서술했다. 다음으로 국가에 있어서의 반복성을 보자. 이것에 관해서는 마르크스의『루이 보나파르트의 브뤼메르 18일』이 시사적이다. 첫 부분의 유명한 말은 이렇다. "헤겔은 어딘가에서 모든 세계사적 대사건과 세계사적 대인물은 말하자면 두 번 나타난다고 말하고 있다. 그러나 그는 이렇게 덧붙이는 것을 잊었다, 처음은 비극으로 다음은 소극으로.'6) 이렇게 말할 때, 마르크스는 1848년 혁명 가운데서 루이 보나파르트가 황제에 취임하기에 이른 과정에는 60년 전 제1차 프랑스혁명(1789)에서 나폴레옹이 황제가 되었던 과정이 반복되고 있다는 것을 강조하고 있다. 하지만 반복은 이것만이 아니다. 제1차 프랑스혁명의 과정 그 자체가 고대 로마사의 의장을 빌어서 이루어졌던 것이다. 그런 의미에서 이것들은 리-프리젠테이션(re-presentation)으로서의 반복이다.

하지만 이런 반복은 사람들이 과거의 의장을 빌렸기 때문에 생긴 것이 아니다. 즉 이와 같은 반복은 단순히 표상(representation)의 문제가 아니다. 표상이 실제로 반복을 가져오는 것은 현재와 과거에 구조적인 유사성이 존재할 때뿐이다. 즉 거기에 개개인의 의식을 넘어서 국가에 고유한 반복적 구조가 존재할 때뿐이다. 사실 헤겔이 그런 취지와 관련된 이야기를 쓴 것은 『역사철학강의』에서이고, 그곳에서 "처음에는 그저 우연적이고 가능적인 것으로서만 보이는 것도 반복을 통해 비로소 현실적인 것이 되고 확인된 것이 된다"고 서술했다. 헤겔이 세계사적 인물의 한 사람으로 든 것은 황제가 되려고 했다고 해서 암살당한 카이사르이다. 카이사르는 로마도시국가가 확장되어 더 이상 공화정의 원리로는 유지될 수 없던 시점에서 황제가 되려고 했고, 공화정을 지키려고 했던 브루투스에 의해 살해당했다. 하지만 카이사르가 죽은 후에 비로소 사람들은 제국(황제)을 불가피한 현실로서 받아들였다. 카이사르는 스스로 황제가 되지는 못했지만, 그 이름은 황제를 가리키는 보통명사(카이저나 차르 등)가 되었다.

"헤겔은 어딘가에서……"라고 썼을 때, 마르크스는 이상과 같은 문맥을 잊었을지 모른다. 하지만 『브뤼메르 18일』에서 마르크스는 도시국가에서 제국으로 확대될 때 생기는 사태를 그리고 있다. 카이사르 사건이 반복되는 것은 그것이 단지 로마만이 아니라 일반적으로 국가의 생성과 존속과 관련된 구조를 여실히 보여주고 있기 때문이다. 프랑스혁명에서 '왕'이 살해당하고, 그 후의 공화정 안에서 '황제'가 민중의 박수갈채를 받으며 출현했다. 그것은 그야말로 프로이트가 말한 '억압된 것의 회귀'이다. 말할 것도 없이 '황제'는 살해당한 왕의 회귀인데, 이제는 왕이 아니다. 황제는 도시국가(폴리스)나 국민국가의 범위를 넘어선 '제국'에 대응하는 것이다.

나폴레옹은 영국의 산업자본주의에 대항하여 유럽통합을 주창했다. 그는 영국의 해상제국에 대항하여 그것을 봉쇄하는 대륙의 '제국'을 만들어야만 했다. 그런 의미에서 그는 그야말로 '황제'라고 칭해야 할 이유가 있었던 것이다. 이 점에서 조카 루이 보나파르트도 마찬가지다. 그는 영국에 대항하여 중공업화 정책을 국가적으로 추진함과 동시에, 사회주의자(생시몽주의)로서 계급적 대립을 영원히 해소한다며 다양한 사회정책을 강구했다. 국가의 전제적 지배자임과 동시에 민중의 대표자라는 것, 이것이 '카이사르'(황제)이다. 물론 마르크스가 말한 것처럼 그들이 그렇게 생각하고 있는 것과 실제로 있는 것은 별개이지만 말이다.

이상을 보면 마르크스가 여기서 파악하고 있는 것은 국가의 반복적 구조라는 것을 알 수 있다. 물론 『브뤼메르 18일』에서 마르크스는 1851년의 세계공황이 프랑스의 부르주아에게 강력한 리더십으로서 루이 보나파르트 정권을 기대하게 만들었다는 것을 간과하고 있지는 않다. 하지만 이 책에서 그가 국가를 능동적인 주체로서 본 것, 그리고 거기서 '역사의 반복'을 본 것에 유의해야 한다.

그런데 나폴레옹이 '제국'을 실현시킨 것은 아니었다. 왜냐하면 나폴레옹이 정복을 통해 만든 제국은 이제 제국과 같은 통치원리를 가지고 있지 않기 때문이다. 이미 서술한 것처럼 네이션=스테이트의 확장과 같은 제국은 '제국주의적'일 수밖에 없다(324쪽 이하 참조). 나폴레옹의 유럽정복은 한편으로 '프랑스혁명의 수출'을, 다른 한편으로 영국 산업자본주의에 대항하기 위한 '유럽연방'의 시도를 의미했다. 하지만 그것이 가져온 것은 독일과 그 외 지역에서의 내셔널리즘의 환기이다. 이것은 아렌트가 지적한 것처럼 국민국가의 제국주의적 팽창이 새롭게 국민국가를 만들어낸 최초의 예이다. 20세기에 이르러 제국주의는 이렇게 세계각지에 국민국가를 만들어냈다.

왜 국민국가의 확장은 '제국'일 수 없는 것일까. 그것은 그 전신인 절대주의적 주권국가가 '제국'의 원리를 부정함으로써 생겨났기 때문이다. 유럽만이 아니라 세계각지에서 국민국가가 구세계제국을 부정하고 분절하는 형태로 생겨났을 때, 기본적으로 유사한 과정이 이루어졌다고 해도 좋다. 물론 절대주의국가가 반드시 '왕정'으로서 나타나는 것은 아니다. 그런 예는 오히려 적다. 대부분은 발전도상형 독재국가나 사회주의적 독재국가와 같은 형태로 나타난다. 국민국가는 이렇게 세계=경제 안에서 형성되는 유닛이다. 그것은 역사적 구축물이고 불안정한 것이다. 그렇지만 그것은 용이하게 해체되는 것은 아니라는 것, 또 서투르게 해체되면 종교적 또는 혈연적 공동체가 나올 뿐이라는 것을 명심할 필요가 있다.

하지만 국민국가가 최종적인 단위가 아니라는 것도 확실하다. 근대의 국민국가는 구세계제국을 부정함으로써, 또 그 분절화로서 생겨났지만, 거기에는 동시에 구세계제국이나 그 시대에 있었던 문화적·종교적인 공동성으로 회귀하려는 충동이 존재한다. 이 경우 제국으로의 회귀를 일국이 주도하면, 제국주의로밖에 존재할 수 없다. 독일의 '제3제국'이나 일본의 '대동아공영권'이 그 예이다. 하지만 설령 제국주의를 부정해도 '제국으로의 회귀'라는 충동은 사라지지 않는다. 그런 의미에서 국가 차원의 반복성이 존재한다. 물론 이것은 세계자본주의의 동향과 분리할 수 없다. 그러므로 자본과 국가를 두 개의 능동적 주체로서 보는 시점이 필요하다.

3. 1990년 이후

　1990년 이후는 소련의 붕괴에 의해 아메리카의 압도적 우위 하에서
자본주의의 글로벌리제이션이 진행된 단계이다. 그것은 또 신자유주의
라고 불린다. 아메리카가 19세기의 대영제국의 자유주의 시대를 재현하
는 것으로 주목받았다. 하지만 1990년 이후의 시대는 '자유주의적'이
아니라 역으로 '제국주의적'이라고 해야 한다. 왜냐하면 이 시기는 겉보
기와는 다르게 전대의 헤게모니국가가 쇠퇴했지만 그것을 대신할 것이
존재하지 않아서 복수의 국가가 다음 헤게모니를 둘러싸고 싸우는 단계
에 들어갔기 때문이다.

　아메리카가 19세기 영국(대영제국)처럼 자유주의적이 된 것은 오히려
냉전시대라고 불리는 시기(1930-1990년)이다. 이 시기는 소련연방이 강
국으로서 아메리카와 대치하고 있었던 것처럼 보인다. 하지만 실제로
그것은 세계자본주의에게 위협은 아니었다. 미소냉전체제 하에서 선진
자본주의 국가는 소련권을 공통의 적으로 하는 것에 서로 협력했다.
제2차 대전으로 피폐한 선진자본주의국가는 아메리카의 원조를 받고,
아메리카의 열린 시장에 의거하면서 경제적 발전을 이루었다.

　하지만 그 결과 일본과 독일의 성장이 제조부문에서 아메리카를 따라
잡기 시작했다. 이 시기의 세계상품이었던 내구소비재(자동차·전자제
품)의 생산과 소비는 포화점에 도달했다. 아메리카 헤게모니의 몰락을
보여준 것은 1971년의 달러 금태환제의 정지이다. 하지만 아메리카는
제조부문에서는 몰락했을지 모르지만, 금융부문이나 상업부분(석유나
곡물 그 외 원료나 에너지자원에 관한)에서는 여전히 헤게모니를 잡고
있다. 더욱이 군사적으로 압도적인 우위를 유지하고 있다. 하지만 그와
같은 겉모습 때문에 아메리카가 이전과 마찬가지로 헤게모니국가라고

착각해서는 안 된다.

또 한 가지 면으로 아메리카는 이제 '자유주의적'이지 않게 되었다. 월러스틴은 이렇게 서술한다. "헤게모니를 잡은 강대국이 압도적으로 우위에 서기에 이른 시대는 곧잘 국내로 눈을 돌렸던 시대였다고 말할 수 있다."[7] 네덜란드도 영국도 헤게모니국가였던 시기, 즉 자유주의적인 시기에는 국내의 사회복지에 충실했다. 아메리카의 경우, 1930년대부터 소련에 대항하기 위해 국내 노동자의 보호나 사회복지정책을 추진했다. 그런 의미에서도 냉전체제는 아메리카에게 '자유주의'를 가져오는 역할을 했다고 말할 수 있다.

아메리카가 이와 같은 '자유주의'를 버리게 된 것은 1980년대이다. 그것은 사회복지 예산을 삭감하고 자본에 대한 세금이나 규제를 삭감하는 레이건주의로 상징된다. 이것이 '신자유주의'라고 불리는 것이다. 이미 명확한 것처럼 그것은 19세기 영국의 자유주의와는 완전히 이질적이며, 오히려 1880년대에 현저했던 제국주의와 유사하다.

첫째로 이 시기, 제조부분에서 아메리카의 헤게모니는 상실되었고, 새로운 헤게모니를 둘러싼 투쟁이 시작되었기 때문이다. 소련의 위협은 이제 표면상의 방침에 지나지 않았다. 오히려 소련의 존재가 자본주의국가 간의 그와 같은 투쟁의 전면화를 억눌러왔다. 1990년 이후, 소련권의 해체와 더불어 생겨난 사태는 글로벌리제이션이라고 불리고 있는데, 실제로는 헤게모니를 둘러싼 '제국주의적'인 경쟁이다. 그 가운데에는 구소련인 러시아도 포함된다.

물론 이 시기에는 제국주의가 아니라 '신자유주의'라는 말이 사용되었다. 하지만 그것은 사실상 '제국주의'와 같다. 예를 들어, 레닌은 제국주의단계를 역사적으로 특징짓는 것으로서 '자본의 수출'을 들고 있다. 그것은 자본이 국내시장의 포화에 의해 자기증식이 불가능하게 되었기에, 시장을 구하기 위해 해외로 향하는 것을 의미한다. 그리고 해외에 나간 자국의 자본을 유지하기 위해 열강은 해외에 군사적으로 진출했다. 하지만 '제국주의'는 군사적인 측면보다 오히려 그것이 글로벌리제이션이라는 점에 주의해야 한다.

다음으로 '자본의 수출'은 국내정치를 크게 전환시켰다. 그것은 자국 노동자의 직장이나 복지를 무시하는 것이 되었기 때문이다. 영국에서는 그와 같은 경향이 1870년 이후 제국주의로의 전환과 더불어 현저해졌다. 한나 아렌트는 이 시기의 제국주의에 관해 그것을 통해 부르주아가 정치적으로 해방되었다고 서술하고 있다.

> 유럽 안에서는 부르주아의 정치적 해방이 제국주의시대 국내정치의 중심적 사건이었다. 그때까지 부르주아는 경제적으로는 지배적인 지위에 있었지만, 정치적인 지배를 시도했던 적은 한 번도 없었다. 이 기묘한 신중함은 이 계급이 계급들(및 정당들)을 넘어서 계급을 통치하는 것을 원리로 삼는 국민국가 속에서 국민국가와 함께 발전해 왔다는 것과 매우 밀접한 관계가 있다. 이 때문에 부르주아는 사회의 지배적 계급이 될 수 있었고, 또 통치를 단념할 수 있었다. 국민국가가 아무 문제가 없었던 동안에는, 본래의 정치적 결정이 전부 국가에 맡겨져 있었다. 하지만 국민국가가 자본주의경제에 필요한 확대를 가능하게 하는 틀일 수 없다는 것이 명확하게 되었을 때 비로소 국가와 사회 간의 잠재적인 항쟁이 공공연한 권력투쟁이 되었다.[8]

부르주아가 정치적으로 해방되었다는 것은 자본이 네이션의 제약에서 해방되었다는 말이다. 하지만 이때 국가도 네이션에 대한 배려에서 해방되었다. 즉 국가=자본은 네이션의 평등주의적 요구에서 해방된 것이다. 국제경쟁을 위해서는 사람들의 생활이 희생되어도 어쩔 수 없다. 이런 의미에서 신자유주의 이데올로기는 제국주의의 그것과 유사하다. 제국주의시대에 지배적 이데올로기는 약육강식이라는 사회적 다윈주의였지만, 신자유주의시대에도 그것의 신판(新版)이 등장했다. 예를 들어, 이긴 팀·진 팀이라는 말이 공공연히 이야기된 것이다. 경영자, 정사원, 파트타이머, 실업자라는 위계제는 자유경쟁에 의한 결과로서 당연시된다.

자본이 네이션을 희생함으로써 성립한 제국주의는 제1차 대전에서는 이제 그대로는 통용되지 않게 된다. 러시아에서 사회주의혁명이 일어나고, 그것이 세계 각지로 불붙었기 때문이다. 그것을 억제하기 위해 다른 제국주의국가에서 '대항혁명'이 일어났다. 이탈리아·독일·일본에서 생겨난 파시즘(내셔널한 사회주의)은 네이션에 의해 자본과 국가를 넘어서는 혁명이다. 다른 한편으로 영국이나 아메리카에서는 사회민주주의 또는 복지국가자본주의적인 정책이 취해졌다. 어디에서든 평등주의적인 네이션의 원리를 무시할 수 없게 되었다. 그것은 자국만이 아니라 식민지하의 사람들과 관련해서도 마찬가지였다. 민족자결을 요구하는 내셔널리즘을 무시할 수 없게 되었다. 따라서 실제로 제국주의적임에도 불구하고, 어디서든 표면상 방침으로는 '제국주의'를 비난하게 되었던 것이다.

1930년대에는 파시즘(독일, 일본, 이탈리아), 복지국가주의(영미), 사회주의(소련)라는 블록이 형성되었다. 이들의 대립이 제2차 세계전쟁으로 귀결되었다. 그 가운데에서 파시즘진영이 패했다. 그리고 제2차 대전 후의 세계는 승리한 미소(美蘇)가 형성하는 '냉전구조'가 되었다. 하지만 실제로는 앞서 서술한 것처럼 이것은 바로 아메리카를 헤게모니국가로 삼는 시스템이었다. 아메리카의 우위는 1930년대부터 명료했다. 따라서 아메리카의 쇠퇴로부터 생겨나는 세계는 제2차 대전 전의 세계가 아니라 오히려 영국이 쇠퇴하기 시작한 1870년대의 세계와 닮아있다.

1990년 이후의 '신자유주의'의 시대가 1870년 이후의 '제국주의' 시대와 유사한 또 한 가지 점은 1870년대에 구세계제국(러시아, 청조, 무갈, 오스만)이 서양열강의 제국주의에 의해 추격을 당하면서도 여전히 강고하게 존재하고 있었던 것처럼, 1990년대에 그것들이 새로운 '제국'으로서 부활한 것이다. 이와 같은 '제국'에 대해서는 뒤에서 서술한다.

4. 자본의 제국

1991년 걸프전쟁에서 아메리카는 절대적인 군사적 헤게모니를 가지고 있으면서도 유엔의 지원을 받아 움직이려고 했다. 안토니 네그리와 마이클 하트는 이와 같은 아메리카의 행동방식에서 로마제국과 닮은 점을 발견했다. "걸프전쟁의 중요성은 다음과 같은 사실에서 유래한다. 즉 그것은 이 전쟁에 의해 합중국이 그 자신의 국가적 동기에 의해서가 아니라 글로벌한 법권리의 이름으로 국제적 정의를 관리운용하는 것이 가능한 유일한 권력으로서 등장했다는 점이다."[9]

확실히 이 시점에서 아메리카는 유엔이나 국제법에 기초한 통치를 실행하려고 했다. 그렇지만 아메리카가 제국주의가 아니라 법에 근거한 정치형태를 실행하고 있다는 주장은 걸프전쟁으로부터 10년 후의 이라크전쟁에서 반증(反證)되고 있다. 아메리카는 이제 유엔의 지지를 얻기는커녕 그것을 공공연히 무시하는 '단독행동주의'로 발을 내딛었기 때문이다. 물론 네그리와 하트는 아메리카가 로마제국적이라는 의견 자체를 고집하고 있지는 않다. 오히려 그들의 의견에 따르면, '제국'이란 어디에도 없는 장소이다.

　자본주의적 시장은 장벽과 배제에 의해 그 운동을 방해받고, 또
그 역으로 자기영역의 내부에 의해 한층 많은 것을 포함해 감으로써
번영한다. 이윤은 접촉·계약·교환·교류를 통해서만 발생가능하
다. 그리고 자본주의적 시장의 이런 경향이 도달하는 것은 세계시장의
실현에 의해 꾀해질 것이다. 그런 이념적 형태에서 세계시장에 외부는
존재하지 않는다. 지구전체가 그 영역인 것이다. 우리는 세계시장의
형태를 '제국'의 주권을 완전한 형태로 이해하기 위한 모델로서 사용
해도 지장이 없을 것이다. …… '제국'의 이런 매끄러운 공간의 내부에
권력의 장소는 존재하지 않는다. 바꿔 말하면, 그것은 도처에 존재함
과 동시에 어디에도 존재하지 않는 것이다. 즉 '제국'은 어디에도
없는 장소이며 좀 더 정확히 말해 비-장소인 것이다.[10]

　네그리와 하트가 '제국'이라고 부르는 것은 오히려 '세계시장'이고,
이것을 군사적으로 뒷받침하고 있는 한 아메리카가 제국으로 간주되는
것이다. 하지만 이런 견해가 틀린 것은 아메리카가 이 시점에 헤게모니국
가라는 인식을 하고 있었기 때문이다. 그렇기 때문에 그들의 견해는
영국이 헤게모니국가였던 시기의 마르크스의 견해와 유사하다. 마르크
스의 『공산당선언』(1848년)에서 '보편적 교통' 하에서 민족이나 국가의
차이는 무화될 것이라는 전망을 이야기했다.
　마찬가지로 네그리와 하트는 '제국'(세계시장) 하에서 국민국가가
실질적으로 의미를 잃고, 그것에 대해 'multitude'(다중)가 대항할 것이라
고 예견하고 있다. 다중이란 노동자계급이 아니라 마이너리티, 이민,
원주민 그 밖의 다양한 인간집단, 말하자면 유상무상(有象無象)이라는

의미이다. 하지만 이것은 1840년대에 마르크스가 가지고 있었던 인식, 즉 세계는 자본가와 프롤레타리아라는 이대계급의 결전이 될 것이란 예언과 유사한 것이다. 실제 네그리 등은 마르크스가 말하는 프롤레타리아가 노동자계급이라는 협소한 의미로 한정되지 않는다는 것, 그것은 그들의 말하는 '다중'에 가깝다는 것을 강조하고 있다.

그런데 네그리와 하트는 스피노자에게서 다중이라는 개념을 끌어왔다고 말하지만, 그것은 억지스러운 읽기이다. 다중은 원래 홉스가 사용한 말로, 자연상태에 있는 다수의 개인을 의미한다. 개개인이 각자의 주권을 국가에 양도하고 다중의 상태를 벗어남으로써 시민이나 국민이 된다. 그런 점에서 스피노자도 같은 의견이다. 단 홉스보다 국가에 양도하지 않아도 되는 자연권을 폭넓게 인정했다는 차이뿐으로, 다중을 긍정하고 있지도 않고, 그것에 기대를 하고 있지도 않다.

그러므로 네그리와 하트의 사고방식은 실제로 프루동이 말한 것과 같이 심층의 '진실사회'——거기에는 다수적·창조적인 민주주의가 있다——라는 생각에 가깝다. 바꿔 말해, 이것은 아나키즘이다. 그것은 그들이 프루동을 전혀 언급하지 않고 스피노자나 마르크스에 대해 말하는 것으로서도 명백하다. 앞서 말한 것처럼 마르크스는 프루동의 영향을 받고 국가를 넘어서 그 기저에 존재하는 '시민사회'를 상정했다. 그리고 그곳에 존재하는 프롤레타리아의 자기소외 폐기=절대적 민주주의의 실현이 글로벌한 국가와 자본의 지양이 될 것이라는 비전을 그렸다. 여기서 프롤레타리아 대신에 다중이라고 말하면, 네그리와 하트의 사고가 된다. 그들은 요컨대 프롤레타리아에 의한 동시적 세계혁명 대신에 다중에 의한 동시적 세계혁명을 주장한 것이다.

월러스틴은 1968년의 혁명이 1848년의 혁명에 필적한다고 서술했다. 그런 의미에서 네그리와 하트의 견해는 1848년 세계혁명에 존재했던 비전만이 아니라 그것이 재환기된 1968년 세계혁명에 존재했던 비전에 기초하고 있다고 해야 할 것이다. 하지만 여기에 자본주의의 역사적 단계에 관한 오해가 존재한다. 1848년 혁명은 영국이 압도적인 헤게모니를 가졌던 시기에서 생겼다. 마찬가지로 1968년 혁명은 아메리카가 헤게모니를 잡고 있던 시기에 생겼다. 그런데 이들 혁명은 무엇을 가져왔을까? 1848년 혁명은 민족이나 국가의 무화는커녕 프랑스에도 독일에도 국가자본주의를, 그리고 영국의 경제적 쇠퇴, 게다가 제국주의시대를 초래했다. 같은 것을 1968년 혁명에 대해서 말할 수 있다. 아메리카 헤게모니의 쇠퇴는 달러태환 정지(1971년)가 보여주는 것처럼 바로 이 시기에 시작된 것이다.

5. 다음 헤게모니국가

자본주의가 아무리 글로벌하게 침투해도 국가는 소멸하지 않는다. 그것은 상품교환의 원리와는 별개의 원리에 서있기 때문이다. 예를 들어, 19세기의 영국 자유주의자는 '작은 정부'를 주장했지만, 실제로 영국의 '자유주의적 제국주의'를 뒷받침한 것은 강대한 군사력이고 세계 최대의 과세였다. 그것은 오늘날의 아메리카 '신자유주의'에 대해서도 마찬가지이다. 리바이어던이나 아나르코 캐피탈리스트는 자본주의가 국가를 해체하는 것처럼 생각하고 있지만, 그런 일은 절대 없다. 네그리와 하트가 말하는 것과 달리, 1990년 이후에 진행된 사태는 아메리카에 의한 '제국'의 확립이 아니라 다수 '제국'의 출현이다. 그리고 그들 다수의 제국끼리의 다툼이 계속되는 시대야말로 '제국주의적'인 시대이다.

엘렌 M. 우드[1]는 네그리와 하트를 비판하며 정당하게도 다음과 같이 말하고 있다. "글로벌한 자본주의에 있어서 국민국가의 중요성이 높아지고 있다는 것을 명확히 하고 싶다. 글로벌리제이션의 정치적 형태는 글로벌한 국가가 아니라 복수 국가의 글로벌한 시스템이다. 지구 규모로까지 팽창한 자본주의의 경제적 권력과 국가의 영토 내에서 이런 권력을 뒷받침하는 경제 외적인 힘 사이에는 복잡하고 모순된 관계가 구축되어 있다. 그리고 이 관계로부터 새로운 제국주의의 고유한 모습이 탄생했던 것이다."11)

예를 들어, 유럽공동체의 이론가들은 그것이 근대의 주권국가를 넘어서는 것이라고 주장하고 있지만, 국민국가가 근대세계시스템에 의해 강요된 것이라고 한다면, 지역적 공동체도 마찬가지다. 유럽국가는 아메리카나 일본에 대항하기 위해 유럽공동체를 만들고, 경제적・군사적 주권을 상위조직에 양도하기에 이르렀다. 이것을 근대국가의 지양이라고 말할 수는 없다. 그것은 세계자본주의(세계시장)의 압력 하에서 국가들이 결속하여 '광역국가'를 형성한 것에 지나지 않는다.

이와 같은 광역국가는 처음이 아니다. 1930년대에 독일이 구상한 '제3제국'이나 일본이 구상한 '대동아공영권'은 그것의 선구이다. 그것들은 영미불의 '블록경제'에 대항하는 것이었다. 그리고 이런 광역국가는 '근대세계시스템', 즉 자본주의나 네이션=스테이트를 넘어서는 것으로서 표상되었다. 서유럽에서 이처럼 '유럽연방'을 만들려는 구상은 나폴레옹 이전부터 있었는데, 그 이념적 근거는 기존의 '제국'에 존재했던 문화적 동일성에서 발견된다. 다만 그것을 실현하려는 시도는 결국 프랑스나 독일의 '제국주의'가 될 수밖에 없었다. 오늘날 유럽공동체의 형성에서 유럽인은 그와 같은 과거를 잊어서는 안 된다. 그들이 제국주의

• • •

1_ Ellen Meiksins Wood(1942-). 캐나다 정치학자. 저서로 『자본의 제국』 등이 있다.

가 아닌 '제국'을 실현하고자 하는 것은 명확하다. 그럼에도 불구하고 그것은 어디까지나 세계경제 안의 '광역국가'에 지나지 않는다.

그리고 주목해야 하는 것은 '제국'이 다른 지역에서 출현하고 있다는 점이다. 즉 중국, 인도, 이슬람권, 러시아 등, 근대세계시스템의 주변부에 놓여있었던 기존의 '세계제국'이 재등장한 것이다. 모든 지역에서 국민국가는 기존의 세계제국으로부터 분절되어서 생긴 것이기 때문에, 한편으로 '문명' 공동체를 가지는 것과 마찬가지로 분열과 항쟁의 생생한 과거를 가지고 있다. 하지만 국가들이 네이션으로서의 각자의 기억을 괄호에 넣고 자신의 주권을 대폭 제한하여 공동체를 결성한다면, 그것은 그들이 현재 세계자본주의의 압력을 절실히 느끼고 있기 때문이다. 에른스트 르낭은 네이션이 형성되기 위해서는 역사의 망각이 필요하다고 서술했지만, 같은 것을 광역국가의 형성에 대해서도 말할 수 있다.[12] 즉 그것들 또한 '상상된 공동체' 또는 '창조된 공동체'를 만들어내는 것에 다름 아니다. 하지만 이와 같은 것에서 자본=네이션=국가를 넘어서는 가능성을 발견하는 것은 어리석다.

이런 제국 간 싸움의 끝에 새로운 헤게모니국가가 성립할까. 지금까지의 경험으로는 '제국주의적'인 상태가 60년 정도 이어지고, 그 후에 새로운 헤게모니국가가 생겨났다. 하지만 이후에 대해서 그런 예측은 불가능하다. 아마 이후로는 중국이나 인도가 경제적 대국이 될 것이라는 점은 분명하다. 그리고 그것이 기존의 경제대국과 싸울 것이라는 점도 틀림없다. 하지만 그것들이 새로운 헤게모니국가가 될 것인가 하면, 의심스럽다 하겠다. 첫째로 일국이 헤게모니국가가 되기에는 경제적 우위 이외의 무언가를 필요로 하기 때문이다. 둘째로 중국이나 인도의 발전 그 자체가 세계자본주의의 종언을 가져올 가능성이 있기 때문이다. 내가 앞서 서술한 '역사의 반복'은 자본의 축적과 국가 양쪽에서 생각되고 있다. 먼저 자본의 축적에 대해 서술해보자. 마르크스는 M-C-M'라는 공식으로 산업자본의 축적과정을 보여주었다. 이 공식은 자본은 자기증식이 가능할 때 자본일 수 있고, 그렇지 않을 때는 자본일 수 없다는 것을 의미한다. 앞서 서술한 것처럼 산업자본주의의 성장은 다음 세 가지 조건을 전제로 삼고 있다. 첫째로 산업적 체제 바깥에 '자연'이 무진장하게 있다는 전제이다. 둘째로 자본제경제 바깥에 '인간적 자연'이 무진장하게 있다는 전제이다. 셋째로 기술혁신이 무한히 진전된다는 전제이다. 하지만 이 세 가지 조건은 1990년 이후 급속히 상실되고 있다.

첫째로 중국이나 인도의 산업발전은 대규모이기 때문에 자원이 동이 나거나 자연환경이 파괴되는 것으로 귀결된다. 둘째로 중국과 인도에는 세계의 농업인구 과반수가 존재했다. 그것이 없어지는 것은 새로운 프롤레타리아=소비자를 가져다줄 원천이 없어진다는 말이다. 이상 두 가지 사태는 글로벌한 자본의 자기증식을 불가능하게 한다.

물론 자본의 종언이 인간의 생산이나 교환의 종언을 의미하지는 않는다. 자본주의적이지 않은 생산이나 교환이 가능하기 때문이다. 하지만 자본과 국가에게 있어 이것은 치명적인 사태이다. 이때 국가는 무엇보다도 자본적 축적의 존속을 도모할 것이다. 그때 상품교환양식C가 도미넌트(dominant, 지배적인)한 세계는 국가에 의한 폭력적 점유·강탈에 기초한 세계로 퇴행한다. 따라서 자본주의의 전반적 위기에서 가장 일어나기 쉬운 것은 전쟁이다. 그러므로 우리는 자본주의경제에 대해 생각할 때, 국가를 항상 염두에 두지 않으면 안 된다.

제2장 세계공화국으로

1. 자본에의 대항운동

국가와 산업자본의 특징을 생각할 때, 이제까지 자본주의에 대항하여 이루어진 투쟁에 중대한 결함이 있었다는 것을 알 수 있다. 그 중 하나는 자본주의를 국가를 통해 억누르려고 하는 것이다. 그것은 가능한 일이지만, 국가를 강력하게 하는 것으로 귀결된다. 그리고 그것은 국가의 존속을 위해서 역으로 자본주의를 다시 불러들이게 된다. 그것이 20세기의 사회주의 혁명에서 발생한 것이다. 우리는 국가의 자립성에 대해 경계해야 한다. 자본주의의 지양은 그것이 동시에 국가의 지양을 가져오는 것이 아니라면, 의미가 없다.

또 한 가지 결함은 사회주의운동이 생산지점에서의 노동자 투쟁을 근저에 두어왔다는 것이다. 19세기 사회주의운동을 보면, 처음은 오웬이나 프루동이 그러했던 것처럼 유통과정에 중점이 놓였다. 그들은 노동자가 자본에 대항하여 유통이나 신용을 창조하고, 노동자에 의한 어소시에이션(협동조합)에 의해 임금노동을 폐기하는 것을 생각했던 것이다.

하지만 그것은 아직 독립소생산자가 많고, 노동자가 직인적이었던 시기이다. 산업자본에 의한 노동의 '결합'이 진행되었을 때, 마르크스는 전자와 같은 운동으로는 자본주의와 겨룰 수 없다는 것, 그러므로 그와 같은 방식에 치명적인 한계가 있다는 것을 지적했다. 하지만 현실적으로 영국을 제외하면 산업자본주의가 미발달한 상태였고, 프루동주의적 운동이 우위성을 가지고 있었다.

실제 산업자본주의가 발전하자, 사회주의운동의 거점은 생산점, 즉 조직적인 노동자의 투쟁에 놓이게 되었다. 그 경계는 아마 1871년의 파리코뮌일 것이다. 예를 들어, 이 이후로 아나키스트는 일단 몰락하고 테러리즘으로 나아갔지만, 그 후 방향전환을 하여 되살아났던 것이다. 즉 노동조합을 거점으로 하는 생디칼리즘을 주창하고 사회주의혁명을 총파업(general strike)에 의해 실현하려고 했다. 그러므로 파리코뮌 이후의 사회주의운동에서는 생산지점에서의 투쟁이 우위에 놓이게 되었다. 이는 마르크스주의자에게만 해당되는 이야기가 아니다.

하지만 동시에 생산지점에서의 투쟁에는 그것만의 고유한 곤란이 존재했다. 산업자본주의가 미발달하고 노동조합이 없는 상태에서는 자본과 노동의 투쟁이 격렬했다. 그것은 그저 경제적인 것이 아니라, 정치적인 계급투쟁이 되었다. 하지만 그 투쟁의 결과로서 노동조합이 합법화되고 확대되면, 노사의 투쟁은 그저 경제적인 것이 되고, 어떤 의미에서 '노동시장'의 일환이 된다. 그로부터 임금노동을 폐기하려는 혁명운동은 나오지 않는다. 산업자본주의가 발전하고 심화될수록 그렇게 된다. 그런 의미에서 선진자본주의국가에서는 노동자계급의 혁명운동을 기대하는 것이 점점 불가능해진다.

이와 같은 사태에서, 예를 들어 레닌은 노동자계급 그대로는 자연적인 의식에 갇혀있기 때문에 그들을 계급투쟁에 서도록 하는 데에는 마르크스주의자의 전위당에 의한 '외부주입'이 불가결하다고 주장했다. 그것을 철학적으로 바꿔 말한 것이 루카치이다. 그는 노동자계급이 물상화된 의식에 함몰되어 있다, 따라서 그들이 '계급의식'에 눈을 뜨고 정치적 투쟁으로 나아가도록 하기 위해 지식인의 전위당이 필요하다고 주장했다.[1] 하지만 문제는 산업자본주의가 발전하면 할수록 그와 같은 것이 불가능하게 된다는 데에 있다.

산업자본주의의 초기단계에서 자본은 임금노동자를 지독한 노동조건에서 혹사시켰다. 노동자는 그야말로 '임금노예'였다. 그리고 자본에 대한 노동자의 투쟁은 노예나 농노의 반란과 닮아있었다. 하지만 자본-임금노동의 관계는 본질적으로 주인-노예 내지 농노의 관계와는 다르다. 산업자본주의가 후자와 같은 양상을 드러내는 것은 상품교환양식C가 사회구성체 전체에 침투하여 그것을 재편성하는 단계에 도달해있지 않았기 때문이다. 그 때문에 임금노동이 반봉건적·노예적인 노동과 구별되지 않는다. 이와 같은 사태는 세계자본주의의 주변부나 저변부에서는 지금도 존재한다. 그곳에서의 투쟁은 말하자면 고전적인 계급투쟁이나 노예의 반란과 닮아있다. 하지만 그와 같은 곳에서 산업자본주의의 본질을 발견할 수 없으며, 또 설령 그와 같은 체제를 타도한다고 해도, 그것이 자본주의를 넘어서는 것일 수 없다.

산업자본은 어디까지나 상품교환의 원리를 관철시키면서 잉여가치를 얻는 시스템이다. 종래의 '계급투쟁' 관념을 들고 와서는 그에 대항할수 없다. 하지만 그것은 '계급투쟁'이 끝났다는 것을 의미하지는 않는다. 자본과 임금노동이라는 관계에서 오는 대립은 그것이 지양되지 않는한, 끝나는 것이 아니다. 단 종래의 '계급투쟁'이라는 관념이 무효인 것은 그것이 생산과정을 중심으로 삼고 있기 때문이다. 즉 산업자본의 특성을 그 축적과정의 총체에서 보는 관점이 결여되어 있기 때문이다.

자본제사회에서는 상품교환양식C가 지배적이다. 하지만 지배의 정도는 다양하다. 예를 들어, 초기적인 단계에서는 한편으로 공업생산이 진행되어도, 다른 한편으로 농촌부락에는 전통적이고 공동체적인 생활이 남아있다. 산업자본주의의 발전과 함께 교환양식C는 그때까지 가족이나 공동체 및 국가가 담당하고 있던 영역에 서서히 침투한다. 하지만 전면적이지 않다. 예를 들어, 자본제기업에서조차 공동체적인 요소, 즉 교환양식A의 요소가 짙게 남아있다.

　하지만 산업자본주의가 발전하면, 교환양식C가 모든 영역에 깊숙이 침투하게 된다. 그것이 극적으로 진전된 것이 1990년 이후의 '신자유주의' 단계이다. 자본주의화는 그저 구사회주의권이나 도상국에서만 생겨난 것이 아니라, 선진자본주의 국가에서도 생겨났다. 거기에서는 복지, 의료, 대학처럼 그때까지 상대적으로 자본주의경제의 바깥에 있었던 영역에서 자본주의화가 진행되었다. 한마디로 말해, 교환양식C가 단지 생산만이 아니라 인간(노동력)재생산의 근저에 침투한 것이다. 이와 같은 상태에서 자본에 대한 대항은 가능할까. '생산과정'을 중심에 놓은 입장에서 그것은 불가능하다. 하지만 자본의 축적과정을 총체로서 보는 관점에서는 그것이 불가능하지 않다.

　여기서 다시 자본의 축적과정을 생각해보자. 일반적으로 자본은 화폐와 동일시되지만, 마르크스의 생각에 따르면, '자본'은 M-C-M이라는 변태를 완수하는 과정총체를 의미한다. 예를 들어, 생산설비는 '불변자본'이고, 노동자도 계약으로 고용된 상태에서는 '가변자본'이다. 자본은 이처럼 자태를 바꿈으로서 자기증식을 하는 것이다. 자본이 그와 같은 것이라면, 당연히 노동자도 마찬가지다. 노동자도 자본과의 관계에서 위치하는 장소에 따라 변한다. 노동자와 자본가가 만나는 것은 세 가지 국면에서다. 첫째로 노동자가 자본가에게 자신의 노동력을 상품으로 팔 때, 둘째로 고용되어 노동할 때, 셋째로 노동자가 스스로 생산한 물건을 소비자로서 살 때이다.

제1국면에서 고용계약은 쌍방의 합의에 따른다. 이것은 기본적으로 '노동시장'에 의해 결정된다. 여기에 '경제외적' 강제는 없다. 그러므로 임금노동자는 노예나 농노와는 다르다. 하지만 제2국면에서 노동자는 자본의 명령에 속해 있다. 그들은 계약을 이행해야 한다. 노동자계급을 생산지점에서 본다는 것은 제2국면에서 본다는 것을 말한다. 확실히 여기서 임금노동자는 노예와 닮게 된다. 그러므로 리카도과 사회주의자는 임금노동자를 '임금노예'라고 이름 붙였던 것이다.

이 국면에서도 노동자는 자본에 저항할 수 있고, 사실 그렇게 해왔다. 예를 들어, 그들은 임금이나 노동시간·조건의 개선을 요구했다. 하지만 이 경우 자본과 노동자의 관계는 제1국면으로 돌아가고 있다. 즉 그것은 고용계약의 개신(改新)에 다름 아니다. 그러므로 노동조합운동은 처음에는 '노예의 반란'처럼 보이지만, 이내 자본가에 의해 허용되고 제도화된다. 자본이 노동조합을 허용할 뿐만 아니라, 심지어는 필요하다고 생각하기에 이른다. 왜냐하면 '노동시장'은 오히려 노동조합의 투쟁결과를 포함함으로써 결정되기 때문이다.

하지만 설령 노동조합이 제도화된다고 해도 제2국면에서 노동자는 자본과의 계약을 이행해야 한다. 즉 자본의 명령에 따를 수밖에 없다. 그런데 이제까지 마르크스주의자가 노동자의 투쟁을 기대했던 것은 제2국면에서이다. 옛날에는 이 국면에서 노동조합이 '혁명적'으로 보이던 시기가 있었다. 물론 지역에 따라서는 지금도 그러하다. 하지만 그것이 합법적으로 제도화되면, 생산지점에서의 투쟁은 고용계약의 개신으로 귀착된다. 즉 그것은 '경제투쟁'이다. 그런데 이 국면 즉 생산지점에서 노동자가 '정치투쟁'에 서야 한다고 생각한 것이 루카치로 대표되는 마르크스주의자이다.

하지만 노동운동이 합법화된 후에 생산지점에서 노동자계급이 정치적·보편적인 투쟁에 서는 것은 곤란하다. 첫째로 그것을 위해서는 해고를 각오하지 않으면 안 된다. 둘째로 생산지점에서는 자본과 같은 입장에 서기 쉽다. 개개의 자본은 다른 자본, 그리고 외국자본과의 경쟁 가운데에 있다. 그것에 지면, 기업이 도산하고 노동자도 해고된다. 따라서 생산지점에서 노동자는 어느 정도까지 경영자와 이해(利害)를 공유한다. 그러므로 그들이 이런 특수성을 넘어서는 보편적 '계급투쟁'으로 나아가는 것을 기대할 수 없다. 거기서 마르크스주의자는 노동자를 '물상화된 의식'으로부터 눈을 뜨게 만들어, 진정으로 계급의식을 품도록 하는 것을 과제로 삼았다. 하지만 선진국에서는 그것이 효과가 없었다. 거기서 그들은 아직도 생산지점에서 노동운동이 활발하게 이루어지고 있는 자본주의의 주변부로 향하거나, 협의의 노동운동과는 다른 젠더, 마이너리티 등 지배-피지배관계와 관계하는 투쟁으로 향하게 된다. 이로부터 역으로 노동자계급의 투쟁 그 자체를 경시하는 경향이 생겨난다.

하지만 노동자계급에 대해 생각할 때, 그것을 제3국면에서 볼 필요가 있다. 산업자본주의의 축적이 다른 어떤 부의 축적과도 다른 것은 그것이 노동자를 고용하여 일하게 할 뿐만 아니라, 그 생산물을 노동자 자신이 사도록 하는 시스템이라는 데에 있다. 노동자가 노예나 농노와 결정적으로 다른 것은 제1국면보다도 오히려 제3국면에서다. 왜냐하면 노예는 생산하지만, 결코 소비자로서 등장하지는 않기 때문이다. 농노도 자급자족적이기 때문에 산업자본과는 무관하다.

노동자계급은 일반적으로 빈궁자로서만 생각되어 왔다. 그러므로 그들이 소비자로서 행동하는 것이 눈에 띄자, 사람들은 '소비사회'나

'대중사회'에 대해 말하기 시작했다. 마치 근본적인 변화가 일어난 것처럼 말이다. 하지만 본래 산업자본에서 프롤레타리아는 새로운 소비자로서 출현한 것이다. 즉 노동자가 동시에 그들이 생산한 물건을 다시 사는 소비자로서 나타났을 때, 비로소 산업자본주의는 자기재생적 시스템으로서 자율성을 획득하는 것이다. 제2국면에서 생각하는 한, 자본에 대한 노동자계급의 투쟁은 주인에 대한 노예의 투쟁과 비교된다. 하지만 제3국면에서는 그 이전에는 존재하지 않았던 투쟁방식이 보이게 된다.

앞서 인용한 마르크스의 말을 재인용해보자. "자본을 지배와 예속의 관계로부터 구별시키는 것은 바로 노동자가 소비자 및 교환가치의 조정자로서 자본과 상대하는 점, 화폐소지자의 형태, 화폐형태에서 유통의 단순한 기점——유통의 무한히 많은 기점 중 하나——이라는 점인데, 여기서는 노동자의 노동자로서의 규정성이 소거되고 있다."2) 이제 이것이 다음과 같은 것을 의미한다는 점이 명확하다. 노동자는 개개의 생산과정에서는 예속된다 하더라도, 소비자로서는 그렇지 않다. 유통과정에서는 역으로 자본은 소비자로서의 노동자에 대해 '예속관계'에 놓인다. 그렇다면 노동자가 자본에 대항할 때, 그것이 곤란한 장이 아니라, 자본에 대해 노동자가 우위에 있는 장에서 행하면 된다.

앞서 서술한 것처럼 생산지점에서 노동자는 경영자와 같은 의식을 가지기 때문에, 특수한 이해(利害)의식으로부터 벗어나기 어렵다. 예를 들어, 기업이 사회적으로 유해한 것을 하더라도, 노동자가 그것을 제지하거나 고발하는 것을 기대할 수는 없었다. 생산지점에서 노동자가 보편적인 관점을 가지는 것은 어렵다. 그에 반해 예를 들어 환경문제에 관해서는 소비자·주민 쪽이 민감하고, 곧바로 세계시민의 관점에 설 수 있다. 즉 노동자계급은 제3국면에서 보편적 '계급의식'을 갖기가 용이하다고 해도 좋다.

자본에 대항하는 운동은 산업자본주의에 대한 이런 이해에 따라 달라지기 마련이다. 예를 들어, 사회운동의 중핵은 노동자로부터 소비자나 시민으로 이동했다는 사람들이 있다. 하지만 어떤 형태로든 임금노동에 종사하지 않는 소비자나 시민은 불로소득자(이자생활자) 이외에는 존재하지 않는다. 소비자란 프롤레타리아가 유통의 장에서 나타나는 모습이라고 해야 한다. 그렇다면 소비자운동은 바로 프롤레타리아운동이고, 또 그와 같은 것으로서 이루어져야 한다. 따라서 시민운동이든 마이너리티나 젠더 운동이든 그것들을 노동자계급의 운동과 다른 것으로 간주해서는 안 된다.

자본은 생산지점에서는 프롤레타리아를 규제할 수 있고, 적극적으로 협력시키는 것이 가능하다. 그러므로 그곳에서의 저항은 대단히 어렵다. 이제까지 혁명운동에서 프롤레타리아에 의한 정치적 스트라이크가 제창되어 왔지만, 항상 그것은 실패해왔다. 하지만 유통과정에서 자본은 프롤레타리아를 강제할 수 없다. 일하는 것을 강제할 수 있는 권력이 존재하지만, 사는 것을 강제할 수 있는 권력은 존재하지 않기 때문이다. 유통과정에서의 프롤레타리아 투쟁이란 말하자면 보이콧이다. 그리고 그와 같은 비폭력적이고 합법적인 투쟁에 대해서는 자본이 대항할 수가 없다.

마르크스주의자는 마르크스가 프루동을 비판했기 때문에, 유통과정에서의 대항운동을 경시해왔다. 하지만 노동자계급이 자유로운 주체로서 자본에 대항하고 활동할 수 있는 장은 역시 유통과정에 있다. 그것을 통해 자본이 이윤추구를 위해 범하는 많은 잘못을 보편적인 관점에서 비판하고 시정할 수 있다. 뿐만 아니라 그것에 의해 비자본제적인 경제를 스스로 창출할 수 있다. 구체적으로 말하면, 소비자=생산협동조합 및 지역통화·신용시스템 등의 형성이 그것이다.

마르크스가 그 한계를 지적했기 때문에, 협동조합이나 지역통화, 즉 자본제사회의 내부에서 그것을 탈각시키려는 운동이 부정되지는 않았다 해도 경시되어 왔다. 하지만 설령 그것에 의해 자본주의를 초극할 수 없다고 해도 자본주의와는 다른 경제권의 창출은 중요하다. 그것은 자본주의를 넘어서는 것이 어떤 것인지를 사람들이 미리 실감하게 만든다.

생산과정에서 자본에의 대항이 스트라이크라고 한다면, 유통과정에서의 자본에의 대항수단은 보이콧이라고 서술했다. 예를 들어, 보이콧에는 두 가지가 있다. 첫 번째는 상품을 사지 않는 것이고, 두 번째는 노동력상품을 팔지 않는 것이다. 하지만 그것을 위해서는 그렇게 하지 않아도 되는 조건을 만들어야 한다. 즉 비자본주의적 경제권이 존재하지 않으면 안 된다.

자본은 자기증식을 할 수 없을 때, 자본이기를 멈춘다. 따라서 언젠가 이윤율이 일반적으로 저하되는 시점에서 자본주의는 끝난다. 하지만 그것은 일시적으로 전 사회적인 위기를 분명히 초래할 것이다. 그때 비자본제경제가 광범위하게 존재하는 것이 그 충격을 흡수하고 탈자본주의화를 돕는 일이 될 것이다.

이상으로 명확한 것은 생산과정에 대한 과도한 중시와 유통과정의 경시가 자본의 축적과정에 대응한 대항운동을 실패하게 만들었다는 점이다. 그리고 그것을 시정하는 데에는 좀 더 근본적으로 사회구성체의 역사를 '생산양식'이 아닌 '교환양식'에서 보는 시점을 취하지 않으면 안 된다는 것이다.

2. 국가에의 대항운동

자본주의경제는 근본적으로 해외와의 교역에 의해 성립한다. 일국의 경제는 세계=경제 안에서 존재하는 것이다. 그러므로 사회주의혁명은 일국만의 것일 수 없다. 예를 들어, 일국에서 그것이 일어나면, 그것은 바로 타국의 간섭이나 제재와 만난다. 또 간섭과 만나지 않는 타입의 사회주의는 사회주의라기보다도 복지국가다. 그것은 국가나 자본에 어떤 위협도 되지 않는다. 한편 자본과 국가를 지양하는 것을 지향하는 사회주의혁명은 당연히 간섭과 제재를 각오해야 한다. 하지만 그것에 대항하여 혁명을 방위하려고 하면, 스스로 강력한 국가로서 존재할 수밖에 없다. 따라서 국가를 일국의 내부에서 지양할 수는 없다.

국가는 내부에서만 지양할 수 있지만, 내부에서는 지양할 수 없다. 이 안티노미에 대해 마르크스는 고민하지 않았다. 사회주의혁명은 '주요 민족들이 <일거에> 그리고 동시에 수행함으로써만' 가능하다는 것이 자명했기 때문이다. 실제 1848년의 '세계혁명'은 그것을 보여주었다. 바쿠닌 또한 똑같이 생각했다. "고립된 일국만의 혁명은 성공할 수 없다는 것. 따라서 자유를 지향하는 만국 인민의 혁명적 동맹·연합이 불가결하다는 것."[3]

그렇다면 다음의 세계동시혁명은 어떻게 가능할까. 아무것도 하지 않는데, 어느 날 세계 각지에서 동시적으로 혁명이 발발할 리 없다. 사전에 각국의 혁명운동이 연합해 있지 않으면, 세계동시혁명은 불가능하다. 따라서 마르크스나 바쿠닌은 1863년에 국제노동자협회(제1인터내셔널)를 결성했다. 그것은 '세계동시혁명'의 기반이 될 수 있었다.

하지만 산업자본주의와 근대국가의 발전단계가 서로 다른 각국의 운동을 통합하는 것은 어렵다. '제1인터내셔널'에는 사회주의를 지향하는 지역의 활동가와 이탈리아처럼 네이션=스테이트로서의 통일을 과제로서 삼고 있는 활동가가 섞여있었다. 또 인터내셔널에서는 마르크스파와 바쿠닌파가 대립했는데, 그것은 그저 권위주의와 아나키즘의 대립과 같은 것이 아니었다. 거기에는 각국의 사회적 현실의 차이가 내재되어 있었기 때문이다.

예를 들어, 스위스의 노동자는 아나키스트인 바쿠닌을 지지했다. 하지만 그것은 그들이 주로 시계직인이고, 독일이나 아메리카에서 발달한 기계적 대량생산에 의해 궁지에 몰렸던 것과 무관하지 않다. 한편 독일에서 산업노동자는 아나키스트라면 혐오하는 조직적 운동에 적합했다. 그렇기 때문에 마르크스주의자와 바쿠닌파의 대립은 내셔널리즘적 대립과 결부되었다. 예를 들어, 바쿠닌은 마르크스를 범게르만주의적 프로이센의 첩자로 비난했고, 그에 대해 마르크스도 바쿠닌을 러시아제국의 범슬라브주의와 결부시켰다. 이리하여 '제1인터내셔널'은 마르크스파와 바쿠닌파의 대립에 의해 1876년에 해산되는 결과로 끝났다. 하지만 이것을 단지 마르크스주의와 아나키즘이 대립한 결과로 볼 수는 없다.

다음으로 1889년에 결성된 '제2인터내셔널'은 독일의 마르크스주의자를 중심으로 한 것이었다. 하지만 여기서도 각국의 차이가 컸고, 또 내셔널리즘적 대립의 요소도 강했다. 그 결과 1914년 제1차 대전의 발발과 함께 각국의 사회주의정당이 각기 참전을 지지하는 방향으로 전향했다. 이것은 각국의 사회주의운동이 아무리 연합(어소시에이트)하고 있어도, 정작 국가가 현실에서 전쟁에 발을 들여놓게 되면, 내셔널리즘에 저항할 수 없다는 것을 보여주고 있다. 예를 들어, 이탈리아사회당의 리더 무솔리니는 이 시점에서 파시즘으로 나아갔다.

제1차 대전이 한창인 1917년 2월 러시아에서 혁명이 일어났다. 그이후 의회와 함께 노동자·농민평의회(소비에트)가 존재하는 이중권력

체제였다. 볼셰비키는 그 어느 쪽에서도 소수파에 지나지 않았다. 레닌과 트로츠키는 10월 볼셰비키 간부의 반대를 강하게 억누르고 군사쿠데타를 통해 의회를 폐쇄하고, 소비에트에서도 서서히 반대파를 축출하여 권력을 독점했다. 이 시점에서 그들은 '세계혁명', 특히 독일혁명의 발발을 기대하고 있었다고 한다. 하지만 그것이 진짜라고는 생각하지 않는다.

독일에서 이어서 혁명이 일어나지 않은 것은 당연하다. 무릇 10월 혁명의 강행이 외국, 특히 독일에서 사회주의혁명에 대한 경계와 대항을 급격히 강화시켰기 때문이다. 또 10월 혁명은 레닌의 망명지로부터의 귀국을 도우는 등, 러시아제국의 혁명과 전쟁으로부터의 탈락을 바라는 독일국가의 지원을 입은 면도 있었다. 즉 10월 혁명은 독일제국주의를 도와 사회주의혁명을 늦춘 것이었다. 이런 상황에서 '세계동시혁명'을 기대하는 쪽이 이상하다.

레닌이나 트로츠키는 '세계혁명'을 지향했고, 1919년에 제3인터내셔널(코민테른)을 결성했다. 그러나 이것은 '세계동시혁명'과 비슷하지만 다른 것이었다. 그때까지의 인터내셔널은 운동의 규모나 이론 등에서 영향력의 차이가 있었다고 하더라도 각국의 혁명운동은 대등한 관계에 있었다. 그러나 제3인터내셔널에서는 소련공산당만이 국가권력을 쥐고 있어서 압도적인 우위에 서있었다. 각국의 운동은 소련공산당을 따르고, 또 국가로서의 소연방을 지원하게 되었다. 그 결과 국제적인 공산주의자 운동은 이제까지는 없었던 현실적인 힘을 가지게 되었다. 각지의 사회주의혁명은 소련의 지원 하에서 자본주의 강국의 직접적인 간섭을 벗어날 수 있었기 때문이다. 다른 한편으로 그것들은 소연방에 종속되어 그 세계=제국형 시스템에 편입되었다.

세계동시혁명의 이념은 그것으로 끝난 게 아니다. 예를 들어, 트로츠키는 제4인터내셔널을 조직했다. 그것을 통해 반자본주의적 또는 반스탈린주의적 운동을 조직하려고 했다. 하지만 그것은 기본적으로 무력한 것이었다. 다음으로 모택동은 말하자면 제1세계(자본주의)와 제2세계(소련권)에 대항하는 '제3세계'의 동시혁명을 제기했다고 해도 좋다. 하지만 그것은 길게 이어지지 않았다. 1990년 소련권 즉 '제2세계'가 붕괴되었지만, 그것은 또 '제3세계'의 붕괴이기도 했다. 그 동일성은 사라지고, 이슬람권, 중국이나 인도 등 다수의 광역국가(제국)로 분해되어버렸다.

그 가운데서 '세계동시혁명'의 비전이 사라졌는가 하면, 그렇지 않다. 어떤 의미에서 1968년은 세계동시혁명이었다. 그것은 예측되었던 것이 아니고, 또 정치적 권력이라는 관점에서 보면 패배에 지나지 않았지만, 월러스틴이 말하는 '반시스템 투쟁'이라는 관점에서 보면 커다란 임팩트를 주었다. 그런 점에서 1848년의 혁명과 닮아있다. 실제 1968년에는 1848년의 유럽혁명에서 생겨난 것이 회복되었다. 예를 들어, 초기마르크스, 프루동, 슈티르너, 푸리에 등의 복권이다. 그 이후에 '세계동시혁명'의 비전은 어떻게 되었을까. 1990년 이후 그것은 1968년보다는 오히려 1848년의 세계혁명을 재환기시키는 것으로서 나타났다. 예를 들어, 네그리와 하트가 말하는 'multitude'(다중)의 세계동시적 반란이 그것이다. '다중'은 1848년의 '프롤레타리아'와 같은 의미이다. 왜냐하면 1848년의 반란에서 프롤레타리아라고 불린 자는 산업노동자가 아니라 말하자면 바로 다중이었기 때문이다.

이런 의미에서 '세계동시혁명'이라는 관념은 지금도 남아있다. 하지만 그것이 분명히 음미된 적은 없었다. 오히려 그렇기 때문에 신화로서 기능하고 있다 하겠다. 하지만 우리는 실패를 반복하지 않기 위해 그것을 음미할 필요가 있다. 되풀이 하지만, '세계동시혁명'은 국가를 내부에서 지양하려는 운동이 요청하는 것이다. 하지만 각국의 운동은 이해나 목표에서 커다란 차이를 안고 있다. 특히 남북 간에는 메우기 힘든 균열―그것은 지금도 종교적 대립이라는 겉모양을 취하고 있지만― 이 늘 따라다닌다. 트랜스내셔널한 운동은 아무리 긴밀히 제휴를 한다고 하더라도 국가 간의 대립에 의해 분리되어 버린다. 한 나라 내지 몇 나라에서 사회주의 정권이 생기면, 이런 분리는 피할 수 있겠지만, 그것 은 다른 종류의 분리를, 국가권력을 잡은 자와 그렇지 않은 자 사이에서 초래한다. 그러므로 각국 내부의 대항운동을 세계적으로 연합시키려는 일은 좌절할 수밖에 없는 운명에 있다.

3. 칸트의 '영원평화'

세계동시혁명에 대해 생각할 때, 가장 참조가 되는 것은 칸트이다. 물론 칸트가 사회주의혁명에 대해 생각한 것은 아니다. 그가 생각한 것은 루소적 시민혁명이었다. 그리고 그는 그것이 가진 곤란을 눈치 챘다. 시민혁명이 단순히 정치적 자유만이 아니라 경제적 평등을 지향하 는 이상, 일국만이 아니라 주위의 절대주의 왕권국가의 간섭을 가져오는 일을 피하기 힘들다. 따라서 시민혁명도 일국 내부만의 혁명으로는 불가능하다. 칸트는 다음과 같이 쓰고 있다.

> 완전한 의미의 공민(公民)적 조직을 설정하는 문제는 국가 간의
> 외적인 합법적 관계를 창설하는 문제에 종속되기 때문에, 후자가
> 해결되지 않으면, 전자도 해결될 수 없다. 개인들 사이에 합법적인
> 공민적 조직을 설치한들, 바꿔 말해 일개의 공동체를 조직해 본들,
> 그것만으로는 그리 큰 효과는 없다. 사람들로 하여금 공민적 조직을

설정하도록 강요하는 비사교성은, 국가의 경우에도 대외관계에서 공공체가 다른 국가에 대하여 한 국가로서 자신의 자유를 원하는 대로 누릴 수 있는 원인이 된다.4)

'완전한 의미의 공민적 조직'이란 루소적 사회계약에 의한 어소시에이션으로서의 국가이다. 하지만 그것이 성립할지 어떨지는 다른 국가, 아니 주위의 절대주의적 왕권국가와의 관계에 의해 좌우된다. 그와 같은 국가에 의한 간섭전쟁을 저지하지 않는 한, 일국만의 시민혁명은 불가능하다. 그러므로 칸트는 이렇게 부가하고 있다. "그러므로 국내에서 가능한 한 최선의 공민적 조직을 설정함과 더불어, 대외관계에서도 국가 간에 협정과 입법을 제정하면, 공민적 공공체에 속하게 되고, 또 자동기계처럼 자기를 보존할 수 있는 상태가 언젠가는 결국 창설될 것이다."5) 즉 '국가연방'이란 구상은 본래는 진정으로 시민혁명을 관철시키기 위해 생각되었던 것이다.

사실 프랑스혁명은 '공민적 조직'을 실현시켰지만, 바로 주위의 절대주의 왕권국가의 간섭과 방해를 받았다. 그것이 민주주의적 혁명 그 자체를 왜곡한 것이다. 로베스피에르의 공포정치(Terreur)도 절반은 바깥으로부터의 '공포'에 의해 증폭된 것이다. 1792년, 입법회의는 혁명방어전쟁을 개시했다. 하지만 그와 더불어 어소시에이션으로서의 국가는 강력한 국가로 바뀌어 갔다. 그렇게 되자, 혁명방위전쟁과 혁명수출전쟁의 구별이 불명료하게 되었다. 다른 관점에서 말하면, 혁명수출전쟁과 정복전쟁의 구별이 불명료하게 된 것이다. 칸트가 『영원평화를 위하여』를 간행한 것은 혁명방위전쟁을 통해 나폴레옹이 두각을 나타낸 시기이다. 이후 유럽에 나폴레옹전쟁이라고 불리는 세계전쟁이 일어났다.

하지만 위 글을 보면, 칸트가 이 사태를 어느 정도 예견했다는 것은 명확하다. 일국만의 시민혁명의 좌절이 세계전쟁으로 귀결되었던 것이다. 이런 시점에서 칸트는 『영원평화를 위하여』를 간행했다. 그렇기 때문에 칸트의 '국가연방'이라는 구상은 그저 평화를 위한 제안으로서만 읽혀왔다. 즉 생 피에르¹의 '영원평화'에서 시작되는 평화론의 계보 속에서 읽혀왔다. 하지만 칸트가 말하는 '영원평화'는 그저 전쟁의 부재로서의 평화가 아니라 '모든 적의가 끝난다'는 의미에서의 평화이다. 그것은 더 이상 국가가 존재하지 않는 것, 즉 국가의 지양을 의미하는 것이다. 그것은 프랑스혁명 이전에 그가 국가연방을 와야 할 시민혁명을 위해 구상한 것을 돌이켜보면 명확하다.

그렇지만 칸트가 일국만의 혁명을 인정하지 않았던 것은 단순히 그것이 반드시 다른 나라의 방해를 가져오기 때문만은 아니다. 칸트는 원래 '타자를 수단으로서만이 아니라 목적으로 다뤄라'라는 도덕법칙이 실현되는 사회를 '목적의 나라'라고 불렀다. 그것은 당연히 자본주의가 지양된 상태이다. 하지만 '목적의 나라'는 일국 안에서만으로는 불가능하다. 어떤 나라가 '완전한 의미에서의 공민적 조직'을 실현시켰다고 해도, 그것이 다른 나라를 단지 수단으로서만 다루는(수탈하는) 것에 의해 성립해 있는 것이라면, 그것은 '목적의 나라'가 아니다. 즉 '목적의 나라'를 일국만으로 생각하는 것은 불가능하다. 그러므로 '목적의 나라'가 실현될 때, 그것은 필연적으로 '세계공화국'이 아니면 안 된다. 칸트는 세계공화국을 인류사가 도달해야 할 이념으로서 논하고 있다. "자연의 계획은 전 인류에 완전한 공민적 연합을 형성하게 하는 데에 있다.

• • •

1_ Abbé de Saint Pierre(1658-1748). 프랑스 성직자이자 작가. 그의 저서 『영원한 평화의 계획』은 이후 평화주의자에게 큰 영향을 끼쳤다.

이런 계획을 기준삼아 일반세계사를 저술하려는 시도는 가능할 뿐만 아니라, 자연의 이런 의도의 실현을 촉진하는 시도로 간주해야 한다.'6)

일반적으로 칸트는 『영원평화를 위하여』를 이런 세계공화국이라는 이념을 실현하기 위한 현실적으로 가능한 구상으로서 제기했다고 간주된다. 그런 의미에서 칸트는 이념에서 일보 후퇴했거나 또는 현실과 타협했다고 말하는 사람도 있다. 예를 들어, 칸트는 다음과 같이 서술했다.

> 서로 관계를 맺는 국가들에게 그저 전쟁밖에 없는 무법의 상태로부터 탈출하는 것은 이성에 의한 것이라면 다음 같은 방책밖에 없다. 즉 국가도 개개인의 인간과 마찬가지로 그 미개한(무법의) 자유를 버리고 공적인 강제법에 순응하고, 그리하여 하나의(좀 더 끊임없이 증대되어가는) 민족합일국가(civitas gentium)를 형성하여 이 국가가 마침내 지상의 모든 민족을 포괄하도록 하는 방책밖에 없다. 하지만 그들은 그들이 가지고 있는 국제법의 사고에 따라서 이 방책을 취하는 것을 전혀 원하지 않음으로, 일반명제로서in thesi 정당한 것을 구체적인 적용면에서는in hypothesi 배척하기 때문에, 하나의 세계공화국이라는 적극적 이념 대신에(만약 전부 잃어서는 안 된다고 한다면) 전쟁을 방지하고, 지속하면서 끊임없이 확대해가는 연합이라는 소극적인 대체물만이 법을 싫어하는 호전적인 경향의 흐름을 저지할 수 있다.7)

하지만 칸트가 '국가연방'을 주창한 이유는 그것이 그저 리얼리스틱한 '소극적 대체물'이기 때문이 아니다. 그는 원래 세계공화국으로의 길이 '제민족합일국가'(세계국가)가 아니라 '제국가연방'의 방향에 있다고 생각했다. 그리고 여기에 홉스 및 그 연장에서 생각되고 있는 것과는 근본적으로 다른 사고가 존재한다. 물론 칸트는 홉스와 같은 전제, 즉 '자연상태'에서 출발한다. "자연상태는 오히려 전쟁상태이다. 바꿔 말해, 설령 적대행위가 항상 생겨나는 상태는 아니라고 해도, 적대행위에 의해 끊임없이 위협을 받고 있는 상태이다. 그러므로 평화상태는 창설되어야 한다."[8] 하지만 그가 홉스와 다른 것은 어떻게 평화상태를 창설할지에 있다.

홉스에게는 폭력을 독점한 주권자(국가)야말로 평화상태의 창설을 의미한다. 한편 국가와 국가 사이에는 자연상태가 계속된다. 홉스에게는 국가가 있으면 충분하고, 그 국가를 지양하는 것은 생각도 하지 않았다. 하지만 같은 방식으로 국가와 국가 사이의 자연상태를 극복하려고 하면, 세계국가로서의 주권자를 상정하게 된다는 것은 명료하다. 칸트가 말하는 '제민족합일국가'(세계국가)는 그런 것이다. 칸트는 그것에 반대했다. 확실히 그것은 '전쟁의 부재로서의 평화'를 가져올 테지만, '영원평화'를 가져오진 않을 것이기 때문이다. 칸트에게 있어 평화상태의 창설이란 바로 국가의 지양이다. 그에 반해 세계국가는 어디까지나 국가이다.

4. 칸트와 헤겔

여기서 우리가 생각해야 하는 것은 세계국가(제국)처럼 지상의 주권자를 갖지 않고 국가들이 연방을 맺은 채로 '국제법'이나 '만민법'에 따르는 것이 어떻게 가능한가 하는 문제이다. 홉스적인 생각으로는 그것은 불가능하다. 국내에서 그러한 것처럼, 전쟁을 통해 권력을 독점한 주권자 아래에서 각국이 '사회계약'을 맺었을 때 평화상태가 가능하게 된다. 그렇지 않으면, 국가들의 연방에서는 국제법에 대한 위반을 책망할 방법이 없다. 예를 들어, 헤겔은 그렇게 생각했다. 그는 다음과 같이 칸트를 비판했다.

> 칸트구상 비판——국가 간에는 최고법관 따위는 존재하지 않으며, 기껏해야 조정자나 중개자가 있을 뿐이다. 게다가 이조차 우연의 결과이고, 특수한 의사에 따른 것에 지나지 않는다. 칸트는 국가연맹에 의한 영원평화를 표상했다. 국가연맹은 모든 항쟁을 조정하고, 개개의 국가들로부터 각기 승인을 받은 하나의 권능으로 모든 반목을 진정시키고, 그렇게 함으로써 전쟁을 통한 결론을 불가능하게 한다는 것이다. 하지만 이런 표상은 국가들의 합의를 전제하고 있다. 그런데 이런 합의는 종교적, 도덕적, 또는 그 밖의 어떤 근거나 측면에서 대체로 항상 특수한 주권적 의사에 근거해 왔으며, 또 그러므로 항상 우연성에 휩감겨 있을 수밖에 없다.
>
> [원주] 이상론(理想論)으로서 생각한다면, 우리는 칸트의 구상 쪽에 보다 큰 친근감을 보일 것이 분명하다. 그렇지만 현대에 이르기까지를 리얼리스틱하게 생각한다면, 이런 사태 쪽이 역사가 보여준 현실이었다. 그리고 우리는 이런 리얼리즘에 입각하여 이후 세계를 생각하지 않으면 안 된다.9)

헤겔이 생각하기에 국제법이 기능하기 위해서는 규약을 위반한 나라를 처벌할 실력을 가진 나라가 있어야 한다. 그러므로 패권국가가 없는 한 평화는 존재할 수 없다. 게다가 전쟁 자체는 그저 부정되어야 하는 것은 아니다. 헤겔이 생각하기에 세계사는 국가들이 서로 싸우는 법정이다. 세계사적 이념은 그 가운데에서 실현된다. 그것은 예를 들어 나폴레옹이 그러했던 것처럼 한 주권자나 한 국가의 권력의지를 통해 결과적으로 실현된다. '이성의 간지'가 그곳에 있다는 것이다.

하지만 칸트는 헤겔이 말하는 것처럼 '이상론'을 나이브한 관점에서 주장한 것이 아니다. 칸트는 헤겔과는 다른 의미에서 홉스와 같은 관점을 취하고 있었다. 즉 인간의 본성(자연)에는 제거할 수 없는 '반사회적 사회성'이 있다고 생각했다. 이 점에서 칸트를 홉스와 대조적으로 보는 것은 너무나 천박한 통념이다. 칸트가 영원평화를 위한 국가연합을 구상했을 때, 그는 폭력에 기초한 국가의 본성을 용이하게 해소할 수 없다는 인식에 서있었다. 하지만 그는 세계공화국이라는 규제적 이념을 방기하지 않고, 서서히 그것에 가까워지면 된다고 생각했던 것이다. 국가연방은 그것을 위한 첫걸음이다.

게다가 칸트는 국가연방을 계속 구상하면서, 그것이 인간의 이념이나 도덕성에 의해 실현된다고는 결코 생각하지 않았다. 그것을 초래하는 것은 인간의 '반사회적 사회성', 바꿔 말해 전쟁이라고 칸트는 생각했다. 이런 생각은 헤겔의 '이성의 간지'에 대응하여 '자연의 간지'라고 불리는 것이다. 실제 칸트가 말한 것은 '자연의 간지'를 통해서 실현되었다고 말할 수밖에 없다. 19세기 말 제국주의의 시대에 지배적이었던 것은 헤겔과 같은 사고방식이다. 즉 대국의 패권투쟁이 '세계사적 국가'를 둘러싼 싸움으로 의미지어졌다. 그 결과가 제1차 대전이다. 한편 19세기 말에 제국주의와 함께 칸트의 국가연방론이 부활했다. 그리고 그것이 어느 정도 실현된 것이 제1차 대전 후의 국제연맹이다. 그것을 가져온 것은 칸트적인 이상이라기보다 제1차 대전에서 그가 말하는 인간의 '반사회적 사회성'이 미증유의 규모로 발현됨으로써이다.

국제연맹은 그것을 제안한 아메리카 자신이 비준을 하지 않기 때문에 무력했고, 제2차 대전을 막을 수 없었다. 하지만 제2차 대전의 결과로서 국제연합이 형성되었다. 즉 칸트의 구상은 두 번의 세계대전을 통해, 즉 '자연의 간지'에 의해 달성된 것이다. 제2차 대전 후에 결성된 국제연합은 국제연맹의 좌절이라는 반성에 서있지만, 역시 무력하다. 유엔은 유력한 국가들이 자신의 목적을 실현하는 수단에 지나지 않는다는 비판이 있고, 또 유엔은 독자적인 군사조직이 없기 때문에, 군사력을 가진 유력한 국가에 의거할 수밖에 없는 사정[實情]이 존재한다. 그리고 유엔에 대한 비판은 항상 칸트에 대한 헤겔의 비판으로 귀착된다. 즉 유엔을 통해 국제분쟁을 해결하려는 생각은 '칸트적 이상주의'에 지나지 않는다고 이야기되는 것이다. 물론 유엔은 무력하다. 그렇다고 해서 그것을 계속 조소하고 무시한다면, 어떻게 될까? 세계전쟁이다. 하지만 그것은 새로운 국제연합을 형성하는 것으로 귀결될 것이다. 따라서 칸트의 관점에는 헤겔의 리얼리즘보다도 더 잔혹한 리얼리즘이 숨어있다.

국가연방으로는 국가의 대립이나 전쟁을 억제할 수 없다. 실력을 행사할 수 있는 국가를 인정하지 않기 때문이다. 하지만 칸트에 따르면 그 결과로서 생겨난 전쟁이 국가연방을 강고히 만들었다. 국가의 전쟁을 억누르는 것은 달리 특출한 헤게모니국가가 아니다. 국가 간의 전쟁을 통해 형성된 국가연방이다. 이 점에 관해서 후기프로이트의 생각이 시사적이다. 전기프로이트는 초자아를 부모나 사회의 '위로부터의' 금지에서 찾았지만, 제1차 대전 후 전쟁신경증자들의 케이스를 만나고 그것을 수정했다. 초자아를 바깥으로 향해졌던 공격성이 각자의 내부로 향한 것으로서 파악한 것이다. 예를 들어, 매우 관대한 부모에게서 자라난 사람이 강한 도덕성을 가지는 경우도 적지 않다. 칸트가 말하는 인간의 '반사회적 사회성'은 프로이트가 말하는 공격성이라고 해도 좋다. 그렇게 생각하면, 공격성의 발로가 공격성을 억제하는 힘으로 바뀐다는 것을 이해할 수 있을 것이다.[10]

칸트와 헤겔에 관한 이상의 논의는 낡아 보이지만, 여전히 액추얼하다. 예를 들어, 2003년 이라크전쟁을 둘러싸고 유엔을 벗어나 행동하는 아메리카와 유엔에 준거할 것을 주장하는 유럽 사이의 대립이 있었다. 즉 단독행동주의(unilateralism)인가 다국간협조주의(multilateralism)인가 하는 대립이다. 그 가운데에서 네오콘의 대표적 논자 로버트 케이건은 다음과 같이 주장했다. 군사력이 강한 아메리카가 기초에 두고 있는 것은 '만인의 만인에 대한 전쟁'이라는 홉스의 세계관인 데 반해, 군사력이 약한 유럽은 경제력이나 비군사적인 수단(소프트파워)에 강한 관심을 가지고 '영원평화'라는 이상을 추구하는 칸트의 세계관에 의거하고 있다. 하지만 케이건에 따르면, 그런 유럽이 좋아하는 칸트류의 영원평화의 상태는 사실 아메리카가 홉스적 세계관에 따라서 군사력(하드파워)을 행사하고 안전을 보장하고 있기 때문에 실현가능한 것이다.11)

하지만 단독행동주의를 취하는 아메리카의 논리는 홉스보다도 헤겔에 근거하는 것이다. 왜냐하면 그들은 이 전쟁이 세계사적 이념을 실현하는 것이라고 생각하고 있었기 때문이다. 여기서 이념이란 바로 네오콘의 한 사람인 프란시스 후쿠야마가 헤겔을 인용하여 서술했던 것처럼 자유민주주의이다. 그리고 이것은 아메리카가 단독으로 그 자신의 이익과 패권을 추구하기 때문이라고 말한다고 부인되지는 않는다. 아메리카라는 국가의 특수한 의지의 추구가 결과적으로 보편적 이념을 실현한다. 이것이야말로 헤겔이 말하는 '이성의 간지'이다. 또 그런 의미에서 아메리카는 '세계사적인 국가'이다.

한편 이와 같은 대립에 대해 네그리와 하트는 다음과 같이 서술한다. "현대 지정학에 관한 논의의 대부분은 글로벌질서를 유지하기 위해서는 두 가지 전략——단독행동주의인가 다국간협조주의인가——중 어느 하나밖에 없다고 전제하고 있다."12) 말할 것도 없이 단독행동주의란 아메리카의 입장으로 "이전까지의 적-아군이라는 경계를 다시 규정하고, 세계 전체를 통제하는 단일한 네트워크를 조직하기 시작했다."13) 이에 반해 '다국간협조주의'는 아메리카를 비판하는 유럽이나 유엔의 입장이다. 네그리와 하트는 이것들 전부가 무효라고 말한다. "다중이야말로 곤란에 맞서서 세계를 민주주의적으로 구성하는 새로운 틀을 생산해야 한다."14) "다중이 마침내 스스로를 통치하는 능력을 손에 넣을 때, 비로소 민주주의는 가능하게 된다."15)

유럽의 입장이 칸트적이고 아메리카의 입장이 헤겔적이라고 한다면, 네그리와 하트의 사고는 마르크스적(단 1848년의 시점의)이라고 할 수 있다. 국가들은 다중의 자기소외로서 존재하기 때문에, 다중이 자기통치를 함으로써 지양될 것이라는 사고는 명확히 초기마르크스라기보다 근본적으로는 프루동의 아나키즘에 근거하고 있는 것이다. 그리고 '세계를 민주주의적으로 구성하는 새로운 틀'이란 프루동파나 마르크스 등에 의해 결성된 '국제노동자협회'(제1인터내셔날)와 같은 것이다. 하지만 네그리나 하트에게는 19세기 이래의 '세계동시혁명'이 왜 어떻게 해서 실패했는지에 대한 반성이 결여되어 있다.

이상 우리는 1990년 이후의 상황 하에서 칸트, 헤겔, 마르크스라는 고전철학이 반복되고 있음을 발견할 수 있다. 그러므로 그것을 재검토하는 것은 액추얼한 문제이다. 이 경우 우리는 칸트는 헤겔에 의해 극복되고, 헤겔은 마르크스에 의해 극복되었다는 통념을 배척해야 한다. 우리는 오히려 칸트를 각지의 자본과 국가에의 대항운동이나 코뮌이 나누어지고 대립되지 않도록 하기 위해서는 어떻게 해야 좋은지 하는 문제의식을 가지고 다시 읽어야 한다. 국가연방은 칸트에게 있어 '세계를 민주주의적으로 구성하는 새로운 틀'로서 발견된 것이다.

5. 증여에 의한 영원평화

칸트는 영원평화로의 길을 세계국가가 아니라 국가연방에서 발견했다. 그것은 앞서 서술한 것처럼 칸트가 리바이어던과 같은 초월적 권력을 가짐으로써 평화상태를 창설한다고 하는 홉스의 사고를 거절했다는 것을 의미한다. 하지만 일반적으로 그처럼 이해되지 않는다. 예를 들어, 국가연방에서 강력한 세계정부가 나오는 것이 아닌가 하는 비판이 이루어지거나 한다. 그 원인은 칸트가 홉스적인 원리에 의거하지 않고 평화상태를 창설할 수 있는 근거를 제시하지 않는다는 데에 있다. 그러므로 우리의 과제는 이것을 교환양식의 관점에서 명확히 하는 것이다.

홉스가 말하는 평화상태의 창설은 주권자와의 '공포에 의해 강요된 계약', 즉 교환양식B에 근거하고 있다. 그렇다면 칸트는 어떨까. 예를 들어 칸트는 『영원평화를 위하여』에서 상업의 발전을 평화의 조건으로 보았다. 국가 간의 밀접한 통상관계가 전쟁을 불가능하게 한다는 것이다. 그것은 일면 타당하다. 하지만 교환양식C는 국가에 의한 규제, 즉 교환양식B에 의존한다. 그러므로 그것은 교환양식B를 근본적으로 지양하는 것이 아니다. 실제로는 교환양식C의 발전, 즉 산업자본주의의 발전은 그 이전과는 이질적인 대립과 전쟁을 가져왔다. 제국주의적 세계전쟁이 그것이다.

현재 선진국 사이의 전쟁은 칸트가 말한 이유에서 회피될 것이다. 하지만 선진국과 선진국경제에 종속된 도상국 및 선진국과 경합하는 위치에 있는 후진자본주의국 사이에서는, 바꿔 말해 '남북' 간에는 심각한 적대와 전쟁의 위기가 존재한다. 그것은 종교적 대립의 양상을 드러낸다고 하더라도 근본적으로 경제적·정치적이다. 이와 같은 적대성을 해소하기 위해서는 그저 군사적으로 억제하는 것만으로 안 된다. 진짜 적대성이 사라지는 것은 국가 간의 경제적 격차가 사라지는 것, 뿐만 아니라 격차를 재생산하는 자본주의적 체제가 사라지는 것에 의해서만 가능하다.

국가들의 경제적 격차를 해소하려는 다양한 노력이 이루어져왔다. 예를 들어, 선진국에서 도상국으로의 원조가 이루어졌다. 이것은 '분배적 정의'로 간주되고 있다. 하지만 현실에서는 오히려 원조를 통해 선진국의 자본이 축적되었다. 그것은 국내에서의 복지정책과 유사하다. 그것은 자본주의적 축적의 일환에 지나지 않는다. 따라서 '분배적 정의'는 차이를 해소하기는커녕 새로운 차이를 낳는다. 또 '분배적 정의'는 재분배를 하는 국가의 권력을 정당화하고, 또 강화시킨다. 그것은 남북 간의 '전쟁상태'를 영속화시키는 것이다.

덧붙여 존 롤즈는 최만년의 작업인 『만민법』에서 국가 간의 정의를 경제적 평등의 실현으로 보려고 했다. 그는 이것을 일국만의 '정의'로 생각한 구저 『공정으로서의 정의』에 대한 자기비판적인 발전으로서 쓴 것이다. 하지만 롤즈는 여전히 정의를 '분배적 정의'로만 생각한다. 그렇기 때문에 일국에서의 '분배적 정의'가 복지국가주의로 귀착되는 것처럼, 국가 간의 '분배적 정의'는 재분배를 행하는 체제의 강화를 요구하게 된다. 그것은 결국 경제적 열강에 의한 재분배가 되고, 실질적으로 세계제국 내지 제국주의로 귀착될 수밖에 없다.

그런데 칸트에 있어 '정의'는 분배적 정의가 아니라 교환적 정의이다. 그것은 경제적 격차를 재분배에 의해 완화시키는 것이 아니라, 격차를 낳는 교환시스템을 폐기함으로써 실현된다. 말할 것도 없이 그것은 국가 내부만이 아니라 국가 간에도 존재해야 한다. 즉 그것은 새로운 세계시스템으로서만 실현되는 것이다. 그런데 그것은 어떻게 가능한 것일까. '힘'을 군사력이나 경제력으로만 생각한다면, 홉스가 사고한 길을 따라갈 수밖에 없다.

여기서 우리에게 힌트를 주는 것이 국가 이전 부족연합체의 예이다. 부족연합체는 그 정점에 왕이나 초월적 수장을 가지고 있지 않다. 앞서 나는 이것을 '국가에 대항하는 사회'로서 보았다. 하지만 지금 이것을 국가가 그 상위에 주권자를 가지지 않고 전쟁상태를 극복하려면 어떻게 하면 좋을지를 생각하는 힌트로 보고 싶다. 부족연합체를 뒷받침하고 있는 것은 교환양식A, 즉 호수원리이다. 바꿔 말해, 군사력이나 경제력이 아니라 증여의 '힘'이다. 그것이 또 부족들의 실질적 평등·상호적 독립을 보증하고 있다.

칸트가 말하는 의미에서의 국가연방은 물론 부족연합체와는 다르다. 전자의 기반에는 발달한 글로벌한 세계=경제가 있다. 즉 교환양식C의 일반화가 있다. 하지만 국가연방이란 말하자면 그 위에 교환양식A를 회복하는 것이다. 우리는 이제까지 이것을 일국단위에서 생각해왔다. 하지만 여러 번 이야기한 것처럼 그것은 일국만으로는 실현될 수 없다. 그것은 국가들의 관계에서 실현됨으로써, 바꿔 말해 새로운 세계시스템을 창설함으로써만 실현된다. 그것은 기존의 세계시스템, '세계=제국' 이나 '세계=경제'(근대세계시스템)를 넘어서는 것이다. 이것이 바로 '세계공화국'이다. 그것은 말하자면 '미니세계시스템'을 고차원적으로 회복하는 것이다.

우리는 앞서 호수적 원리의 고차원적인 회복을 소비=생산협동조합에서 보아왔다. 이제는 그것을 국가 간의 관계에서 보아야 한다. 국가연방을 새로운 세계시스템으로서 형성하는 원리는 증여의 호수성이다. 이것은 이제까지의 '해외원조'와 비슷하지만 다른 것이다. 예를 들어, 상대를 위협해온 병기의 자발적 폐기도 증여라고 말할 수 있다. 이와 같은 증여는 선진국의 자본과 국가의 기반을 방기하는 것이다.

하지만 그것에 의해 무질서가 생겨나는 것은 아니다. 증여는 군사력이나 경제력보다 강한 '힘'으로서 작동하기 때문이다. 보편적인 '법의 지배'는 폭력이 아니라 증여의 힘에 의해 뒷받침된다. '세계공화국'은 이렇게 해서 형성된다. 이 생각을 비현실적인 몽상으로서 조소하는 사람들이야말로 가소롭다. 예를 들어, 국가에 관해 가장 혹독한 홉스적 관점을 일관되게 보여준 칼 슈미트는 국가사멸의 유일한 가능성을 소비=생산협동조합의 일반화에서 발견했다.

> '세계국가'가 전 지구, 전 인류를 포괄하는 경우, 그것은 정치적 단위가 아니라 그저 관용적으로 국가라고 불리는 것에 지나지 않는다. …… 그것이 이 범위를 넘어서 문화적·세계관적인 또는 그 밖의 무언가의 '고차적인' 단위, 단 동시에 어디까지나 비정치적인 단위를 형성하려는 경우에 그것은 윤리와 경제라는 양극 사이에서 중립점을 찾는 소비-생산조합일 것이다. 국가도 왕국도 제국도, 공화정도 군주정도, 귀족정도 민주정도, 보호도 복종도 이것과는 무관한 것이어서 그것은 무릇 어떤 정치적 성격을 떨쳐버리는 것일 것이다.[16]

슈미트가 여기서 말하는 '세계국가'란 칸트가 말하는 세계공화국과 같다. 슈미트가 생각하기에 홉스적 관점에서 보면, 국가의 지양은 불가능하다. 하지만 그것이 국가지양이 불가능하다는 말이 되는 것은 아니다. 홉스와는 다른 교환원리에 의해서만 그것이 가능하다는 것을 그는 시사하고 있는 것이다.

6. 세계시스템으로서의 국가연방

칸트가 예상한 것처럼 두 번의 세계전쟁에서 유엔이 생겨났다. 현재의 유엔은 새로운 세계시스템으로부터 매우 멀다. 그것은 국가들이 패권을 잡기 위해 싸우는 장이 되어있다. 하지만 유엔은 인류의 커다란 희생 위에 성립한 시스템이다. 설령 불충분하다고 하더라도 이것을 활용하는 것 없이 인류의 미래는 있을 수 없다.

유엔에 대한 비판의 대부분은 안전보장이사회와 세계은행인 IMF와 관련이 있다. 하지만 현실의 유엔은 그것에 한정된 것이 아니다. 그것은 사실상 '유엔시스템'이라고 불리는 복잡하고 거대한 연합체이다. 이것은 대략 3가지 영역으로 이루어져 있다. 제1은 군사, 제2는 경제, 제3은 의료·문화·환경 등의 영역이다. 제3의 영역은 제1, 제2와 달리 역사적으로 국제연맹·국제연합에 선행하는 경우가 적지 않다.

예를 들어, WHO는 19세기부터 있었던 국제기관이 유엔에 참여한 것이다. 즉 제1과 제2의 영역을 빼고 '유엔시스템'은 누군가가 설계한 것이 아니라 개별로 국제적 어소시에이션으로서 생성되어온 것이 유엔에 합류함으로써 만들어진 것이다. 그것은 세계교통의 확대와 함께 끊임없이 생성 중에 있다. 또 제3영역에서는 국가조직(네이션)과 비국가조직의 구별이 없다. 그것은 예를 들어 세계환경회의에 국가들과 나란히 NGO가 대표로서 참가하고 있는 것처럼 네이션을 넘어선 것이 되었다. 그런 의미에서 '유엔시스템'은 그야말로 연합한 네이션(United Nations)을 넘어서고 있다.

물론 제1과 제2의 영역은 그렇지 않다. 그것들은 국가와 자본과 관련된 영역이기 때문이다. 그리고 그것들이 현재의 유엔을 규정하고 있다. 바꿔 말해, 교환양식B와 C가 현재의 유엔을 규정하고 있다. 만약 제1과

제2의 영역에서 제3영역에서 생겨나고 있는 것과 같은 것이 실현된다면, 새로운 세계시스템이라고 말해도 좋을 것이다. 하지만 그것은 세계교통의 확대에 의해 자연성장적으로 생기는 것이 아니다. 분명히 국가와 자본이 저항할 것이기 때문이다.

유엔을 새로운 세계시스템으로 만들기 위해서는 각국의 국가와 자본에 대한 대항운동이 불가결하다. 각국의 변화만이 유엔을 바꿀 수 있다. 동시에 그 반대의 것도 말할 수 있다. 유엔의 개혁이야말로 각국의 대항운동이 연합할 수 있도록 만든다. 각국의 대항운동은 국가와 자본에 의해 분리될 위험이 있다. 그것이 국경을 넘어서서 자연스럽게 연결될 것이라고 예견, 즉 '세계동시혁명'이 자연발생적으로 발발한다는 예견은 성립하지 않는다. 또 설령 글로벌한 연합조직(인터내셔널)을 만들어도, 그것은 국가를 억누를 힘을 가지고 있지 않다. 일찍이 생기지 않았던 것이 앞으로 생길 것이라는 보증은 어디에도 없다.

세계동시혁명은 통상 각국의 대항운동을 일제히 일으키는 봉기라는 이미지로 이야기된다. 하지만 그것은 있을 수 없으며 있을 필요도 없다. 예를 들어, 일국에서 유엔에 군사적 주권을 '증여'하는 혁명이 일어난다고 하자. 이것은 '일국혁명'이다.17) 하지만 그것은 간섭을 받거나 고립이 되거나 하지는 않는다. 어떤 무력도 '증여의 힘'에 대항할 수 없다. 그것은 많은 국가의 지원을 얻어 유엔의 체제를 근본적으로 바꾸는 것이 될 것이다. 그러므로 이 경우는 '일국혁명'이 '세계동시혁명'을 만들어낸다.

이와 같은 혁명은 비현실적으로 보인다. 하지만 그와 같은 혁명을 지향하는 운동이 각국에 존재하지 않는다면, 세계전쟁이 일어날 것이다. 실제 그럴 가능성은 높다. 하지만 비관적이 될 필요는 없다. 칸트가 생각한 것처럼 세계전쟁은 보다 고도의 국가연방을 실현시킬 뿐이기 때문이다. 그렇지만 자동적으로 그렇게 되는 것은 아니다. 그것이 생겨나는 것은 각국에 국가와 자본에의 대항운동이 존재할 때뿐이다.

호수원리에 기초한 세계시스템, 즉 세계공화국의 실현은 용이하지 않다. 교환양식 A · B · C는 집요하게 존속한다. 바꿔 말해, 공동체(네이션), 국가, 자본은 집요하게 존속한다. 아무리 생산력(인간과 자연의 관계)이 발전해도 인간과 인간의 관계인 교환양식에서 유래하는 그와 같은 존재를 완전히 해소할 수는 없다.[18] 하지만 그것들이 존재한다면, 교환양식D 또한 집요하게 존속한다. 그것은 아무리 부정하고 억압해도 좋든 싫든 회귀하는 것을 그만두지 않는다. 칸트가 말하는 '규제적 이념'이란 그런 것이다.

미 주

서문

1) 프란시스 후쿠야마는 그의 스승인 앨런 블룸으로부터 알렉산드르 코제브에
   대해 배운 것 같다. 하지만 코제브는 그들과 다르다. 그에게 '역사의 종언'이라는
   관념은 일정한 의미를 가지지 않고, 역사적으로 크게 변용되어 왔다. 역사의
   종언에서 사회는 어떻게 될까? 처음에 코제브는 '공산주의'가 된다고 생각했다.
   하지만 이어서 아메리카적 생활(동물적), 그리고 일본적 생활(스노비즘)을 역사
   의 종언으로 발견했다(コジェヴ, 『ヘーゲル讀解入門』, 上妻精・今野雅方 訳, 国
   文社, 1987)[『역사와 현실변증법』이라는 제목으로 번역된 국역본에는 이 부분
   이 번역되어 있지 않다].
2) 칸트의 가상과 초월론적 가상, 규제적 이념과 구성적 이념의 구별에 관해서는
   제3부 제4장 「어소시에이셔니즘」(334쪽 이하)을 참조하라.
3) エルンスト・ブロッホ, 『希望の原理』第一卷, 山下肇ほか 訳, 白水社, 1982, 25頁[블
   로흐, 『희망의 원리』(1), 박설호 옮김, 열린책들, 2004, 29-30쪽].

서설

1) マルクス, 『経済学批判』, 武田隆夫ほか 訳, 岩波文庫, 1959, 13-15頁[마르크스, 「정
   치경제학 비판을 위하여」, 최인호 옮김, 『칼 맑스・프리드리히 엥겔스 저작
   선집』(2), 박종철출판사, 1992, 477-478쪽].

2) 알튀세르는 경제적 하부구조가 '최종심급'에 있다는 것을 강조했지만, 실제로 이것은 경제적 심급을 뛰어넘은 마오이스트적인 정치적 실천을 사주하기 위해서였다.

3) マーシャル・サーリンズ, 『石器時代の経済学』第二章, 山内昶 訳, 法政大学出版局, 1984.

4) 생산양식 또는 경제적 하부구조라는 개념을 의심한 것은 내가 처음이 아니다. 그것은 포스트모더니즘에서 유행현상이었다. 예를 들어, 장 보드리야르는 『생산의 거울』(1973년)에서 마르크스가 '생산'이라고 말할 때, 그것은 자본주의사회에서 발견되는 것을 그 이전 사회에 투사하는 것이라고 비판했다. "마르크스주의에 의한 비판은 자본주의경제의 현 구조에 비추어 자본주의 이전의 사회를 해명하는 것이라고 주장하지만, 자본주의사회와 그 이전 사회의 차이를 없애기 위해 경제학의 스펙트럼 광선을 자본주의 이전 사회에 비추고 있음을 깨닫지 못하고 있다."(『生産の鏡』, 宇波彰・今村仁司 訳, 法政大学出版局, 1981, 54頁) [보드리야르, 『생산의 거울』, 배영달 옮김, 백의, 1994, 60쪽]. 그가 이렇게 생각하게 된 것은 미개사회에 관한 모스나 바타이유의 인식을 통해서다. 미개사회에 대해서는 생산양식이라는 개념을 통용시킬 수 없기 때문이다. 이로부터 보드리야르는 경제영역을 '최종적 심급'으로 간주하는 사고를 부정하기에 이르렀다. 그리고 이로부터 그는 마르크스주의를 부정하게 된다. 하지만 내가 생각하기에 교환이라는 것이 넓은 의미에서 경제적인 것이라고 할 수 있다면, 기초적인 교환양식들은 전부 경제적이라고 말할 수 있으며, 그런 의미에서 그것들은 말하자면 '경제적 하부구조'라고 해도 좋다. 보드리야르가 말하는 '상징교환'이란 호수적 교환양식A에 다름 아니다. 그러므로 미개사회에서는 그것이 '경제적' 하부구조라고 해도 좋다. 한편 자본주의경제를 뒷받침하고 있는 것은 상품교환양식C이다. 보드리야르는 이들의 차이를 보지 않는다. '생산'의 우위를 부정했을 때, 그가 들고 오는 것은 '소비'의 우위이다. 하지만 그것은 이 시기 현저하게 된 '소비사회' 현상에 적합한 것이다. 그는 마르크스가 자본주의경제를 미개사회에 투사한 것에 지나지 않는다고 말하지만, 바타이유 이래 소비를 강조하는 사람은 케인즈주의 이후의 자본주의경제를 미개사회에 투사한 것이다. 그것은 자본주의경제 총체를 보는 것이 아니라 그저 그 한 국면인 '소비사회' 현상에만 주목하는 것이다.

5) マルクス, 『資本論』第1巻 第1編 第2章, 向坂逸郎 訳, 岩波文庫(1), 1969, 158頁[마르크스, 『자본론』제1권, 김수행 옮김, 1993, 비봉출판사, 111쪽].

6) カール・ポランニー, 『人間の経済』(1), 玉野井芳郎・栗本慎一郎 訳, 岩波書店, 1980[칼 폴라니, 『인간의 경제』(1), 박현수 옮김, 풀빛, 1983].

7) 폴라니는 18세기에 생긴 아프리카의 다호메왕국을 예로 들어 그것이 자본주의 시장경제와는 이질적인 호수성과 재분배 경제를 가지고 있었다는 것을 보여주려고 했다(『経済と文明』Dahomey and the slave trade: An analysis of an archaic economy). 하지만 그가 자세히 서술한 다호메왕국의 생성과정을 보면, 이와 같은 설명은 바보처럼 보인다. 이 왕국은 아메리카에서 사탕수수 플랜테이션과 노예제가 시작한 후에 발전한 것에 지나지 않는다. 그 노예를 공급한 것이 다호메인데, 서양으로부터 구입한 화기로 주위의 나라와 부족을 침략해 얻은 노예를 파는 것을 되풀이함으로써 급격히 왕국으로서 확대된 것이다. 다호메왕국은 원시적 사회이기는커녕 근대의 세계시장 안에서 형성된 것이다. 헤겔은 『역사철학강의』에서 다호메에 대해 이렇게 서술하고 있다. "다호메에서는 민중이 왕에게 만족하지 않게 되었을 때, 통치에 대한 불신임의 징표로 왕에게 앵무새 알을 보내는 풍습이 있다. 때에 따라서는 대표자를 왕에 보내 '통치의 무거움이 귀하를 힘들게 한 것이 분명하니 잠시 쉬는 게 좋다'라고 고하게 한다. 그러면 왕은 신하의 호의를 가상히 여겨 별실로 물러가, 부녀자들에게 명하여 자신을 교살하게 한다."(『歴史哲学』上卷, 武市健人 訳, 岩波書店, 1954, 147頁)[헤겔, 『역사철학강의』(1), 김종호 옮김, 삼성출판사, 1976, 150쪽]. 이것이 사실이라면, 그것은 다호메가 왕국이어도 아직 수장제와 그리 멀리 있지 않다는 것을 의미한다. 왕은 전제적인 권력을 가지고 있지 않은 것이다. 아마 이것은 폴라니가 강조한 것처럼 다호메왕국이 시장경제가 아니라 호수성과 재분배로 성립한 사회라는 것을 의미한다.

더욱이 헤겔은 다음과 같이 서술하고 있다. "흑인에게 보이는 또 하나의 특색은 노예제도이다. 흑인은 유럽인에 의해 노예가 되어 아메리카에 팔린다. 그렇지만 본국에서 그들의 상황은 더욱 심하여 그곳에는 절대적 노예제가 시행되고 있었다. 왜냐하면 일반적으로 노예제의 근저(根柢)는 인간이 아직 자유의 의식을 가지고 있지 않아서 물건이 되고 무가치한 것으로 전락한다는 점에 있기 때문이다."(同前書, 145頁)[앞의 책, 149쪽]. 헤겔은 유럽인이 아프리카인을 노예로 삼은 것은 후자가 '자유의식'을 가지고 있지 않고 노예를 거부하지 않았기 때문이라고 말하는 것이다. 헤겔이 아프리카인에 의한 노예제를 개시한 유럽인 측에 '자유의식'이 있는지 어떤지를 묻지 않는 것에는 기가 막힐 수밖에 없다. 그렇지만 아프리카인의 노예가 아프리카인 자신에 의해 '생산'된 것은 사실이다. 그런데 헤겔과는 대조적으로 폴라니는 그런 사실에 전혀 주의를 기울이고 있지 않다. 그는 다호메가 그 내부에서 호수적 재분배국가인 것을 칭찬해 마지않는다. 하지만 그것은 다호메가 바깥에 대하여 국가인 것을 무시하는 것이다. 그것은 국가는 다른 국가에 대하여 국가인 것을 보지 않는 것이다. 국가의 이런 성격을 보지 않으면, 즉 국가를 그 내부만으로 보면, 그것을 재분배시스템으로서 미화하게 된다.

8) カール・シュミット, 『政治的なものの概念』, 田中浩・原田武雄 訳, 未来社, 1970, 14頁[칼 슈미트, 「정치적인 것의 개념」, 『파르티잔 이론』, 정용화 옮김, 인간사랑, 1990, 114쪽].

9) 칼 슈미트는 말한다. "홉스는 『리바이어던』의 본래 목적이 '보호와 복종의 상호관계'를 사람들에게 재인식시키는 데에 있는데, 인간의 본성은 물론 신법(神法)으로부터도 그에 대한 확고한 준수가 요구된다고 서술하고 있다."(シュミット, 同前書, 60頁)[슈미트, 앞의 책, 138쪽]. 하지만 이것은 '정치적인 것'이 '보호와 복종의 상호관계'라기보다도 어떤 종류의 '교환'으로서 존재한다는 것을 의미한다.

10) ハンナ アーレント, 『暴力について―共和国の危機』, 山田正行 訳, みすず書房, 2000[한나 아렌트, 『공화국의 위기』, 김선욱 옮김, 한길사, 2011]. 또 인류학자 데이비드 그레이버는 현대 '평의회'의 존재방식이 미개사회 이래의 시스템에 뿌리를 두고 있음을 지적하고 있다. 그는 뉴욕의 '직접행동 네트워크'(DNA) 회합에 참가했을 때, 그 방식이 일찍이 필드워크를 위해 2년간 지냈던 마다가스카르 고지(高地)공동체의 평의회와 매우 닮은 것을 깨달았다고 한다(デヴィッド・グレーバー, 『アナーキスト人類学のための断章』, 高祖岩三郎 訳, 以文社, 2006).

11) マルセル・モース, 『社会学と人類学』(1), 有地亨他 訳, 弘文堂, 1973, 384頁[마르셀 모스, 『증여론』, 이상률 옮김, 한길사, 2002, 267-268쪽].

12) モーゼス・ヘス, 「貨幣体論」, 『初期社会主義論集』, 未来社, 1970, 118頁.

13) "인간의 생산력이 먼저 첫째로 형성되어 인간적 본질이 발전해야만 했다. 처음 은 그저 꾸밈없는 개개인이 즉 인류의 단일요소가 존재했을 뿐이어서, 거기서 인류는 상호 접촉하지 않고 정확히 식물처럼 식료를, 육체적인 필요물질을 완전히 직접적으로 대지로부터 손에 넣고 있었거나, 아니면 잔인한 동물적 투쟁 속에서 자신들의 힘을 서로 교환하는 형태로밖에 상호 접촉하고 있는 것에 지나지 않았다. 생산물교환의 최초의 형식이 약탈뿐이고, 인간 활동의 최초의 형식이 노예노동뿐이었던 것도 당연한 것이었다. 이제 논쟁의 여지가 없는 이런 역사적 필연을 기반으로 발생할 수 있었던 것은 유기적 교환이 아니라 그저 생산물의 상품매매뿐이었다. 이리하여 오늘날에 이르고 있다. 역사적 기반 에 근거하는 법칙이 약탈과 노예제를 규제하는 것에 지나지 않고, 처음은 우연적 으로 즉 의식이나 의지도 없이 생겨난 것을 규범이나 원리까지 끌어올린 것에 지나지 않는다. 이제까지의 역사는 약탈과 노예제의 기제, 근거부여, 관철, 일반 화의 역사에 다름 아니다. 우리 모두가 예외 없이 우리의 활동, 생산력, 능력을, 즉 우리 자신을 상품으로 삼아 교환하는 것. 그리고 인간이 그로부터 시작한 서로 잡아먹음, 상호약탈, 노예제가 원리로까지 끌어올려진 것. 이런 것이 결국 왜 생겨난 것일까. 또 이런 일반적인 착취와 보편적인 노예제로부터밖에 유기적 공동사회가 생겨날 수 없는 것은 왜일까. 이하에서 그것을 명확히 해보자"(ヘス, 同前書, 25頁).

14) 지구를 열기관으로서 보는 관점은 엔트로피론을 개방정상계(開放定常系)에서 사고한 쓰치다 아쓰시(槌田敦)의 생각에 근거한다(『熱学外論熱学外論—生命・環境を含む開放系の熱理論』, 朝倉書店, 1992).

15) 마르크스는 생산에 폐기물이 수반된다는 사실을 결코 무시하지 않았다. 예를 들어, 그는 폐기물에 대해 다음과 같이 서술하고 있다. "자본주의적 생산양식의 발달과 더불어 생산과 소비 뒤에 남는 폐물의 이용이 확대된다. 우리가 생산상의 폐물이라고 말하는 것은 공장과 농업에서의 쓰레기이고, 소비상의 폐물이라는 것은 일부는 인간의 자연적 신진대사에서 나오는 폐물, 일부는 소비대상이 소비된 후에 남는 형태를 말한다. 즉 생산상의 폐물이란 화학공업에서는 생산규 모가 작은 경우에는 버리게 되는 부산물이다. 또 기계의 제조에서 부스러기로서 떨어졌다가 다시 원료로서 철 생산에 들어가는 쇳가루 등이 그것이다. 소비상의 폐물은 인간의 자연적 배설물, 누더기 형태의 옷감 조각 등이다. 소비상의 폐물

은 농업에서 가장 중요하다. 그것의 사용에 관해서는 자본주의경제에서 막대한 낭비가 이루어진다. 예를 들어, 자본주의경제는 런던의 450만 명분 분뇨처리에 대해 템즈 강을 오염시키는 것보다 더 좋은 방법을 모른다."(マルクス, 『資本論』 第3巻 第1編 第5章, 向坂逸郎 訳, 岩波文庫(6), 156頁)[마르크스, 『자본론』 제3권, 1990, 115쪽].

16) 마르크스주의자 중에도 에콜로지에 주목한 사람이 있다. 예를 들어, 마르크스 경제학자 다마노이 요시로(玉野井芳郎)는 일찍부터 마르크스에서의 '에콜로지' 문제에 주목하고 쓰치다 아쓰시의 이론에 근거하여 새로운 경제학을 구상했다 (『エコノミーとエコロジー』, みすず書房, 1978). 존 벨라미 포스터도 『마르크스의 에콜로지』(John Bellamy Foster, *Mar's Ecology: Materialism and Nature*, Monthly Review Press, 2000)[『마르크스의 생태학』, 이범웅 옮김, 인간사랑, 2010]에서 마르크스가 에콜로지컬한 인식을 가지고 있었음을 조명했다.

17) マルクス, 『資本論』 第1巻 第4編 第13章, 岩波文庫(2), 534頁[마르크스, 『자본론』 제1권, 635-636쪽].

18) マルクス, 『資本論』 第3巻 第1編 第6章, 岩波文庫(6), 187-188頁[마르크스, 『자본론』 제3권, 139쪽].

19) 사회구성체의 분류는 이상의 다섯 가지로 충분하다. 예를 들어, 사미르 아민은 이상의 다섯 가지 외에 아라비아국가에서 보이는 상업적 사회구성체, 17세기 의 영국에서 보이는 '단순소상품' 생산양식을 지배적인 사회구성체로 더했다 (Samir Amin, *Unequal Development*, Monthly Review Press, 1976)[사미르 아민, 『주변부 자본주의론: 불균등 발전론』, 정성진 · 이재희 옮김, 돌베개, 1985]. 하지만 전자는 '아시아적 사회구성체'에 속하고, 후자는 '자본주의적 사회구성 체'의 전기(前期)적 단계에 지나지 않는다.

20) 월러스틴은 국가 이전의 미니시스템을 세계시스템으로 간주하지 않았다. 하지 만 크리스토퍼 체이스-던은 이것도 세계시스템이라고 주장한다. '세계'는 그 규모에 의존하는 것이 아니기 때문이다. 체이스-던은 그리고 세계시스템을 미니 시스템, 세계=제국, 세계=경제 이 세 가지로 형식적 유형화를 행했다(Christopher Chase-Dunn and Thomas D. Hall, *Rise and Demise: Comparing World-Systems*, Westview Press, 1977). 이것을 통해 각각의 특성이 명확해지지만, 그런 역사적 변용이 어떻게 생겨나는지, 즉 미니시스템, 세계=제국, 세계=경제가 어떻게

서로 관계하면서 존재하고 또 변용되는지는 문제시되고 있지 않다. 그것을 보기 위해서는 교환양식이라는 관점이 필요하다.

21) フェルナン・ブローデル, 『物質文明・経済・資本主義 15-18世紀 世界時間』(1), 村上光彦 訳, みすず書房, 1996[페르낭 브로델, 『물질문명과 자본주의』(3-1), 주경철 옮김, 까치, 1997].

제1부 서론

1) アラン・テスタール, 『新不平等起源論』, 山内昶 訳, 法政大学出版局, 1995[알랭 떼스타, 『불평등의 기원』, 이상목 옮김, 학연문화사, 2006].

2) 1만 년 전에 신석기혁명(농업혁명)이 일어났고, 이후 급속한 사회적 변화가 이어졌다. 그 이전의 느긋했던 인류의 발걸음이 급격히 가속된 것처럼 보인다. 그러므로 그와 같은 변화가 왜 생겼는지가 문제가 되었다. 하지만 이 급격한 발전은 뭔가 새로운 것이 더해졌기 때문에 생긴 것이 아니다. 그때까지 발전을 억제하고 있던 것이 없어졌기 때문이라고 해야 할 것이다. 최근의 고고학에서는 DNA해석을 통해 현생 인류가 20만 년 정도 전에 아프리카에서 태어나, 수백 명 정도가 약 6만 년 전에 아프리카를 나와 지구상으로 퍼졌다는 것을 밝혀냈다. 이후 인류는 각지로 흩어져 거의 상호 교통이 없는 채로 각자 독자적인 발전을 이루었다. 하지만 아프리카에서 나온 시점에 인류의 신체와 뇌는 거의 완성되어 있어서 유전자적으로는 그 후 진화는 없다. 또 그들은 언어나 문자, 도구제작, 불의 사용과 조리, 의복이나 장식품을 만드는 기능(技能), 그리고 조선기술과 같은 공통의 문화자산을 가지고 있었다. 그러므로 그 이후 다양한 발전 형태를 취했음에도 불구하고, 공통요소가 근저에 있다. 고고학자 콜린 렌프류는 말하고 있다. 오히려 최대의 수수께끼는 원래 고도의 지적능력을 가지고 있던 인류가 농업혁명에 이르기까지 왜 이토록 시간이 걸렸는가에 있다고 말이다(『先史時代と心の進化』, 小林朋則 訳, 溝口孝司 監訳, 武田ランダムハウスジャパン, 2008). 내가 생각하기에 그것은 신인류가 유동민생활을 유지하려고 했기 때문이다. 부득이하게 정주를 했어도 유동적 단계에 존재했던 상태를 씨족사회로서 유지하려고 했다. 그에 비하면 농업혁명을 위대한 달성이라고 말할 수 없다. 그것은 말하자

면 애써 닫아놓았던 판도라의 상자를 연 것에 지나지 않는다.

제1부 제1장

1) マーシャル・サーリンズ, 『石器時代の経済学』, 山内昶 訳, 法政大学出版局, 1984, 112頁.

2) 씨족사회의 세대에서 공동기탁이 호수와 구별될 수 없는 것은 어떤 의미에서 오늘날의 가족이 그 안에서 공동기탁을 행하고 있으면서도, 그것을 호수 내지 상품교환처럼 생각하고 있는 것과 닮아있다.

3) サーリンズ, 『石器時代の経済学』, 240頁.

4) ピエール・クラストル, 『暴力の考古学』, 毬藻充 訳, 現代企画室, 2003[삐에르 끌라스트르, 『폭력의 고고학』, 변지현·이종영 옮김, 울력, 2002].

5) サーリンズ, 『石器時代の経済学』, 203頁.

6) テスタール, 『新不平等起源論』, 山内昶 訳, 法政大学出版局, 1995, 54頁[알랭 떼스타, 『불평등의 기원』, 이상목 옮김, 학연문화사, 2006, 54쪽].

7) 정주에 수반되는 곤란들에 관해서는 니시다 마사키(西田正紀)의 고찰에 빚지고 있다(『人類史のなかの定住革命』, 講談社学術文庫, 2007).

8) モーリス・ブロック, 『マルクス主義と人類学』, 山内昶·山内彰 訳, 法政大学出版局, 1996, 106頁.

9) 니시다 마사키는 정주혁명이라는 개념을 제창했다(『人類史のなかの定住革命』).

10) レヴィ=ストロース, 『親族の基本構造』 上巻, 馬淵東一·田島節夫 監訳, 番町書房, 1977, 154頁.

11) サーリンズ, 『石器時代の経済学』, 205-222頁.

12) マルクス, 「モルガン『古代社会』摘要」, 『マルクス・エンゲルス全集』(補巻4), 1977, 353頁.

13) 유인원에게서 incest(근친상간)이 회피되고 있다는 것은 가와이 마사오(河合雅雄)나 이타니 준이치로(伊谷純一郎)와 같은 교토대학 영장류학자에 의해 확증되었다.

14) 레비-스트로스는 친족구조가 세대나 씨족이 '딸'을 증여함으로써 형성된다고 생각했다. 하지만 모리스 고들리에는 『증여의 수수께끼』에서 그것은 편견에 의한 독단에 지나지 않으며, 남자가 증여되는 케이스가 적지 않았다는 것을 지적하고 있다. 여기서 중요한 것은 남녀의 차이가 아니라 '구조'로서의 동일성이다.

15) レヴィ＝ストロース, 『親族の基本構造』 上卷, 151頁.

제1부 제2장

1) レヴィ＝ストロース, 「マルセル・モース論への序文」(モース, 『社会学と人類学』(1)), 有地亨他 訳, 弘文堂, 1973, 31頁.

2) モーリス・ゴドリエ, 『贈与の謎』, 山内昶 訳, 法政大学出版会, 2000, 105頁[모리스 고들리에, 『증여의 수수께끼』, 오창현 옮김, 문학동네, 2011, 111쪽].

3) 모리스 고들리에는 마르셀 모스가 말하는 하우에 관하여 증여에서 사용권은 양도되지만 소유권은 양도되지 않는다, 그러므로 증여물의 하우가 원래로 돌아가는 경향이 있는 것은 증여된 것이 여전히 증여자의 소유물이라는 것을 의미한다고 말하고 있다. 말할 것도 없이 이 경우 소유권을 가지는 것은 공동체이다. 하지만 공동체의 소유권이 하우로서 물건에 부수된다는 고들리에의 이해는 모스의 생각과 배치되는 것이 아니다. 모스는 초기 주술론의 시점에서 '주술력' (오세아니아 원주민이 마나라고 부른)이 사회적인 힘이라는 것을 강조하고 있고, 또 모스에 앞서 그의 숙부인 에밀 뒤르켐은 소유권이 사회적인 것이라는 점, 그리고 미개사회에서 그것은 종교적인 형태를 취하여 나타난다는 점을 강조하고 있기 때문이다. 예를 들어, 뒤르켐은 소유권의 근저에서 종교적인 터부를 발견했다. 터부란 어떤 물건을 성스러운 것으로서, 제사의 영역에 속하는 것으로서 거부하는 것이다. 물건이 신성화되지 않는 한, 소유는 성립하지 않는다. 그리고 신성한 것은 사물 그 자체에 머문다(『社会学講義』, 宮島喬他 訳, みすず書房, 2008, 200頁). "인간에게 소유권이 내재되고 있고, 그곳에서 이것이 사물로 하강한 것이 아니라, 소유권이 본래 머물고 있던 것은 사물 안이었고, 이 사물에서 발하여 인간에게로 거슬러 올라간다. 사물은 종교적 관념의 힘에

의해 그 자체로 불가침했던 것이고, 이 불가침성이 …… 인간의 손으로 이행하는
것은 이차적인 것에 지나지 않았다'(同前書, 199頁). 따라서 소유권이 인간이
아닌 사물에 머문다는 것은 그것이 '공동체소유'로서 시작한다는 것과 같은
의미이다. 물론 사람들이 그처럼 생각하는 것이 아니다. 사람들은 물건이 공동체
소유라는 것을 신이 소유한다, 또는 물건에 정령이 머물고 있다고 생각한다.
이리하여 증여된 물건에 증여한 공동체의 '소유권'이 하우로서 부수된다. 증여
를 받은 공동체에는 말하자면 정령이 따라다니는 것이다. 그것은 인간적 폭력보
다도 위협적이다. 증여받은 측은 상대를 공격할 수 없다.

4) 예를 들어, 다나카 지로(田中二郎)는 칼라하리사막의 부시맨은 거의 주술을 행하
지 않는다고 말한다. 예를 들어, 기우제를 하더라도 비가 올 기미가 있을 때만
한다. "그들이 자연에 관해 가지고 있는 지식은 놀라울 정도로 풍부하고 정확하
다. 그들이 자연계 현상에 대해 사용하는 설명이 종종 비과학적인 것은 어쩔
수 없지만, 많은 '미개인'에게서 보이는 주술적 요소가 그들의 세계에는 매우
적고, 그 태도는 매우 합리적인 사고방식으로 일관되고 있다'(『砂漠の狩人』,
中公新書, 1978, 127頁).

5) 프로이트는 애니미즘에서 종교로의 발전을 다음과 같이 설명했다. "미개인에
있어 관념의 만능을 증명하는 것이 자기애의 증거라고 보는 것이 허용된다면,
인간의 세계관의 발전단계를 개인의 리비도발달 단계와 비교하는 시도를 애써
행할 수 있을 것이다. 그렇게 되면 시간적으로도 내용적으로도 애니미즘적
단계는 자기애에 대응하고, 종교적 단계는 양친과의 결부를 그 특징으로 하는
대상발견 단계에 대응하고, 또 과학적 단계는 쾌락원칙을 버리고 현실에 적응하
면서 외계에서 그 대상을 구하는 한 개인의 성숙상태에 완전히 대응한다'(「トー
テムとタブー」, 西田越郎 訳, 『フロイト著作集』(第3卷), 人文書院, 1982, 222頁)[프
로이트, 「토템과 터부」, 이윤기 옮김, 『종교의 기원: 프로이트전집』, 열린책들,
2003, 149쪽].

6) レヴィ＝ストロース, 『親族の基本構造』(上卷), 192頁.

7) マルティン・ブーバー, 『我と汝・対話』, 植田重雄, 岩波文庫, 1979, 9頁[마르틴
부버, 『나와 너』, 표재명 옮김, 문예출판사, 1977, 8쪽].

8) ブーバー, 同前書, 123頁[부버, 앞의 책, 130쪽].

9) 모스는 주술과 과학에 대하여 다음과 같이 서술하고 있다. "주술에 의해 축적된

이런 관념의 보고는 오랫동안 과학에 의해 개발될 자본이었다. 주술은 과학을 키우고 주술사는 과학자를 공급했다. 원시사회에서는 한 명의 주술자만이 자연을 관찰하고 고찰하고 몽상할 여유를 가졌다. 그들은 직능상 그것을 행했던 것이다. …… 문명의 낮은 단계에서는 주술사가 학자이고 학자는 주술사다." (『社会学と人類学』(1), 212頁)[이 부분과 아랫부분의 인용은 『증여론』이 아니라 같은 책에 수록된 「주술론」(Esquisse d'une théorie générale de la magie)에서 가져온 것이다.] "의학, 약학, 연금술, 천문학이 오로지 기술적 발전으로 이루어질 수 있는 한, 그것이 국한된 그 핵의 주위를 에워싸는 주술의 내부에서 발전한 것은 매우 당연하다. …… 주술은 기술에 대해서와 마찬가지로 과학과도 결부되어 있다. 그것은 실천적 기술일 뿐만 아니라 관념의 보고이기도 하다."(同前書, 211頁).

10) フロイト, 「モーゼという男と一神教」, 渡辺哲夫 訳, 『フロイト全集』(第22巻), 岩波書店, 2007, 165-166頁[프로이트, 「모세와 유일신교」, 이윤기 옮김, 『종교의 기원』, 열린책들, 2003, 420쪽].

11) '억압된 것의 회귀'에 대해 프로이트는 다음과 같이 서술하고 있다. "특히 분명히 말해두어야 하는 것은 망각에서 회귀한 것은 완전히 독특한 힘으로 회귀한 목적을 수행하며, 인간집단에 엄청나게 강력한 영향을 미치고, 진실을 향해 저항하기 힘든 요구를 들이밀고, 이 힘에 대해서라면, 논리적 이의신청 따위는 항상 무력하다는 사실이다. '불합리하기 때문에 믿는다'가 될 수밖에 없는 형태다."(フロイト, 同前書, 107頁)[프로이트, 앞의 책, 362쪽]. "개개인의 정신분석에서 경험적으로 알 수 있는 것이지만, 아직 말하는 것도 거의 불가능한 아이 때에 받은 매우 이른 시기의 인상은 의식적으로 상기되지 않은 채로 있다가 언젠가 때가 되면 강박적 성격을 만들어 내거나 그런 성격형성에 엄청난 영향력을 발휘하게 된다. 우리는 이와 같은 것을 인류의 매우 이른 시기의 체험에서 상정해도 좋을 것이다."(同前書, 164頁)[앞의 책, 419쪽].

제2부 서론

1) マーシャル・サーリンズ, 『石器時代の経済学』, 49-50頁.

2) ルイス・マンフォード, 『機械の神話—技術と人間の発達』, 樋口清 訳, 河出書房新社, 1971.

3) 노마드적 인간들을 정주시키기 어려운 것은 러시아나 중국에서 강한 국가권력을 가지고 있어도 유목민을 정주시킬 수 없었던 예로부터도 알 수 있다. 또 한 가지 예는 18세기 후반 영국의 섬유공업 영역에서 기계적 생산이 시작되었을 때, 직인기질의 노동자는 그것을 싫어했다고 한다. 그 때문에 그들 대신에 여자와 아이가 고용되었다는 것이다. 이와 같은 직인들은 어떤 의미에서 수렵채집민과 닮아있다. 그들은 기계적 작업(routine)을 싫어한다. 유동적이고 직장을 옮겨 다닌다. 이와 같은 직인들을 기계적인 노동에 종사시키는 것은 용이하지 않다. 그러기 위해서는 강제와 함께 discipline(교육)이 필요하다. 많은 경우, 근대국가에 의한 의무교육과 징병제가 그와 같은 역할을 수행하고 있다.

제2부 제1장

1) Jane Jacobs, *The Economy of Cities*, Vintage Books, 1970.

2) 소위 4대문명 외에 그것들과는 완전히 무관하게 생겨난 아메리카대륙의 문명에서도 처음은 하구의 어업, 그리고 배에 의한 교역에서 시작하고 있다. 안데스산맥의 해안지대에 있는 와카 프리에타 유적, 아스페로 유적 등은 잉카제국에 이르는 문명의 초기단계를 보여주는 것이다. 유적발굴조사는 그것이 어로(漁撈)를 위한 정주에서 시작되었다는 것, 또 그것과 함께 자연발생적으로 재배가 시작되었다는 것을 보여주고 있다. 여기서도 원도시=국가의 형성, 그것들 간의 교역과 전쟁의 확대에서 국가, 그리고 제국이 형성되기에 이르는 과정을 추정할 수 있다. 또 고지에 있는 멕시코의 테오티우아칸에 대해서도 같을 것을 말할 수 있다. 그것은 본래 해안지대 통상루트의 요지로서 원도시=국가였다.

3) マックス・ウェーバー, 『都市の類型学』, 世良晃志郎 訳, 創文社, 1964[막스 베버, 「도시의 유형학」, 양회수 옮김, 『사회과학논총』, 을유문화사, 1998].

4) ルソー, 『人間不平等起源論』, 本田喜代治・平岡昇 訳, 岩波文庫, 1972, 110頁[루소, 『인간불평등기원론』, 주경복 옮김, 책세상, 2003, 119-120쪽].

5) 홉스가 말하는 코먼웰스를 성립시키는 계약은 그것이 생긴 후의 계약과는 다르

다. "확실히 일단 코먼웰스가 성립되거나 획득되면, 죽음이나 폭력에 대한 공포에서 생겨난 약속은, 그것이 법률에 반하는 것이면, 계약이 아니다. 따라서 이행의무는 없다. 하지만 그 이유는 약속이 공포에 근거하고 있기 때문이 아니라, 약속한 인간이 그 약속사항에 관하여 권리를 가지고 있지 않기 때문이다"(『リヴァイアサン』(『ホッブス: 世界の名著(第23卷)』), 永井道雄 編, 中央公論社, 1971, 219頁)[『리바이어던』, 진석용 옮김, 나남, 2008, 264-265쪽]. '공포에 의해 강요된 계약이 통상적인 의미에서의 계약에 선행한다. 홉스는 말한다. "계약이란 그저 말이나 속삭임이며, 오로지 공공의 칼에서 나오는 힘에 의해서만 누군가에게 의무를 부과하고, 억제하고 강제하며, 보호할 수 있다(同前書, 200頁)[앞의 책, 238쪽].

6) ホッブス, 同前書, 168頁[홉스, 앞의 책, 189쪽].

7) ホッブス, 同前書, 197頁[홉스, 앞의 책, 233-234쪽].

8) ホッブス, 同前書, 223頁[홉스, 앞의 책, 269쪽].

9) Christopher Gill, Norman Postlethwaite, and Richard Seaford, *Reciprocity in Ancient Greece*, Oxford University Press, USA, 1988.

10) エンゲルス, 『家族, 私有財産および国家の起源』[『マルクス=エンゲルス全集』第21卷], 大月書店, 1971, 152-153頁[엥겔스, 『가족, 사유재산, 국가의 기원』, 김대웅 옮김, 두레, 2012, 265쪽].

11) ルソー, 『人間不平等起源論』, 108頁[루소, 『인간불평등기원론』, 118쪽].

12) マルクス, 『資本論』第1卷 第4編 第12章, 岩波文庫(2), 306頁[마르크스, 『자본론』제1권, 456쪽].

13) 大月康弘, 『帝国と慈善──ビザンツ』(創文社, 2005)는 동로마제국(비잔틴)이 서유럽과 달리 일종의 복지국가였다는 점을 지적하고 있다.

14) ウェーバー, 『支配の社会学』(2), 世良晃志郎 訳, 創文社, 1962, 391-392頁[베버, 『지배의 사회학』, 금종우・김남석 옮김, 한길사, 1981, 201쪽].

15) 농업공동체에 대해 말하자면, 중국에는 마르크스가 인도에서 발견한 것과 같은 공동체는 존재하지 않았다. 현재에 이르기까지 중국사회를 특징짓는 종족(宗族)의 존재는 원시공동체 이래의 혈연적 공동체가 연면히 남아 있는 결과가 아니다. 종족이나 방(幇)은 과거에 의한 관료제의 완성에 대응하여 행정단위로서 위로부

터 구성된 촌공동체와는 별개로 민중 측에서 대항적으로 만들어진 결사이다. 그러므로 중국사를 보면, 영속적인 아시아적 공동체라는 것이 허구에 지나지 않는다는 것이 명확하다. 영속적인 것은 관료제라는 국가기구이다. 유명한 러시아 공동체(미르)도 몽골의 지배 하에서 형성된 것이다. 즉 전제국가의 산물이지 그 역이 아니다.

16) ウェーバー, 『支配の社会学』(1), 世良晃志郎 訳, 創文社, 1960, 88-89頁[베버, 『지배의 사회학』, 금종우·김남석 옮김, 한길사, 1981, 40쪽].

17) 마이클 만은 아시아적 전제국가를 수력이용농업으로 설명하는 비트포겔의 이론을 비판하고 있다. "고대세계에서 중국, 이집트, 수메르라는 명확히 유리한 조건을 가진 세 지역에서조차 수력이용농업과 전제주의 사이에는 어떤 연관도 없었다."(『ソーシャルパワー: 社会的な<力>の世界歴史』(1), 森本醇·君塚直隆 訳, NTT出版, 2002, 110頁).

18) 중국에서 시작된 과거제도와 문관지배는 그 주변국가(한반도·베트남)에서도 받아들여졌다. 고려 왕조는 10세기에 과거제도와 문관지배를 확립했다. 하지만 일본에서는 중국의 제도들을 모두 받아들였음에도 불구하고 관료제도만은 전혀 뿌리를 내리지 않았다. 기본적으로 전사적인 문화가 유지되었다.

제2부 제2장

1) マルクス, 『資本論』第1卷 第1編 第2章, 岩波文庫(1), 152頁[마르크스, 『자본론』 제1권, 106-107쪽].

2) マルクス, 『資本論』第3卷 第5編 第36章, 岩波文庫(7), 426頁[마르크스, 『자본론』 제3권, 730쪽].

3) マルクス, 『資本論』第1卷 第1編 第1章, 岩波文庫(1), 134頁[마르크스, 『자본론』 제1권, 93-94쪽].

4) マルクス, 『資本論』第1卷 第1編 第2章, 岩波文庫(1), 167頁[마르크스, 『자본론』 제1권, 116-117쪽].

5) マルクス, 『資本論』第1卷 第1編 第1章, 岩波文庫(1), 107頁[마르크스, 『자본론』

제1권, 72쪽].

6) マルクス, 『資本論』第1卷 第1編 第2章, 岩波文庫(1), 159-160頁[마르크스, 『자본론』 제1권, 112쪽].

7) マルクス, 『資本論』第1卷 第1編 第1章, 岩波文庫(1), 134頁[마르크스, 『자본론』 제1권, 93-94쪽].

8) ポランニー, 『経済の文明史』, 玉野井芳郎·平野健一郎 編訳, 日本経済新聞社, 1975, 64頁.

9) 화폐를 국가에 의한 약정으로서 보는 생각이 잘못된 것은 국가에 의해 화폐를 통용시킬 수 없다는 것으로도 명료하다. 그것은 국가의 바깥에서는 통용되지 않는다. 더욱이 국제적으로 통용되지 않는 통화라면, 국내에서도 통용되지 않는다. 예를 들어, 소비에트연방처럼 강력한 국가권력을 가졌다고 해도, 그 말기에는 국내에서 통화인 루블이 통용되지 않았다. 역으로 담배(말보로)가 통화로서 기능했다. 이어서 화폐의 '상품기원설'에 대한 오늘날의 비판은 미 달러가 1971년 이후 금과의 태환제를 정지시킨 후에도 세계통화로서 계속 존재한다는 '사실'에 근거하여 이루어지고 있다. 여기서 등장한 것은 화폐를 국가 간의 상호적 신용에 의해 기초를 짓는 사고이다. 마르크스는 화폐를 '상품세계의 공동작업'으로 파악했는데, 이런 관점은 그것을 말하자면 '인간세계의 공동작업' 또는 국가 간의 공동작업으로서 보는 것이다. 구체적으로 화폐는 상품(금)일 필요는 없다, 국가들이 동의하고 지지하면, 세계통화는 성립한다는 것이다. 하지만 국제적 결제에서 금이 필요하다는 생각은 현실적으로 사라지지 않고 있다. 확실히 아메리카는 달러와 금의 태환제를 정지시켰지만, 그것은 달러가 세계통화이기 때문에 금준비가 불필요하다는 것이 아니다. 금이 태환되어 유출되기 때문에, 태환을 정지시켰지만, 만약 금준비가 불필요하다면, 금의 유출을 저지할 필요가 없다. 요컨대 현재에도 금=세계화폐는 암묵적으로 뒤에서 국제적 결제수단으로서 존재하고 있는 셈이다.

10) 이상은 山田勝芳, 『貨幣の中国古代史』(朝日新聞社, 2000)에 근거한다.

11) 화폐를 상품에서 고찰하는 마르크스의 관점을 부정하고 그것을 상호적 신용에 바탕을 두려는 견해가 있다. 하지만 그것은 대외화폐와 대내화폐를 동일시하는 것이다. 예를 들어, 1970년대부터 미 달러가 금과의 태환성 없이 기축통화로서 통용되고 있다는 것에서 세계화폐의 근거를 상품화폐가 아니라 국가 간의 상호

적 신용에서 보는 견해가 강해졌다. 하지만 그것은 일시적인 현상에 지나지 않는다. 달러가 세계화폐(기축통화)인 시대는 오래 이어지지 않는다. 단 그것에 의해 금본위제가 부활하는 일도 없다. 세계화폐는 금은만이 아니라 희소금속(rare metal)·석유·곡물 등을 포함하는 'commodity basket'이 될 것이다. 그것은 명확히 상품화폐이다. 즉 일정한 사용가치가 일반적 등가물이 되는 것이다.

12) 그 자체가 사용가치를 갖지 않는 통화는 세계화폐가 될 수 없다. 그 예외는 몽골제국이 지폐를 통용시킨 것이다. 하지만 그것은 국가의 힘이 아니라, 광범위하게 미친 몽골 지배자공동체 사이의 상호적 '신용'에 의한 것이다. 그것은 호수적인 힘이다. 또 그것에 의해 몽골제국은 공전절후(空前絶後)의 대제국이 될 수 있었다.

13) 마르크스주의자 사이에서는 생산관계가 물건과 물건의 관계로서 나타난다, 또는 계급관계가 단순한 교환(계약)관계 속에 은폐되어 있다는 논의가 되풀이되고 있다. 하지만 산업자본주의 고유의 계급관계는 화폐-상품관계에 의해 조직된 것이다. 그러므로 이와 같은 생산관계는 교환양식에서 보지 않으면 이해할 수 없다. 물상화론에 의하면, 주인-노예적인 생산관계가 화폐-상품관계 하에 은폐된다는 견해가 된다. 또 자본에 대한 노동자의 대항운동을 노예의 반란에 견주게 된다.

14) アリストテレス, 『政治学』(『アリストテレス全集』(第15巻)), 山本光雄 訳, 岩波書店, 1988, 25頁[아리스토텔레스, 『정치학』, 천병희 옮김, 숲, 2009, 44쪽].

15) アリストテレス, 同前書, 26頁[아리스토텔레스, 앞의 책, 45쪽].

16) マルクス, 『資本論』 第1巻 第1編 第3章, 岩波文庫(1), 233頁[마르크스, 『자본론』 제1권, 166쪽].

17) マルクス, 『資本論』 第1巻 第2編 第4章, 岩波文庫(1), 267頁[마르크스, 『자본론』 제1권, 191-192쪽].

18) モース, 『社会学と人類学』(1), 290頁[모스, 『증여론』, 138쪽].

19) マルクス, 『資本論』 第3巻 第5編 第24章, 鈴木鴻一郎 訳, 中央公論社, 993頁[마르크스, 『자본론』 제3권, 476쪽].

20) マルクス, 『資本論』 第3巻 第5編 第36章, 岩波文庫(7), 434頁[마르크스, 『자본론』 제3권, 736쪽].

21) ポランニー, 『人間の経済』(1), 153頁[폴라니, 『인간의 경제』, 132쪽].

22) マルクス, 『資本論』第3巻 第5編 第36章, 岩波文庫(7), 430頁[마르크스, 『자본론』 제3권, 733-734쪽].

23) 바빌로니아의 『함무라비법전』에는 금전대차, 채무이행, 손해배상, 노예매매 등의 규정이 포함되어 있다. 이것은 당시 대두했던 고리대상인을 규제하기 위한 것이었다.

24) 중세유럽에서 그리스도교회는 이자를 금지하고 유대인에게 이자가 붙는 금융을 맡겼다. 하지만 유대인도 자민족 안에서는 이자를 금지했다. '이중도덕', 즉 공동체의 내부와 외부에서 도덕이 다를 경우, 화폐경제가 일반화되는 일은 없다.

25) ヘロドトス, 『歴史』, 松平千秋 訳, 岩波文庫(上), 1971, 118頁[헤로도토스, 『역사』, 천병희 옮김, 숲, 2009, 120쪽].

제2부 제3장

1) 이 점에서 러시아혁명이나 중국혁명을 구세계=제국이 복권을 하려는 시도로 볼 수 있다. 비트포겔은 러시아혁명이나 중국혁명이 아시아적 전제국가의 토양 위에서 세워졌다는 것, 그 때문에 아시아적 전제국가가 재현되었다고 말한다. 하지만 그가 놓치고 있는 점 중의 하나는 러시아나 중국이 세계=제국이었다는 측면이다. 그곳에서는 다수의 공동체·국가가 통합되어 있었다. 여기서 부르주아혁명이 일어나면, 기존의 세계=제국은 다수의 네이션=스테이트로 분해될 것이다. 이때 계급을 우선시하는 마르크스주의는 구세계=제국을 네이션=스테이트로 분해하지 않고 근대화해서 복권시키는 유일한 이데올로기로서 기능했다. 러시아나 중국에서 사회주의혁명은 세계=경제(세계자본주의) 안에서 그것을 거부하는 세계시스템(비이득적인 교환에 근거하는 경제권)을 확립시켰다.

2) 중국의 왕조는 유목민 왕조였다고 해도 좋다. 예를 들어 한·송·명은 유목민의 지배를 극복한 한민족왕조로 보인다. 하지만 한은 무제 이전에는 유목민 흉노의 속국이나 마찬가지였고, 송의 건국도 유목민 군단에 의거했고, 명도 왕조의 군사력으로서 많은 몽골집단을 거두어들이고 있었다. 즉 중국의 왕조는 유목민

자신이거나 아니면 유목민의 지원에 의해 만들어진 것이다.

3) 마르크스는 그리스가 고대문명을 달성하면서 씨족사회적인 제도들을 남기고 있는 점에 주목하고, 그것을 다음과 같이 설명했다. "그들의 아티카 정주(定住)에서 솔론의 시대까지 저토록 장기간 걸쳐 낡은 씨족조직을 유지시킬 수 있었던 것은 오로지 부족들의(아티카의) 불안정한 상태와 끝없는 교전 때문이었다. (……) 솔론의 시대에 아테네인은 이미 문명화된 민족이었다. 그 2세기 전부터도 이미 그러했다. 유용한 기술이 눈부시게 발달하고, 해상통상이 민족적인 사업이 되고, 농경과 수공업이 진보하고, 문자에 의한 시작(詩作)이 시작되었다. 하지만 그들의 통치제도는 여전히 미개후기형의 씨족적인 제도들이었다"(モルガン, 「『古代社会』摘要」, 『マルクス・エンゲルス全集』(補巻4)), 大月書店, 1977, 428頁). 하지만 이것은 아테네에 대해서는 어느 정도 해당될지 모르지만, 이오니아에는 해당되지 않는다.

4) 페니키아문자를 개량하여 누구라도 습득할 수 있는 표음문자(알파벳)를 만든 것이 그리스민주주의를 가져왔다는 설이 있다. 확실히 이집트나 중국에서는 문자를 습득하는 데에 많은 수고와 능력이 필요했다. 하지만 표음문자가 있었기 때문에 민주정이 가능했다는 것은 원인과 결과의 전도이다. 관료체제가 존재할 때, 문자는 대중에 가까워지지 않는 쪽이 바람직하다. 예를 들어, 이집트에는 대중이 사용하는 문자가 있었지만, 정보지식을 독점하고 싶어 하는 관료층은 습득이 곤란한 상형문자를 일부러 유지했다. 그러므로 그리스에서 표음문자가 채용되어 발달한 것은 관료기구가 발달하지 않았기 때문이다. 그리고 그것은 경제를 관료에 의한 통제가 아닌 시장경제에 맡겼기 때문이다.

5) ハンナ・アーレント, 『革命について』, 志水速雄 訳, ちくま学芸文庫, 1995, 40頁[한나 아렌트, 『혁명론』, 홍원표 옮김, 한길사, 2004, 97-98쪽].

6) 아테네의 폴리스는 부족연합체로서 시작되었다. 그것은 가족(오이키아oikia), 그 위에 게노스(genos씨족), 그리고 프라트리아(phratria형제단, 포족胞族), 필레(phyle부족)라는 계층을 이룬다. 예를 들어, 아테네에는 네 부족이 존재하고 있었다.

7) アーレント, 『革命について』, 429頁[아렌트, 『혁명론』, 410-411쪽].

8) 사와다 노리코(澤田典子)에 따르면, 일반적인 직책은 추첨에 의해 결정되지만, 장군(스토라테고스)만은 선거로 뽑혔고, 중임·재임도 인정되고 있었다. 민주

정 초기에는 귀족정 시기와 마찬가지로 최고위 직책인 아르콘이 귀족 중에서 선발되었지만, 페리클레스시대(기원전 487년)에는 그것도 추첨으로 결정되게 되었다. 그 결과 선거로 선발되는 장군이 중요시되었다. 페리클레스를 시작으로 아테네의 유력한 정치가는 거의 모두 장군 경험자였다. 물론 그들은 엄중한 탄핵재판의 대상이 되었다(『アテネ民主政』, 講談社, 2010).

9) 이오니아의 자연철학은 아테네 사람들과는 다르게 기예나 수작업을 경멸하지 않았던 사람들에 의해 사고되었다. 그것은 또 헤로도토스의 『역사』에 대해서도 말할 수 있다. 그는 페르시아를 시작으로 다종다양한 주변부족을 고찰했지만, 그리스중심주의적인 편견이 없었고, 거의 현대의 인류학자와 닮은 태도를 취하고 있다. 사쿠라이 마리코(桜井万里子)가 지적한 것처럼 이것은 아테네 역사가 투키디데스의 태도와는 완전히 다르다(『ヘロドトスとトゥキュディデス』, 山川出版社, 2006). 또 히포크라테스에 관해서는 "어떤 집을 방문하든 자유인이냐 노예냐를 묻지 않고 부정을 범하지 않으며, 의술을 행한다", "의(醫)에 관한 것이냐 아니냐를 묻지 않고 타인의 생활에 관한 비밀을 준수한다"와 같은 「히포크라테스 선서」가 아직도 의사의 규범이 되어있을 정도이다.

10) ハンナ・アーレント, 『全体主義の起源』(2) 第1章, 大島通義・大島かおり 訳, みすず書房, 1981[한나 아렌트, 『전체주의의 기원』(1), 이진우・박미애 옮김, 한길사].

11) ウェーバー, 『古代社会経済史』, 増田四郎他 訳, 東洋経済新報社, 1959.

12) 서유럽에서 교회가 황제나 제후보다 우월했던 원인 중 하나는 시저가 『갈리아전기』에서 지적한 것처럼 원래 켈트인 사이에는 사제계급이 전사계급보다 우월했다는 것, 그리고 그리스도교가 포교에서 그것을 이용했다는 데에 있다.

13) 중국에서 주(周) 왕조 시대에 '봉건제'가 있었다고 이야기된다. 하지만 그것은 왕이 각지에서 일족이나 공신의 유력자를 봉하여 제후로 삼아 토지나 백성을 지배하도록 한 제도이다. 즉 전사들의 호수적 관계가 아니라 친족관계에 의한 지배체제이다. 그 반대개념은 군현제이고, 진(秦)의 시황제에 의해 실현되었다. 공자가 주(周)의 봉건제를 이상화한 것은 그것이 '무(武)'나 법률이 아니라 '예와 악'에 의한 통치라고 생각했기 때문이다.

14) マルク・ブロック, 『封建社会』(下巻), 新村猛他 訳, みすず書房, 1973, 99頁[마르크 블로크, 『봉건사회』(2), 한정숙 옮김, 한길사, 2001, 230쪽].

15) 일본의 봉건제는 지배계급인 무사가 아니라 피지배 측에서 보아야 한다. 쌀농사와 더불어 공동체적 소유와 구속이 있었지만, 일본의 농민은 14세기 이후 사실상 토지를 사유하고 있었다. 예를 들어, 16세기 말에 이루어진 '다이코겐지'(太閤検地)는 국가가 조세(연공)를 확보하기 위해 농민의 소유지를 재확인하는 것이었다. 또 16세기에는 사카이(堺)나 교토와 같은 자치도시가 존재했다. 물론 이것은 17세기 이후의 도쿠가와 체제에서 억압되었지만, 전면적으로 억압된 것은 아니었다. 이후에도 조닌(부르주아)의 문화적 활동은 계속되었다. 그런 의미에서 일본의 사회구성체는 봉건적이었고 아시아적이지 않았다고 해야 한다. 물론 그것은 일본이 항상 아시아적 제국=문명의 영향 하에 있었다는 것과 모순되지 않는다. 예를 들어, 고대 율령국가의 법이나 기구는 형해화(形骸化)되었음에도 불구하고, 공식적으로는 한 번도 부정된 적이 없었다. 그리고 그것은 메이지유신에서 중앙집권화를 위해 활용되었다. 그것은 '왕정복고'라는 명목으로 이루어졌다.

16) 사미르 아민은 『유럽중심주의』(Samir Amin, *Eurocentrism*, Monthly Review Press, 1989)[사마르 아민, 『유럽중심주의』, 김용규 옮김, 세종출판사, 2000]에서 고대 그리스에서 현재에 이르기까지 일관된 서양의 역사라는 관점을 의심했다. 그것은 근대유럽이 중세에 아라비아문명이라는 존재 없이는 있을 수 없었다는 것을 억압하고 있는 것만이 아니다. 그 시원으로 간주되는 고대그리스 그 자체가 선진국 이집트의 주변에 있었던 섬나라였다는 것을 억압하고 있다. 서양사상의 2대요소라고 간주되는 플라톤·아리스토텔레스적인 '제작'적 사고와 세계를 창조한 유일신을 믿는 유대교는 원래 이집트에서 유래한 것이었다. 아민이 생각하기에 이집트와 같은 제국은 그것이 완성되어 있었기 때문에 경직되고 정체적이었던 데에 반해, 그 주변에 있어서 미완성상태였던 연해의 반도국가 그리스에서는 flexible(유연)하고 자유롭게 문화를 발전시킬 수 있었다. 그리고 아민은 '이집트와 그리스'와 닮은 관계를 로마제국과 그 주변인 서유럽의 관계, 그리고 서유럽대륙의 제국과 그 주변의 섬나라인 영국과의 관계, 그리고 중국과 주변의 섬나라인 일본과의 관계에서 발견하고 있다. 아민은 이와 같이 주변에 있었기에 미완의 시스템을 가진 국가에서 자본주의가 발전했다고 말한다. 그들 주변국가, 특히 섬나라에서는 자신의 윤곽을 유지하기 위해 에너지를 소비할 일이 없고, 또 바깥으로부터 무엇이든 받아들이지만, 프래그머틱하게 그것들을

처리하여 전통규범적인 힘에 얽매이지 않고 창조해가는 것이 가능하게 된다. 이것은 탁견이다. 하지만 이미 명확한 것처럼 이와 같은 사고는 비트포겔이 '아주변'이라는 개념으로 제시한 것이다. 아민이 그것을 묵살하고 있는 것은 공정하지 않다.

제2부 제4장

1) ウェーバー, 『宗教社会学』(<経済と社会> 第2部 第5章), 武藤一雄 ほか 訳, 創文社, 1976, 38頁.

2) ウェーバー, 同前書, 38頁.

3) ニーチェ, 『道徳の系譜』, 木場深定 訳, 岩波文庫, 1964, 79頁[니체, 『도덕의 계보』(『니체전집』(제14권), 김정현 옮김, 책세상, 2002, 412-413쪽].

4) オルトヴィン・ヘンスラー, 『アジール──その歴史と諸形態』, 舟木徹男 訳, 国書刊行会, 2010.

5) "메소포타미아나 아라비아에서는 수확을 낳는 것은 비가 아니라 오로지 인공관개라고 간주되고 있다. 메소포타미아에서는 이것이 오로지 국왕의 절대적 지배를 낳는 근원이 되고, 마찬가지로 이집트에서는 하천 치수가 정확히 그에 해당된다. 즉 국왕은 약탈하여 모은 예속민들을 사용하여 운하나 그 연안의 도읍을 만들고, 이것을 통해 수익을 올렸던 것이다. 서남아시아의 본래 사막지대나 그 주변지역에서 위와 같은 사태는 그 고유의 신 관념을, 즉 그 이외의 지방에서 많이 보이는 대지나 인간을 낳는 신이 아니라 그것을 무에서 '창출하는' 신이라는 관념을 생겨나게 하는 하나의 원천이 된다. 국왕의 수리경제(水利経済)도 실은 황막한 모래 속에서 수확물을 무에서 창출하는 것이다"(ウェーバー, 『宗教社会学』, 79頁).

6) ニーチェ, 『道徳の系譜』, 107頁[니체, 『도덕의 계보』, 439쪽].

7) ウェーバー, 『宗教社会学』, 34頁.

8) 이집트의 경우, 초기왕조는 부족연합체(연합왕권)였기 때문에 파라오(왕)는 유력한 수장의 한 사람에 지나지 않았다. 왕권이 강화되고 중앙집권적 국가체제가

확립됨에 따라 파라오(王)를 신의 화신으로 간주하는 '신왕'(神王) 이념이 성립했다. 하지만 제4왕조시대, 태양신 라 신앙이 흥성했다. 이것은 명확히 왕권의 쇠퇴를 의미했다. 파라오는 이제 '신왕'이 아니라 신의 역할을 연기하는 존재에 지나지 않았다. 왕권이 다시 강화되는 것은 신왕국에서다. 그때까지 나일 강 주변에 갇혀있었던 이집트는 그 판도를 아시아로 확대하여 '제국'을 형성했다. 그러자 더 이상 전통적인 체제나 종교로는 지속해나갈 수 없는 사태가 생겨났다. 그때 왕 아크나톤에 의한 '아마르나개혁'(기원전 375-350년), 즉 태양신을 유일한 지고신으로 삼는 종교개혁이 이루어졌다. 하지만 아크나톤의 재위 중에 이집트는 아시아의 영토를 잃었다. 그의 후계자 투탕카멘은 '아마르나개혁'의 모든 것을 흔적도 남지 않을 정도로 부정해 버렸다.

9) マルクス,『資本論』第1卷 第1編 第3章, 岩波文庫(1), 230頁[마르크스,『자본론』 제1권, 164-165쪽].

10) フランシス・M・コーンフォード,『宗教から哲学へ』, 広川洋一 訳, 東海大学出版会, 1966[콘퍼드,『종교에서 철학으로』, 남경희 옮김, 이화여대출판부, 1995].

11) 물적 증거가 남아있지는 않지만, 수메르에서도 도시국가가 경합하는 상태에서 제국으로 통합되어 가는 과정에 '제자백가'가 배출된 시기가 있었음이 분명하다.

12) ウェーバー,『宗教社会学』, 25頁.

13) 베버는 솔로몬 왕조의 무렵 '이집트'는 전제공납국가의 전형을 보여주고 있으며, 따라서 '출애굽'(出이집트)은 이집트적인 전제국가로 바뀌어가는 상태로부터의 탈출을 상징적으로 의미한다는 설을 소개하고 있다(ウェーバー,『古代社会経済史』, 171頁).

14) エルンスト・ブロッホ,『希望の原理』(1), 21頁[에른스트 블로흐,『희망의 원리』(1), 22쪽].

15) 유대교는 민족종교이기 때문에 포교를 하지 않는다고 일반적으로 생각된다. 하지만 슈로모 상드[Shlomo Sand: 이스라엘의 역사학자]에 따르면, 유대인의 인구가 로마제국, 아프리카, 러시아에 이르기까지 증가한 것은 유대교로의 개종자가 늘었기 때문이다(『ユダヤ人の起源』, 高橋武智 監訳, ランダムハウス講談社, 2010). 유대인이란 유대교도이고 민족(에스닉)과는 관계가 없다. 상드에 따르면,

유대민족·인종이라는 것은 19세기 후반 유럽의 내셔널리즘에 의해 압박을 당했을 때, 그에 대항하는 형태로 나온 시오니즘에 의해 '발명'된 것이다.

16) エンゲルス,『ドイツ農民戦争』, 伊藤新一 訳, 国民文庫, 1953, 62頁[엥겔스,『독일 농민전쟁』(『독일혁명사 2부작』), 이종훈·김용우 옮김, 소나무, 1988, 68쪽].

17) 또 한 가지 예로서 터키의 알레비(Alevi)파를 들고 싶다. 이 파는 수니파 안의 이단으로 신비주의적이며 신과의 합일을 추구하기 때문에, 중개자인 예언자· 성직자를 불필요한 것으로 간주하고, 더욱이 모스크만이 아니라 금주나 여성의 벨 착용 따위의 여러 가지 계율을 부정했다. 교도(敎徒)는 호수적(공산주의적)인 공동체를 형성하고, 또 민중적인 사회운동을 일으켜왔다. 이 알레비파는 소수파 임에도 불구하고, 영향력이 확대되었다. 오늘날 터키의 정교분리는 서양화만이 아니라 알레비파의 덕이 크다고 이야기된다.

18) 예를 들어, 모택동이 중국혁명에서 참조한 것은 마르크스주의적 문헌보다도 명조(明朝)의 시조(始祖)가 그러했던 것과 같은 종교적 민중반란의 역사였다고 해도 좋다.

제3부 서론

1) Maurice Dobb, Paul Sweezey, Kohachiro Takahashi, et al., *The Transition form Feudalism to Capitalism*, London, NLB, 1976.(『封建制から資本主義への移行』, 大阪経済法科大学経済研究所 訳, 柘植書房, 1982)[김대환 편,『자본주의 이행논쟁: 봉건제로부터 자본주의로의 이행』, 동녘, 1984].

2) マルクス,『資本論』第3巻 第4編 第20章, 岩波文庫(6), 529頁[마르크스,『자본론』 제3권, 404쪽].

3) マルクス,『資本論』第1巻 第1編 第4章, 岩波文庫(1), 255頁[마르크스,『자본론』 제1권, 183쪽].

4) 브로델은 월러스틴을 다음과 같이 비판했다. 이때 브로델은 유통과정을 중시한 마르크스를 원용했다. "나는 유럽의 세계=경제가 이매뉴얼 월러스틴이 고집하 듯 16세기에 탄생한 것이 아니라 그보다 훨씬 일찍 탄생했다고 생각한다. 실제

그를 괴롭힌 문제는 마르크스가 제기한 문제였다. …… 마르크스는 유럽자본주의는(그는 심지어 자본주의적 **生産**조차라고 말했다) 13세기 이탈리아에서 시작되었다고 쓴 적이 있다(나중에는 그것을 후회했지만). 나는 같은 이유로 그렇게 썼을 때의 마르크스와 같은 의견이다."(『物質文明・経済・資本主義 15-18世紀世界時間』(1), 60-61頁)[『물질문명과 자본주의』(3-1), 70쪽].

5) ブローデル, 同前書, 19頁[브로델, 앞의 책, 26쪽].

6) 니담은 다음과 같이 말하고 있다. "그리스인의 위대한 사상체계를 별도로 하면, 1세기에서 15세기 간의 '암흑시대'를 경험하지 않았던 중국인은 일반적으로 유럽보다도 훨씬 앞서 있었고, 유럽은 르네상스기의 과학혁명 때가 되어서야 비로소 급속히 진보한 것에 지나지 않는다. 그보다 이전의 시대는 기술상의 방법들만이 아니라 사회의 구조나 변화에서조차 서양은 중국과 동아시아에서 일어난 발명과 발견에서 깊은 영향을 받았다. 베이컨경이 지적한 세 가지 발명(인쇄술, 화약, 나침반)만이 아니라, 그 밖에 셀 수 없이 많은 것—기계적 시계장치, 주철법, 등자(鐙子)나 능률적 마구, 카르단 현수법(懸垂法)이나 파스칼삼각법, 고상한 아치형 다리나 운하의 저수식 수문, 함미지휘(艦尾指揮)의 키(舵), 종범식(縱帆式) 항법, 정량(定量)적 지도법(地圖法)— 모두가 사회적으로 줄곧 불안정했던 유럽에 영향을 주고, 때로는 땅을 움직일 정도로 영향을 주었다." (『文明の滴定—科学技術と中国の社会』, 橋本敬造 訳, 法政大学出版局, 1974).

제3부 제1장

1) Jean Bodin, On Sovereignty(ジャン・ボダン, 『主権国家論』, 1576).

2) ホッブズ, 『リヴァイアサン』 第17章, 197頁[홉스, 『리바이어던』, 233-234쪽].

3) ホッブズ, 『リヴァイアサン』 第19章, 214頁[홉스, 『리바이어던』, 356쪽].

4) マルクス, 『資本論』 第1卷 第7編 第24章, 岩波文庫(3), 404頁[마르크스, 『자본론』 제1권, 950쪽].

5) ヘーゲル, 『法権利の哲学—あるいは自然的法権利および国家学の基本スケッチ 』 第3部 第3章 A 第301節, 三浦和男 外 訳, 未知谷, 1991, 486頁[헤겔, 『법철학』,

임석진 옮김, 한길사, 2008, 536쪽].

6) フロイト, 『精神分析入門』(続)(『フロイト著作集』(1)), 懸田克躬・高橋義孝 訳, 人文書院, 1971, 393頁[프로이트, 『새로운 정신분석 강의』, 홍혜경・임홍빈 옮김, 열린책들, 2004, 20쪽].

7) マルクス, 『ルイ・ボナパルトのブリュメール18日』, 村田陽一 訳, 国民文庫, 1971, 122頁[마르크스, 『루이 보나파르트 브뤼메르의 18일』, 임지현・이종훈 옮김, 『프랑스혁명사 3부작』, 소나무, 1991, 247쪽].

8) マルクス, 同前書, 145頁[마르크스, 앞의 책, 265쪽].

9) マルクス, 同前書, 146頁[마르크스, 앞의 책, 266쪽].

10) マルクス, 同前書, 159頁[마르크스, 앞의 책, 275-276쪽].

제3부 제2장

1) マルクス, 『資本論』第3巻 第4編 第20章, 岩波文庫(6), 529頁[마르크스, 『자본론』 제3권, 404쪽].

2) マルクス, 『資本論』第1巻 第2編 第4章, 岩波文庫(1), 284頁[마르크스, 『자본론』 제1권, 205쪽].

3) 물론 근세의 매뉴팩처는 협업과 분업의 발전을 두드러지게 가속시켰다. 하지만 고대에도 협업과 분업에 의한 생산성 향상이 없었던 것은 아니다. 예를 들어, 폴라니는 고대무역에는 교환비율이 고정되어 있었다고 쓰고 있다. 하지만 그것은 생산물의 생산에 필요한 (사회적) 노동시간에 거의 변화가 없었다는 것을 의미하는 것에 지나지 않는다. 많은 경우, 각지의 생산물은 자연조건에 의해 규정되어 있었기 때문에 거의 변화가 없었다. 하지만 실제로는 완만하지만 변화가 있었다. 교역을 관리하고 독점하는 국가는 광산을 개발하고, 새로운 품종, 무기, 야금술, 그 밖의 기술을 도입했다. 즉 생산기술의 혁신이 자연조건을 넘어서 각지의 가치체계를 완만하게나마 변동시켜 온 것이다. 근세유럽에서의 매뉴팩처도 그 연장으로서 보아야 한다.

4) マルクス, 『資本論』第1巻 第2編 第4章, 岩波文庫(1), 289頁[마르크스, 『자본론』

제1권, 208-209쪽].

5) マルクス,『資本論』第1卷 第7編 第21章, 岩波文庫(3), 112頁[마르크스,『자본론』
제1권, 725쪽].

6) マルクス,『マルクス資本論草稿集』第2卷(1858年 1月), 資本論草稿集翻訳委員会,
大月書店, 1981.

7) 마르크스는『자본론』의 다른 부분에서 봉건적 생산양식으로부터 자본제 생산양
식으로의 이행에 '세 가지 이행'이 존재한다고 말하고 있다. "첫째는 상인이
직접 산업자본가가 된다. 상업의 토대 위에서 일어난 산업들이 그러한데, 특히
상인에 의해 원료나 노동자와 함께 외국에서 수입되는 사치품공업(예를 들어,
15세기 이탈리아에 콘스탄티노플로부터 수입되었던 경우처럼)에서 그러하다.
둘째로는 상인이 소(小)감독을 자신의 중매인(仲買人, middlemen)으로 삼거나,
또는 직접 자가생산자로부터 산다. 상인은 생산자를 명목상은 독립된 채로
두며, 그 생산양식도 변화시키지 않는다. 세 번째로 산업가가 상인이 되어 직접
상업을 위해 대규모로 생산한다."(『資本論』第3卷 第4編 第20章, 岩波文庫(6),
527頁)[『자본론』제3권, 402쪽]. 첫 번째와 두 번째의 경우, 낡은 생산양식을
보존하는 경향이 있다고 마르크스는 말한다. 그러므로 크게 나누면, 세 갈래의
구별은 '제1과 제2' 및 '제3'이라는 두 갈래가 된다.

8) マルクス,『資本論』第3卷 第4編 第20章, 岩波文庫(6), 525頁[마르크스,『자본론』
제3권, 400-401쪽].

9) *The Transition form Feudalism to Capitalism*(『封建制から資本主義への移行』:『자본
주의 이행논쟁: 봉건제로부터 자본주의로의 이행』).

10) 大塚久雄,「資本主義社会の形成」,『大塚久雄著作集』(第5卷), 岩波書店, 1969.

11) マルクス,『資本論』第2卷 第1編 第1章, 岩波文庫(4), 83頁[마르크스,『자본론』
제2권, 61쪽].

12) 宇野弘蔵,『恐慌論』(『宇野弘蔵著作集』第5卷), 岩波書店, 1974.

13) バリバール, ウォーラーステイン,『人種・国民・階級──揺らぐアイデンティ
ティ』, 若森章孝 ほか 訳, 大村書店, 1996.

1) 루터의 성서번역은 이것들을 겸비한 대표적 사건이라고 해도 좋다. 루터의 종교 개혁은 일반적으로 종교문제로서 생각되고 있지만, 좀 더 복합적인 의미를 품고 있다. 로마교회에 대한 그의 반항은 직접적으로는 면죄부에 대한 부정으로 서 존재했지만, 그것은 동시에 말하자면 봉건세력으로서의 로마교회의 경제적 지배에 대한 반항이었다. 그런 의미에서 루터의 종교개혁은 '제국'의 하위에 있던 부족국가의 자립을 내포하며, 따라서 그것은 제국의 법이나 교회법을 넘어선 주권국가, 더욱이 봉건적 제도들로부터의 해방을 구하는 농민운동을 가져왔던 것이다. 동시에 잊어서는 안 되는 것은 루터가 성서를 속어(고지高地 독일어)로 번역한 것이 별도의 의의를 가지고 있다는 점이다. 즉 그것은 성서를 대중에게 가깝게 만들고 종교개혁을 확대시켰을 뿐만 아니라, 이후 표준적인 독일어의 모체가 되었다. 하지만 이상과 같은 사건은 물론 네이션의 형성을 도모해서 이루어진 것은 아니다. 다만 결과적으로 그것이 네이션의 기반을 만들었다.

2) アーネスト・ゲルナー,『民族とナショナリズム』, 加藤節 監訳, 岩波書店, 2000, 47 頁[어네스트 겔너,『민족과 민족주의』, 최한우 옮김, 한반도국제대학원대학교 출판부, 2009, 59쪽].

3) B. アンダーソン,『増補 想像の共同体』, 白石隆・白石さや 訳, NTT出版, 1997, 33頁[베네딕트 앤더슨,『상상의 공동체』, 윤형숙 옮김, 나남출판, 2002, 30쪽].

4) 예를 들어, 시인 셸리는 아나키스트인 고드윈을 숭배하고 그의 딸 메리(『프랑켄슈 타인』의 작가)와 결혼했다. 이 전통은 19세기에 러스킨에서 윌리엄 모리스에 이르기까지 계속되고 있다. 아트 앤 크라프트(Art and craft)운동을 조직한 모리스 는 영국에서 초기마르크스주의자 중의 한 사람이었는데, 그의 마르크스주의는 사회민주주의나 레닌주의와는 완전히 다른 것으로, 어소시에이셔니즘(아나키 즘)에 가까운 것이었다. 그것은 위와 같은 전통을 보면, 이상한 일이 아니다.

5) A. スミス,『道徳情操論』, 米林富男 訳, 未來社, 1969, 41-42頁[애덤 스미스,『도덕감 정론』, 박세일・민병국 옮김, 비봉출판사, 1996, 27-28쪽].

6) 칸트는 말한다. "독일인은 다른 나라 사람들이 '취미비판'이라고 부르는 것에 에스테틱(Ästhetik)이라는 단어를 할당하는 유일한 국민이다. 여기에는 뛰어난

분석적 철학자인 바움가르텐의 배반당한 희망이 바탕에 깔려 있다. 즉 그는 미의 비판적 판단을 이성원리에 더하여 미의 규칙을 학(學)으로 높이려고 했다. 하지만 이런 노력은 결국 무익하다. 미의 규칙이나 미의 징표라는 것은 그 중요한 원천에서 볼 때 경험적이어서 우리의 취미판단이 근거로 삼아야 하는 아프리오리한 일정한 법칙으로 사용할 수 없고, 오히려 취미판단 쪽이 이런 규칙의 올바름을 판정하는 진정한 기준이다. 그러므로 에스테틱이란 명칭을 이런 의미로 사용하는 것을 그만두고, 진정한 학[감성론]을 이루는 학설을 위해 이 명칭을 보류하든지(그렇게 되면 고대인이 인식을 '감성적인 것과 지성적인 것(αισθητὰ καὶ νοητά)'으로 나눈 저명한 구분에서의 용어와 의미에 가까워진다), 그렇지 않으면 이 명칭을 사변적 철학과 공유하여 어떤 때는 선험적인 의미로, 또 어떤 때는 심리학적인 의미로 사용할지, 이들 두 가지 용법 중 어느 것인지를 정하는 쪽이 좋다고 생각한다."(カント, 『純粹理性批判』(上), 篠田英雄 訳, 岩波文庫, 1961, 88頁)[칸트, 『순수이성비판』(1), 백종연 옮김, 아카넷, 2006, 240-241쪽].

7) 헤르더는 말하고 있다. "이성이 분리되어 개별적으로 작용하는 힘이 아니라 인간에게 존재하는 모든 힘들의 방향이라고 한다면, 인간은 자신이 인간인 최초의 상태에서 이성을 가지고 있었어야 한다."(37頁: 48쪽), "최초의 상태에 이성의 적극적인 무언가가 영혼 안에 없다면, 그것은 이어질 수많은 상태에서 어떻게 현실적이 될까."(39頁: 50쪽), "인간의 가장 감성적인 상태에서조차도 인간적이었던 것이고, 거기에서도 여전히 내성의식은 작용하고 있었지만, 다만 그 정도가 그리 두드러지지 않았을 뿐이다"(40頁: 51쪽)(페이지수는 모두 『言語 起源論』, 木村直司 訳, 大修館書店, 1972)[『언어의 기원에 대하여』, 조경식 옮김, 한길사, 2003].

8) フィヒテ, 『ドイツ国民に告ぐ』 第十三講演, 上野成利・細見和之 訳, ルナンほか, 『国民とは何か』, インスクリプト, 1997, 149-150頁[피히테, 『독일국민에게 고함』, 황문수 옮김, 범우사, 1987, 208-209쪽].

9) フィヒテ, 同前書, 94頁[피히테, 앞의 책, 77쪽].

10) フィヒテ, 同前書, 98頁[피히테, 앞의 책, 109쪽].

11) アーレント, 『全体主義の起原』(2), 大島通義・大島かおり 訳, みすず書房, 1981, 11頁[한나 아렌트, 『전체주의의 기원』(1), 이진우・박미애 옮김, 한길사, 2006,

275쪽].

12) 한나 아렌트는 말한다. "근대역사에서 정복이나 세계제국건설에 대한 평판이 땅에 떨어진 데에는 그 나름의 이유가 있다. 영속성이 있는 세계제국을 설립할 수 있는 것은 국민국가와 같은 정치형태가 아니라 로마공화국과 같은 본질적으로 법에 기초한 정치형태다. 왜냐하면 거기에서는 전제국을 담당하는 정치제도를 구체적으로 나타내는 만인에게 동등하고 유효한 입법이라는 권위가 존재하기 때문에, 그것에 의해 정복 후 매우 이질적인 민족집단도 실제로 통합될 수 있기 때문이다. 국민국가는 이와 같은 통합의 원리를 가지고 있지 않다. 그것은 원래 처음부터 동질적 주민과 정부에 대한 주민의 적극적 동의(르낭이 말하는 매일의 인민투표)를 전제로 하고 있기 때문이다. 네이션은 영토, 민족, 국가를 역사적으로 공유하고 있는 것에 근거하는 이상, 제국을 건설할 수 없다. 국민국가는 정복을 한 경우 이질적인 주민을 동화시키고 '동의'를 강제하는 수밖에 없다. 즉 그들을 통합할 수 없고, 또 정의와 법에 대한 자기 자신의 기준을 그들에게 적용시킬 수 없다. 따라서 정복을 행하면 항상 압제에 빠질 위험이 있다"(アーレント, 同前書, 6頁)[아렌트, 앞의 책, 270-271쪽].

13) 오스만제국은 서구나라나 러시아에 의한 침식에 대해 그저 전통을 유지하려고 했던 것이 아니다. 오스만정부는 제국을 '국민국가'의 형태로 만들려고 노력했다. 하지만 그것은 결국 다민족의 분해를 초래했다. 또 오스만사회는 서양화를 지향함과 동시에 그에 대항하는 원리를 이슬람교에서 찾았다. 오늘날 지배적인 '이슬람주의'는 이 시기에 형성되었다고 해도 좋다(新井政美, 『オスマン帝国はなぜ崩壊したのか』, 青土社, 2009).

14) アーレント, 『全体主義の起原』(2), 8頁[아렌트, 『전체주의의 기원』(1), 273쪽].

15) 베네딕트 앤더슨은 인도네시아의 국민 또는 인도네시아어 그 자체가 네덜란드에 의한 지배 및 그에 대한 대항운동 가운데에서 형성되었다는 것을 보여주었다(『상상의 공동체』).

제3부 제4장

1) 카우츠키의 『기독교의 기원』이나 『중세의 공산주의』(일본어역은 모두 호세이대

학法政大学출판국)는 사회주의운동의 기원을 기독교운동에서 발견하는 작업이
다.

2) カント, 『道德形而上学原論』, 篠田英雄 訳, 岩波文庫, 1976, 116頁[칸트, 『윤리형이
상학 정초』, 백종현 옮김, 아카넷, 2005, 158쪽]. '목적의 나라'라고 할 때, 칸트는
'나라'를 다음과 같이 이해하고 있다. "나는 나라라는 것을 서로 다른 이성적
존재자가 공통의 법칙에 의해 체계적으로 결합된 존재라고 이해한다."(同前書,
113頁: 앞의 책, 156쪽).

3) カント, 『たんなる理性の限界内の宗教』(『カント全集』第10卷), 北岡武司 訳, 岩波
書店, 2000, 236頁[칸트, 『이성의 한계 안에서의 종교』, 백종현 옮김, 아카넷,
2011, 424쪽].

4) カント, 『永遠平和のために』, 宇都宮芳明 訳, 岩波文庫, 1985, 26頁[칸트, 『영원한
평화를 위하여』, 오진석 옮김, 도서출판 b, 2011, 23쪽].

5) プルードン, 「マルクスへの手紙」 1846年 5月 17日付.

6) William Thompson, Labour Rewarded: The Claims of Labour and Capital conciliated,
1827(ウィリアム・トンプソン, 『労働報酬論』).

7) マルクス, 『マルクス資本論草稿集』 第2卷(1858年 1月).

8) 広西元信, 『資本論の誤訳』(青友社, 1966: こぶし文庫, 2002)은 마르크스가 자본이
협업과 분업을 조직하는 것을 결합(kombinieren/combine)이라고 부르고, 노동자
가 자발적으로 그렇게 하는 경우, 연합(assoziieren/associate)이라고 불러서 구별
하고 있다는 것, 그리고 일본의 마르크스 번역문헌에서는 그런 구별이 없고,
많은 자의적인 역어로 난잡하게 이루어져 있다는 것을 지적했다.

9) マルクス, 『資本論』 第3卷 第5編 第27章, 岩波文庫(7), 181頁[마르크스, 『자본론』
제3권, 541쪽].

10) 협동조합은 자본제기업과의 경쟁에서 이길 수 없다. 똑같은 것을 존 스튜어트
밀이 『경제학원리』(제7장)에서 제창한 '노동자관리형기업'에 대해서도 말할
수 있다. 그는 노동자는 임금이 낮아도 그와 같은 기업에서 일하는 것을 좋아하
기 때문에, 생산도 효율적이 되어 자본주의기업과의 경쟁에서 이겨서 그것을
대체할 것이라고 예상했다. 하지만 전혀 그렇게 되지 않았다.

11) マルクス, 「国際労働者協会設立宣言」1864年 9月, 『マルクス＝エンゲルス全集』

第16卷, 頁[맑스, 「국제 노동자 협회 발기문」, 김태호 옮김, 『칼 맑스·프리드리히 엥겔스 저작 선집』(3), 박종철출판사, 1993, 10쪽].

12) マルクス, 「フランスにおける内乱」, 『マルクス=エンゲルス全集』 第17卷, 319-320頁[마르크스, 「프랑스내전」, 임지연·이종훈 옮김, 『프랑스 혁명 3부작』, 소나무, 1991, 348쪽].

13) マルクス, 「ドイツ労働者党綱領評注」(1875), 「ゴータ綱領草案批判」, 『マルクス=エンゲルス全集』 第19卷, 27頁[맑스, 「고타강령초안비판」, 이수흔 옮김, 『칼 맑스·프리드리히 엥겔스 저작 선집』(4), 박종철출판사, 1995, 384쪽].

14) マルクス, 『資本論』 第3卷 第5編 第27章, 岩波文庫(7), 181頁[마르크스, 『자본론』 제3권, 541쪽].

15) 마르크스는 '주식자본, 가장 완성된 형태(공산주의로 날아가기 위한)'라고 쓰고 있다(1858년 4월 2일), 엥겔스에게 보내는 서한, 『マルクス=エンゲルス全集』 第29卷, 245頁.

16) 이 문제에 관해 나는 히로니시 모토노부(広西元信)의 『자본론의 오역』으로부터 많은 것을 배웠다. 하지만 내가 생각하기에 국가권력의 장악, 즉 법제도적 개혁 없이 자본제주식회사를 협동조합화할 수 없다. 물론 그것은 국유화와는 무관하다. 현재의 법제도 하에서 주식회사를 협동조합화하는 것을 생각하면, 히로니시가 추천하는 것처럼 주식회사를 이윤분배형이나 종업원지주제로 만들어가는 수밖에 없다. 하지만 이것은 자본주의나 임금노동을 폐기하는 것이 될 수 없다. 이것은 오히려 자본의 존속을 위해서 이루어진다. 예를 들어, 종업원지주제는 경영권 탈취를 대비하는 것이고, 또 노동자의 노동의욕을 높이기 위해 채용된다. 예를 들어, 루이스 켈소가 말하는 ESOP(종업원지주제도)가 그 중 하나다.

17) マルクス, 「個々の問題についての暫定中央評議会代議員への指示」(1867), 『マルクス=エンゲルス全集』 第16卷, 194頁.

18) 코뮌으로부터 10년 후 마르크스는 다음과 같이 말하고 있다. "파리코뮌은 예외적인 조건 하에서의 한 도시의 반란에 지나지 않았다는 것과는 별개로, 코뮌의 많은 사람은 결코 사회주의파가 아니었으며, 또 그럴 수 없었습니다. 그래도 그들에게 약간이라도 상식이 있었다면, 전 인민대중에게 있어 유익한 타협을 베르사유 측으로부터 쟁취할 수 있었을 것입니다. 그것이 그 당시 쟁취할 수

있었던 단 한가지였습니다."(1881年 2月 ドメラ ニューウェンホイス宛書簡).

19) マルクス・エンゲルス, 『ドイツ・イデオロギー』, 花崎皋平 訳, 合同新書, 1966, 71頁[마르크스・엥겔스, 『독일이데올로기』, 김대웅 옮김, 두레, 1989, 77쪽].

20) エンゲル, 「『資本論』英語版の序文」(1886), 『資本論』 第1巻, 岩波文庫(1), 51頁[엥겔스, 「『자본론』 영역판 서문」, 『자본론』 제1권, 30-31쪽].

21) マルクス, 「共産主義者同盟中央委員会会議議事録」(1850年 9月 15日), 『マルクス=エンゲルス全集』 第8巻, 585-586頁.

22) 예를 들어, 중국에서 모택동의 독재는 유럽에서 절대왕권이 완수한 것과 같은 기능을 완수했다고 해도 좋다. 즉 그것은 다양한 지역이나 민족, 신분으로 나뉘어 있던 사람들을 신민으로서 동일화한 것이고, 그것에 의해 결과적으로 네이션의 주체를 형성시킨 것이다. 물론 그것은 모택동이 의도한 것은 아니었다.

23) エルンスト・ブロッホ, 『この時代の遺産』(1934), 池田浩士 訳, 水声社, 2008.

24) 마르크스는 「베라 자술리치에의 회답 초안・제1초고」에서 다음과 같이 쓰고 있다. "러시아의 '농업공동체'에는 약점이라 할 수 있는 모든 의미에서 유해한 성격이 한 가지 있다. 그것은 고립으로, 어떤 공동체의 생활과 다른 여러 공동체의 생활과의 연결이 결여되어 있다는 것, 이런 국지적 소우주성이다. 이 국지적 소우주성은 이런 형태에 내재하는 성격으로 곳곳에서 보이는 것은 아니지만, 이 형태가 발견되는 곳은 어디든 여러 가지 공동체 위에서 많든 적든 중앙집권적인 전제정치를 출현시켰다. 이런 고립은 원래 영토의 광대한 넓이에 의해 어쩔 수 없이 이루어진 것처럼 생각되지만, 러시아가 몽골족의 침입 이래 입은 정치적 운명에 의해 크게 강해졌다는 것은 북부의 러시아공화국 연합이 증명하고 있다."(『マルクス=エンゲルス全集』 第19巻, 392頁).

25) 「ヴェーラ・ザスーリチへの手紙」, 『マルクス=エンゲルス全集』 第19巻, 239頁.

26) 「共産党宣言 ロシア語 第2版 序文」, 『マルクス=エンゲルス全集』 第19巻, 288頁 [맑스・엥겔스, 「공산당선언 러시아어 제2판 서문」, 최인호 옮김, 『칼 맑스・프리드리히 엥겔스 저작 선집』(1), 박종철출판사, 1991, 372쪽)

27) ジョン・ロールズ, 『正義論』, 矢島鈞次 監訳, 紀伊國屋書店, 1979, 3頁[존 롤스, 『정의론』, 황경식 옮김, 이학사, 2003, 27쪽].

제4부 제1장

1) ロバート・アルブリトン, 『資本主義発展の段階論』, 山本哲三 ほか 訳, 社会評論社, 1995.

2) ウォーラーステイン, 『近代世界システム 1600~1750』, 川北稔 訳, 名古屋大学出版会, 1993, 68頁[월러스틴, 『근대세계체제』(2), 유재건·서영건·현재열 옮김, 까치글방, 1999, 105쪽].

3) ウォーラーステイン, 同前書, 45-46頁[월러스틴, 앞의 책, 63쪽].

4) ウォーラーステイン, 同前書, 46頁[월러스틴, 앞의 책, 63쪽].

5) ジョヴァンニ・アリギ, 『長い20世紀』, 土佐弘之 監訳, 作品社, 2009[조반니 아리기, 『장기20세기』, 백승욱 옮김, 그린비, 2008].

6) マルクス, 『ルイ・ボナパルトのブリュメール18日』, 17頁[마르크스, 『루이 보나파르트의 브뤼메르 18일』, 162쪽].

7) ウォーラーステイン, 『近代世界システム 1600~1750』, 73頁[월러스틴, 『근대세계체제』(2), 112쪽].

8) アーレント, 『全体主義の起源』(2), 2頁[아렌트, 『전체주의의 기원』(1), 268쪽].

9) ネグリ・ハト, 『帝国』, 水嶋一憲 外 訳, 以文社, 2003, 233頁[안토니오 네그리·마이클 하트, 『제국』, 윤수종 옮김, 이학사, 2001, 244쪽].

10) ネグリ・ハト, 同前書, 246-247頁[네그리·하트, 앞의 책, 256-257쪽].

11) エレン・M.ウッド, 『資本の帝国』, 中山元 訳, 紀伊國屋書店, 2004, 26頁.

12) ルナン, 「国民とは何か」[前掲『国民とは何か』所収][르낭, 『민족이란 무엇인가』, 신행선 옮김, 책세상, 2002].

제4부 제2장

1) '프롤레타리아의 올바른 계급의식과 그 조직형태인 공산당'이라고 루카치는

쓰고 있다(『歴史と階級意識』, 平井俊彦 訳, 未来社, 1962, 338頁)[『역사와 계급의식』, 조만영·박정호 옮김, 거름, 1999, 167-168쪽].

2) 『マルクス資本論草稿集』 第2卷(1858年 1月).

3) バクーニン, 「国際革命結社の諸原理と組織」, 長縄光男 訳, 『バクーニン著作集』(5), 白水社, 1974, 216頁.

4) カント, 「世界公民的見地における一般史の構想」 第七命題(1874), 『啓蒙とは何か』, 篠田英雄 編訳, 岩波文庫, 1974, 36頁[칸트, 「세계시민적 관점에서 본 보편사의 이념」 제7명제, 이한구 편역, 『칸트의 역사철학』, 서광사, 1992, 33-34쪽].

5) カント, 同前書, 第七命題, 37-38頁[칸트, 앞의 책, 제7명제, 35쪽].

6) カント, 同前書, 第九命題, 45-46頁[칸트, 앞의 책, 제9명제, 40쪽].

7) カント, 『永遠平和のために』, 宇都宮芳明 訳, 岩波文庫, 1985, 45頁[칸트, 『영원한 평화를 위하여』, 오진석 옮김, 도서출판 b, 2011, 35-36쪽].

8) カント, 同前書, 26頁[칸트, 앞의 책, 23쪽].

9) ヘーゲル, 『法権利の哲学』 第333節, 515頁[이 부분은 번역 원전의 차이로 인해 한국어판 『법철학』(임석진 옮김, 한길사)에는 수록되어 있지 않다].

10) 柄谷行人, 「死とナショナリズム」(『定本 柄谷行人集4―ネーションと美学』, 岩波書店, 2004)[「죽음과 내셔널리즘」, 『네이션과 미학』, 조영일 옮김, 도서출판 b, 2009].

11) Robert Kagan, *Of Paradise and Power: America and Europe in the new world order*, Vintage Books, 2004, pp. 3, 37, 57-58, 73.(ロバート・ケーガン, 『ネオコンの論理』, 山岡洋一 訳, 光文社, 2003).

12) ネグリ・ハト, 『マルチチュード』(下), 幾島幸子 訳, NHKブックス, 2005, 199-200頁[네그리·하트, 『다중』, 정남영·서창현·조정환 옮김, 2008, 세종출판사, 374쪽].

13) ネグリ・ハト, 同前書, 204頁[네그리·하트, 앞의 책, 377쪽].

14) ネグリ・ハト, 同前書, 214頁[네그리·하트, 앞의 책, 386쪽].

15) ネグリ・ハト, 同前書, 238頁[네그리·하트, 앞의 책, 405쪽].

16) カール・シュミット, 『政治的なものの概念』, 68-69頁[칼 슈미트, 「정치적인 것의 개념」, 144쪽].

17) 예를 들어, 일본의 전후헌법에는 모든 전쟁을 방기하는 조항(제9조)이 존재한다. 따라서 그저 이것을 실행에 옮기면 된다. 하지만 이 조항은 유지되고 있기는 하지만, 그에 대한 해석은 강대한 군이나 군비를 가진 현황에 맞게 바뀌어왔다. 그러므로 이것을 실행에 옮기는 데에는 역시 '혁명'이 필요하다.

18) 세계사는 세계공화국에 의해 '종언'을 고하는 것이 아니다. 즉 교환시스템B나 C가 지배적인 사회로의 역행이 있을 수 있다. 하지만 그렇다고 해서 교환양식D 를 목표로 삼는 지향이 멈추는 것은 아니다.

후 기

이 책은 전작(全作)이지만, 이제까지 발표한 것이 베이스가 되었다. 첫째로 『세계공화국으로——자본=네이션=국가를 넘어서』(岩波新書, 2006)이다. 이것은 이 책의 개요를 쓴 것이다. 그 뒤 「『세계공화국으로』에 관한 노트」(계간지 『at』, 太田出版, 2006-2009년)를 연재했다. 한편, 해외판을 위해 『세계공화국으로』를 증보개정하는 작업도 했다. 또 이 책의 문제들에 관하여 영문으로 다음과 같은 논문을 발표했다.

"Beyond Capital-Nation-State"(Rethinking Maxism, 20th Anniversary, Volume 20, Routledge, 2008),

"World Intercourse: A Transcritical Reading of Kant and Freud"(UMBR(a), 2007),

"Revolution and repetition"(UMBR(a), 2008).

그리고 이 책에 포함된 문제들에 대해서는 2006년부터 2009년에 걸쳐 아메리카합중국(매사추세츠대학 아마스트, 시카고대학, 스탠포드대학,

뉴욕대학 버팔로, 로욜라대학), 캐나다(토론토대학), 영국(테이트브리튼, 미들섹스대학), 중국(청화대학), 크로아티아, 슬로베니아(류블랴나대학), 터키(비리기대학), 멕시코(국립자치대학) 등에서 강연을 했다. 그곳에서의 질의응답이나 교류로부터 많은 것을 배웠다. 특히 중국, 터키, 멕시코로의 강연여행 중 현재의 상황 가운데에서 그야말로 '세계사의 구조'의 일단을 보는 경험을 얻었다. 이 책은 이상과 같이 공공의 장을 통해서 다듬고 다듬어서 완성된 것이다. 그 과정에서 나는 그때마다 미세하면서 중요한 수정을 계속해왔다. 하지만 일단 이 책을 최종적인 버전으로 삼고 싶다.

이 책에 몰두하기 시작한 후 8년간, 나는 안팎으로 많은 사람의 도움을 얻었다. 먼저 상기의 기회를 준 분들에게 감사하고 싶다. 인드라 리비, 가라타니 린(柄谷凜) 씨에게는 영역과 관련하여 도움을 받았다. 또 다카세 요시미치(高瀬幸途), 다카자와 슈지(高澤秀次), 마루야마 데쓰로(丸山哲郎), 고지마 기요시(小島潔) 씨들로부터 끊임없는 고무격려를 받았다. 그들의 원조가 없었다면, 이와 같은 작업을 지속할 수 없었을 것이다. 깊이 감사드린다.

2010년 5월 도쿄에서
가라타니 고진

옮긴이 후기

　'일러두기'에서 밝힌 것처럼 이 책 『세계사의 구조』는 일본에서 2010
년에 발간된 동명의 책을 완역한 것이다. 단 한국어판과 일본어판 사이에
는 적잖은 차이가 존재하는데, 그것은 어디까지나 저자의 뜻에 따른
것이다. 저자는 번역과정 중 수정한 내용을 수시로 보내주었고, 옮긴이는
그것을 빠짐없이 반영했다. 문구 수정과 같은 비교적 사소한 것들도
있었지만, 문장이나 문단 전체가 바뀐 부분도 적지 않으며, 어떤 경우는
A4로 두세 장 정도의 분량이 아예 삭제되거나 추가되기도 했다.

　따라서 한국어판 『세계사의 구조』는 일본어판의 단순한 번역본이라
기보다는 오히려 개정판으로 불러야 할지 모르겠다. 출간된 지 2년밖에
되지 않은 탓에 원서의 개정판 일정이 아직 잡히지 않은 상황인지라,
당분간은 이 한국어판이 저자의 의도에 가장 충실한 판본이 될 것 같다.
참고로 일본에서는 『세계사의 구조』에 대한 보충격인 책[1]이 이미 출간되
었는데, 한국어판은 이 책까지 일정 정도 포함하고 있다고 할 수 있다.

• • •

1_ 柄谷行人, 『『世界史の構造』を讀む』, インスクリプト, 2011. 도서출판 b에서 근간 예정이다.

책 내용과 관련하여 간단히 언급하자면, 『세계사의 구조』는 일단 2006년(한국어판은 2007년)에 출간된 『세계공화국으로』의 본편이라 할 수 있다. 따라서 지나치게 압축되고 미진한 설명으로 인해 생겼을 『세계공화국으로』에 대한 불만과 오해는 아마 이 책으로 충분히 해소될 것이다. 하지만 약 4년간의 시간적 차이는 이 두 책의 관계를 단순히 요약편과 본편으로만 보기 어렵게 만들었다. 실제 『세계사의 구조』는 『세계공화국으로』 이후에 씌어졌고, 그래서인지 후자의 문제의식을 정교화하고 확장시킨 속편 성격을 띠고 있다.[2]

또 관점에 따라 『세계사의 구조』를 9년 전에 출간된 『트랜스크리틱』(2001)[3]의 후편으로 간주할 수도 있다. 이 역시 틀린 말은 아니지만, 두 저작 사이에 놓인 거리가 생각보다 멀다는 것에 주의할 필요가 있다. 그 거리는 소위 가라타니의 전회(『탐구』와 『트랜스크리틱』 사이의 거리)에 버금간다고 해도 과언이 아니다. 저자 스스로도 밝히고 있는 것처럼 어찌됐든 『트랜스크리틱』 또한 넓은 의미에서 비평서, 다시 말해 특정 텍스트(칸트와 마르크스)에 대한 독해가 주가 되었던 저작이었다. 하지만 『세계사의 구조』는 그렇지 않다.

물론, 『세계사의 구조』에서도 칸트나 마르크스는 단골손님처럼 등장한다. 하지만 이 책에서는 마르크스는 물론 칸트조차도 저자의 문제의식을 확장시키는 지렛대(참고문헌)에 그치고 있다. 비유컨대 이전의 가라타니가 『자본론』을 어떻게 해석할 것인가(그래서 나온 게 '트랜스크리

●　●　●
2_ <저자후기>에서도 지적되고 있는 것처럼 『세계사의 구조』는 『세계공화국으로』가 출간된 후 무려 4년간 『at』이라는 잡지에 연재된 「『세계공화국으로』에 관한 노트」를 토대로 씌어졌다.
3_ 몇 년 전에 절판된 이 책은 조만간 도서출판 b에서 결정판을 대본으로 재번역될 예정이다.

틱'이다)에 몰두했다면, 『세계사의 구조』의 가라타니는 직접 '자본론'을 쓰고 있다.[4]

최근에 발표된 한 논문을 보면, 가라타니 고진은 최근 20년간 한국문학 연구자들이 가장 많이 인용한 외국학자였다.[5] 그런데 그와 같은 인기는 최근 들어 많이 주춤한데, 그것은 아마 『근대문학의 종언』이 국내에 소개된 것과 관련이 있을 것이다. 문학이 끝났으니, 자신은 다른 것을 하겠다는 선언은 그동안 그에게 호의적이었던 많은 문학연구자나 비평가들에게 깊은 배신감을 안겨주었다. 그래서 최근 약 5년여 간 한국의 문단이나 학계에서는 이런 그의 주장을 비판(부정)하는 것을 글의 서두로 삼는 게 유행 아닌 유행이 되기도 했다.

이 년 전 방한했을 때 옮긴이는 가라타니 선생과 택시에 동승한 적이 있는데, 그때 다음과 같이 말한 걸로 기억한다.

> "선생님은 한국문학가나 비평가들이 가장 많이 인용하는 저자셨습
> 니다. 그런데 『근대문학의 종언』 이후 한국문학인들이 가장 싫어하는
> 저자가 되셨습니다."

이에 대해 가라타니 선생은 "그래요?" 하며 대수롭지 않다는 듯이 반응했는데, 이때 나는 다음과 같이 덧붙였다.

• • •

4_ 저자는 서문에서 마르크스가 『자본론』에서 '자본'에 행한 작업을 자신은 '국가'와 '네이션'에 행했다고 말하고 있다.

5_ 황호덕, 「외부로부터의 격발들, 고유한 연구의 지정학에 대하여」, 『상허학보』(35호), 2012. 이는 아마 김현·백낙청을 압도할 것이다.

"그런데 최근에 문학과 무관한 사람들이 선생님의 새로운 독자로 등장한 것 같습니다."

그러자 선생은 그런 변화가 만족스럽다는 듯 미소를 지었다. 문학 관련 인터뷰는 일절 거절한다는 선생으로서는 당연한 것이었는지도 모르겠다.

저술가로서 가장 힘든 것 중의 하나는 지금까지 자신의 책을 사준(언급해준) 독자를 거부하고 새로운 독자를 발굴해내는 것이 아닌가 한다. 그런 의미에서 가라타니 고진은 한국에서는 좀처럼 찾아보기 힘든 예를 제공하고 있다 하겠다. 실제로 『세계공화국으로』와 같은 최근 저작들은 문학가나 문학연구자, 그리고 문학 독자의 외면을 받는 대신에 역사학자나 시민운동가, 그 외 문학과 무관한 사람들의 관심을 받고 있다. 이런 변화 자체에 가치평가는 일단 보류하더라도 여기서 우리가 확인할 수 있는 것은 세상에는 두 부류의 사람이 있다는 것이다. 자신의 의자를 지키기 위해 일어나기를 거부하고 현재에 만족하는 사람과 자리를 박차고 일어나 새로운 공간으로 이동하는 사람이 그것이다.

나는 『세계사의 구조』야말로 가라타니의 주저라는 이름에 값하는 저작이 아닌가 한다. 그것은 비단 이 책이 그의 저작 중 가장 두껍기 때문도, 가장 최근에 나온 저작이기 때문도 아니다. 그보다는 한편으로 40년이 넘는 그의 저작활동을 집대성하면서 다른 한편으로 그 모든 것을 한계까지 밀고나간 책이기 때문이다. 그러므로 나는 앞으로 설사 다른 책이 나오더라도 결국 『세계사의 구조』를 보충, 심화시키는 것 이상도 이하도 아닐 것으로 본다.

노파심에 말하지만, 이런 주장은 단순히 저자가 고령임을 염두에 두고 행하는 약삭빠른 단정과는 무관하다. 그보다는 일본의 한 비평가가 말년에 보여준 사유의 장관을 옮긴 자로서 갖게 된 솔직한 소회이다.

2012년 10월 4일
조영일

세계사의 구조

초판 1쇄 발행 | 2012년 12월 20일
7쇄 발행 | 2022년 11월 20일

지은이 가라타니 고진 | **옮긴이** 조영일 | **펴낸이** 조기조
인 쇄 주)상지사P&B
펴낸곳 도서출판 b | **등록** 2003년 2월 24일 제2006-000054호
주 소 08772 서울특별시 관악구 난곡로 288 남진빌딩 302호 | **전화** 02-6293-7070(대)
이메일 bbooks@naver.com / **홈페이지** b-book.co.kr **팩시밀리** 02-6293-8080 |

ISBN 978-89-91706-59-0 03300
정 가 26,000원